KRAKAU

MAGDALENA NIEDZIELSKA | JAN SZURMANT

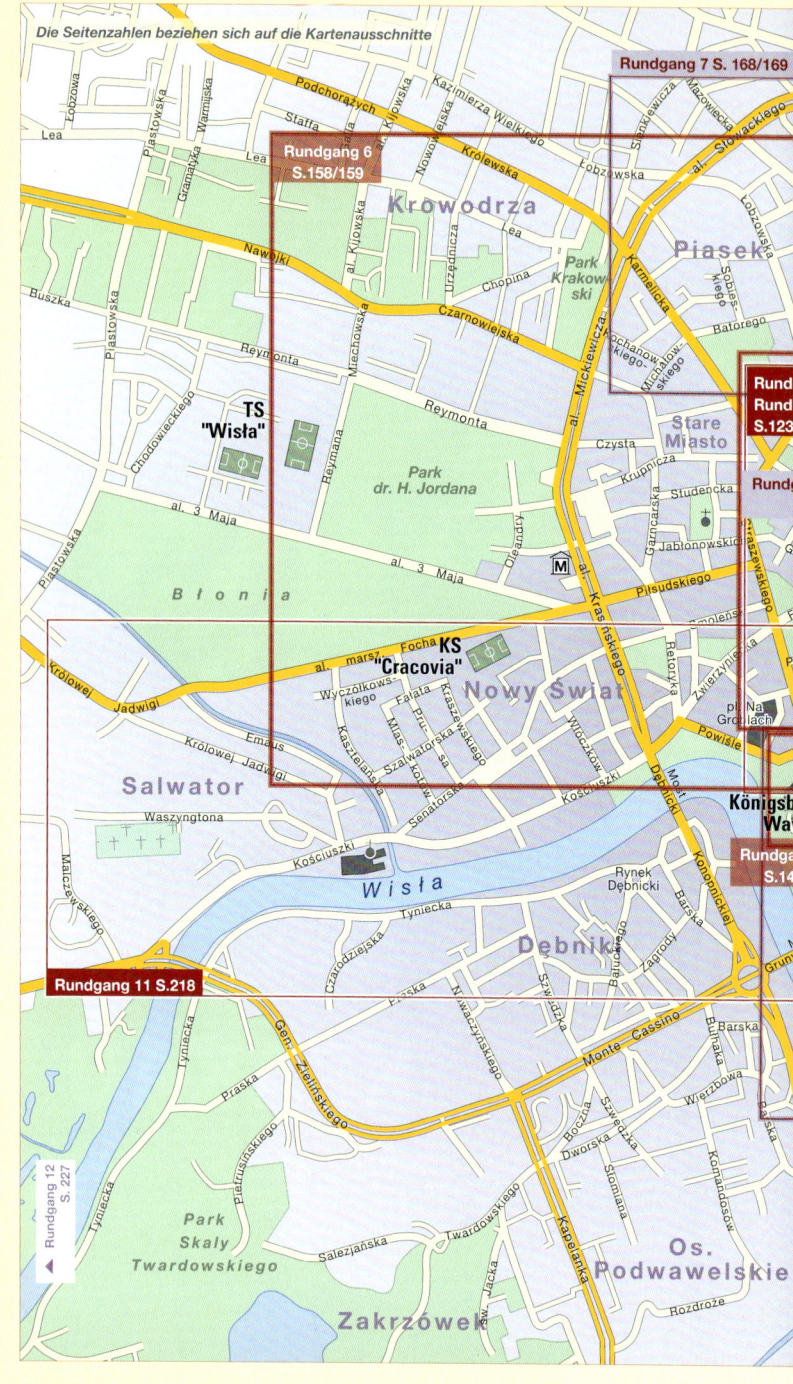

Unterwegs mit Magdalena Niedzielska

Unsere Geschichte mit Krakau ist schon ein kleines Liebesdrama: vom ersten Augenblick an vernarrt, oft wiedergesehen, nicht mehr weggewollt, aber weggemusst, zurückgekommen – schließlich dageblieben. Endgültig angekommen sind wir an einem für Krakau so typischen, halb sonnigen, halb vernebelten Frühlingstag im Jahr 2006. Seitdem hat sich in unserer Beziehung viel verändert.

Das meiste zum Guten, auch wenn uns manches traurig stimmt. So erinnern wir uns mit Wehmut an längst geschlossene Restaurants, doch mit entspanntem Lächeln registrieren wir, dass die Altstadt wie auch die umliegenden Viertel einfach nicht totzusanieren sind. Die originellen Cafés, die wildromantischen Kellerkneipen und mittelalterlich anmutenden Fleckchen begeistern auch unsere Freunde, die aus Europa und Amerika häufig zu Besuch kommen. Was bisweilen zu Eifersüchteleien führt. Beim ersten Mal kommen sie nämlich noch unseretwegen nach Krakau, ab dem zweiten Mal sind wir uns da nicht mehr so sicher.

Und noch etwas müssen wir Ihnen gestehen: Beim Schreiben unseres Krakauführers, dem Zeugnis unseres „Liebesdramas", ist es uns nicht immer gelungen, nüchterne und professionelle Distanz zu wahren. Stattdessen haben wir uns vom traumverlorenen Charme der Stadt treiben und verzaubern lassen. Machen Sie es doch genauso. Vielleicht bahnt sich da eine weitere Liebesgeschichte an ...

... und Jan Szurmant

Impressum

Text und Recherche: Magdalena Niedzielska, Jan Szurmant **Lektorat:** Angela Nitsche, Marietta Chrobot, Horst Christoph (Überarbeitung) **Redaktion und Layout:** Jana Dillner **Karten:** Carlos Borrell, Gabor Sztrecska, Judit Ladik, Torsten Böhm, Michaela Nitzsche **Fotos:** Magdalena Niedzielska, außer S. 23, 230, 247 und 260 (Jan Szurmant) **Covergestaltung:** Karl Serwotka **Covermotive:** oben: Skulpturen am Adam-Mickiewicz-Denkmal mit Marienkirche im Hintergrund; unten: Kathedrale auf dem Königshügel Wawel

4. KOMPLETT ÜBERARBEITETE UND AKTUALISIERTE AUFLAGE 2013

Inhalt

Krakau – Hintergründe & Infos

Inhalt

Alles im Kasten

Zeichenerklärung für die Karten und Pläne

Autobahn	Anfang des Rundgangs	Sehenswürdigkeit
asphaltierte Verbindungsstraße	Ende des Rundgangs	Flughafen/-platz
asphaltierte Straße	Grünanlage	Bushaltestelle
Nebenstraße	Information	Taxistandplatz
Stadtrundgang	Post	Bank/Wechselstube
	Parkplatz	Supermarkt

Inhalt

Was haben Sie entdeckt?

In welchem Hotel haben Sie sich wohlgefühlt, wo befindet sich Ihre liebste Kawiarnia, in welcher Karczma war es am urigsten, im welchem Restaurant am feinsten? Wenn Sie Tipps, Anregungen oder Verbesserungsvorschläge zum Buch haben, lassen Sie es uns bitte wissen.

Schreiben Sie an: Magdalena Niedzielska/Jan Szurmant, Stichwort „Krakau" c/o Michael Müller Verlag GmbH | Gerberei 19, D – 91054 Erlangen
niedzielska.szurmant@michael-mueller-verlag.de

Vielen Dank!

Herzlich danken möchten wir Michał Jakubczyk vom Krakauer Amt für Promotion und Tourismus für die technische Erleichterung unserer Recherchen, Iwona Derecka-Weber und Daria Jędrych von der Deutsch-Polnischen Gesellschaft Mainz-Wiesbaden für die Einladung zum Vortrag „Krakau zwischen Magie und Moderne" und natürlich folgenden Lesern für wertvolle Tipps und interessante Hinweise: Jeanine & Marcus Binder, Lucyna Bohlender, Nicola Bräunling, Hans-Jürgen Breustedt, Andrea Ehlert, Elisabeth Gschaider, Jörg Hagemann, Alexander zu Hohenlohe, Dr. Olaf Höper, Dirk Jurgasch, Gabi Karpp-Homeyer, Monika Huber, Sigrid Kohlmann, Robert Lambrechts, Eva Landauf-Todt & Robert F. Todt, Matthias Pfeiffer, Michael Pohl, Ingrid Rehm, Tatjana Saraco, Raimund Schriek, Werner & Elke Schütz, Eugen Stangl, Ralph Thiel, Christiane Thiemt, Franziska & Alex Walser, Elisabeth Weissbacher, Elke Wilhem-Meuleneers, Lana Willenbrock, Dr. Dieter Wohlenberg.

Dziękujemy panu Markowi Gancarczykowi oraz panu Hubertowi Waguli (MPK S.A. Kraków) za współpracę w budowaniu części praktycznej przewodnika.

 Mit dem grünen Blatt haben unsere Autoren Betriebe hervorgehoben, die sich bemühen, regionalen und nachhaltig erzeugten Produkten den Vorzug zu geben.

Krakau: Die Vorschau

Wenn an manchen Tagen im Frühling und im Herbst Nebelschwaden die architektonischen Meisterwerke verhüllen, wirkt Krakau fast mystisch. Vielleicht sind diese Dunstschleier mit dafür verantwortlich, dass sich die Stadt mit dem Attribut „die Magische" schmückt. Doch der Zauber geht über die Pracht ihrer Bauwerke weit hinaus. Der Krakauer Schriftsteller und Satiriker Tadeusz Boy-Żeleński bezeichnete seine Heimatstadt treffend als Heimat der Einbildungskraft. Und dieses immaterielle Krakau lebt von den Legenden und Liedern, den Gedichten, Romanen und Kunstwerken, die hier entstanden sind und immer noch entstehen.

Keine Frage, Krakau trägt den Titel „die Magische" zurecht – hier geht es sinnlich und übersinnlich zu, statt nüchtern und rational. Und wenn die Zeit zwischen den alten Mauern auch zu verharren scheint, ist in Krakau doch ein rasantes Tempo in Richtung Zukunft spürbar. Zu erleben ist das ironischerweise auch in den mittelalterlichen Kellergewölben, in denen feine Restaurants und heiße Clubs ihren Gästen Einblick in das verborgene Krakau gewähren. Dass inzwischen rund zehn Millionen Menschen die Stadt alljährlich besuchen, wundert nicht: Sie erleben Krakau als einen magischen Ort – und zugleich als einen Ort, der aus dem Dornröschenschlaf aufgewacht ist.

Weltkultur, Musik und Künste

Krakaus gesamtes Zentrum gehört zum UNESCO-Weltkulturerbe. Wer die Stadtmitte einmal gesehen hat, fragt nicht warum, denn rund um den Marktplatz reiht sich ein sehenswertes Gebäude

ans andere. Mit etwas Glück kann man dort einen der vielen Restaurateure, für die Polen in aller Welt berühmt ist, bei der Arbeit beobachten – eine Arbeit, die Spuren hinterlässt: Obwohl abblätternder Putz an noch nicht sanierten Häusern seinen Charme hat, sieht man ihn immer seltener, am ehesten noch in den Stadtteilen außerhalb des Zentrums.

Krakau ist nicht nur „Welterbe". Krakau ist Polens Kulturhauptstadt. Und Krakau ist erfüllt von Musik – seit Jahrhunderten gilt die Stadt als Muse der Künstler. Für die Jazzszene zählt sie gar zu den bedeutendsten Zentren weltweit, aber auch Liebhaber klassischer Musik kommen hier auf ihre Kosten. Nicht zuletzt ist Krakau eines der traditionsreichsten, bedeutendsten Zentren des jüdischen Lebens in Europa – und eine Stadt des Klezmer, der traditionellen jüdischen Volksmusik.

Kathedralen, Kirchen, Synagogen

Der Wawel, die Königsburg, scheint auf die verschiedensten Religionen eine große Anziehungskraft auszuüben. So war der Hügel schon lange vor der Christianisierung eine Kultstätte, heute findet man hier die Kathedrale mit den Sarkophagen der polnischen Könige. Das Krakau unserer Zeit ist eines der wichtigsten Zentren für Katholiken; die Schatzkammern der Kirchen bergen zahlreiche Reliquien, die für Gläubige aus aller Welt Grund für eine Pilgerreise nach Krakau sind. Aber auch kunsthistorisch sind die christlichen Gotteshäuser sehenswert. Der Stadtteil Kazimierz hingegen zieht vor allem Menschen jüdischen Glaubens an, die hier in die eigene Geschichte und in das Leben der Vorfahren eintauchen. Ihre Synagogen, Friedhöfe und Plätze sowie die wiederer-

Krakau: Die Vorschau

wachte jüdische Kultur stoßen auch bei nichtjüdischen Besuchern auf großes Interesse.

Kurze Tage, lange Nächte

In Warschau wird das ganze Jahr gearbeitet, in Krakau nur im Winter, den Rest des Jahres wird gefeiert – behauptet eine Krakauer Redewendung. Auch wenn dieser Spruch nicht annähernd stimmt, verrät er doch viel über die Selbsteinschätzung der Krakauer. Und tatsächlich: In den mittelalterlichen Gewölben unter dem Rynek, dem größten mittelalterlichen Platz der Welt, oder im angesagten Kazimierz – überall werden die Nächte lang. Im Sommer sind Kneipen und Clubs oft rund um die Uhr geöffnet, und die Atmosphäre bestätigt jedes Klischee eines gelungenen Russendisko-Abends. Um falschen Eindrücken entgegenzuwirken: Gearbeitet und studiert wird natürlich ebenso besessen,

aber zielstrebiger und vor allem nüchterner als an den Tresen und auf den Tanzflächen. Treibende Kraft sind die rund 150.000 Studenten. Das studierende Fünftel der Krakauer Bevölkerung sorgt für Lebendigkeit und jugendliches Flair – versinnbildlicht durch auffallend viele Musikinstrumente und Kunstmappen, die über die Schulter gehängt durch die Straßen getragen werden und Krakaus Ruf als Kulturschmiede bezeugen.

Deftiges und Feines

Noch immer gilt: Am besten isst man in Krakau polnisch. Doch vieles hat sich in den letzten Jahren verändert, vor allem die französische und italienische Küche hat sich durchgesetzt, vermutlich, weil sie zur deftigen lokalen Küche eher leichte Akzente setzt. Und so suchen die Köche immer öfter nach Wegen, die alten Rezepte zu variieren, die häufig Einflüsse aus österreichisch-ungarischer

Zeit erkennen lassen. Auch die nahe Bergwelt, die mit ihrer deftigen Kost mehr zu bieten hat als den bekannten Oscypek-Käse, scheint mit ihren Ausläufern bis in die Krakauer Restaurants hineinzureichen. Kurz gesagt: Krakau ist ein Paradies für Gourmets, die offen sind für alte und für neue Geschmackserlebnisse.

Frisch Verliebte, junge Eltern

Ob ein romantisches Wochenende zu zweit, ob Flitterwochen oder ein längerer Aufenthalt: Krakau ist eine Stadt der Liebe und für Verliebte. Heimelige Cafés und Restaurants, mittelalterliche Gewölbe und Plätze, Kirchen, Museen oder die Weichselufer und grünen Parks sind die romantische Kulisse für Eindrücke, die wohl lange in Erinnerung bleiben. Übrigens auch bei Kindern, selbst wenn die wenigsten von ihnen begeisterte Städtereisende sind: Krakau bietet den Kleinen viel, damit es nicht öde wird. Wo sonst könnte man eine Drachenhöhle besichtigen, wo die Figuren der Märchen und Mythen in der Stadt herumlaufen sehen, und wo gibt es so viele Tiere und Monster an Häuserfassaden zu entdecken? Auch die Leckereien in den Cafés, ein Besuch im Wasserparadies Park Wodny oder die Tiere im Zoo helfen, den Familienfrieden zu sichern. In den meisten Rundgängen finden Sie Hinweise für kindgerechte Unternehmungen, die auch Eltern begeistern. Und falls gar nichts mehr geht: Mit einem der kleinen grünen Stoffdrachen beschenkt, die überall zu kaufen sind, wird auch ein längerer Besuch in Kirchen oder Museen verziehen.

Nirgendwo lebt man so sehr von der Kraft der Einbildung und so wenig von der Realität wie in Krakau.

Tadeusz Boy-Żeleński (1874–1941), Krakauer Schriftsteller und Satiriker

Das Collegium Novum spiegelt sich in einer herbstlichen Pfütze

Hintergründe & Infos

Im unterirdischen Museum unter dem Marktplatz taucht man in Krakaus mittelalterliche Geschichte ein

Stadtgeschichte

Krakau ist so reich an historischen Legenden, dass man fast die ganze Stadthistorie mit ihnen erzählen könnte. Neues und Verblüffendes haben Ausgrabungen besonders in den letzten Jahren ans Tageslicht gefördert.

In den letzten Jahren wurden sowohl auf dem Marktplatz als auch im übrigen Stadtgebiet bei Bauarbeiten immer wieder Funde gemacht, die beispielsweise die Daten der frühesten Besiedlung nach vorne verschoben oder bisher als sicher geltende Erkenntnisse in Frage stellten. Unbestritten bleibt aber der Gründungsmythos, nach dem der spätere König Krak die Stadt auf dem heutigen Wawel-Hügel errichtete. Dies ist aber nur eine der vielen überlieferten Erzählungen. So wurde ebenfalls auf dem Wawel die Kirchturmglocke gegossen, die dem beliebten König Zygmunt Stary gewidmet ist. Laut Legende soll sie ein Hofmusiker zu Ehren des Herrschers mit Saiten aus seiner Laute verziert haben, wovon noch heute ihr außergewöhnlicher Klang zeugt. Wesentlich düsterer hingegen ist die Prophezeiung, die besagt, dass das Ende der Stadt, ja der ganzen Welt kommen wird, wenn die an der Kathedrale auf dem Wawel hängenden Knochen eines Tages herunterfallen sollten …

Weitere Legenden des magischen Krakau finden Sie in den Stadtrundgängen, das folgende Geschichtskapitel ist etwas nüchterner gestaltet. Das Wissen um die eigene Geschichte hat in Polen übrigens einen hohen Stellenwert. Die vorgestellten historischen Ereignisse sind also fast allen Krakauern präsent.

Von den Anfängen bis zur Römerzeit

Schon um 50.000 v. Chr. gab es die ersten Siedlungen auf dem Wawel-Hügel und im Gebiet des heutigen Krakau. Eine dauerhafte Besiedlung lässt sich aber erst 30.000 Jahre später belegen. Die Gründe für die Ansiedlung waren sicher der nahe Fluss und das relativ milde Kesselklima. Die Salzfunde in der Umgebung sollten diese Anziehungskraft aber noch übertreffen: Der Salzabbau ist bereits für mindestens 1400 v. Chr. belegt. Später, als Gewürze und das Lebensmittel konservierende *Salz* ungemein kostbar waren, wurden Hunnen und Kelten von ihm angelockt. Erstere ließen sich ab dem dritten, letztere ab dem zweiten vorchristlichen Jahrhundert um Krakau nieder. Archäologen entdeckten nahe der Weichsel komplette Siedlungen mit Lagerräumen und Werkstätten. Auch die *Römer* pflegten Handelsbeziehungen zum nahe an ihren Herrschaftsbereich grenzenden Krakau.

Weichselstaat und die Dynastie der Piasten

Nach der großen Völkerwanderung veränderten sich die Machtverhältnisse im heutigen Südpolen. Von entscheidender Bedeutung ist die Ankunft der Slawen im 6. Jh., vor allem der beiden Stämme der Wislanen und Polonen. Die Wislanen gründeten den später sogenannten Weichselstaat mit Krakau als Zentrum, der gegen Ende des 9. Jh. im Mährischen Reich aufging. Die erste schriftliche Erwähnung der Stadt aus dem Jahr 965 geht auf einen aus Cordoba stammenden Kaufmann arabisch-jüdischer Herkunft zurück. Der exotische Name Ibrahim Ibn Jakob ist allein schon Indiz für die frühe Bedeutung Krakaus als Handelsplatz an der Bernstein- und Salzstraße.

Mit dem Ende des ersten nachchristlichen Jahrtausends begann dann, was Historiker die Dynastie der Piasten nennen und gleichbedeutend mit der Entstehung Polens ist. Ihr Stammesfürst Mieszko I. ließ sich taufen und christianisierte in der Folgezeit sein ganzes Reich, in dem Krakau mit seinen 3000 Einwohnern schon im Jahr 1000

zum Bischofssitz wurde. Von Mieszkos Enkel, Kazimierz Odnowiciel (dem „Erneuerer") heißt es, dass er Holz zu Stein verwandelte. Gemeint ist damit, dass vor seiner Herrschaft ab 1034 die Häuser fast ausschließlich aus Holz gebaut worden waren und bis zu seinem Tod 1058 Stein zum bevorzugten Baumaterial wurde. Tatsächlich erneuerte er das Land und vor allem Krakau, das er 1038 anstelle des zerstörten Gniezno zur Hauptstadt erklärte. Ein erstes Aufblühen der Stadt wurde aber schnell durch Konflikte zwischen Angehörigen des Adels und der Kirche gebremst. Diese Konflikte gipfelten in dem heimtückischen Mord Bolesławs II. Śmiały (des „Kühnen") an dem später heiliggesprochenen Bischof Stanisław. Der König musste daraufhin fliehen und wurde später in seinem ungarischen Exil vergiftet. Überhaupt gewann die Kirche schon früh großen Einfluss auf das Land, schon in den ersten zwei Jahrhunderten nach Gründung des Bistums Krakau wurden zahlreiche Gotteshäuser gebaut – in Krakau und in ganz Polen. Die angebliche Christianisierung der heidnischen Ostgebiete mit Unterstützung des Deutschen Ordens ab 1226 war also eher Expansionspolitik ohne religiösen Hintergrund.

Den großen Einfall der Tataren im Jahr 1241 überstanden die Bewohner der Stadt nur auf dem befestigten Wawel und dem benachbarten Stadtteil Okół, der Rest der Stadt wurde zerstört. In der Folgezeit wurde Krakau von wiederholten Angriffen der Tataren geschwächt. Erst mit der Gewährung der vollen Stadtrechte 1257 unter Bolesław Wstydliwy (dem „Keuschen") errichtete man Mauern um die bis dahin unbefestigte Bürgerstadt, die bald 17.000 Einwohner zählte. Innerhalb der Mauern wurde der an ein Schachbrett erinnernde und noch heute erhaltene Stadtaufbau vollendet, wobei ältere Straßen und Plätze geschickt in die neue Ordnung eingegliedert wurden. Die heutigen

Vororte Kazimierz und Kleparz bekamen 1335 bzw. 1366 ebenfalls die Stadtrechte zugesprochen. In diese Zeit fiel die Gründung der Krakauer Akademie 1364 nach italienischem System (von der Kirche unabhängige Hochschule mit zahlenden Studenten) durch Kazimierz Wielki (den „Großen"). Viele Deutsche und Juden wanderten in die Stadt ein, weil sie hier ein liberales Klima vorfanden, das Religionsfreiheit und Toleranz garantierte. Vor allem die Juden wussten nach den Pestpogromen in Westeuropa Polen als „Land der goldenen Freiheit" zu schätzen; und dass die beiden Silben *Po* und *lin* im Hebräischen zusammengesetzt „hier Ruhe" bedeuten, galt als verheißungsvolles

Omen. In Krakau lebten sie in Gemeinschaft mit den polnischen und den deutschsprachigen Einwohnern der Stadt. Diese Einwanderer aus den Reichsstädten profitierten dabei von den bereits etablierten deutschen Patriziern, die ihnen vor allem im 13. Jh. Privilegien in der offenen und germanophilen Stadt zugesichert hatten. Erst um 1400 wurde eine Polonisierung des deutschen Bürgertums vorgeschrieben. Beide Integrationsprozesse verliefen übrigens weitgehend friedlich. Nur vereinzelt gab es Übergriffe gegen Minderheiten, wobei die von den Königen geschützten Juden wesentlich weniger und seltener verfolgt wurden als im übrigen Europa.

Schwere Last und fröhliche Tradition

Über Jahrhunderte hinweg bedrohten die Tataren die Stadt und zerstörten sie mehrmals. Umso bedeutender ist der Sieg gegen die Angreifer von 1287, nach dem die Flößer mit den erbeuteten Kleidungsstücken der Tataren einen Freudenzug durch die Stadt veranstalteten. Diesem Ereignis wird gedacht, wenn jedes Jahr an Fronleichnam eine bunte Prozession von Zwierzyniec (→ Rundgang 11) durch Krakau bis zum Rynek führt. Der von 18 musizierenden Flößern begleitete und von einem berittenen Tataren nachempfundene Lajkonik steckt in einem von Stanisław Wyspiański entworfenen Kostüm und verteilt Schläge mit einem kleinen Stab. Eine solche Berührung verheißt Glück, und da wundert es nicht, dass der Anführer der Prozession überall mit Geld willkommen geheißen wird. Die zugesteckten Scheine dürften die 30 kg schwere Last des Kostüms, das der Lajkonik acht Stunden lang mit sich herumschleppen muss, etwas leichter ertragen lassen. Das Kunstwort Lajkonik lässt sich übrigens nicht übersetzen, die Endung „konik" (Pferdchen) bezieht sich aber auf den im Kostüm eingearbeiteten Pferdekopf.

Hölzerner Lajkonik

Dynastie der Jagiellonen: Polens goldenes Zeitalter

Kazimierz Wielki (dem „Großen") blieb die Geburt eines Sohnes verwehrt. Seine erst 12-jährige Großnichte Jadwiga wurde deswegen aus taktischen Gründen dem litauischen Herrscher Jagiełło versprochen. Gemeinsam schlugen die vereinigten Königreiche nach dem frühen Tod der Königin Jadwiga den vor allem im westlichen und nördlichen Polen starken Deutschen Orden 1410 in der Schlacht von Tannenberg, dem polnischen Grunwald. Damit wurde Polen zum damals mächtigsten Reich zwischen Ostsee und Schwarzem Meer. Wie so oft in der Geschichte brachte die politische Stärke kulturelle Fortschritte. Jagiełło reformierte die Universität, die bis zum heutigen Tag nach ihm benannt ist. Im 15. Jh. zählte sie dann zu den wichtigsten geistigen Zentren des Kontinents, die Stadt selbst war ein Anziehungspunkt für Künstler und Freigeister. Kopernikus fand hier den fruchtbaren Nährboden für sein neues revolutionäres Weltbild. Von 1430 bis 1478 war Krakau bedeutende Hansestadt wegen der Transithandelsbeziehungen seiner Kaufleute nach Osteuropa und dem Orient. Auch die Renaissance hielt früh Einzug in Krakau. Wie in südlicheren Gefilden führte diese geistige Wende zu einer nicht für möglich gehaltenen Veränderung des Lebens. Die erste Druckerei entstand 1473, die Kunst wurde von allen Seiten gefördert, und Polen wurde zu Europas fortschrittlichstem und liberalstem Land. König Zygmunt I. Stary (Sigismund der Alte) heiratete die Tochter des Herzogs von Mailand, Bona Sforza, die Künstler, Gemüse, Kochrezepte und neue Ideen mitbrachte. Die Stadt und der Hof wurden in diesen Jahren zunehmend attraktiver und zogen viele Gelehrte und Künstler aus ganz Europa an. Die Auswirkungen dieser Blütezeit kann man noch heute in der gesamten Stadt besichtigen. Krakau war geradezu ein multikulturelles und vielsprachiges Zentrum Europas, unter den 20.000 Bewohnern waren auch viele Deutschstämmige. Die Glaubensfreiheit wurde trotz der einflussreichen katholischen Kirche bereits 1573 garantiert. Bis 1572 wirkte auch der bedeutende Rabbiner und Philosoph Moses Isserles (genannt Remuh) in der Stadt, ein Vorfahre der berühmten Berliner Mendelssohn-Familie. Der einzige Bruch zeigt sich in der mit dem Vorwurf der Brandstiftung begründeten Vertreibung der Juden aus der Stadt nach Kazimierz im Jahr 1495 unter König Jan Olbracht. Doch bereits zehn Jahre später war die Situation der ansässigen Juden wieder besser als in jedem anderen Land Europas. Zygmunt (Sigismund II.) August gelang es, die Errungenschaften seines Vaters, mit dem er zeitweise zusammen regierte, weiterzuführen. Erst mit seinem Tod im Jahr 1572 endete Polens goldenes Zeitalter.

Die Teilungen Polens und Fremdherrschaft der Habsburger

Sigismund II. August war kein Sohn vergönnt, weshalb die Thronfolge ab 1573 durch die Versammlung der Adligen in einer Wahl bestimmt wurde. Diese Abhängigkeit des Königs vom Adel führte zwangsläufig zu Machtkämpfen innerhalb der Aristokratie. Taktische Erwägungen, Bündnisse und Konflikte zwischen höherem und niederem Adel führten zu unvorteilhaften Entscheidungen. Viele Könige stammten aus nichtpolnischen Häusern, wovon sich die Adelsfamilien sowohl eine größere Einflussnahme auf den König als auch einen Machtgewinn in Europa versprachen. Die ab 1587 in Polen regierende katholische Linie der Waza-Dynastie reklamierte Ansprüche auf den russischen und den heimatlichen schwedischen Thron der protestantischen Linie, was in dem schon vom inneren Zerfall bedrohten Land an Größenwahn grenzte. Viel schwerwiegender war aber – witzeln zumindest die Krakauer – die von Zygmunt III. Waza initiierte Verlegung des königlichen Hofes im Jahr 1609 nach Warschau, das somit zur neuen Hauptstadt wurde. Jedenfalls war die Schwäche des Landes ein gefundenes Fressen für Polens Nachbarn. Die Kosaken und die Schweden richteten schwere Schäden an. In der Zeit der drei polnischen Waza-Könige blutete das Land aus und verlor etwa ein Drittel seiner Bevölkerung. Im selben Zeitraum musste sich Polen zudem noch gegen die Türken wehren, was erst unter Jan III. Sobieski von Erfolg gekrönt war. Der Entscheidungsschlacht 1683 vor Wien unter seinem Oberbefehl folgte die Heilige Antitürkische Liga der europäischen Länder, die die Zurückdrängung des Osmanischen Reichs auf dem Verhandlungsweg sicherte. Die wiederholt unterbrochene Regierungszeit Augusts II. Mocny (des „Starken") von 1697 bis 1733 war von den erwähnten Machtkämpfen und -spielen des Adels bestimmt. Der fließend Polnisch sprechende König aus Sachsen wurde in den Thronfolgekriegen mit seinem Konkurrenten Stanisław Leszczyński aufgerieben. Eine weitsichtige Politik der Könige war nicht mehr möglich. In den dadurch begünstigten Teilungen Polens wurde das Land nach und nach von seinen expansiven Nachbarn Russland, Preußen und Österreich-Ungarn verschluckt. Sah es nach der ersten Teilung 1772 noch so aus, als ob sich Polen durch Modernisierung und die erste moderne Verfassung Europas erholen könnte, beendete die zweite Teilung 1793 alle Hoffnungen, und schon bald sollte Polen für ein Jahrhundert ganz von der Landkarte verschwinden. Nach der dritten Teilung Polens im Jahr 1795 besetzte das Habsburgerreich außer dem schon zuvor eroberten südlichen Teil des Landes auch Krakau. Dieses Galizien genannte Gebiet erfuhr in

den folgenden Jahrzehnten eine rasche Änderung der Herrschaftsverhältnisse, meist jedoch unter österreichischer Kontrolle. Mal gehörte die Stadt zum Einflussgebiet des Großfürstentums Warschau, mal musste man auf russische Weisungen hören. Der kurze Zeitraum zwischen 1815 und 1846 als freie Stadt unter dem Namen Republik Krakau und damit als einziges polnisches Überbleibsel führte auch nicht zur angestrebten Eigenständigkeit. Viele Krakauer Intellektuelle und Politiker flohen nach den Teilungen nach Paris, der Hochburg der polnischen Exilanten. Dieselben Ereignisse führten zu einer Romantisierung der Situation unter den Progressiven im Ausland. So war auf dem Hambacher Fest 1832 eine regelrechte Polenbegeisterung zu spüren, es kam zur Verbrüderung der liberalen Kräfte Deutschlands und Polens. Die als Krakauer Aufstand in die Geschichtsbücher eingegangene Revolte gegen die österreichische Fremdherrschaft im Jahr 1846 scheiterte jedoch genauso wie die landesweiten Versuche 1830, 1848 und 1863.

Erst als die Habsburgermonarchie schwächelte, wurde Galizien eine weitreichende Autonomie zugestanden. Von da an gab es eine gegenseitige Befruchtung der beiden Städte Wien und Krakau, die sich auch in der zunehmenden Industrialisierung und einem Anstieg der Bevölkerung auf 65.000 im Jahr 1880 und sogar 150.000 im Jahr 1910 spiegelte. Der „gute Kaiser" Franz Joseph wurde für seinen positiven Einfluss auf das neue Zentrum Polens sehr geschätzt – heute noch gibt es kaiserliche „Fanclubs"! Die fortschrittlichen Entwicklungen der Jahrhundertwende begünstigten viele bedeutende Künstler, die das Stadtbild stark veränderten. Mit dem künstlerischen Aufbruch verbunden waren nationale Bestrebungen, die durch die Nichtexistenz eines eigenen Staates genährt wurden. Auch die katholische Kirche war ein Hort der Freiheitskämpfer, was bis heute einen Teil ihres Einflusses auf die polnische Gesellschaft erklärt. Die endgültige Befreiung von der Fremdherrschaft gelang dem in Polen als Volksheld verehrten Józef Piłsudski am Ende des Ersten Weltkriegs von Krakau aus. Trotz späterer Kritik blieb der Feldherr vor allem als Identifikationsfigur im Gedächtnis, der nicht nur militärische Erfolge erzielte, sondern auch den Nationalismus verhinderte, die Juden in das neue Polen integrierte und das Land einte.

Zwischenkriegsjahre und nationalsozialistische Besetzung

Im Versailler Vertrag von 1919 war in Übereinstimmung mit einem polnischen Parlamentsbeschluss vorgesehen, dass Krakau und die umliegenden Gebiete unter vormals österreichischer Herrschaft dem seit 1918 wieder auf der Landkarte verzeichneten Polen eingegliedert werden sollten. Dieser Entscheidung folgten im Polnisch-Sowjetischen Krieg bis 1922 Eroberungen im Osten unter dem Oberbefehl des schon erwähnten Piłsudski. Der junge Staat entwickelte sich in dem viel zu kurzen Zeitraum zwischen den beiden Weltkriegen wie auch die Weimarer Republik schnell. Vor allem in künstlerischer und gesellschaftlicher Hinsicht wurde Krakau neben Lemberg und Warschau zur wichtigsten Stadt. Doch wirtschaftliche Probleme und Zorn über mangelnde Verteilungsgerechtigkeit prägten ebenso diese Zeit des Aufbruchs. Ein Beleg dafür ist der Arbeiteraufstand von 1923. Kurz nach dem Ausbruch des Zweiten Weltkriegs wurde Krakau dann von den deutschen Truppen besetzt und zum Sitz des „Generalgouvernements" gemacht. Die Hoffnung in der Stadt starb zuerst. Die Besatzer zerstörten Kunstschätze und begegneten der Bevölkerung mit hasserfüllter Arroganz. Viel schlimmer aber waren die Folgen, als der antisemitischen Ideologie der Nazis Taten folgten. Die in Kazimierz lebenden Juden wurden verschleppt und fast ohne Ausnahme in dem Ghetto in Podgórze oder den Konzentrationslagern von Płaszów und Auschwitz umgebracht.

Mahnmal des neuen Museums in der Schindlerfabrik

Dieses Drama lässt sich in Spielbergs „Schindlers Liste" nachvollziehen. Der Film wurde an den tragischen Schauplätzen der Stadt gedreht (siehe Stadttouren 9 und 10). Doch nicht nur die jüdische Bevölkerung musste Qualen erleiden, einem großen Teil der Polen und vor allem der Elite des Landes erging es nicht besser. So wurden etwa kurz nach der Besetzung Polens namhafte Professoren und Universitätsmitarbeiter bei der sog. „Sonderaktion Krakau" festgenommen und in Konzentrationslager deportiert. Insgesamt starb in den Kriegsjahren fast die Hälfte der Krakauer Bevölkerung. Ein schwacher Trost war die fast völlige bauliche Unversehrtheit Krakaus bei Kriegsende. Ob dies an der „Schwäche" von Generalgouverneur Hans Frank lag, der gegenüber den Gebäuden der Stadt mehr Skrupel verspürt haben soll als gegenüber den Menschen, oder ob Zeitmangel wegen der herannahenden russischen Armee eine Zerstörung wie in Warschau oder Danzig verhinderte, bleibt letztendlich ungeklärt.

Sozialismus

Nach dem Krieg wurde Polen von der Sowjetunion besetzt und seine beiden Grenzen nach Westen hin verschoben. Schon Stalin zweifelte an der Willfährigkeit des neu gegründeten Staates und sollte Recht behalten. In Krakau wurde zur Zähmung des bürgerlichen Widerstands ein riesiges Stahlwerk aus dem Boden gestampft. Näheres über den um die Hütte erbauten Vorort Nowa Huta finden Sie im letzten Stadtrundgang (Rundgang 13). An dieser Stelle sei verraten, dass es ironischerweise vor allem die umworbenen Proletarier waren, die sich für die Kirche einsetzten und gegen den sozialistischen Staat rebellierten. Während sich die Elite des Landes nach dem Aufstand von 1956 eine gewisse Liberalisierung erkämpfte, die vor allem Künstlern und Intellektuellen wie Tadeusz Kantor, Krzysztof Penderecki oder Andrzej Wajda zugute kam, mussten die Arbeiter lange warten. Erst nach den auch im Osten als Aufbruchzeit erlebten späten 1960er Jahren gelang es der Kirche, zur bedeutenden Gegenmacht zu werden. Dies gipfelte 1978 in dem Pontifikat eines Krakauers. Schon kurz nach seiner Wahl besuchte Johannes Paul II. seine Heimatstadt und verkündete auf den Błonia-Wiesen: „Habt keine Angst!" Furchtlos wurde von diesem Moment an gegen das System gekämpft. Lech Wałęsa, der Anführer der Gewerkschaft Solidarność, schätzte seinen eigenen Anteil am Ende des Sozialismus für wesentlich geringer ein als den der Kirche und des letzten Papstes. Trotz eines verzweifelten Versuchs, die Lage Anfang der 1980er Jahre durch die Verhängung des Kriegszustandes in den Griff zu bekommen, war der polnische Freiheitswille, wie von Stalin vorhergesehen, stärker als die sozialistischen Repressalien. Die Frage, ob General Jaruzelski wegen eines drohenden Einmarsches der russischen Armee zu diesem Schritt gezwungen war oder nicht, wird wohl unbeantwortet bleiben. Fakt ist, dass der europäische Sozialismus in Polen endete, in Krakau vielleicht noch eher als in Danzig.

Krakau heute

Das Ende des Sozialismus mit den ersten freien Wahlen im Jahr 1989 bedeutete für Krakau den Auftakt für eine bis zum heutigen Tag stattfindende Aufholjagd im wirtschaftlichen und administrativen Bereich. Die Infrastruktur wurde verbessert und vernachlässigte Restaurierungsarbeiten begonnen. Wer die Stadt in den 80er Jahren gesehen hat, dann wieder in den 90ern und erneut heute, wird jeweils ein vollkommen anderes Krakau erlebt haben. Doch die wichtigsten Arbeiten sind abgeschlossen, den Wettkampf um Europas größte Baustelle überlässt man heute nur allzu gern den beiden Hauptstädten Berlin und Warschau. Interessant wird jetzt vor allem sein, wie die gut durchdachten Pläne für die Vororte umgesetzt werden und ob die Mittel für eine weitere Verbesserung der Straßenanbindungen und des öffentlichen Fernverkehrs ausreichen werden.

Am Beginn dieses Kapitels wurde erwähnt, dass Salz die wirtschaftliche Grundlage für die Stadt legte. Das Salz der Gegenwart ist unter anderem der Tourismus, der unaufhaltsam ansteigt. Derzeit besuchen jährlich fast 10 Millionen Menschen die Stadt, bei stetigen Zuwächsen. Obwohl sich die Goldgräberstimmung in Mittel- und Osteuropa etwas gelegt hat, bleibt die Lage für Investoren günstig, wobei Krakau von der Vielfalt seiner Wirtschaftszweige profitiert. Nicht zuletzt die Veranstaltungen als Europäische Kulturhauptstadt im Millenniumsjahr, der Beitritt Polens zur EU 2004 und die 750-Jahr-Feierlichkeiten zur Stadtgründung 2007 brachten die „magische Stadt" zurück ins Blickfeld Europas. Umso seltsamer (und in Krakau Anlass für Verschwörungstheorien), dass die Stadt nicht zu den Austragungsorten der Fußball-EM 2012 zählte, obwohl sie von der UEFA in allen Kategorien wie Infrastruktur und Hotels Bestnoten erhalten hatte.

Dieses Geschenk der einstigen UdSSR steht heute in Nowa Huta

Der neugestaltete Plac Szczepański mit dem Kunstpalast
im Hintergrund gefällt nicht nur Kindern

Kunst- und Kulturschaffen

Wer die Bauwerke der Stadt als Krakaus wichtigsten Schatz bezeichnet, macht es sich zu einfach. Prägend war und ist vielmehr ein für Künstler einzigartiger Raum der Inspiration.

Viele der Kreativen sind nicht nur einer Kunstform, sondern gleich mehreren verpflichtet. So könnte man bei Pendereckis Kompositionen getrost von Klangarchitektur sprechen, bei Wyspiański von in Glas gemalter Poesie und bei Wajdas Filmbildern von gemalten Kameraeinstellungen. Was an dieser Stelle vielleicht hochtrabend klingen mag, ist von den Künstlern durchaus beabsichtigt. Die Kunstschaffenden der Stadt haben immer schon über das eigene Schaffen reflektiert und versucht, Verbindungen zu anderen Ausdrucksformen zu schaffen. Krakau sollte aus diesem Grund als Gesamtkunstwerk verstanden werden, das alle Sinne anspricht. Man kann es mehr als nur sehen ...

Architektur

Die ältesten vom Menschen geschaffenen Überbleibsel in Krakau haben für uns heute eine etwas seltsame Form. Es handelt sich dabei um die zwei der vier Hügel, die beide keltischen Ursprungs sind: der Kopiec Wandy im Osten und der Kopiec Krakusa am südlichen Stadtrand. Von der **vorchristlichen Kunst und Architektur** blieb nach den Tatarenangriffen des 13. Jh. aber wenig erhalten. Vereinzelte Überreste sind in den städtischen Museen ausgestellt, so auch das Original des vor dem Wawel stehenden **Światowid**; die im Archäologischen Museum ausgestellte Statue zeigt einen viergesichtigen heidnischen Gott.

Mit der neuen Religion verbreitete sich ab der ersten Jahrtausendwende die christliche Kunst. Mit den Mönchen, vor allem den Benediktinern, kam die **Romanik** nach Krakau. Aus dieser Zeit sind vor allem noch Krypten in vielen der Kirchen erhalten, wovon in erster Linie die der Kathedrale auf dem Wawel bemerkenswert ist. Ein weiteres romanisches Bauwerk, das Sie besichtigen sollten, ist die **Kościół Św. Andrzeja** (St.-Andreas-Kirche; erb. 1079–1098), die als einzige der 360 Kirchen Krakaus bei den Tatarenangriffen nicht zerstört wurde. Romanische Fundamente und Bruchstücke sind auf dem **Wawel** sowie in der **Kościół Św. Wojciecha** (St.-Adalbert-Kirche; erb. 997) auf dem Rynek vorhanden. Ursprünglich Romanisches lässt sich in Krakau an einer Besonderheit identifizieren: Da die Stadt nach den Zerstörungen durch die Tataren vollkommen neu und streng konzipiert wurde, stehen die Kirchen in der historischen Altstadt oft schräg und versetzt zwischen den Straßen und Plätzen. Das prominenteste Beispiel dafür ist die **Kościół Mariacki** (Marienkirche; erb. 1221–1222).

Wesentlich prägender für das heutige Stadtbild ist die **Gotik**. Wie so oft in Krakaus Geschichte waren von der Kirche beauftragte Baumeister die Vorreiter des neuen Stils, der mit den Zisterziensern, später den Dominikanern und Franziskanern nach Polen kam. Im Zentrum haben sie alle gotische Kirchen hinterlassen. Die am häufigsten besuchte ist die **Kościół Mariacki** (Marienkirche, Neubau Ende 13. Jh.) auf dem Rynek. Nicht weniger imposant sind die **Bazylika Franciszkanów** (Franziskanerbasilika, um 1255), die **Katedra** (Kathedrale, erb. 1320–1364) auf dem Wawel sowie in Kazimierz die **Kościół Bożego Ciała** (Fronleichnamskirche, um 1340). Alle diesen architektonischen Schätze sind aber nur aus einem Grund erhalten geblieben: 1285 wurden die starken Stadtmauern im gotischen

Stil errichtet, die bis auf das Stadttor **Brama Floriańska** (um 1300) und den festungsartigen Torvorbau **Barbakan** (Barbakane, Fertigstellung 1499) aber längst abgerissen wurden. Geschützt von diesen Mauern konnten auch der **Wieża Ratuszowa** (Rathausturm, 13./14. Jh.) und Teile des **Collegium Maius** die Zeiten überdauern. Viele der Bürgerhäuser auf dem Marktplatz zeigen ebenfalls gotische Elemente. Beispiele sind die Fassade der **Kamienica Pod Orłem** an der Einmündung zur ulica Floriańska oder das Gewölbe der **Kamienica Pod Jaszczurami** gegenüber der Adalbertkirche.

Mit Polens goldenem Zeitalter hielt die **Renaissance** Einzug in die Stadt. Zum ersten Mal waren auch königliche, städtische und private Bauvorhaben prägend bei der Durchsetzung des neuen Stils.

Schiefstehende Gotik:
der Rathausturm auf dem Rynek

So sind die **Sukiennice** (Tuchhallen, erb. 1556–1559) auf dem Rynek ebenso ein Paradebeispiel wie die **Willa Decjusza** (Villa Decius, 1530) in der Nähe des Stadtwalds. Von italienischen Besuchern hört man in der **ulica Kanonicza** immer wieder denselben Scherz: „Da hätten wir gleich nach Florenz fahren können." Und auch das **Zamek Królewski** (Königliches Schloss, Umbau 1504–1515) und die **Kaplica Zygmuntowska** (Sigismundkapelle, erb. 1519–1533), die beide auf dem Wawel stehen, weisen verblüffende Ähnlichkeiten mit der italienischen Renaissance auf. Dies ist nicht verwunderlich, da während und nach der Herrschaft der aus Mailand stammenden Königin Bona Sforza (1494–1557) zahllose Künstler aus dem Geburtsland der Renaissance nach Krakau kamen. Unter ihnen waren **Giovanni Ma-**

An der Fassade des Słowacki-Theaters finden sich viele Stilelemente

ria Padovano (1493–1574) und **Bartolomeo Berrecci** (1480–1537) sicher die bedeutendsten. Ihre größten Kunstwerke findet man auf dem Wawel.

Als Beispiele für den **barocken Stil** dominieren wieder Kirchen, weil durch die Verlegung der Residenz nach Warschau der Einfluss des Klerus gestärkt wurde. Herausragende Beispiele sind die **Kościół Św. Piotra i Pawła** (St.-Peter-und-Paul-Kirche, erb. 1597–1619) im Zentrum und die **Kościół Św. Floriana** (Florianskirche, erb. 1185, Neubau 1677–1684) in Kleparz, an der der spätere Papst Johannes Paul II. als Priester tätig war. In Kazimierz sollten Freunde des Barock die **Kościół Paulinów Na Skałce** (Paulinerkirche „Auf dem Felsen", 1733) besichtigen, deren Fassade durch eine gelungene Gestaltung der Gartenanlage betont wird. Herausragend unter den barocken Baumeistern der Stadt ist der aus den Niederlanden stammende Architekt **Tylman van Gameren** (1632–1706), unter dessen Leitung die **Kościół Św. Anny** (St.-Anna-Kirche, 1689–1705) entstand.

Von Mitte des 18. Jh. bis ins späte 19. Jh. mangelte es in Krakau an finanzieller und politischer Unterstützung für die zeitgenössische **klassizistische Architektur** – nicht zuletzt aufgrund der drei Teilungen und der Fremdherrschaft durch die Habsburger gibt es aus dieser Phase keine nennenswerten Beispiele. Charakteristisch für die Epoche des **Historismus** sind die Neuinterpretationen älterer Baustile. Das neugotische **Collegium Novum** (erb. 1883–1889) und die neoromanische **Kościół Felicjanek** (Felizianerinnenkirche, 1882–1884) stehen für diese Richtung. Keinen klar abgrenzbaren Stil weist das **Teatr Słowackiego** (1891–1893) auf. In dem Theatergebäude vermischen sich Renaissance-Einflüsse, barockes Interieur, Wiener Monumentalstil und an die Pariser Oper angelehnte Elemente zu einem verblüffend stimmigen Gesamteindruck.

Die Krakauer Variante des Jugendstils heißt **Młoda Polska** („Junges Polen") und dauerte etwa von 1895 bis 1914. Wie in Wien wurden spielerische und romantische Elemente in der Architektur verwendet, die auch heute noch an vielen Häusern in Krakau zu bewundern sind. Im Gegensatz zum übrigen Europa nahm der polnische Jugendstil weiterhin historistische Anleihen, zudem setzte man auch stark folkloristische Motive ein. Die Bewegung des Jungen Polens gruppierte sich um das Allroundtalent **Stanisław Wyspiański** (1869–1907). Er initiierte städtebauliche Projekte, war als Architekt tätig, gestaltete Glasfenster und gilt als Meister der Polychromie, d. h. die vielfarbige Ausschmückung von Innenräumen durch Fresken, Glasmalerei, Mosaike, Inkrustationen oder dekorative Malerei. Eine Besonderheit der Krakauer Kirchen ist die vielfältige Gestaltung der Wände und Decken mit mehreren dieser Techniken. Ein Beispiel für das Wirken Wyspiańskis ist in der Bazylika Franciszkanów (Franziskanerbasilika) zu sehen: Das Glasfenster **Bóg Ojciec – Stań się!** („Gottvater – werde!", 1897–1904), eines der bekanntesten und charakteristischsten Motive der Stadt, zeigt Gott bei der Erschaffung der Welt. Weitere sehenswerte Gebäude im Krakauer Jugendstil stehen im Viertel **Piasek**, wo vor allem **Teodor Talowski** (1857–1910) seine architektonischen Ideen verwirklichte. Bedeutende Architekten des Jungen Polens waren auch **Franciszek Mączyński** (1874–1947) und **Tadeusz Stryjeński** (1849–1943): Die Außenfassade des **Stary Teatr** (Umbau 1903–1905), der **Pałac Sztuki** (Kunstpalast) von 1901 und das **Dom Pod Globusem** („Haus Unter dem Globus") von 1904 zeigen ihre Varianten des verspielten Stils der Jahrhundertwende.

Klassizistische Formen kamen nach der Herrschaft der Habsburger dann doch noch in der Stadt an, allerdings erst viel später als historisierender **Neoklassizismus**, wie er gerne bei Monumentalbauten verwendet wurde. Gut ist das im Krakauer Stadtteil Kleparz am **Plac Matejki** zu sehen, wo die **Narodowy Bank Polski** (Polnische Nationalbank, 1921–1925) nur ein Beispiel ist. Ebenso eindrucksvoll ist das Gebäude der **Filharmonia** (1928–1931). Einige Fassaden der Bürgerhäuser auf dem Rynek wurden nach einem Brand im Jahr 1850 später mit historistischen und klassizistischen Stilelementen versehen.

Kaum in Krakau zu finden sind Gebäude in **modernen Baustilen** wie Funktionalismus, Expressionismus oder Neue Sachlichkeit. Eine Ausnahme bilden die in der Zwischenkriegszeit entstandenen Monumente in der **Aleja Mickiewicza**. Diese halbe Ringstraße war eigentlich als Boulevard der Moderne gedacht, doch die Pracht hielt sich allerdings noch zurück. Sehenswert sind trotzdem das **Muzeum Narodowe** (Nationalmuseum, 1934–1939, Fertigstellung erst 1989), die **Biblioteka Jagiellońska** (Jagiellonen-Bibliothek, 1930–1939) sowie die **Akademia Górniczo-Hutnicza** (Akademie für Bergbau und Hüttenwesen, 1923–1937). Abzuwarten ist, wann die Allee die nötige Neugestaltung erfährt, denn Ansätze für die ästhetische Entwicklung sind gegeben, nicht nur durch den Grünstreifen zwischen den Fahrbahnen.

Noch bevor Polen 1955 Teil des Warschauer Pakts geworden war, wurde versucht, die Gemeinsamkeit der sozialistischen Bruderstaaten auch in der Architektur sichtbar zu machen. Ironischerweise stand der **Sozialistische Realismus** aber in der Tradition der monumentalen Bauten rund um das Nationalmuseum, die es auch vor dem Krieg schon gegeben hatte. In Krakau gibt es gleich einen ganzen Vorort, in dem die Ziele des Sozialistischen Realismus hinsichtlich Konzeption und Kunst verwirklicht wurden. In **Nowa Huta** (→ Rundgang 13) stehen einige der Bauten, die allerdings auch bewusst an architektonische Traditionen der Stadt anknüpfen (v. a. an die Tuchhallen und weitere Renaissancebauten).

Schon 1956 wurde der von Stalin als Doktrin formulierte Sozialistische Realismus aufgegeben. Dennoch gab es im Anschluss daran keinen nennenswerten eigenen Stil. Stattdessen schoss an den Rändern der Stadt und in den Vororten ein Plattenbau nach dem anderen aus dem Boden. Fehlendes Geld, mangelnde Freiheiten und die typischen Organisationsprobleme des real existierenden Sozialismus sorgten für zahlreiche Bausünden, die der normale Tourist aber meist nicht zu Gesicht bekommt. Zwei der glücklicherweise nicht vielen Beispiele sind das **Hotel Cracovia** (1965) und der **Bunkier Sztuki** (Kunstbunker, 1960). Sehenswerte Ausnahmen liefert die sakrale Architektur, vor allem mit den beiden Kirchen **Arka Pana** („Arche des Herrn", 1967–1977) und **Kościół Matki Boskiej Częstochowskiej** (Kirche der Muttergottes von Tschenstochau, 1988–1994). Zwei interessante Bauruinen sind der auch Szkieletor genannte **Wieżowiec NOT** (1975–1979, unvollendet) sowie das inzwischen als riesige Plakatwerbewand genutzte **Hotel Forum** (1978–1989). Abgesehen davon wurde vieles inzwischen durch die umsichtige Stadtverwaltung abgerissen, modernisiert oder neu errichtet. Trotzdem fehlt es Krakau im Vergleich zu anderen europäischen Großstädten noch an einer zukunftsweisenden Architektur. Die Anstrengungen der vergangenen Jahre und Jahrzehnte galten verständlicherweise in erster Linie der Erhaltung und Restaurierung vorhandener Bauwerke. Eine erste Ausnahme ist das in den 90ern errichtete **Centrum Sztuki i Techniki Japońskiej Manggha**. Dieses Museum für japanische Kunst und Kultur steht gegenüber dem Wawel auf der anderen Seite der Weichsel. Verantwortlich dafür war ein japanisches Architekturbüro in Zusammenarbeit mit den Krakauer Kollegen des Ingarden-Ewy & Jet Ate-

lier. Die Form einer Welle – eine Reminiszenz an die berühmten Holzschnitte aus dem asiatischen Land – soll zugleich den Berührungspunkt zweier Kulturen symbolisieren. Spektakulär sind die 2007 eröffnete **Pawilon Wyspiański 2000** und der architektonisch ähnliche **Ogród Sztuki (Kunstgarten)** aus dem Jahr 2012, für die ebenfalls Krzysztof Ingarden der verantwortliche Architekt war, sowie die „Neue Stadt" rund um den Bahnhof und das Einkaufszentrum **Galeria Krakowska**, das 2008 den ICSC European Shopping Center Award für sein außergewöhnliches Design verliehen bekam. Pünktlich zur EM bekamen die beiden wichtigsten Krakauer Fußballvereine Cracovia und Wisła neue Stadien. Weitere architektonisch interessante Projekte sind im Bau bzw. in Planung, darunter das **Kongresszentrum ICE**, eine Veranstaltungs- und Sporthalle sowie das **Muzeum Tadeusza Kantora** (Tadeusz Kantor-Museum).

Plastik und Malerei, Plakatkunst, Fotografie und Karikatur

Der Altar in der **Kościół Mariacki** gilt als eines der schönsten gotischen Kunstwerke in ganz Europa. Der Künstler **Veit Stoß** (1447–1533) reiste aus der heutigen Partnerstadt Nürnberg eigens für diese Aufgabe an; in Krakau wurde er dann unter dem Namen **Wit Stwosz** bekannt und verehrt. Der Altar zeigt eine beeindruckend detailreiche Darstellung u. a. der Passion Christi; Veit Stoß arbeitete von 1477 bis 1489, bis die Lindenholzschnitzereien vollendet waren. Ein weiteres Werk, das Stoß in der Stadt hinterlassen hat, ist der **Nagrobek Kazimierza Jagiellończyka** auf dem Wawel. Das marmorne Grabmal von 1493 für König Kazimierz ist fast ebenso beeindruckend wie der Altar in der Marienkirche. Für die Sarkophage an gleicher Stelle zeichnet u. a. der Renaissance-

Künstler **Jan Michałowicz z Urzędowa** (1525–1583) verantwortlich. Überhaupt verdeutlichen die Skulpturen und Grabmäler in der Kathedrale die zahlreichen Möglichkeiten, Marmor und Edelmetall zu verarbeiten.

Neben den Plastiken in den Kirchen sind auch einige Denkmäler bemerkenswert. Eines der ältesten ist das **Pomnik Adama Mickiewicza** aus dem Jahr 1894 von Teodor Rygier (1841–1913); das Denkmal des Schriftstellers steht auf dem Rynek und ist ein Treffpunkt für Jung und Alt. Weithin sichtbar ist auch das **Pomnik Grunwaldzki** in Kleparz, das von Antoni Wiwulski 1910 zum Gedenken an die Schlacht von Grunwald errichtet wurde. Die Stadt hat natürlich auch nahezu alle ihre wichtigen Künstler, Politiker und Kirchenmänner in Stein hauen lassen. Man findet die Büsten zum Beispiel auf den Planty oder im Park Jordana. Ein Künstler, der sich in den letzten Jahrzehnten mit zahlreichen Skulpturen einen Namen in der Krakauer Kunstgeschichte gemacht hat, ist **Bronisław Chromy** (geb. 1925).

Lange hatte es gedauert, bis die Malerei aus dem Schatten der anderen Künste trat. Der erste wirklich große Maler der Stadt war **Jan Matejko** (1838–1893). Seine historischen Gemälde in oft eindrucksvoller Größe hängen zum Beispiel in den **Sukiennice** und natürlich in seinem zum Museum umfunktionierten Geburtshaus, dem **Dom Matejki**. Die Motive für seine Bilder fand Matejko in der polnischen Geschichte, die dahinter stehende Motivation war die politische Situation im 19. Jh. mit der Auflösung Polens – der Künstler trat hier als Vermittler des nationalen Erbes auf. Sein Schüler **Stanisław Wyspiański** (1869–1907) übertraf ihn noch an Bedeutung. Aufgrund der verbesserten politischen Lage konnte er sich auf die Wiedergabe des Krakaus seiner Zeit konzentrieren und auf nationale Bezüge verzichten.

Igor Mitorajs „Luci di Nara" im Innenhof des Collegium Iuridicum

Sein Werk lässt sich am besten im Museum **Kamienica Szołayskich** betrachten. Überall in der Stadt findet man aber Kopien seines Meisterwerks, das Porträt der kleinen „Helenka" aus dem Jahr 1903. Ein ebenso oft kopiertes Motiv ist der Hofnarr „Stańczyk" von **Leon Wyczółkowski** (1852–1936), das mit der von 1489 bis 1491 entstandenen „Dama z łasiczką" („Dame mit dem Hermelin") von **Leonardo da Vinci** (1452–1519) und der „Helenka" sozusagen die Dreieinigkeit der Krakauer Porträts bildet. Zum Umfeld des Künstlerkreises um Wyspiański gehörte auch **Józef Mehoffer** (1869–1946). Viele seiner Jugendstilbilder und Glasmalereien sind im **Dom Mehoffera** zu sehen.

Überhaupt nimmt die **Glasmalerei** in Krakau innerhalb der Bildenden Kunst eine wichtige Position ein.

Egal, ob es um Vernissagen, Konzerte oder Theateraufführungen geht, die einladenden Plakate verraten eine ganz eigene Handschrift und strotzen vor Einfallsreichtum. Diesen Kunstgenuss auf Litfasssäulen und Plakatwänden können Sie auch ohne Eintritt erleben – nicht nur in Krakau. Die polnischen **Plakatgestalter** sind inzwischen so gefragt, dass sie Aufträge aus der ganzen Welt erhalten. Nicht vergessen werden sollte, dass Krakau auch über eine Reihe erstklassiger **Fotografen** verfügt. Bei den Motiven eigentlich kein Wunder ... Jedoch ist ein Großteil dieser Künstler weniger an gegenständlicher Fotografie interessiert. Eine avantgardistische und experimentelle Herangehensweise charakterisiert die Szene der Stadt, und das spätestens seit der in den 50er Jahren berühmt gewordenen **Krakauer Gruppe** um **Andrzej Pawłowski** (1925–1986). Seit einigen Jahren gibt es zudem die Möglichkeit, Fotografie an der Kunstakademie zu studieren.

Werke von Karikaturisten werden normalerweise nicht zu den Bildenden Künsten gerechnet. Bei den gezeichneten Kommentaren von **Andrzej Mleczko** (geb. 1949) ist das anders. Seine politisch vollkommen unkorrekten Striche haben ihn in ganz Polen zum Star gemacht, weshalb seine Galerie in der ulica św. Jana zu Recht zu einer touristischen Attraktion geworden ist.

Primus inter pares

Müsste man eine einzige Person auswählen, die das Bild Krakaus mehr als alle anderen geprägt hat, fiele die Wahl wohl in den meisten Fällen auf Stanisław Wyspiański (1869–1907). Kein anderer Künstler der Stadt hat ein so umfangreiches und breites Werk geschaffen wie der Schüler von Jan Matejko. Seine Spuren hat er in den Köpfen und Herzen der Polen hinterlassen – mit Buntglasfenstern und polychrom gestalteten Kirchenräumen, mit seinen zum Teil vom Impressionismus inspirierten Gemälden in zahlreichen Museen und vor allem mit seinem Theaterwerk. Dem Protagonisten der Młoda-Polska-Bewegung gelang es dabei, seine künstlerische Vielseitigkeit in ein stimmiges Konzept zu integrieren. Als sein bedeutendstes Werk gilt das Theaterstück „Wesele" („Die Hochzeit"), aus dem nach seiner Erstaufführung am 16. März 1901 auf den Straßen zitiert wurde. Noch immer heben Theaterleute die besonders suggestive und auch politische Wirkung dieses Stücks hervor.

Literatur und Poesie

Nach 15-jähriger Arbeit vollendete der Krakauer Bischof **Wincenty Kadłubek** (1150–1223) 1205 die in Latein verfasste Polnische Chronik, für Krakau nur der Anfang auf dem langen Weg zum späteren literarischen Zentrum. In der Folgezeit waren es vor allem die königlichen Kanzlisten, die sich durch ihr Schreiben hervortaten. Bemerkenswert ist die Bibelübersetzung aus dem Jahr 1595 des Jesuiten **Jakub Wujek** (1541– 1597), die für über drei Jahrhunderte die einzige bleiben sollte und für Polen eine ähnliche Bedeutung hat wie die Luther-Übersetzung für den deutschsprachigen Raum. Schon für das Jahr 1518 wird anlässlich der Hochzeit von König Zygmunt Stary über ein Dichtertreffen an der Weichsel berichtet, zu dem die damals berühmtesten Poeten aus ganz Polen sowie den deutschsprachigen Ländern kamen, was die Bedeutung der Poesie am Krakauer Hof verdeutlicht.

Bescheidener Magier

Wer einmal um den Marktplatz geht, kann die eiserne Statue des sitzenden bärtigen Mannes mit Hut nicht verfehlen, die metallene Kaffeetasse vor sich auf einem Tischlein. In der Hand der Skulptur wird eine frische Blume stecken, die ihm tagtäglich irgendein Krakauer Bürger überreicht hat. Doch wer war er, dieser Piotr Skrzynecki? Seine Karriere begann nach dem Abbruch des Geschichtsstudiums, als er mit Kommilitonen das Kabarett Piwnica Pod Baranami gründete. Schon zuvor hatte er während seines Studiums der Theaterpädagogik und durch die Arbeit mit einem Amateurtheater in Nowa Huta einschlägige Erfahrungen gesammelt. Ab 1956 wurde aus der Bühne im Keller am Marktplatz eine Talentschmiede, aus der solch berühmte Künstler wie der Musiker und Filmkomponist Zbigniew Preisner, die Chansonsängerin Ewa Demarczyk und der Liedermacher Grzegorz Turnau hervorgingen. Schnell erlangten die Kleinkunstaufführungen Kultstatus, ihr künstlerische Leiter, Regisseur und Ansager Piotr Skrzynecki avancierte zu einer Ikone des Krakauer Kulturlebens. Doch blieb er bescheiden, legte als Untermieter seines Bruders ohne eigenes Heim weder Wert auf materiellen Reichtum noch auf Ruhm. Sein Talent, verbunden mit dieser Bescheidenheit, dürfte der Grund sein, warum zu seiner Beerdigung 1997 fast alle polnischen Künstler von Bedeutung kamen. Noch immer redet man von Skrzynecki, der schon zu Lebzeiten eine Legende war. Und die werden nicht so einfach vergessen in einer Stadt, die ihre Tradition lebt.

Ende des 19. Jh. begann die **Epoche des Jungen Polen** („Młoda Polska". Die Krakauer Intelligenz sammelte sich um **Stanisław Wyspiański** (1869–1907) und versuchte sich erfolgreich an einem die einzelnen Gattungen übergreifenden künstlerischen Gesamtkonzept. Das gegen den rationalistischen polnischen Positivismus gerichtete Manifest von Artur Górski

(1870–1959) beeinflusste so unterschiedliche Künstler wie den Schriftsteller Boy-Żeleński, die Maler Mehoffer und Wyczółkowski oder den Komponisten Szymanowski. Konkret bedeutete es eine Kritik an der Technologie und eine Rückkehr zur Romantik. Melancholie, Tragik, Todessehnsucht und Dekadenz prägten die Inhalte der Bewegung. Symbolismus, Expressionismus und Naturalismus waren die bevorzugten Ausdrucksformen. In der polnischen Literatur sind diese Einflüsse bis heute spürbar. Ein **Sławomir Mrożek** (geb. 1930) etwa, literarischer Großmeister des für Polen so wichtigen **absurden Humors**, betont immer wieder den immensen Einfluss dieser Epoche auf sein eigenes Schaffen, das voller unkonventioneller Experimentierfreude ist. **Adam Zagajewskis** (geb. 1945) philosophisch angehauchtes Werk ist da schon zugänglicher. Immer wieder nimmt er in seinen Büchern Bezug auf das Krakau seiner Jugend, das er als politischer Flüchtling während seines Asyls in Paris sehr vermisste. In der Zeit des Sozialismus gab es mit dem **Dom Literatów** in der ulica Krupnicza eine staatlich geförderte Künstlerkolonie, in der Schriftsteller aller Genres miteinander lebten und arbeiteten. Bis das Haus in den 80er Jahren schließen musste, waren der schon erwähnte Mrożek und die unten vorgestellte spätere Nobelpreisträgerin Wisława Szymborska die prominentesten Bewohner. Zu dieser Zeit konnte einem in Krakau ein weiterer Nobelpreisträger für Literatur über den Weg laufen, **Czesław Miłosz** (1911–2004), der für seine Geschichten und Gedichte landesweit verehrt wurde. Sein Erfolg blieb nicht nur auf Kritikerkreise beschränkt, und sein Einfluss in der Bevölkerung ist etwa mit dem von Pablo Neruda in Chile vergleichbar. Entsprechend groß war die Trauer bei seinem Tod im Jahr 2004. Nicht weniger ehrenvoll wurde im Jahr 2012

Wisława Szymborska (1923–2012), die große Dame der polnischen Poesie, verabschiedet. Den Literaturnobelpreis erhielt sie 1996 und damit 16 Jahre nach Miłosz, und zwar für ihre prägnanten Gedichte zu existenziellen Problemen. Der Autor **Stanisław Lem** (1921–2006), einer der ganz Großen des Science-Fiction-Genres, hat eine Vielzahl von oft die menschlichen Grundfragen betreffenden Meisterwerken hinterlassen, darunter das mehrfach verfilmte „Solaris". Der schon in jungen Jahren als intelligentestes Kind Polens gefeierte Schriftsteller setzte Maßstäbe wie vor ihm wohl nur Jules Verne. Wie diesem gelangen ihm prophetische Beschreibungen kommender Technologien wie der Gentechnik, der Nanotechnologie und des Internets. Bleibt zu hoffen, dass er nicht auch mit seinen letzten pessimistischen Vorhersagen Recht behält: Lem ging davon aus, dass wir kurz vor einem atomaren Krieg stehen und die fortschreitende Umweltzerstörung ein Aussterben der Menschheit noch in diesem Jahrhundert zur Folge hat. Weit weniger bekannt ist **Marcin Świetlicki** (geb. 1961). Der Poet, Schriftsteller und Rocksänger feiert sich als zeitgenössischer Outsider mit Titeln seiner Poesiesammlungen wie „49 Verse über Wodka und Zigaretten". Seine einfallsreiche Krakau-Romantrilogie wurde leider bisher noch nicht ins Deutsche übersetzt. Erwähnenswert auch, dass ein gar nicht so kleiner Kreis der jungen deutschen Schriftsteller-Elite mit einem Stipendium der Villa Decius oder auf eigene Rechnung längere Krakau-Aufenthalte realisieren konnte. Die Handlung einiger Romane, Essays oder Kurzgeschichten wurde dabei kurzerhand in die Stadt mit ihrer „fiebrigen Schönheit" (**Juli Zeh**) verlegt. Weitere dieser deutschen Autoren sind etwa **Artur Becker, Lucy Fricke, Andrea Joeckle, Tanja Dückers** oder die Performance-Poetin **Xóchil A. Schütz**.

Theater, Film und Kabarett

Theater ist in Krakau mehr als eine abendfüllende Veranstaltung, und das seit langem. Einen Höhepunkt erlebte das Bühnenleben der Stadt um 1900, als es eine kaum zu zählende Zahl von Bühnen gab – es gibt Quellen, die von bis zu 400 Theaterensembles sprechen. Auch heute noch werden die Aufführungen regelmäßig und von vielen, auch den jungen Krakauern besucht. Die Schauspieler sind übrigens Stars, die verehrt werden und die in aller Munde sind. So beispielsweise **Helena Modrzejewska**, die 1909 gestorbene Diva und ihre phänomenalen Leistungen auf der Bühne des **Stary Teatr**, dem ältesten bespielten Theater der Stadt. Begabt, beliebt und auch für ihre Benefizarbeit bekannt ist die Theater- und Filmschauspielerin **Anna Dymna** (geb. 1951). Noch immer ist das Alte Theater eine der bedeutendsten Bühnen ganz Polens, wenn nicht die bedeutendste. Die wichtigsten polnischen Theaterregisseure und -autoren leben oder lebten in Krakau. Zunächst einmal der schon wegen seiner gestalterischen Fähigkeiten genannte **Stanisław Wyspiański** (1869–1907). Der überall in Europa respektierte **Tadeusz Kantor** (1915–1990) beeinflusste eine ganze Generation von Theatermachern in und außerhalb von Polen mit seinem Absurden Theater und seinen teils improvisierten, teils von ihm dirigierten Aufführungen. Kantor war auch der Gründer des Ensembles **Cricot 2**. Der Regisseur und Bühnenbildner **Krystian Lupa** (geb. 1943) gilt als zeitkritischer Kommentator und prägte am Stary Teatr die Interpretation der modernen polnischen Klassiker. Ebenfalls schon erwähnt wurde **Sławomir Mrożek** (geb. 1930), dessen Bühnenstücke vom absurden Humor leben. Nicht unerwähnt bleiben sollen die zahlreichen Amateurtruppen, die das kulturelle Leben bereichern. Auch Karol Wojtyła spielte in seiner Freizeit auf der Bühne, was er fast ebenso gut beherrscht haben soll wie seine Rolle als oberster Hirte.

Zwei bedeutende Regisseure des polnischen **Kinos** kommen vom Theater ihrer Heimatstadt und kehren immer wieder zum Theater zurück. Da ist zum einen **Andrzej Wajda** (geb. 1926), der 2000 für sein Lebenswerk den Oscar erhielt – die goldene Figur kann im Collegium Maius begutachtet werden. In Polen werden seine Filme von einem Millionenpublikum gesehen. Für „Pan Tadeusz" (1999) kaufte sich jeder zweite Pole eine Kinokarte, der „Mann aus Eisen" (1981) gilt als sein Meisterwerk. Krakau verdankt ihm außer seiner Omnipräsenz als kritischer Kommentator des Zeitgeschehens auch das Japanische

Sehenswerte Plakatkunst

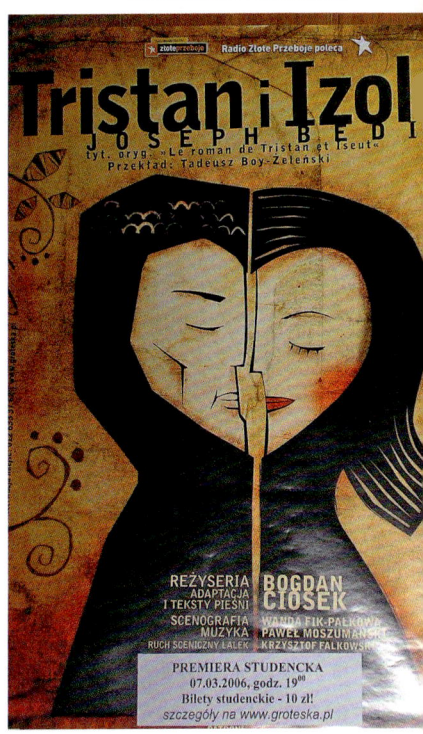

Kulturzentrum, für das er sich als Mäzen eingesetzt hatte. Der andere Regisseur ist zugleich Drehbuchautor, Schauspieler und Professor der Krakauer Schauspielschule: **Jerzy Stuhr** (geb. 1947) ist dafür bekannt, vor wie auch hinter der Kamera alle Ausdruckslagen zwischen todtraurig, tragisch, grotesk und komisch abdecken zu können. In deutschen Programmkinos lief sein Film „Das große Tier" (2000) recht erfolgreich. Auch der durch seine Hollywood-Produktionen weltweit bekannte **Roman Polański** (geb. 1933) wuchs in Krakau auf. Ab seinem siebten Lebensjahr musste er als Jude im Krakauer Ghetto (über-)leben. Als einem der wenigen gelang ihm die Flucht, seine Angehörigen starben entweder im Ghetto oder in den Konzentrationslagern. Diese Erfahrungen verarbeitete er später in seinem Meisterwerk „Der Pianist" (2001). Weitere bekannte Streifen sind der schon legendäre Film „Rosemary's Baby" (1968) sowie die Neuverfilmung von Dickens' Meisterwerk „Oliver Twist" (2005). Als kommender Star wird der fließend Deutsch sprechende Jungschauspieler **Jakub Gierszał** gefeiert, dessen bisher größter Erfolg die Hauptrolle im verstörenden „Suicide Room" (2011) war.

Für die **Kabarettbühnen** der Stadt gilt dasselbe wie für das Theater. Die lange Tradition lässt ein kabarettfreies Krakau undenkbar erscheinen. Der erste Ort, an dem ab 1905 das Leben, die Kunst und die Politik und aufs Korn genommen wurden, war das **Zielony Balonik**. Inzwischen bestimmen andere Kabaretts die Szene, von denen die meisten in Kellern untergebracht sind. Während des Sozialismus perfektionierten die Künstler die Fähigkeit, ihre Kritik am System zu verschlüsseln. Und der Reiz liegt noch immer darin, dass der Humor meist hintergründig und fein ist, teilweise auch absurd. Ein Name, der immer einen Platz in den Herzen der Krakauer haben wird, ist der von **Piotr Skrzynecki** (1930–1997). Dieser „Magier von Krakau" wirkte in der von ihm 1956 gegründeten **Piwnica Pod Baranami**. In den letzten Jahren wird das Ensemble des **Loch Camelot** immer erfolgreicher und füllt damit die Lücken der beiden zuvor genannten Kabarette.

Musik

Welche Bedeutung die Musik für die Krakauer hat, zeigte sich in der Zeit der deutschen Besatzung. Polen war es generell verboten, Konzerte zu besuchen, die Musik des überall im Lande beliebten Komponisten Chopin war bei Gefängnisstrafe verboten, in Krakau schlossen die Nazis die Musikakademie. Die Mazurken und Polonaisen Fryderyk Szopens (so der polnische Name) erklangen dennoch, in Privathäusern und in Kellern. Die illegalen Konzerte alleine konnten den Hunger nach klassischer Musik nicht stillen. Schon zwei Monate nach Ende des Krieges eröffnete die **Philharmonie** mit einem ersten Konzert! Wie überall in Europa, wo die Nazis verfolgt und gemordet hatten, fehlten die jüdischen Musiker. Die vakanten Orchesterplätze wurden mit den Musikern besetzt, die aus dem zerstörten Warschau geflüchtet waren. Seitdem ist das Niveau der Philharmoniker ungebrochen hoch. Im Gegensatz zu den Wiener Kollegen gab es aber lange keine hauseigenen Komponisten. Dies änderte sich erst mit **Krzysztof Penderecki** (geb. 1933), unbestritten einer der wichtigsten Protagonisten der zeitgenössischen Ernsten Musik. Viele seiner radikalen Chor- und Orchesterwerke wurden von der Krakauer Philharmonie uraufgeführt. Der Ruf als eines der weltweit führenden Orchester bei der Interpretation avantgardistischer Kompositionen beruht darauf. Selbstverständlich werden auch die neoromantischen Werke Pendereckis und die klassischen Sinfonien eindrucksvoll interpretiert.

In einer solch religiösen Stadt wie Krakau verwundert es nicht, dass Oratorien, Orgelkonzerte, Choräle und ihre jeweiligen Interpreten ein begeistertes Publikum finden. Passend zu den vielen Renaissance- und Barockgebäuden gibt es auch mehrere Ensembles, die die Musik dieser Epochen auf zeitgenössischen Instrumenten darbieten, unter anderem die **Capella Cracoviensis**.

Übrigens wohnt der als Klassikpunk berühmt gewordene Stargeiger **Nigel Kennedy** (geb. 1956) seit den späten 90ern immer mal wieder und seit 2003 fest in Krakau. Ob ihn die Liebe zu seiner polnischen Lebensgefährtin dazu bewegte oder die Liebe zur Krakauer Musik, weiß man nicht. Fest steht, dass er seitdem die musikalische Szene bereichert, oft auch mit spontanen Auftritten auf Sessions, bei denen er zeigt, dass er mit Klezmer und Jazz mehr als nur das klassische Repertoire beherrscht. Und als leidenschaftlicher Fußballfan lässt er sich auch im Stadion von Cracovia Kraków häufig blicken.

Oper und Ballett spielen in der Stadt noch eine zweitrangige Rolle. Das Krakauer Bürgertum zog es schon im 19. Jh. vor, einen Opernbesuch mit einem Ausflug ins nahe Wien oder nach Lemberg zu verbinden. Ein eigenes Opernhaus gab es lange nicht, die Künstler mussten mit zwei kleinen Bühnen vorlieb nehmen. Trotzdem können sich Opernfreunde heutzutage auf ein hochkarätiges Ensemble freuen, das endlich auch eine eigene Bühne in einem modernen, von der EU mitfinanzierten Gebäude erhalten hat. Ganz anders die Lage beim Ballett: Einzig und allein zwei Festivals im Jahr mit Gastensembles gibt es für die Anhänger des klassischen Tanzes, wobei vor allem das Frühlingsballettfestival Ende Mai sehenswert ist.

Polnische Folklore kann man in Krakau auf den Straßen und in einigen Lokalen hören. Dabei stechen vor allem die ungekünstelten Darbietungen der **Goralen**, einem Bergvolk aus der Tatra, hervor. Der authentische Charakter dieser Musik macht deutlich, dass es sich hier um gelebte Tradition handelt. Anders als diese eindeutig ländlich geprägte Volksmusik ist der städtische **Klezmer**. Die ehemals ausschließlich zu Freudenfesten (*Simches*), v. a. Hochzeiten, gespielte Musik der osteuropäischen Juden hat den Holocaust überlebt. Einen besonderen Stellenwert hat der aus Kazimierz stammende Tischler und Komponist **Mordechaj Gebirtig** (1877–1942), der im Ghetto erschossen wurde.

Krakau hat bis heute einige weltbekannte Orchester, die regelmäßig in Kazimierz und der Innenstadt auftreten. Am bekanntesten sind **Kroke**, das **Bester Quartet (ehemalige Cracow Klezmer Band)** und natürlich **Leopold Kozłowski** (geb. 1918), ein Neffe von Klezmerstar Naftule Brandwein. Nach dem Leben Kozłowskis wurde der viel gesehene Dokumentarfilm „The Last Klezmer" (1994) gedreht. Weitere erwähnenswerte Gruppen sind die **Klezzmates** oder das **Quartet Klezmer Trio**. Wie schon vor dem 2. Weltkrieg spielen auch viele nichtjüdische Musiker in den *Kapelje*, was dazu führt, dass der traditionelle *Klezmer* offen bleibt für neue Einflüsse. Ein Krakaubesuch ist eigentlich unvollständig, wenn man nicht einige der chassidischen Melodien, der jiddischen *Khossidls* oder der sogenannten *Freylekhs* live gehört hat.

Geliebt werden in Krakau auch die **Liedermacher**; ihre Liedertexte sind inhaltsschwer und voller Selbstreflexion. Doch auch ohne Polnischkenntnisse ist der Besuch eines Konzertes ein Genuss. Krakaus bedeutendster Liedermacher ist **Grzegorz Turnau** (geb. 1967), der seine Karriere in der Piwnica Pod Baranami begann. Viel Trauer löste der Tod von **Marek Grechuta** (1945–2006) aus. Der Sänger und Komponist verarbeitete Gedichte in der von ihm begründeten „gesungenen Poesie". Kabarettbühnen sind oft die wichtigsten Aufführungsorte für die Sänger.

Musikanten auf dem Rynek

Bedeutung kommt in Krakau auch der **Filmmusik** zu. Einem ihrer Komponisten ist es gelungen, durch Arbeiten für polnische, französische und amerikanische Filme international von sich reden zu machen. **Zbigniew Preisner** (geb. 1955) veredelte z. B. die Filmkunst seines Freundes Krzysztof Kieślowski.

Schon in der Zwischenkriegszeit kam der **Jazz** nach Krakau. Bereits kurze Zeit später gab es eine eigene Szene, die den Hot Jazz und den New-Orleans-Stil polonisierte. Noch heute gibt es viele traditionelle Bands, wie etwa die **Boba Jazz Band** oder die **Old Metropolitan Band**, mit regelmäßigen Auftritten in Krakauer Jazzclubs. Die moderneren Varianten sind ebenfalls stark vertreten. Während des Sozialismus' waren die Freiheiten der musikalischen Improvisation ein Paradebei-

spiel für die Flucht in den Kopf – Jazz war geradezu gleichbedeutend mit Freiheit und politischem Protest. Der wohl wichtigste polnische Jazzmusiker ist der mittlerweile in Warschau lebende Trompeter **Tomasz Stańko** (geb. 1942). Noch in seiner Krakauer Zeit gelang es ihm als erstem europäischen Musiker, sich vom amerikanischen Jazz zu emanzipieren. So sind in seinen Kompositionen und Improvisationen Anklänge an den Free Jazz, die slawische Folklore sowie an Chopin und die klassische Musik zu finden. Ein weiterer international bekannter Krakauer ist der Saxophonist **Janusz Muniak** (geb. 1941). Er hat seinen eigenen Jazzklub in der ulica Floriańska. Der dritte bekannte Jazzer der Stadt ist der Gitarrist **Jarosław (Jarek) Śmietana**, der ebenso im Blues zu Hause ist. In den letzten Jahren hat der junge Drummer **Tomek Grochot** auch über

die Grenzen Krakaus hinaus auf sich aufmerksam gemacht. Wie hoch das Niveau der Jazzmusiker der Stadt einzuschätzen ist, zeigen die zahlreichen Festivals, Wettbewerbe und Workshops mit internationaler Beteiligung. Selbst in New York gibt es kaum mehr Aufführungsorte und Clubs, in denen Jazz gespielt wird.

Bücher, CDs und Filmtipps

Zur Einstimmung auf die Reise nach Krakau oder aber für sehnsüchtige Erinnerungen sind die folgenden Tipps gedacht – eine bunte Liste von Literatur über CDs von Musikern der Stadt bis hin zu Filmen. Damit holen Sie sich ein Stück Krakau nach Hause. Informationen, Nostalgie und Fernweh garantiert ...

Literaturtipps

Dziwisz, Stanisław: Mein Leben mit dem Papst. St.-Benno-Verlag, 2007. Der heutige Krakauer Erzbischof und engste Vertraute von Johannes Paul II. spart bei seiner Biografie nicht mit Anekdoten, die teils amüsant sind und oft unbekannt gewesen waren.

Kelly, Eric: Der Trompeter von Krakau – Eine Geschichte aus dem Polen des 15. Jh. Verlag Freies Geistesleben, 1994. Eine Abenteuergeschichte für Kinder ab 12 Jahren, die vor allem bei amerikanischen Teenagern Fernweh nach Krakau auslöst.

Kijowska, Marta: Krakau – Spaziergang durch eine Dichterstadt. dtv, 2005. In dem intimen Porträt des literarischen Krakaus wird die Stadt der Poeten ebenso lebendig wie ihre schreibenden Hauptdarsteller.

Klanska, Maria: Jüdisches Städtebild Krakau. Jüdischer Verlag, 1998. Das Foto- und Lesebuch bietet einen historischen Überblick. Statt sich auf wissenschaftliches Arbeiten zu beschränken, nutzt die Professorin auch Legenden und literarische Auszüge.

Lem, Stanisław: Die phantastischen Erzählungen. Suhrkamp Verlag, 1988. Repräsentative Auswahl von Kurzgeschichten des „Futurologen".

Ligocka, Roma: Das Mädchen im roten Mantel. Diana-Verlag, 2005. Die autobiografische Aufarbeitung der Lebensgeschichte von dem aus Schindlers Liste bekannten Mädchen mit dem roten Mantel endet nicht mit der Befreiung von den Nazis, sondern zeigt auch, wie sehr der Terror im Krakauer Ghetto das Leben danach beeinträchtigte.

Miłosz, Czesław: Gedichte 1933–1981. Polnische Bibliothek im Suhrkamp Verlag, 1995. Sammlung berühmter Gedichte des Nobelpreisträgers in gelungenen Übersetzungen von Karl Dedecius und anderen.

Mrożek, Sławomir: Zabawa – Satire in lustloser Zeit. Polnische Bibliothek im Suhrkamp Verlag, 1992. Die satirischen und absurden Kurzgeschichten des kritischen und genauen Beobachters sind in ihrem Kern philosophische Erzählungen.

Shinar, Leah: Wie ein Becher Tränen – Jüdische Familiengeschichten aus Krakau –

Leben und Leiden in Polen 1939–1945. Wolfgang Hartung-Gorre Verlag/Jüdische Studien, 1998. Ausgehend von ihrer glücklichen Kindheit erzählt die Autorin ihr Leben, das von den Verbrechen der Nationalsozialisten geprägt wurde. Lange Zeit hatte sie sich in Schweigen gehüllt, das sie erst nach langen Jahren beenden konnte.

Szymborska, Wisława: Hundert Freuden. Polnische Bibliothek im Suhrkamp Verlag, 1996. Die Nobelpreisträgerin mit einer Auswahl ihrer besten Gedichte.

Witkiewicz, Stanisław Ignacy (Witkacy): Verrückte Lokomotive. Polnische Bibliothek im Suhrkamp Verlag, 2002. Ein Lesebuch, das einen ersten Einblick in die verquere Welt des Genies aus Zakopane erlaubt. Mit Bildern des Autors versehen und deshalb gleich doppelt empfohlen.

Wyspiański, Stanisław: Die Hochzeit – Drama in drei Akten. Polnische Bibliothek im Suhrkamp Verlag, 1992. Das verschlüsselte Werk mit seiner sehr aktuellen Thematik wurde von Karl Dedecius eindrucksvoll ins Deutsche übertragen.

Zagajewski, Adam: Ich schwebe über Krakau – Erinnerungsbilder. Carl Hanser Verlag, 2000. Liebevolle, aber doch kritische Hommage von einem Schriftsteller, der die Stadt verloren hatte, um sie dann wiederzuentdecken.

Zeller, Michael: Noch ein Glas mit Pan Tadeusz – Krakauer Geschichten. Ars Vivendi Verlag, 2000. Seit Döblins Reise in Polen wohl die gelungenste literarische Darstellung eines Deutschen von seinem Nachbarland. Zeller versinkt geradezu in Details der Stadt, die er zu Recht für bemerkenswert hält.

Musik

Cracow Klezmer Band (Bester Quartet): Sanatorium under the Sign of the Hourglass – A Tribute to Bruno Schulz – Cracow Klezmer Band plays John Zorn. Tzadik, 2005. Krakaus derzeit erfolgreichste Klezmerband im Avantgardebereich mit perfektem Zusammenspiel.

Demarczyk, Ewa: śpiewa piosenki Zygmunta Koniecznego. Muza/Polskie Nagrania, 1999. Die größten Erfolge der schwarzen Dame des polnischen Chansons, alte Aufnahmen aus den sechziger Jahren in einer neuen Zusammenstellung.

Długosz, Leszek: Także i ty – złota kolekcja. Pomaton, 2001. Eine Sammlung der größten Erfolge des Liedermachers.

Grechuta, Marek: Niezwykłe miejsca. Pomaton/EMI, 2003. Grechuta sang Oden an ungewöhnliche Orte, darunter natürlich seine Heimatstadt Krakau, aber auch die in diesem Reisebuch vorgestellten Tyniec, Lanckorona und Zakopane.

Grochot, Tomasz: Tomek Grochot Quintet feat. Eddie Henderson – My Stories. Zaiks, 2010. Groovende Ohrwürmer und ungewöhnliche Balladen aus der Feder von Schlagzeuger und Leader Tomek Grochot, der für dieses Album hervorragende Sidemen und als Gaststar die Trompetenlegende Eddie Henderson verpflichten konnte.

Kahan, Bente: Farewell Cracow – Yiddish songs by Mordechai Gebirtig. Tylkomuzyka, 2004. Eine gelungene Aufnahme mit den bekanntesten Liedern des letzten jiddischen Barden.

Kroke & Nigel Kennedy: East meets East. EMI, 2005. Ganz tief im Osten angekommen ist der klassische Stargeiger, der zeigt, dass er auch mit den Improvisationen der Klezmerband mithalten kann. Unvergleichliche Spiellaune.

Motion Trio: Pictures From The Street. Akordeonus, 2004. Ein außergewöhnliches Album des Akkordeontrios, das seinen Weg vom Krakauer Rynek in die Carnegie Hall schaffte. Eine Verbindung von raffinierten Kompositionen mit ungezwungener Kraft der ehemaligen Straßenmusiker.

Muniak, Janusz: Annie. Not Two, 2002. Eher eine Blowing Session mit seinem Quartett, als letztes Stück aber eine Widmung an einen Freund in Form einer nahegehenden Ballade.

Penderecki, Krzysztof: Symphonie Nr. 2 „Weihnachts-Symphonie". EMI, 2001. Die Symphonie und Chorwerke mit dem Radiosinfonieorchester Krakau. Beeindruckende Einspielung.

Preisner, Zbigniew: The Best of Preisner/Kieślowski. Virgin 2004. Ein Sampler mit den besten Kompositionen, die die Filme von Krzysztof Kieślowski veredelten.

Stańko, Tomasz: Soul of Things. ECM, 2002. Ein Meisterwerk des Trompeters in Begleitung seines jungen polnischen Trios. Wurde von vielen Kritikern als eine der bedeutendsten Jazzaufnahmen seit „Kind of Blue" von Miles Davis bezeichnet.

Świetliki: Las Putas Melancólicas. Universal, 2005. Die „Glühwürmchen" um den Antihelden Marcin Świetlicki und den Schauspieler Bogusław Linda mit ihrem bisher erfolgreichsten Album zwischen Chanson und Poesie sowie Indierock und Outsidertum. Ein kleiner Hit war die Singleauskopplung des Songs Finlandia.

Turnau, Grzegorz: To Tu, To Tam. Pomaton/EMI, 1995. Gesungene Poesie für ruhige Abende.

Kino

Antczak, Jerzy: Tage und Nächte, 1975. Die Buchverfilmung nahm fünf Jahre in Anspruch. Herausgekommen ist ein Film, dessen eindrucksvolle Stimmung u. a. auf den in den Gassen und auf den Plätzen von Kazimierz gedrehten Szenen beruht. In Deutschland schwer aufzutreiben.

Battiato, Giacomo: Karol – Papst und Mensch, 2006. Der polnisch-italienische Spielfilm trägt teilweise dick auf, durch die geschickte Konstruktion von historisch verbürgten und fiktiven Szenen gelingt es dennoch, ein überzeugendes Gesamtbild des polnischen Papstes zu zeichnen.

Kieślowski, Krzysztof: Die zwei Leben der Veronika, 1991. Das subtile Meisterwerk spielt in Krakau und Frankreich. Der Regisseur der Drei-Farben-Trilogie und des Dekalogs spielt auch hier wieder mit dem Schicksal, mit den Folgen von Begegnungen und mit moralischen Fragen.

Polański, Roman: Der Pianist, 2001. In der verfilmten Lebensgeschichte von Władysław Szpilman verarbeitet der Regisseur von „Rosemary's Baby" Kindheitserfahrungen aus dem Krakauer Ghetto, in dem er aufwuchs.

Spielberg, Steven: Schindlers Liste, 1993. Spielbergs engagiertester Film wurde u. a. an den Originalschauplätzen in Krakau gedreht. Noch heute gibt es Führungen zu den Drehorten, an denen das Schicksal der Juden und ihres Retters inszeniert wurde.

Strom, Yale: The Last Klezmer – Leopold Kozłowski – Sein Leben und seine Musik, 1994. Ergreifendes Porträt des dienstältesten Klezmermusikers Krakaus, der Wert auf die Bewahrung der Tradition legt.

Stuhr, Jerzy: Liebesgeschichte, 1997. Episodenfilm, bei dem der Regisseur und Schauspieler alle vier Hauptrollen übernimmt. Für die Darstellung der jeweils vor einer schweren Entscheidung stehenden Männer erhielt Stuhr eine Oscar-Nominierung.

Wajda, Andrzej: Pan Tadeusz, 1999. Wegen dieser Verfilmung des Nationalepos gingen mehr als die Hälfte aller Polen ins Kino. Auch Johannes Paul II. wollte sich eine Vorstellung im Vatikan nicht entgehen lassen. Wer einen tiefen Blick in die Seele der Polen gewinnen möchte, sollte ihn sich ebenfalls ansehen. Sein für einen Oscar nominierter Film „Katyń" aus dem Jahr 2007 arbeitet die russischen und deutschen Verbrechen nach dem Hitler-Stalin-Pakt auf.

Więcek, Artur: Anioł w Krakowie (Ein Engel in Krakau), 2002. Philosophische Komödie über einen den Rock'n'Roll liebenden Engel, der ausgerechnet in Krakau landet. Unter Beteiligung einiger der besten Schauspieler und Künstler der Stadt. Leider nur als Original mit englischen Untertiteln erhältlich.

Der Hauptbahnhof empfängt die Gäste der Stadt mit angemessener Würde

Ankommen in Krakau

Viele Wege führen nach Krakau, und es werden immer mehr: Auf dem Luftweg werden zwei Flughäfen angesteuert. Via Schiene oder Bus geht es zum 2012 modernisierten Bahnhof oder zum Busbahnhof. Oder man fährt auf der von Deutschland bis Krakau durchgehenden Autobahn bis in die Stadt.

Mit dem Flugzeug

Das starke Anwachsen der Touristenzahlen in den letzten Jahren kam u. a. dadurch zustande, dass verstärkt billigere Flüge nach Polen und Krakau angeboten wurden. Allerdings galt das bisher nicht für Flüge aus dem deutschsprachigen Raum. Derzeit werden Flüge von airberlin (Berlin), Eurolot (Hamburg, Heringsdorf/Usedom und Zürich) sowie Germanwings (Stuttgart) angeboten. Selbstverständlich wird der nach Johannes Paul II. benannte Flughafen in Kraków-Balice auch von der Lufthansa (Frankfurt, Düsseldorf und München), von Austrian Airlines (Wien) und der polnischen Fluggesellschaft LOT (in Zusammenarbeit mit den oben genannten Linien) bedient. Viele interkontinentale Flüge landen jedoch noch immer vorrangig in Warschau. Ein weiterer in Frage kommender Flughafen befindet sich in der Nähe von Katowice. Er wird vor allem von Billig-Airlines angeflogen, darunter die ungarische Wizz Air (Köln/Bonn, Frankfurt/Hahn, Dortmund), aber auch Lufthansa/LOT (Frankfurt, München und Düsseldorf).

Flughafen Jan Paweł II./Kraków-Balice: ul. Kapitana Medweckiego 1, ✆ 12-6393000, www.krakowairport.pl. 18 km vom Zentrum, 35 Min. Fahrt mit Bus 208, 292 und Nachtbus 902 (städtische Linien) zum Hbf., bequemer und schneller (18 Min.), seit 2012 leider aber auch sehr viel teurer mit der Bahn (4 €, Ticket am Automaten oder beim Schaffner), zu der trotz der 200 m Entfernung ein Shuttlebus fährt. Eine Taxifahrt sollte nicht mehr als 15 € kosten, lohnt also schon ab drei Personen.

Flughafen Katowice-Pyrzowice: Fast 100 km entfernt, aber mit den über die Homepage des Flughafens buchbaren Bussen der Fa. Matuszek (www.matuszek.com.pl)

EU-Infrastrukturzuschüssen die Qualität mit jedem Jahr. Seit 2012 gibt es für einen Transit über Tschechien mit der in die A 4 mündende D 1/A 1 auch von dort aus eine durchgehende Autobahnverbindung bis nach Krakau.

Anfahrt und Grenzübergänge: Krakau (Kraków) ist schon von weitem ausgeschildert. Frankfurt/Oder–Świecko: E 30 bis Łódź, dann über die E 75 nach Kraków. Forst–Olszyna (bei Cottbus): E 36, dann auf die E 40/A 4 nach Kraków. Ludwigsdorf–Jędrzychowice: E 40/A 4 nach Kraków. Jakuszyce (nach Transit durch Tschechien): über die E 65 Richtung Wrocław, dann auf die E 40/A 4 nach Kraków. Chyżne (nach Transit durch die Slowakei) über die E 75 auf die E 77 nach Kraków.

Autobahnmaut: Mit Ausnahme der A 4 (mehrere Mautstationen, derzeit insgesamt 8 €) ist die Benutzung fast aller Strecken vorerst kostenlos. Man sollte Kleingeld bereithalten, Euro und Dollar werden akzeptiert. Man kann aber auch mit Karte bezahlen. www.autostrada-a4.pl.

Höchstgeschwindigkeit: Innerorts sind 50 km/h erlaubt, außerhalb von Ortschaften 90 km/h, auf Schnellstraßen 100 km/h. Auf den 4-spurigen Schnellstraßen darf man seit Januar 2011 bis zu 120 km/h fahren, auf Autobahnen beträgt das Tempolimit seitdem 140 km/h. Kontrollen mit hohen Strafen häufen sich aber schon seit 2008!

Besondere Verkehrsregeln: Die Alkoholgrenze beträgt magere 0,2 Promille, die man schon nach einem Glas Bier oder Wein hinter sich lassen kann. Das Überschreiten dieses Wertes, ebenso der ausgeschilderten Tempolimits führt zu empfindlichen Strafen – bei häufig stattfindenden Kontrollen. Weitere Bestimmungen, die von deutschen Vorschriften abweichen oder besonders streng kontrolliert werden: Seit 2007 muss das ganze Jahr über tagsüber durchgehend mit Abblendlicht gefahren werden. In Kreuzungsbereichen sowie 100 m vor und hinter Bahnübergängen gilt Überholverbot. Und Achtung: Bei einem geliehenen Wagen benötigt man unbedingt eine Vollmacht des Fahrzeuginhabers!

Mitfahrzentrale: Die Form des organisierten Mitfahrens ist im Falle Polen besonders beliebt. Für Fahrer und Mitfahrer ergeben sich dadurch geringere Kosten. Und natürlich die Möglichkeit, nette Menschen kennenzulernen. Infos unter ✆ 19440 und www.mitfahrzentrale.de.

kommt man für 11 € in gut 60 Min. nach Krakau, im Bus kostet es 2 € mehr und es gibt nicht immer freie Plätze. Eine Alternative für 10 €/einfache Fahrt ist www.wizzbus.com. Die Flugpreise des Airports in Katowice sind übrigens oft günstiger. Mehr unter www.katowice-airport.com.

Preisbeispiel: bei rechtzeitiger Buchung und günstigen Konditionen für Hin- und Rückflug mit Wizz Air ab Hahn ab 40 €, mit Lufthansa ab Frankfurt/M. 175 €.

Mit eigenem Fahrzeug

Die Anreise mit dem Auto ist nur denen zu empfehlen, die sich auch die Umgebung von Krakau anschauen möchten. Für die Sehenswürdigkeiten der Stadt ist ein Pkw mehr als unnötig und eher ein Hindernis. Zwar sind Autodiebstähle in Polen und in Krakau trotz hartnäckiger Vorurteile sehr selten, dafür gestaltet sich die Parkplatzsuche zeitaufwendig und das Parken oft kostenintensiv. Der schnellste Weg nach Krakau führt für die Norddeutschen über Berlin und Breslau (Wrocław), für die aus Süddeutschland und Österreich kommenden Urlauber über Tschechien bzw. die Slowakei. Der Belag der meisten Straßen hat schon viele Winter gesehen, doch verbessert sich auch aufgrund von

Weitere Infos: Diesel wird mit ON bezeichnet; es gibt ein ausreichendes Netz an Autogastankstellen; bewachte Parkplätze erkennt man am Zeichen „strzeżony".

Entfernungen/Fahrzeiten: Frankfurt/M.–Krakau 975 km, 9 Std. Hamburg–Krakau 900 km, 8½ Std. Wien–Krakau 540 km, 5½ Std. Zürich–Krakau 1230 km, 11 Std.

Preisbeispiel: einfache Fahrt Frankfurt–Krakau bei einem Benzinverbrauch von 8 l/100 km und einem Literpreis von 1,70 € inkl. Mautgebühr und Pausensnack 145 €.

Mit der Bahn

Abgesehen von den üblichen Vorzügen der Bahnfahrt wie Bewegungsfreiheit und Umweltfreundlichkeit hat man im Zug die beste Gelegenheit, die Landschaften kennenzulernen. Je länger man jedoch bis zur polnischen Grenze auf deutschen Bahngleisen zurücklegen muss, desto teurer wird natürlich das Ticket. Zum Glück gibt es außer dem Europa-Spezial ab 39 € immer wieder günstige Angebote, die jedoch frühzeitig gebucht werden müssen (www.bahn.de). Die Preise der polnischen Eisenbahngesellschaft (www.pkp.pl/english) hingegen sind auch zum Normalpreis erschwinglich. Von Hamburg aus gibt es eine Direktverbindung über Berlin, die aber eventuell mit dem Fahrplanwechsel 2012/2013 eingestellt wird. Während die Schienen von Österreich direkt nach Krakau führen, müssen Schweizer ungünstige Verbindungen oder häufiges Umsteigen in Kauf nehmen.

Für die EM 2012 wurde der Krakauer Bahnhof übrigens umfassend modernisiert, das schöne, alte Bahnhofsgebäude wird in Zukunft anderweitig genutzt werden.

Hauptbahnhof (Dworzec Główny): Verkehrsknotenpunkt mit zentraler Lage, man erreicht die historische Altstadt in 8–10 Min. zu Fuß und kommt dabei an der Touristinformation und der Zimmervermittlung vorbei. 24-Std.-Gepäckaufbewahrung an mehreren Orten, pro Gepäckstück und Tag 2 €. Plac Jana Nowaka-Jeziorańskiego 1, ✆ 12-6245439.

Einige Bahnverbindungen/Fahrzeiten: Frankfurt–Krakau 13–17 Std. Berlin–Krakau 8½–12 Std. Wien–Krakau 8 Std.

Preisbeispiel: Je nach Alter des Reisenden, Zeit der Buchung, Sonderangeboten, Bahncardbesitz, Kompetenz des Schalterbeamten und Entfernung von der Grenze Preise zwischen 30 und 300 €, billiger mit dem Euro-Spezial ab 39 € von Berlin nach Krakau. Von Wien mit der ÖBB-SparSchiene um 39 €.

Mit dem Bus

Lange Zeit war die Reise mit dem Linienbus die preiswerteste Möglichkeit, nach Krakau zu gelangen. Die Busfahrt kann aber bei einer Anreise aus dem Westen Deutschlands mehr als einen halben Tag dauern und ist entsprechend beschwerlich. Die lange erwartete Konkurrenz der Billigflieger konterten die meisten Anbieter jedoch interessanterweise mit Preissteigerungen. Empfehlenswert ist die Busfahrt vor allem für Reisende mit schwerem Gepäck (bis zu zwei Gepäckstücke) sowie für Nostalgiker, die eine Anreise fühlen und den Weg zum Ziel erleben möchten. Trotz der gestiegenen Preise und der langen Reisezeit sind die Busse gut frequentiert, eine rechtzeitige Reservierung ist deswegen ratsam. Buchen können Sie am besten im Reisebüro oder über das Internet. Bei den unten aufgeführten Buslinien werden die gesetzlich vorgeschriebenen Wartezeiten Ihrer Sicherheit zuliebe eingehalten und in der Regel mit einem Kaffee oder Tee versüßt.

Touring: aus allen größeren deutschen Städten, ab Frankfurt/M. 15 Std. Hin/zurück 100 €, www.deutsche-touring.de.

Eurolines: aus ganz Europa, u. a. auch Schweiz und Österreich. Ab Wien 8 Std., hin/zurück 61 €. Ab Bern 22 Std., hin/zurück 190 CHF, www.eurolines.com.

Sindbad: Berlin–Krakau 12 Std. hin/zurück 95 €. Frankfurt–Krakau 16½ Std. hin/zurück 100 €, auch aus der Schweiz, www.sindbad-gmbh.de.

Busbahnhof (Dworzec autobusowy): Der Busbahnhof liegt nicht mehr, wie noch auf vielen Karten verzeichnet, westlich des Hauptbahnhofs, sondern ein paar Schritte in östlicher Richtung, in Gegenrichtung zur Stadt. PKS Dworzec Główny, ul. Bosacka, ✆ 12-3935255, www.rda.krakow.pl.

Sightseeing, leicht gemacht

Unterwegs in Krakau

Krakau ist ein Paradies für Fußgänger: Die wichtigsten Sehenswürdigkeiten sind per pedes zu erreichen, und die Wege dazwischen sind attraktiv.

Die für den öffentlichen Personennahverkehr zuständige Gesellschaft *MPK* betreibt die Busse und Straßenbahnen, die die historische Altstadt umfahren und sie mit den Vororten verbinden. Trotz vieler und hoher Investitionen sind die öffentlichen Verkehrsmittel während der Stoßzeiten meist proppevoll. Ein Standard-Ticket für Erwachsene ist für eine Fahrt oder 30 Minuten mit Umstieg gültig. Bei häufiger Benutzung empfehlenswert sind auch Tages-, Mehrtages-, und Wochenkarten. Bei Umsteigefahrten empfiehlt sich hingegen das Stundenticket. Weniger zu empfehlen ist das 15-Minuten-Ticket, da die Zeitspanne zwischen den Haltestellen für Ortsfremde schwer abzuschätzen ist. Tickets erhalten Sie an Kiosken, Automaten und Schaltern der Verkehrsbetriebe, beim Fahrer

hingegen nur die Stundenfahrkarten, wobei die Billetts in der Straßenbahn oder im Bus bei der ersten Fahrt zu entwerten sind. In vielen Bussen und Trams gibt es inzwischen auch Automaten. Kontrollen finden bei fast jeder 10. Fahrt statt, Schwarzfahrer zahlen mindestens 60 €! Für das Gepäck muss inzwischen kein eigenes Ticket mehr entwertet werden. Die Fahrpläne an den Haltestellen zeigen neben der Fahrtrichtung auch die nächsten Halte in nummerierter Reihenfolge an, der Ausstieg kann so auch von Ortsunkundigen abgezählt werden.

Fahrpläne, Fahrzeiten: bei den Touristinformationen und über www.komunikacja. krakow.pl, www.mpk.krakow.pl.

Tarife: Einzelfahrt ohne Umsteigen/30 Minuten mit Umstieg (bilet jednorazowy) 0,80 €, Stundenticket mit Umsteigen (bilet wieloprzejazdowy godzinny) 1 €, Tageskarte 3 €, 2-Tages-Karte 5 €, 3-Tages-Karte 7,50 €, einfaches Gruppen-Ticket bis 20 Pers. 7,50 €, Wochenendticket für Familien 4 €, Monatskarte (mit Ausweis) 23,50 €. Preiserhöhungen sind für 2013 sehr wahrscheinlich, siehe Kasten.

Ein heikles, in Krakau sehr emotionales Thema sind die häufigen Preiserhöhungen der Fahrkarten und die Veränderungen des Liniennetzes. Die Gründe dafür liegen u.a. an den knappen öffentlichen Kassen. Erkundigen Sie sich am besten vor Ihrer Reise auf der Webseite der Verkehrsbetriebe nach dem derzeitigen Stand – geändert wird häufiger und schneller, als wir aktualisieren können.

Für 2013 sind Erhöhungen auf folgende Preise geplant: Einzelfahrt 1 €, Stundenticket 1,25 €, 15-Minuten-Ticket 0,75 €, Tageskarte 4 €, 2-Tages-Karte 6 €, 3-Tages-Karte 9 €, einfaches Gruppen-Ticket bis 20 Pers. 9 €.

Wichtige Fahrkartenschalter: bei der Fußgängerunterführung am Hbf. (gegenüber Hotel Europejski); an der Haltestelle gegenüber dem Słowacki-Theater. Monatskarten gibt es am Schalter Ecke ul. Podwale/ul. Studencka. Ansonsten Automaten mit Deutsch als Auswahlsprache an vielen Haltestellen.

Straßenbahn

Krakau schmückt sich noch nicht mit einer Metro, der Untergrund der Stadt bleibt vorerst den Restaurants und Clubs vorbehalten. Die Schnellstraßenbahn verkehrt jedoch seit 2008 auch unter Tage – zum Stolz der Krakauer. Zur Entlastung fehlt dennoch eine U-Bahn. Die vielen Trams in der Stadt genießen in punkto Vorfahrt aber denselben Vorteil. Einzig Ein- und Aussteigen kann an manchen Haltestellen etwas schwieriger werden, da man dazu gelegentlich die Straße überqueren muss. Vor allem zu den Hauptverkehrszeiten ist die Tram mehr als voll ausgelastet, ein Sitzplatz ist nicht immer frei. Die erste Straßenbahn fährt ab ca. 4:30 Uhr morgens, die letzte gegen 23.30 Uhr.

Eine reizvolle Strecke befährt die Museums-Linie 0, an Sonn- und Feiertagen im Sommer kann man mit einem nor-

Teilweise im Untergrund verkehrt die moderne Schnellstraßenbahn

malen Ticket in die restaurierte Tram aus dem Jahr 1925 einsteigen (www. muzealna.org). Seit Ende 2012 gibt es zwei Nachttramlinien, die jeweils mit Fahrt durchs Zentrum Nowa Huta mit Bronowice bzw. Nowy Bieżanów mit Krowodrza Górka verbinden.

Nummerierung: Straßenbahnen haben ein- und zweistellige Nummern, die Nachttrams die Nummern 64 und 69.

Bus

Die Busse mit den dreistelligen Nummern dienen vor allem als Ergänzung und Entlastung der Tram. Zu den Stoßzeiten muss man aber trotz Busspuren manchmal lange Wartezeiten im überlasteten Verkehr hinnehmen. Darüber hinaus verkehren täglich zu den Zeiten, in denen die normalen Busse und Straßenbahnen schon im Depot stehen, je nach Linie halbstündlich oder stündlich die **Nachtbusse**. Sie haben mit 600 bzw. 900 beginnende Nummern. Die 200er-Nummern verlangen ein etwas teureres „bilet strefowy". Aufpassen sollte man bei den Bussen mit 500er-Nummern. Sie sind Schnellbusse, bei denen man im Gegensatz zu den anderen öffentlichen Verkehrsmitteln dem Fahrer den Ausstieg mitteilen muss. Ergänzt wird das Angebot von privaten Minibussen, die vor allem weiter entfernte Vororte und angrenzende Ortschaften anfahren. Sofern sie für einen Ausflug von Bedeutung sind, sind sie dort angeführt.

Nummerierung: Busse im Zentrum 100–194; Busse in den Außenbezirken 201–297; Außenbezirks-Schnellbusse 301 und 304; Busse zur Entlastung bei Stoßzeiten 405–482; Schnellbusse (halten nicht an jeder Haltestelle) 501–572; Nachtbusse (23–4 Uhr) 601–643; Nachtbusse für die Außenbezirke 902-915.

Taxi

Taxistände befinden sich an allen wichtigen Verkehrsknotenpunkten wie dem Hauptbahnhof oder unter dem Wawel. Vor der Fahrt sollte man den Preis abklären, da von Touristen, aber auch Einheimischen oft zu viel verlangt wird. Auf der sicheren Seite ist, wer die Telefonnummer eines der unten aufgeführten Funktaxis wählt – selbst wenn es keine Probleme gäbe, ein anderes zu finden. Die Tarife während der Nachtzeiten sowie an Sonn- und Feiertagen sind höher, auf jeden Fall sollten sie am Taxameter abzulesen sein.

Taxigesellschaften: Lajkonik ☎ 19628, www.taxi-krakow.pl. Barbakan Taxi ☎ 19661, www.taxi.barbakan.krakow.pl. Radio-Taxi ☎ 19191, www.radiotaxi919.pl. Rotunda ☎ 19662, www.expresrotunda.pl.

Offizielle Preise (2013): Seit 2008 gibt es keinen verbindlichen Taxitarif mehr. Ungefähre Maximalpreise: Grundgebühr 2 €/8 PLN, Tageskilometer 0,60 €/2,30 PLN, Nacht- und Feiertagskilometer 0,90 €/3,50 PLN (jeweils fürs Zentrum). 1 Std. Wartezeit 9,50 €. Die Tarife sollten gut sichtbar angebracht sein!

Auto

Wie schon erwähnt, ist das Auto kein geeignetes Verkehrsmittel für Krakau. Erstens sind alle Sehenswürdigkeiten zu Fuß oder mit öffentlichen Verkehrsmitteln besser und schneller zu erreichen. Zweitens sind die Straßen überlastet

(und eine Zunahme des Autoverkehrs ist zu erwarten). Drittens sind viele Bereiche der Innenstadt für Ortsfremde gesperrt. Viertens mangelt es an legalen Parkmöglichkeiten. Bewachte Parkplätze sind teilweise recht teuer und Strafzettel an anderen Stellen mehr als sicher. Wenn Sie mit dem Auto angereist sind, lassen Sie es am besten auf dem Parkplatz oder in der Hotelgarage stehen und nutzen Sie es nur außerhalb des Zentrums. Falls Sie es doch benutzen sollten, achten Sie bei den zwischen der Fahrspur befindlichen Tram-Haltestellen unbedingt auf die Wartenden, die bei einer anhaltenden Straßenbahn auf die Straße laufen!

Mietwagen sind in Polen verhältnismäßig teuer und fordern die Einhaltung strikter Auflagen (Mindestalter 21 bzw. 25 Jahre, Kaution teilweise über 500 € oder Zahlung per Kreditkarte sowie mindestens 2 Jahre Erfahrung hinterm Steuer).

Verkehrszonen in der Innenstadt

Strefa A (rot): Fußgängerzone, Fahr- und Parkverbot (ausgenommen morgendlicher Lieferverkehr und Notdienste).

Strefa B (grün): nur für Anwohner mit gültigem Ausweis, Tempolimit 20 km/h. Hotelgäste dürfen sich in der Zone höchstens 15 Min. aufhalten (zum Gepäck ein- und ausladen bzw. zum Erreichen der Tiefgarage).

Strefa C (blau): Autoverkehr gestattet; Parken (gebührenpflichtig) nur für höchstens 2 Std. erlaubt.

Mietwagen

Budget: Mietwagen und Kombi. Ul. Balicka 4, ✆ 12-6370089, Flughafen Balice, ✆ 12-2855025, www.budget.pl.

Joka: Flughafen Balice & ul. Zacisze 7, ✆ 12-4296630, www.joka.com.pl.

National: Flughafen Balice und ul. Głowackiego 22, ✆/📠 12-6368630, www.nationalcar.com.pl.

Parken

Auskunft zu den Parkzonen P1, P2, P3: Das Parken innerhalb dieser Zonen kostet Mo–Fr 8–18 bzw. 10–20 Uhr ca. 0,75 €/Std. Ul. Kalwaryjska 35, ✆ 12-2575200, 📠 2575203.

Parkmöglichkeiten im Zentrum: über dem Hauptbahnhof (Zufahrt über ul. Rakowicka und ul. Pawia); ul. Lubicz; ul. Powiśle (auch Reisebusse); ul. Starowiślna; ul. Kopernika; plac Na Groblach; plac św. Ducha; Nowy Kleparz. Alle bewacht und gebührenpflichtig (ab 1 €/Std.). Für Parkmöglichkeiten an der Straße benötigt man eine an Kiosken, bei der Post oder durch bereitstehendes Personal erhältliche Parkkarte (karta postojowa), auf der man die Ankunftszeit einträgt. Seit 2011 gibt es auch vermehrt Automaten.

Fahrrad

Aufgrund des recht flachen Geländes kommt man mit dem Drahtesel einfach voran. Viele Fahrradwege gibt es jedoch nicht, und die Verkehrsführung ist insgesamt nicht bikerfreundlich. Die Lage bessert sich aber, und die Radwegplanung lässt für die Zukunft hoffen. Gerade für Ausflüge in die nähere Umgebung eignen sich Fahrräder besonders, der Stadtwald Las Wolski bietet sportlichen Fahrern eine schöne Strecke.

Fahrradverleih

Art-Bike: je nach Qualität 1–2 €/Std., 7,50–12,50 €/Tag. Ul. Starowiślna 33a/12, ✆ 12-4220425, www.art-bike.pl.

Rent a Bike: auch Kinderräder und -helme. „Nett, unbürokratisch, Englisch und auch Deutsch sprechend", schrieben Leser. 2 €/Std., 10 €/Tag. Ul. św. Anny 4, ✆ 501-745986, www.bike-rental.pl.

Dwa Koła: City- und Mountainbikes, Reparaturservice. 3 Std. 5 €, 10 €/Tag. Ul. Józefa 5, ✆ 12-4215785, www.dwakola.internetdsl.pl.

RoweRes: Nach Registrierung für 0,25 € über die Internetseite erhält man eine PIN, mit der man Räder an 15 Stationen im Stadtgebiet ausleihen und nach der Fahrt an einer beliebigen Station zurückstellen kann. Die ersten 30 Min. sind kostenlos, danach 1 €/Std. Ein Wochen-Abo kostet 4 €. ✆ 797-410717, www.krakow.roweres.pl.

Infos, Ausflüge & Karten

Rowerem przez Kraków: eine wahre Fundgrube mit Karte der Krakauer Fahrradwege, Adressen von Verleihen und Geschäften sowie interessanten Ausflügen. www.rowerem-przez-krakow.pl.

Stadtführungen per Rad

Cruising Krakow: Auf Englisch geführte Fahrradtouren durch die Stadt oder die Umgebung (18 €). März–Juni und Sept./Okt. Start tägl. um 12, Juni–Aug. 11 Uhr, Dauer jeweils 4½ Std. Ul. Basztowa 17, ✆ 12-398 7057, www.cruisingkrakow.com.

Bike Tours: Stadtführung auf zwei Rädern in leicht verständlichem Englisch. Tägl. 13 Uhr ab ul. Kanonicza, beim Wawel. Preis 20 €/4 Std. ✆ 12-4302034, www.krakowbike tour.com.

Zu Fuß

Die einfachste und in Krakau vielfach auch schnellste Möglichkeit, sich fortzubewegen. Fast alle der im Buch beschriebenen Rundgänge sind ausschließlich zu Fuß durchführbar. Hinzu kommt, dass große Teile der Altstadt verkehrsberuhigt oder ganz für den Verkehr gesperrt sind. An den Zebrastreifen und Ampeln sollten Fußgänger etwas vorsichtiger sein, als vielleicht von zu Hause gewohnt. Ansonsten kann man sich problemlos auf die Attraktionen konzentrieren.

Stadtführungen

Stowarzyszenie Przewodników Turystycznych: offizieller Stadtführerverein Krakaus. Auch Vermittlung von deutschsprachigen Führern. Ul. Sienna 5, ✆ 12-4217243, www.guide-cracow.pl.

Marco der Pole: deutschsprachige Führungen (15 €/Pers. für 2 Std.) mit speziellen Angeboten für Gruppen, mit Ausflügen in die Umgebung sowie Rundreisen, Klassen- und Studienfahrten. Ul. Kanonicza 15, ✆ 12-4302117, www.krakau-reisen.com, www.mar coderpole.com.pl.

Christian Vogt: deutscher Stadtführer und Reiseleiter, Lebenskünstler und Sänger. Leser lobten ihn als „exzellenten Reiseführer". 70–90 € pro Gruppe für die 2-Std.-Führung, Last-Minute- und Nebensaison-Rabatte. ✆ 504-033089, www.stadtfuehrung-krakau.de.

Wawel: Gruppenbesichtigungen und Führungen für Gruppen sowie Einzelreisende in allen europäischen Sprachen. Die Preise für einen Führer variieren stark je nach

Gruppengröße und Anzahl der Führungen und reichen bis zu 19 € pro Führung. Wzgórze Wawelskie 5, ☎ 12-4225155, 📠 4226464, www.wawel.krakow.pl.

Cool Tour Company: jugendliche, ungewöhnliche Führungen (auch auf Deutsch) mit vielen Anekdoten und Kuriosem, trotzdem auch die wichtigen Informationen. 10–20 €/Pers. Ul. Grodzka 2, ☎ 12-4302034, www.cooltourcompany.com.

Insiders: Stadtführungen mit ungewöhnlichen Mottos, z. B. „Tatort Krakau" über ungelöste Verbrechen oder bekannte Mörder oder „Krakau der Frauen" über die weibliche Seite der Stadt. 15–17,50 € pro Führung. www.insiders.pl.

Sonstige Verkehrsmittel

Stilecht bewegt man sich in Krakau mit der Droschke fort. Die Pferdekutschen stehen an der nördlichen Seite des Marktplatzes, von dort geht es auf verschiedenen Routen durch die Altstadt und nach Kazimierz. Wer es lieber motorisiert mag, kann bei den Meleks (Elektrofahrzeuge) zusteigen oder sich gar eines mieten. Die kleinen, wendigen Wagen kurven durch die Altstadt und Kazimierz und sind vor allem für Gäste gedacht, denen die Wege trotz ihrer Überschaubarkeit zu lang sind. Seit 2007 verkehrt das reizvolle Tram Café, auch als innerstädtischer Orient Express bezeichnet. Ein weiteres Highlight eines Krakau-Besuchs sind die Wasserstraßenbahn und Ausflugsfahrten auf der Weichsel.

Droschken: Haltestellen am Rynek Główny und an der ul. Sławkowska. Verlangt werden verhandelbare 25 € für die Umrundung der Tuchhallen auf dem Rynek oder 85 €/Std.

Meleks (Elektrofahrzeuge): Haltestellen ul. Mikołajska, ul. Kanonicza, ul. Szeroka und plac Wolnica. Mit Fahrer ab 8 €/Pers. & Std., Selbstfahrer zahlen ab 45 €/Std. Einige Anbieter: www.jordan.pl, www.abcitytour.pl, www.krakow-tours.info, www.kraktour.pl.

Pferdestraßenbahn, Tram Café & Doppeldecker: Rundfahrten in verschiedenen Fortbewegungsmitteln, u. a. im roten Doppeldeckerbus, je nach Art 7,50–15 €. Cracow for You, ul. Floriańska 21, www.cracowforyou.pl. Gruppenbuchung und Info zu Fahrzeiten des Tram Cafés unter ☎ 669-500939, www.jordan.pl/tramwaj.

Schiffsausflüge → Rundgang 11, S. 221.

Auf dem Marktplatz warten stets Droschken für eine stimmungsvolle Rundfahrt

Zwei Jahrhunderte Tradition – das Hotel Saski

Übernachten

Wer bei der Unterbringung auf ein Schnäppchen hofft, hofft vergebens – die Preise nähern sich denen anderer Touristenmetropolen an. Dringend empfohlen ist eine rechtzeitige Buchung, unabhängig von der Kategorie der Übernachtungsmöglichkeit.

Die Bettenkapazität hat sich im Vergleich zu 2006 bis 2012 fast verdreifacht. Die Stadt rüstet sich allerdings vor allem für Touristen mit gut gefüllter Brieftasche, selbst Zimmerpreise ab 300 € sind keine Seltenheit mehr. Es mangelt hingegen an Quartieren in der unteren Preisklasse, während Mittelklassehotels gut vertreten sind. Wer wenig ausgeben möchte, sollte am besten ganz auf ein Hotel verzichten. Die meisten Apartments übertreffen die Hotelzimmer an Komfort, bei einem in der Regel weit niedrigeren Preis. In den billigsten Unterkünften muss man sich oft das Bad mit anderen Zimmern teilen, in den Hostels auch die Zimmer.

Buchungsagenturen: www.hotele.pl, www.polhotels.com, www.infhotel.pl.

Die **Preisangaben** im Buch berücksichtigen Neben- und Hauptsaison und gelten meist für ein Zimmer mit eigenem Bad und Frühstück. Teils gravierende Nachlässe gibt es bei längerem Aufenthalt und bei Buchung über das Internet oder ein Reisebüro.

Hotels und Pensionen

Aufgenommen wurden im Folgenden Hotels mit einem angemessenen Preis-Leistungs-Verhältnis und einer größtmöglichen Nähe zum Zentrum. Mit sinkenden Preisen muss man teilweise eine größere Entfernung hinnehmen. Nichtsdestotrotz ist die Stadtmitte von allen

Unterkünften problemlos zu erreichen, in der Regel zu Fuß, manchmal mit öffentlichen Verkehrsmitteln. Die Reihenfolge der unten genannten Hotels entspricht ihrer Nähe zum Zentrum.

Luxusklasse (über 160 €)

***** Pałac Bonerowski **5** → Karte S. 93, ein neues Juwel am Marktplatz; von Grund auf restaurierter Eckpalast mit vielen erhaltenen Bauelementen aus dem frühen 17. Jh., teils gar aus dem Mittelalter. Wunderbar ist der Blick auf den Rynek, von dessen Treiben man lärmgeschützt trotzdem nichts mitbekommt, spektakulär der Kronleuchter im Treppenhaus. EZ/DZ 173–263 €, App. 225–343 €, Luxus-Suite 308–468 €. Ul. św. Jana 1, ✆ 12-3741300, 🖷 3741305, www.palacbonerowski.pl.

**** Wentzl **24** → Karte S. 93, lange Zeit das einzige Hotel am Marktplatz, mit dementsprechend reizvoller Aussicht. Nicht nur deshalb eine der ersten Adressen für anspruchsvolle Besucher. Im Erdgeschoss finden sich diverse Restaurants für jeden Geschmack und die berühmte Süßwarenabteilung. EZ 159–169 €, DZ 169–189 €. Rynek Główny 19, ✆ 12-4302664, 🖷 4302665, www.wentzl.pl.

》》 Unser Tipp: ***** Stary **21** → Karte S. 108/109, das 2006 eröffnete Luxushotel gewann ein Jahr später den bedeutenden französischen Prix Villegiature als erstes polnisches Hotel. In der Begründung wurden besonders die Möbel, die orientalischen Teppiche und die exotischen Holzarten hervorgehoben. Polnische Manager wählten es bei einer Umfrage des Forbes Magazins zum zweitbesten Hotel des Landes, während der EM 2012 nächtigten hier die englischen Nationalspieler samt Anhang. EZ 170–200 €, DZ 190–225 €, Luxus-App. 400–570 €. Ul. Szczepańska 5, ✆ 12-3840808, 🖷 3840809, www.stary.hotel.com.pl. **《《**

***** Grand **13** → Karte S. 108/109, die Jahrhundertwende ist in diesem Hotel noch präsent, wohlgemerkt die zu Beginn des 20. Jh., konnte man doch 2012 125-jähriges Bestehen feiern. In den 20er Jahren ein Treff für die Elite Krakaus, so auch verewigt in einem Roman von Henryk Worcell. Ein Diner im von einer Buntglaskuppel überdachten Spiegelsaal sollten nicht nur Paare auf der Hochzeitsreise in Erwägung ziehen.

EZ 250 €, DZ 288 €, Suite 355–1530 €. Ul. Sławkowska 5/7, ✆ 12-4240800, 🖷 4218360, www.grand.pl.

**** Copernicus **49** → Karte S. 123, sicher eine der besten Unterkünfte in Krakau, gewinnt einen Preis nach dem anderen, 2010 war es die „Art of Living Trophy". Von Vorteil ist die ruhige Lage in der vielleicht schönsten Straße in der Nähe des Wawel. Die Fresken reichen teils bis ins 14. Jh. zurück. Auch ansonsten höchstmöglicher Standard in einer Umgebung, die seit 500 Jahren kaum verändert scheint. Trotzdem natürlich modernste Zimmerausstattung. EZ 200 €, DZ 225–245 €, Luxus-Suite 400 €, mit Fresken 500 €. Ul. Kanonicza 16, ✆ 12-4243400, 🖷 4243405, www.copernicus.hotel.com.pl.

**** Pod Różą **16** → Karte S. 123, Krakaus ältestes Hotel mit vielen Antiquitäten. Auf der Gästeliste stehen illustre Namen wie Franz Liszt oder Honoré de Balzac. Noch heute wirkt das Hotel „Unter der Rose" von innen wie außen gleichermaßen einladend. Bestätigung ist nicht zuletzt ein dritter Platz bei den World's Best Hotels Award 2009 in der Kategorie der Häuser mit weniger als 100 Betten. EZ 163 €, DZ 163–180 €, Luxus-App. 400 €. Ul. Floriańska 14, ✆ 12-4243300, 🖷 4243351, www.podroza.hotel.com.pl.

***** Gródek **22** → Karte S. 123, zentral, aber äußerst ruhig gelegenes Hotel in der Nähe der Abtei der Dominikanerinnen. Das luxuriöse Haus bietet eine Bibliothek, eine Orangerie, eine Sauna und eines der exklusivsten Restaurants der Stadt. Mit das beste Preis-Leistungs-Verhältnis in dieser Kategorie. EZ 143–163 €, DZ 163–240 €, App. 225–325 €. Ul. Na Gródku 4, ✆ 12-4319030, 🖷 3789315, www.donimirski.com/de/hotel-grodek.

***** Sheraton **1** → Karte S. 218, wurde unserer Meinung nach zu Unrecht von den Krakauern zum hässlichsten Gebäude der Stadt gewählt. Spektakulär ist vor allem das Atrium, in dem das Restaurant „The Olive" aufdeckt. Während der Fußball-EM hatten hier die Holländer ihr Quartier. EZ ab 240 €, DZ ab 260 €, Suite 1180 €, mit den kettenüblichen Sonderangeboten ab 125 €. Ul. Powiśle 7, ✆ 12-6621000, 🖷 6621100, www.sheraton.pl/krakow.

Obere Preisklasse (115–160 €)

**** Unicus **19** → Karte S. 108/109, eine Bereicherung des gehobenen Krakauer Hotelangebots. Warme Farben, elegante, aber gemütliche Inneneinrichtung und im Restaurant mit Rafał Targosz einer der besten Köche Polens. Ein Leser berichtete von „Top-Frühstück, Top-Service und Unterstützung bei der Tagesplanung". EZ 100–115 €, DZ 105–145 €, App. 210–290 €. Ul. Floriańska 35/św.   Marka 20,   ✆ 12-4337111, ☏ 4337110, www.hotelunicus.pl.

**** Amadeus  → Karte S. 108/109, kleines, aber feines Hotel für hohe Ansprüche. Warme und gemütliche Farben in allen Zimmern, den Aufenthaltsräumen und dem anspruchsvollen Restaurant. Schon Prinz Charles fühlte sich in dieser harmonischen Komposition wohl. EZ 85–190 €, DZ 95–200 €. Ul. Mikołajska 20,   ✆ 12-4296070, ✆ 4296062, www.hotel-amadeus.pl.

*** Elektor 24 → Karte S. 108/109, etwas überteuertes Hotel mit nicht ganz zeitgemäßer Einrichtung, doch das freundliche Personal lässt über die fehlenden Investitionen der letzten Jahre hinwegsehen. EZ 89–109 €, DZ 109–129 €, App. 139–159 €. Ul. Szpitalna 28, ✆ 12-4232317, ✆ 4232327, www.hotelelektor.pl.

*** Polski Pod Białym Orłem 3 → Karte S. 108/109, man sagt, dass im traditionsreichen Haus „Unter dem Weißen Adler" im 19. Jh. Agenten und Spione abgestiegen sind. Heute sicher weniger aufregend, die Flure schmücken Kopien berühmter polnischer Kunstwerke. Die meisten Zimmer gewähren einen Blick auf die Florianmauer und wurden 2007 renoviert. EZ 75–84 €, DZ 93–136 €, 3-Bett-Zimmer 113–159 €. Ul. Pijarska 17, ✆/✆ 12-4221144, www.podorlem.com.pl.

*** Maltański 39 → Karte S. 123, sehr zentrale Lage, dabei jedoch recht ungestört. Zahlreiche hoteleigene Parkplätze. EZ 93–133 €, DZ 108–148 €. Ul. Straszewskiego 14, ✆ 12-4310010, ✆ 3789312, www.donimirski.com/hotel-maltanski.

*** Senacki 44 → Karte S. 123, am alten Königsweg gelegen und eine der besseren Adressen in der Stadt. Dazu trug 2008 die gelungene Renovierung bei. EZ 95–113 €, DZ 113–154 €. Ul. Grodzka 51, ✆ 12-4227686, ✆ 4227934, www.hotelsenacki.pl.

*** Rezydent 27 → Karte S. 123, luxuriöses Hotel in einem alten Haus, das im Frühjahr 2011 noch einmal grundlegend renoviert wurde – trotzdem sind nicht alle Zimmer über Aufzug erreichbar. Parkettboden, schicke Möbel und Bäder machen es zu einer

Polnische Geschäftsleute wählten das Hotel Copernicus zum besten Hotel des Landes

guten Wahl in dieser Preisklasse. EZ 86 €, DZ 118–160 €, 3-Bett-Zimmer 139 €. Ul. Grodzka 9,   ✆ 12-4295410,   ✆ 4295576,   www.rezydent.krakow.pl.

Home 52 → Karte S. 123, ungewöhnliches Designhotel mit modernen Anspielungen auf die großen Weltreligionen an den Wänden. In vielen Zimmern offenes Bad. An weiteren Orten in Krakau auch Appartements. EZ 113–138 €, DZ 125–175 €, Suite 223–248 €, häufig Sonderangebote, die erheblich darunter liegen. Ul. św. Sebastiana 12, ✆ 12-3957015, www.perfecthotels.pl.

**** Ostoya Palace 22 → Karte S. 158/159, inmitten der reizvollsten Jugendstilgebäude der Stadt, in einem Palast aus dem 19. Jh. in gemütlicher Ecklage. EZ 92–165 €, DZ 98–182 €. Ul. Piłsudskiego 24, ✆ 12-4309000, ✆ 4309001, www.ostoyapalace.pl.

**** Ester **26** → Karte S. 184/185, nach dem 2006 vollendeten Umbau ein gemütliches und luxuriöses Haus in bester Lage; große Preisdifferenzen zwischen Haupt- und Nebensaison. Wer Freude am Feilschen hat, kann hier sein Glück versuchen. EZ 110–148 €, DZ 125–200 €. Ul. Szeroka 20, ✆ 12-4291188, ✉ 4291233, www.hotel-ester.krakow.pl.

»» Unser Tipp: **** **Qubus** **2** → Karte S. 203, die interessanten Lampenschirme und Fake-Palmen in der Lobby deuten an, dass der Neubau aktuellstem Hoteldesign entspricht. Besonders schön ist das Schwimmbad mit toller Aussicht sowie das Konferenzzentrum für Businessgruppen. Ein Leser schwärmte von der Finnischen Sauna, dem Dampfbad, dem Jacuzzi – selten habe er „ein derart gut versorgtes und üppiges Frühstück in einem Hotel erlebt". EZ/DZ 153 €, Suite 243 €. Ul. Nadwiślańska 6, ✆ 12-3745100, ✉ 3745200, www.qubushotel.com. **««**

*** **Pod Wawelem** **3** → Karte S. 218, das Haus bietet eigentlich nichts Besonderes, mit Ausnahme der Dachterrasse, die einen tollen Blick auf den Wawel und die Weichsel gewährt. EZ 50–113 €, DZ 65–125 €. Pl. Na Groblach 22, ✆ 12-4262626, ✉ 4223399, www.hotelpodwawelem.pl.

Obere Mittelklasse (80–115 €)

*** **Classic** **42** → Karte S. 108/109, Neubau, von innen schöner als von außen. Von Vorteil sind die Tiefgarage und der kostenlose Internetzugang. EZ 75–110 €, DZ 85–120 €, 3-Bett-Zimmer 95–135 €. Ul. św. Tomasza 32, ✆ 12-4240303, ✉ 4293680, www.hotel-classic.pl.

*** **Pollera** **16** → Karte S. 108/109, schon das originale Buntglasfenster von Wyspiański verrät, dass man im Pollera eher mit Historischem konfrontiert wird als mit neumodischen Schick. In den Bädern dürfen zum Beispiel noch alte Armaturen zuverlässig ihren Dienst verrichten. Leser wohnten im Pollera „extrem gern". Sehr gutes Preis-Leistungs-Verhältnis, unser geliebter verstaubter Charme und perfekte Lage". EZ 50–75 €, DZ 75–100 €, 3-Bett-Zimmer 98–120 €. Ul. Szpitalna 30, ✆ 12-4221044, ✉ 4221389, www.pollera.com.pl.

*** **Saski** **18** → Karte S. 108/109, der Eingang und der Aufzug versprechen nicht zu viel: Das Saski ist gemütlich und individuell eingerichtet. In manchen Zimmern finden sich Fresken an der Wand und auch ansonsten spürt man die 200-jährige Tradition des Hauses. EZ 43–74 €, DZ 53–99 €, 3-Bett-Zimmer 85–113 €, die günstigeren ohne Bad. Ul. Sławkowska 3, ✆ 12-4214222, ✉ 4214830, www.hotelsaski.com.pl.

*** **Wit Stwosz** **48** → Karte S. 108/109, 2005 renoviert für den anspruchsvollen katholischen Pilger, der auch in der Unterkunft sakrale Kunst bewundern möchte, auch Bibeln und Kreuze dürfen nicht fehlen. EZ 68–83 €, DZ 83–105 €, 3-Bett-Zimmer 96–133 €. Ul. Mikołajska 28, ✆ 12-4296026, ✉ 4296139, www.wit-stwosz.com.pl.

*** **Mikołaj** **49** → Karte S. 108/109, in diesem Hotel im Zentrum weist jedes Zimmer einen eigenen Stil verschiedener polnischer Regionen auf. Auch die Appartements im Dachgeschoss sind empfehlenswert. EZ 53–73 €, DZ 70–95 €, 3-Bett-Zimmer 85–110 €. Ul. Mikołajska 30, ✆/✉ 12-4295808, www.hotelmikolaj.pl.

*** **Royal** **56** → Karte S. 123, großes Hotel an den Planty, in Rufweite des Wawel. Sowohl das Gebäude als auch die Inneneinrichtung wirken tatsächlich königlich, mit etwas veraltetem Charme. EZ 68 €, DZ 98 €. Ul. św. Gertrudy 26/29, ✆ 12-4213500, ✉ 4213527, www.hotelewam.pl.

*** **Floryan** **4** → Karte S. 123, ein unkompliziertes Hotel in bester Lage. Nicht zuletzt durch die beendeten Restaurierungsarbeiten in der Floriańska-Straße in traumhafter Umgebung. EZ 63–108 €, DZ 80–118 €, 4-Bett-Zimmer 140–160 €. Ul. Floriańska 38, ✆ 12-4311418, ✉ 4312385, www.floryan.com.pl.

** **Campanile** **20** → Karte S. 123, gut platziertes Hotelhochhaus (mit Aufzug). In den oberen Stockwerken unverbauter Blick auf die Planty. Je ein behindertengerechtes Zimmer pro Etage. EZ/DZ 73–77 €, Frühstück 9 €/Pers. Ul. św. Tomasza 34, ✆ 12-4242600, ✉ 4242601, www.campanile.com.pl.

*** **Wyspiański** **23** → Karte S. 123, mit 450 Betten eines der größten Hotels in Krakau. Früher war hier eine Jugendherberge untergebracht, was man kaum noch glauben mag. Heute sind die Zimmer in drei verschiedenen Preisklassen stilvoll eingerichtet, der Service lässt keine Wünsche offen. Nur die Außenansicht vermag nicht zu überzeugen. Hoteleigenes Casino vorhanden. EZ 42–130 €, DZ 52–140 €, 3-Bett-Zimmer 80–190 €. Ul. Westerplatte 15, ✆ 12-4229566, ✉ 4225719, www.hotel-wyspianski.pl.

*** **Hotel Fortuna** 18 → Karte S. 158/159, Mittelklassehotel mit gutem Preis-Leistungs-Verhältnis. Nach der grundlegenden Renovierung 2009 hört man die vorbeifahrenden Trams kaum noch. EZ 65–83 €, DZ 88–115 €. Ul. Czapskich 5, ✆ 12-4110806, ✉ 12-4223143, www.hotel-fortuna.com.pl.

*** **Fortuna Bis** 19 → Karte S. 158/159, gemütliches Haus mit schönem begrünten Innenhof. Faire Preise. EZ 58–70 €, DZ 75–98 €. Ul. Piłsudskiego 25, ✆/✉ 12-4301025, www.hotel-fortunabis.pl.

*** **Matejko** 14 → Karte S. 168/169, von außen wie innen hervorragendes Hotel. Die zentrale Lage am plac Matejki und die dem namengebenden Maler verpflichtete geschmackvolle Inneneinrichtung sind Pluspunkte. Leser waren trotz der „etwas durchgelegenen Matratzen" zufrieden. EZ 65–90 €, DZ 80–105 €, App. 100–125 €. Plac Matejki 8, ✆ 12-4224737, ✉ 4224780, www.matejkohotel.pl.

*** **Old Time** 4 → Karte S. 168/169, der Name bezieht sich weder auf den guten Service, noch auf das Alter der Badezimmer, sondern ausschließlich auf die Einrichtung im Jugendstil. Eine interessante Neueröffnung des Jahres 2007, die 19.-Jh.-Luxus zu erschwinglichen Preisen bietet. EZ 56–75 €, DZ 75–110 €, 3-Bett-Zimmer 94–125 €. Ul. Szlak 33, ✆ 12-4234790, ✉ 4234792, www.oldtimehotel.pl.

*** **Europejski** 3 → Karte S. 177, gegenüber vom Bahnhof gelegen, kann es in den günstigeren Zimmern etwas lauter werden. Ansonsten sieht man den Hotel an, dass es anders als die meisten Konkurrenten eine lange Geschichte vorzuweisen hat. EZ 56–87 €, DZ 70–121 €. Ul. Lubicz 5, ✆ 12-4232510, ✉ 4232529, www.he.pl.

Pugetów 6 → Karte S. 177, schöne Umgebung im Innenhof des Pugetów-Palasts, eines Gebäudekomplexes aus dem 19. Jh., in dem zahlreiche Agenturen, Büros und Banken untergekommen sind. Vor allem auf Businessreisende ausgerichtet, mit großem hoteleigenen Parkplatz. Alle Zimmer sind individuell eingerichtet. Beispiele sind das romantische Appartement, das nach Napoleons polnischer Geliebter Pani Walewska benannt ist, oder die im kolonialen Stil dekorierte Joseph-Conrad-Suite. EZ 63–113 €, DZ 103–123 €, 3-Bett-Zimmer 110–148 €. Ul. Starowiślna 15a, ✆ 12-4324950, ✉ 3789325, www.donimirski.com/hotel-pugetow.

*** **Regent** 50 → Karte S. 184/185, ein Beispiel von vielen der letzten Jahre, bei dem ein baufälliges Gebäude in ein attraktives Hotel verwandelt wurde. Mittelklasse in Kazimierz, die gelbe Außenfarbe ist schon von weitem zu sehen. EZ 55–72 €, DZ 75–95 €, 3-Bett-Zimmer 95–117 €. Ul. Bożego Ciała 19, ✆ 12-4306234, ✉ 4305977, www.rthotels.com.pl.

****/***** **Niebieski** 13 → Karte S. 218, hervorragende Lage an der Weichsel mit schöner Aussicht. Der hier öfter anzutreffende Historiker Norman Davies („Im Herzen Europas. Geschichte Polens") schwärmt von dem himmlischen Hotel, himmlischen Ambiente und himmlischen Service. Das ältere Drei-Sterne-Hotel wird seit 2010 durch einen Luxus-Neubau mit schönem Spa ergänzt. EZ 40–85 €, DZ 50–95 €; (****) EZ 65–133 €, DZ 80–148 €, jeweils mit Weichselblick, DZ (*****) mit Terrasse 105–173 €. Ul. Flisacka 3, ✆ 12-2974000, ✉ 2974010, www.niebieski.com.pl.

Blumenpracht an den Balkonen des Hotels Niebieski

*** Poleski **11** → Karte S. 218, 2006 eröffneter Hotelneubau, von den meisten Zimmern traumhafter Blick auf den Wawel. EZ 61–76 €, DZ 85–96 €, ohne Wawel-Sicht etwas billiger. Ul. Sandomierska 6, ☎ 12-2605405, ✉ 2605416, www.hotelpoleski.pl.

Untere Mittelklasse (unter 80 €)

*** Polonez **7** → Karte S. 158/159, Hotel mit modernen, doch gemütlichen Zimmern. Mit dem Auto leicht zu erreichen, von der Innenstadt aber etwas entfernt. EZ 40–50 €, DZ 58–73 €. Ul. Reymonta 15, ☎ 12-2928294, ✉ 6318731, www.hotelpolonez.pl.

*** Warszawski **18** → Karte S. 168/169, die Lage an einer Hauptstraße gegenüber dem Bahnhof lässt Lärm vermuten – zu Unrecht. 2006 von Grund auf renoviert, genügt es seitdem auch höheren Ansprüchen. EZ 54–92 €, DZ 64–105 €, Suite 82–130 €. Ul. Pawia 4–6, ☎ 12-4242100, ✉ 4242200, www.hotel warszawski.pl.

*** Polonia **20** → Karte S. 168/169, ein Juwel aus Krakaus großer Jahrhundertwende. In Sachen Komfort allerdings nicht ganz auf der Höhe der Zeit und leider mit einer Rezeption gestraft, die die Gäste schlicht unfreundlich behandelt. Um die Sicht auf die Planty und die Stadt wird das Polonia aber sicher beneidet. EZ 67 €, DZ 77 €, ohne Bad 27/35 €. Ul. Basztowa 25, ☎ 12-4221233, ✉ 4221621, www.hotel-polonia.com.pl.

* Mistia **5** → Karte S. 168/169, modernes und günstiges Haus mit zweckmäßig eingerichteten Zimmern. Parkplatz und Konferenzräume sind vorhanden. EZ 37–41 €, DZ 45–52 €, erheblicher Preisnachlass, falls kein Frühstück oder eigenes Bad gewünscht wird. Ul. Szlak 73a, ☎/✉ 12-6332926, www.mistia.org.pl.

** Monika **2** → Karte S. 177, außerhalb der Stadtmitte in etwas trostloser Umgebung, jedoch gute Verkehrsanbindung ins Zentrum. Den zwei Sternen gemäßer Komfort und freundlicher Service. EZ 39 €, DZ 53 €, 4-Bett-Zimmer 88 €. Ul. Langiewicza 6, ☎ 12-4138480, ✉ 4127739, www.hotelmonika.pl.

Klezmer-Hois **8** → Karte S. 184/185, vielleicht das interessanteste Hotel in Kazimierz. Vor langer Zeit befand sich in diesem Gebäude ein jüdisches Badehaus. Inzwischen findet man hier große Zimmer und ein an Gemütlichkeit nicht zu übertreffendes Restaurant, sofern mit Antiquitäten voll gestopfte Räume zusagen. Regelmäßige Konzerte von Krakaus besten Klezmermusikern. EZ 43–60 €, DZ 56–74 €, App. 92–123 €, bei den billigeren Zimmern Bad auf dem Gang. Ul. Szeroka 6, ☎/✉ 12-4111245, www.klezmer.pl.

*** Eden **25** → Karte S. 184/185, ein auf jüdische Gäste zugeschnittenes Hotel, mit Teilen der Thora an den Türen, einem koscheren Restaurant sowie Wellness-Bereich mit Salzgrotte. Im Keller gibt es eine Mikwe. Auch für nicht-jüdische Gäste ein Erlebnis. EZ 53–65 €, DZ 73–88 €, 3-Bett-Zimmer 90–108 €. Ul. Ciemna 15, ☎ 12-4306565, ✉ 4306767, www.hoteleden.pl.

*** Alef **36** → Karte S. 184/185, ansprechendes Interieur mit vielen Antiquitäten, Holz und dicken Teppichen. 2006 in ein neues Haus umgezogen. EZ 40–43 €, DZ 60–68 €. Ul. św. Agnieszki 5, ☎ 12-4243131, ✉ 4243132, www.alef.pl.

*** Kazimierz **14/17** → Karte S. 184/185, das Restaurant und die Eingangshalle vermitteln luxuriöse Atmosphäre, die Zimmer zeigen dann doch, dass die drei Sterne angemessen sind. Insgesamt aber ein Hotel, bei dem man eher zu wenig als zu viel bezahlt. Kazimierz schönste Gassen liegen um die Ecke, seit 2007 auch ein zweites, seit 2010 ein drittes Haus des Hotels. EZ 65–80 €, DZ 80–95 €. Ul. Miodowa 16, ☎/✉ 12-4216629, www.hk.com.pl.

*** Karmel **42** → Karte S. 184/185, trägt im Namen zwar ein „Pensjonat", in punkto Komfort aber eher ein Hotel. Mit kleinem, aber feinem italienischen Restaurant und gemütlicher Bar im Keller. Und vor der Tür liegt Kazimierz' Einkaufsstraße, die ulica Józefa. EZ 58–69 €, DZ 68–108 €. Ul. Kupa 15, ☎ 12-4306697, ✉ 4306726, www.karmel.com.pl.

*** Rubens **13** → Karte S. 203, gemütlich eingerichtete Gästezimmer zu angemessenen Preisen. EZ 30–35 €, DZ 45–50 €, 3-Bett-Zimmer 55–70 €. Ul. Rejtana 5, ☎/✉ 12-4235834, www.hotel-rubens.pl.

*** Dom Erazma **5** → Karte S. 227, abseits, dafür wunderschön gelegen, und zwar in der Nähe des Stadtwalds und der Villa Decius. Bei unserem ersten Besuch lief ein klassisches Fagottkonzert vom Band. Ideal für Erholung suchende Städtereisende. EZ 47 €, DZ 62 €, in der absoluten Hauptsaison auch etwas mehr. Ul. 28-Lipca 17a, ☎ 12-6254142, ✉ 6254344, www.erazm.pl.

Appartements

Appartements sind in Krakau mehr als nur eine Alternative, besonders dann, wenn die Hotels ausgebucht sind. Oftmals sind die Preise weitaus geringer, bei mindestens gleichwertigem Komfort. Die Räumlichkeiten sind zudem oft größer und in der Regel in Altbauten mit hoher Decke untergebracht. Auch für den längeren Aufenthalt sind Appartements geeigneter. Alle im unten aufgeführten Wohnungen haben ein Bad und wenigstens eine Kochgelegenheit.

Appartements in der ganzen Stadt:
www.krakow-apartments.biz
www.cracowlofts.com
www.yourplace.pl,
www.noce.pl
www.lagioiaapartments.com
www.apartamentykrakow.eu
www.krakowhomes.com
www.sleepinginkrakow.com

Venetian House 28 → Karte S. 93, 2011 eröffnetes Aparthotel am Marktplatz, die meisten Appartements sind per Aufzug zu erreichen. Fragen Sie bei der Buchung am besten nach Zimmern mit Blick auf den Rynek. In einem der Zimmer kann man übrigens die Google-Mitarbeiter im benachbarten Haus beim Basketballspielen auf der Dachterrasse beobachten. Faire Preise: Studio 50–125 €, Penthouse 100–175 €. Rezeption von 9 bis 20 Uhr besetzt. Rynek Główny 11, ✆ 12-3464670, www.venetianhouse.com.

»» Unser Tipp: **** Aparthotel Stare Miasto** 68 → Karte S. 108/109, sehr schön und edel gestaltete Zimmer – helle Möbel mit unverputztem Backstein als Kontrast. DZ 75–133 €, 4-Pers.-Studio 163–200 €, die teureren Zimmer mit Jacuzzi. Ul. Gołębia 2, ✆ 12-4275794, www.ahsm-krakow.com. **«««**

Bed & Breakfast 63 → Karte S. 108/109, kleine und einfache, aber gemütliche Zimmer im Zentrum. EZ 31–43 €, DZ 50–65 €. Ul.

Wiślna 10, ✆/✉ 12-4219871, www.noclegikrakow.pl.

Golden Lion 26 → Karte S. 108/109, mit etwas biederem Charme. Preis beinhaltet Frühstück, obwohl eine Kochnische oder der Zugang zu einer Gemeinschaftsküche vorhanden ist. Appartements. DZ 75–88 €. Ul. Szewska 19, ✆ 12-4229323, ✉ 4219775, www.goldenlion.pl.

Kraków 4 you 25 → Karte S. 123, angenehmes Flair durch stilvolle Einrichtung: moderne Möbel in alter Umgebung. Nicht zuletzt aufgrund der Lage mit die besten in Krakau. Kühlschrank und Kochecke vorhanden. Appartements. DZ 53–63 €, 6 Pers. 95–123 €. Ul. Grodzka 4, ✆ 12-4214835, ✉ 4215105, www.grodzka.net.pl.

Cybulskiego 16 → Karte S. 158/159, das Gebäude gegenüber dem österreichischen Konsulat wurde 2006 durch Renovierung aufgewertet. Parkett, Kochnische und Bad in den Zimmern. Aufenthalte bis zu 4 Monate möglich. DZ 38–45 €. Ul. Cybulskiego 6, ✆ 12-4230532, www.freerooms.pl.

»» Unser Tipp: cracow days 5 → Karte S. 158/159, wurde uns von einem Leser empfohlen, der vom „netten Service, den vernünftigen Preisen und der guten Erreichbarkeit der Altstadt" begeistert war. Uns hat v. a. die Einrichtung mit teils unverputzten Wänden, Parkettböden und fröhlichen Farben gefallen. DZ 70–105 €. Ul. Grabowskiego 7/2, ✆ 604-460860, www.cracowdays.com. **«««**

2nd Floor 1 → Karte S. 158/159, Gästezimmer für Schwule. „Geschmackvoll" eingerichtet – Ikea genießt in Polen einen wesentlich besseren Ruf als in Deutschland. Wichtiger noch als die Einrichtung dürften die wertvollen Hinweise für die Szene vom freundlichen Personal sein. DZ 30 €, App. 30–40 €. Ul. Nowowiejska 4, ✆ 602-320206, 500-095426, 2ndfloor.queer.pl.

Festina lente 23 → Karte S. 158/159, das denkmalgeschützte Haus mit seiner einzigartigen Fassade wurde vom „polnischen Gaudí" Teodor Talowski erbaut. Die Gästezimmer sind weniger spektakulär, aber gut gepflegt. Die meisten Räume haben kein eigenes Bad. 12–28 €/Pers. Ul. Retoryka 7, ✆ 606-813393.

Red Brick 13 → Karte S. 168/169, jüngst restauriertes Appartementhaus aus rotem Backstein in der Nähe des Bahnhofs und des „Neuen Krakau". Versuchen Sie, eines der Zimmer mit den süßen Balkons zu bekommen. DZ 80–138 €. Ul. Kurniki 3, ☎ 12-6286620, 🖂 4301919, www.redbrick.pl.

Sodispar 1 → Karte S. 168/169, zum einen Agentur mit Zimmern und Appartements auch im Zentrum. Die eigenen Räume in der ulica Lubelska eignen sich wegen der günstigen Preise v.a. für längere Aufenthalte und auch für Erasmus-Studenten, die aus Deutschland schwer etwas finden können. DZ 30–75 €, Riesenloft für 10 Pers. 105–123 €, bei längerem Aufenthalt erheblicher Nachlass. Ul. Lubelska 12, ☎ 12-4234244, www.sodispar.pl.

Jordan 12 → Karte S. 168/169, eigentlich ein Reisebüro, das auch geführte Touren anbietet. Die Gästezimmer genügen auch höheren Ansprüchen und sind mit Safe, Internetanschluss und Bad ausgestattet. Im Keller befindet sich ein Restaurant im Stil einer Bibliothek des 19. Jh. DZ 63 €, Suite 90–100 €. Ul. Długa 9, ☎ 12-4300292, 🖂 4228226, www.nocleg.jordan.pl.

Basztowa 19 → Karte S. 168/169, an der Ringstraße ums Zentrum, es kann daher vor allem tagsüber lauter werden. Entschädigt wird man in einigen Zimmern mit herrlichem Blick auf die Planty, das Słowacki-Theater und den Barbakan. Die Altbauzimmer sind geräumig und hell, frühstücken kann man im angrenzenden Hotel Polonia, dessen Service man allerdings zum schlechtesten in Krakau zählen kann. DZ 49 €. Ul. Basztowa 24, ☎ 12-4295181, 🖂 4221621, www.hotelsinkrakow.pl.

Finger 6 → Karte S. 168/169, nur 4 Gästezimmer in dem gegenüber vom Bahnhof und der Galeria Krakowska gelegenen Haus. Neu renoviert und mit einer Kochnische ergänzt. DZ 38–45 €. Ul. Warszawska 18, ☎ 12-4234016, 🖂 6341016, www.finger.krakow.pl.

Off White 22 → Karte S. 184/185, minimalistische und elegante Luxusappartements in Kazimierz sowie ein Traum-Penthouse. Die Inneneinrichtung ist eine gelungene Gemeinschaftsarbeit eines Architekten und Stadtplaners, eines Mediziners und Juristen sowie eines Innenarchitekten und Schmuckdesigners. DZ 61–110 €, Penthouse 196 €. Ul. Kupa 6, ☎ 606-941483 (mobil). www.offwhite.pl.

Maayan 16 → Karte S. 184/185, Zimmer an der Kupa-Synagoge mit vielen israelischen Gästen. Wunderschöne hölzerne Treppenaufgänge und Flair des alten Sztetls. EZ 30 €, DZ 40 €, ohne Bad je 15 € günstiger, App. 60 €. Ul. Miodowa 27, ☎ 12-4310170, www.hotelmaayan.com.

Budget-Unterkünfte

Zwar gibt es in Polen auch Jugendherbergen. Hier gelten jedoch in der Regel strenge Auflagen für die Gäste: Tagsüber muss man zu bestimmten Zeiten aus dem Haus sein, abends rechtzeitig wieder eintreffen. Kein Wunder, dass die Hostels amerikanischer Prägung wie Pilze aus dem Boden schießen. Krakau genießt inzwischen den Ruf eines Backpacker's Paradise, an die 200 Hostels gibt es inzwischen in der Stadt. In der untersten Preisklasse haben wir zudem auch Studentenhotels, Hotels und Pensionen aufgeführt, die einen Preis von unter 50 € pro Nacht im Doppelzimmer bieten. Eine weitere, gar kostenlose Übernachtungs-Alternative bietet übrigens Krakaus große Couchsurfer-Community.

Rynek 22 → Karte S. 93, mit unverbauter Sicht auf den Rynek von jedem Zimmer aus. Die Zimmer mit Fresken, alten Öfen und Stuck an der Decke lassen vergessen, dass man sich in einem Hostel befindet. 9–11 €/Pers., DZ mit Bad 40–50 €. Rynek Główny 7, ☎/🖂 12-4311698, www.hostelrynek7.pl.

Cracow 25 → Karte S. 93, ein Hostel am Marktplatz mit dem dazugehörigen Ausblick. Trotz der Lage nicht besonders laut und sehr sauber. Internet und Gemeinschaftsräume, in der Bar trifft man Leute aus aller Welt. Die Rezeption gibt gerne Auskunft in verschiedenen Sprachen. 10–18 €/Pers., DZ 35–47 €. Rynek Główny 18, ☎/🖂 12-4291106, www.cracowhostel.com.

Mamashostel 55 → Karte S. 108/109, in einem Hinterhof. Wer sich ins Nachtleben stürzen will, hat es nicht weit, denn der nächste Club ist im gleichen Haus. Wer zum Schlafen Ruhe benötigt, sollte woanders unterkommen. Ansonsten ein typisches Hostel für Backpacker und jung gebliebene Entdecker mit einem stilvoll eingerichteten Gemeinschaftsraum. 10–18 €/Pers., DZ 35–63 €. Ul. Bracka 4 (3. Stock), ☎ 12-4295940, www.mamashostel.com.pl.

** Piast **3** → Karte S. 158/159, ein Studentenwohnheim und Hotel mit den typischen Vor- und Nachteilen. Es kann laut werden, dafür kann man Leute aus der ganzen Welt und natürlich Polen bei Partys in der Bar, auf den Zimmern oder im Flur kennenlernen. Rund um das Piast befinden sich weitere universitäre Einrichtungen und Wohnheime, daher eine Studentenhochburg. Jeweils zwei der spärlich eingerichteten Zimmer teilen sich das Bad. EZ 15–24 €, DZ 23–33 €. Ul. Piastowska 47, ☎ 12-6223300, ✆ 6372176, www. hotelestudenckie.pl.

»» Unser Tipp: Wakacyjny Hostel PWST **10** → Karte S. 168/169, Sommerhostel (geöffnet Juli–Sept.) in einem 2008 eingeweihten Studentenwohnheim der Theaterhochschule. Tolle EZ und DZ mit eigenem Bad und Blick über die Dächer Krakaus. Ab 18 €/-Pers. Ul. Warszawska 5, ☎ 12-4229582, www.pwst.krakow.pl. **«**

Giraffe **8** → Karte S. 168/169, das Hostelteam glänzt mit sympathischem Humor von Ironie bis Sarkasmus, der den Aufenthalt zum Vergnügen machen dürfte. Die Partys in der Bar sind lang und zum Leidwesen von nach Erholung suchenden Gästen manchmal auch laut. 10–16 €/Pers., DZ 33–38 €. Ul. Krowoderska 31, ☎ 12-4300150, www.hostelgiraffe.pl.

Dom Kultury Kolejarza **9** → Karte S. 168/169, ein Überbleibsel aus dem Sozialismus in einem hässlichen Gebäude mit durchaus eigenem Charme. Die Zimmer aber wurden modernisiert, ein weiteres Plus ist die Nähe zum Zentrum. In dem Kulturhaus gibt es Konzerte und einen Tanzclub. EZ 18 €, DZ 30 €. Ul. św. Filipa 6, ☎ 12-6345950, www. ktkdkk.pl.

»» Unser Tipp: Sun **4** → Karte S. 177, zentral, aber trotzdem recht ruhig gelegene Pension in der Nähe des Hauptbahnhofs. Der deutsche Besitzer und seine polnische Frau haben die Altbauzimmer zweckmäßig und liebevoll eingerichtet. Ein Bad wird von jeweils 2 Zimmern benutzt. EZ ab 20 €, DZ ab 25 €. Ul. Skłodowskiej-Curie 10, ☎ 12-4296949, www.pensionsun.prv.pl. **«**

Dom Kolping **1** → Karte S. 177, aus der Familie der Kolpinghäuser. Man findet den gewohnten Standard und saubere Zimmer, muss aber einen verhältnismäßig weiten Weg ins Zentrum in Kauf nehmen.

Das Personal spricht teilweise Deutsch. DZ 31 €, ohne eigenes Bad 21 €. Ul. Żułowska 51, ☎/✆ 12-4187771, www. dom.kolping.pl.

Momotown **9** → Karte S. 184/185, Hostel in unmittelbarer Nähe von Kazimierz' besten Kneipen. Das Personal und die Gäste sind entsprechend jung und unkompliziert. Manchmal auch lautere Jugendherbergsatmosphäre, Kicker im Erdgeschoss. 12,50–15 €/Pers., EZ mit Bad 35 €, DZ mit Bad 45 €. Ul. Miodowa 28, ☎/✆ 12-4296929, www. momotownhostel.com.

Pokoje w Młynku **55** → Karte S. 184/185, einfache Pension in Kazimierz mit Bar und Café im Erdgeschoss. Dem Preis entsprechende Ausstattung, Frühstück inklusive, ohne 4 € billiger. EZ 35 €, DZ 43 €. Plac Wolnica 7, ☎ 12-4306202, www. cafemlynek.pl.

Nathan's Villa **28** → Karte S. 184/185, wurde mehrfach unter die 10 besten Hostels der Welt gewählt – zu Recht. Frühstück, Waschen, Internet, Bettwäsche, Safebenutzung und Gepäckaufbewahrung sind kostenlos. Die Ausstattung mit Bar, Billardzimmer und Kinoraum ist einmalig, die Partys im Keller sind Kult. Der Besitzer Nathan ist freundlich und steckt voller hilfreicher Informationen. 11–16 €/Pers., DZ mit Bad 46 €. Ul. św. Agnieszki 1, ☎/✆ 12-4223545, www. nathansvilla.com.

»» Unser Tipp: Tournet **34** → Karte S. 184/185, die vom Preis-Leistungs-Verhältnis günstigste Unterkunft in dieser Kategorie. Eine Pension in Kazimierz, die auch durch die freundliche Rezeption überzeugt. Die Zimmer sind in verschiedenen kräftigen Farben gestrichen. EZ 25–38 €, DZ 30–50 €, 3-Bett-Zimmer 55–63 €. Ul. Miodowa 7, ☎ 12-2920088, ✆ 2920089, www.nocleg.krakow.pl. **«**

Barka Basia **65** → Karte S. 184/185, Schiff am Weichselboulevard mit Zimmern. EZ 18–25 €, DZ 20–35 €, 4-er-Zimmer 30–40 €. Bulwar Kurlandzki, ☎ 12-3461412, www. barkabasia.pl.

* Korona **14** → Karte S. 203, südlich der Weichsel in Podgórze, wohin immer mehr Künstler und Studenten ziehen. Das Gebäude kann man als hässlich bezeichnen, die Zimmer erfüllen aber ihren Zweck. EZ 20–25 €, DZ 30–40 €, 3-Bett-Zimmer 38–53 €, Frühstück 3 €. Ul. Kalwaryjska 9–15, ☎/✆ 12-6561566, www.korona.krakow.pl.

Hostel na Wodzie „Marta" **18** → Karte S. 218, ein Hostelschiff mit gehobenem Standard und Blick auf den Wawel. Kajüte für 1, 2, 3 und 4 Pers. 38, 45, 53 bzw. 60 €, für Schulklassen 11 €/Pers. Bulwar Wołyński (Most Grunwaldzki) ☎ 12-4522304, www. hoteliknawodzie.com.

Camping

Eine weitere preiswerte Übernachtungsmöglichkeit ist durch die Campingplätze gegeben. Die unten aufgeführten liegen alle recht nah beim Zentrum, sind aber auch gute Ausgangspositionen, um das Umland der Stadt zu erkunden. Weitere hilfreiche Infos für Campingfreunde finden sich auf der hervorragenden Internetseite www. campingpolska.com.

*** **Smok** **7** → Karte S. 227, ganzjährig geöffnet, nicht ohne Grund vom polnischen Campingverein empfohlen. Inmitten von Hügeln zwischen Zentrum (4 km) und Stadtwald günstig gelegen. Die Weichsel ist in wenigen Minuten zu erreichen, die Verkehrsanbindung mit Bussen lässt keinen Wunsch offen. Zimmer ebenso wie saubere sanitäre Anlagen vorhanden. Stellplatz 5 €/Tag plus 6 € pro Person. Ul. Kamedulska 18, ☎/📠 12-4298300, www. smok.krakow.pl.

*** **Clepardia**, ruhiger Platz 4 km nördlich der Stadtmitte, mit guter Verkehrsanbindung und nahem Einkaufszentrum. Schwimmbad und Tennisplätze in unmittelbarer Nachbarschaft. Behindertengerechte Ausstattung, vom ADAC empfohlen, auch Bungalow-Vermietung. Geöffnet nur Mitte April–Mitte Okt. 5 € pro Stellplatz und Tag, 5–6 € pro Person, Bungalow für 2–4 Pers. 25–48 €. Ul. Pachońskiego 28a, ☎ 12-4159672, 📠 4153367, www.clepardia.com.pl.

* **Krakowianka**, an der Straße in Richtung Zakopane, 5 km südlich des Zentrums. Hat leider in den letzten Jahren nachgelassen, was Hygiene, Service und Angebot betrifft. Geöffnet 1. Mai bis 30. Sept. Günstig ist der Bungalow für 5 Pers. zum Preis von 38 €. Stellplatz 10 € und 5 €/Pers. & Tag. Ul. Żywiecka-Boczna 2, ☎ 12-2681135, 📠 2681417, www.krakowianka.info.

Fresken und Kassettendecken wie hier im Cracow Hostel gibt es in vielen Krakauer Budget-Unterkünften

Diese Snacks in Gebäckform gibt es an jeder Straßenecke

Essen und Trinken

Zum Start żurek, barszcz oder zupa grzybowa, als Beilage surówka oder mizeria, als Hauptgericht pierogi z mięsem, gołąbki oder bigos und zum Abschluss szarlotka, makowiec oder naleśniki ...

... Sie verstehen nur Bahnhof? Der folgende Abschnitt soll helfen, die polnische Küche etwas kennenzulernen. Es lohnt sich nämlich. Positiv bemerkbar machen sich zunächst die relativ günstigen Preise. So ist selbst ein Menü in einem edlen Restaurant erschwinglich. Und Sie sollten es sich wirklich nicht entgehen lassen, auch die kulinarische Seite der Stadt zu erkunden. Die Lokale sind sehr oft in mittelalterlichen Kellern untergebracht und phantasievoll eingerichtet. Für dieses Erlebnis bezahlt man dann gern die in Polen üblichen **10 % Trinkgeld**. Wer den in der Regel viel zu schlecht bezahlten Kellnern mehr geben möchte, kann dies natürlich auch tun.

Im Restaurant

Eine ganze Zeit lang gab es die besten Restaurants so gut wie ausschließlich im Zentrum. In den letzten Jahren wurde dann Kazimierz nicht nur für Nachtschwärmer, sondern auch für Gourmets immer interessanter. Eine Besonderheit dort sind die vielen Lokale, die jiddische, teils koschere Gerichte anbieten. Immer beliebter werden aber auch andere Stadtteile wie Piasek, Nowy Świat oder Kleparz, was unter anderem an der Qualität der dortigen Lokale liegt. Auch im Vorort Podgórze findet man mehr und mehr Restaurants, die den recht weiten Weg mit ihrer guten Küche rechtfertigen.

Die Zeiten, zu denen man isst, gleichen denen in Deutschland. In den meisten Restaurants kann man bis 24 Uhr warm essen, manche Küche schließt aber bereits um 22 Uhr. Danach aber lässt die sprichwörtliche Gastfreundschaft der Polen einen gemütlichen Ausklang immer zu. Manche Restaurants haben gar bis in die frühen Morgenstunden geöffnet, andere wiederum verwandeln sich nach Küchenschluss in eine Bar oder Kneipe. Die edleren Restaurants hingegen beschränken sich auf das kulinarische Angebot. Hotelrestaurants haben wir selten aufgeführt, man kann aber in fast allen Luxusherbergen auch sehr gut speisen (→ Übernachten/Hotels Luxusklasse).

Genaues zu den Restaurants finden Sie in den Stadttouren unter der Rubrik **Praktische Infos**.

Von besonderem Interesse sind die Rundgänge 1 bis 4, 6, 7, 9 und 10.

Kleine Speise- und Getränkekarte

Die Küche Südpolens ist geprägt durch slawische und österreichische Einflüsse. War früher das charakteristischste Gericht ein Teller voller Fleisch, Kartoffeln und Salat, überwiegen mittlerweile leichtere und raffiniertere Kreationen. Besonders hervorzuheben sind die ungewöhnlichen Suppenvariationen und die vielen Mehlspeisen. Selbstverständlich gibt es seit der Wende auch hervorragende Restaurants mit internationaler Küche, vor allem mediterraner Prägung. Generell sollte man darauf achten, nur in den fremdländischen Lokalen zu speisen, die auch von Ausländern betrieben werden. Ansonsten kann es vorkommen, dass die Ravioli doch wieder nach *pierogi* schmecken.

Eine typische **Suppe** heißt *żurek* und wird mit säuerlichem, fermentiertem Mehl zubereitet. Ebenso verbreitet ist der *barszcz*, den man zu Hause vor allem als russische Rote-Bete-Suppe kennt. *Chłodniki* sind Kaltschalen aus Früchten und Gemüse, die im Sommer als Erfrischung gelöffelt werden. Die *zupa pomidorowa* ist eine Tomatensuppe, in der Regel mit Reis als Einlage, die *zupa ogórkowa* eine saure Gurkensuppe und die *zupa grzybowa* eine Pilzsuppe, die meist mit einer Nudeleinlage serviert wird. Überhaupt sind vor allem im Herbst die *grzyby* eine Spezialität – Pilze, die in den Wäldern in und um Krakau gesammelt werden. Für **Hauptgerichte** werden sie oft auch als Soße verarbeitet oder als Füllung benutzt. So etwa in den *pierogi z kapustą i grzybami*, den mit Kraut und Pilzen gefüllten Teigtaschen. Es gibt aber auch andere Versionen der Pierogi: Besonders beliebt sind sie *z mięsem* (mit Fleisch) oder mit Kartoffelteig und Frischkäse als *ruskie*.

Typische Fleischgerichte sind *gołąbki* (Kohlrouladen mit Fleisch), *bigos* (Eintopf aus Sauerkraut, Pilzen, Weißwein und verschiedenen Fleisch- und Wurstsorten) und *gulasz* (Gulasch). Als **Beilagen** werden dazu *kasza gryczana* (Grütze), *ziemniaki* (Kartoffeln), *frytki* (Pommes frites) und *ryż* (Reis) gereicht. Zum Hauptgericht isst man auch *mizeria* (Gurkensalat), *surówka* (Rohkostsalat) oder *buraki* (rote Bete).

Die **Desserts** werden von den Kuchenspezialitäten bestimmt. Besonders beliebt sind *szarlotka* (Apfelkuchen), *sernik* (Käsekuchen) und *makowiec* (Mohnkuchen). Wer nach den ersten beiden Gängen noch Appetit hat, kann auch mit *rurki z kremem* (mit Sahne gefüllte Waffelröllchen), *gofry* (Waffeln), *naleśniki* (Pfannkuchen) oder *oscypek z grila z żurawinami* (gegrillter Schafskäse mit Preiselbeeren) das Essen abschließen. Kinder werden die *pierogi z truskawkami* (süße Teigtaschen mit

Erdbeeren) genauso lieben wie *galaret-ka* (Götterspeise).

Bei den **Getränken** steht an erster Stelle das *woda* (Wasser). Öfter wird es als *ga-zowana* (mit Kohlensäure) bestellt, seltener als *niegazowana* (still). Abgesehen von den auch in Polen gern getrunkenen internationalen Softdrinks gibt es auch ungewöhnlichere Varianten, den Durst zu stillen. *Kompot* ist eine trinkbare Mischung aus in Wasser gekochten Früchten, meist aus Pflaumen, aber auch aus Äpfeln, Birnen oder Kirschen. Erfrischend ist der *koktajl owocowy* aus Buttermilch oder Joghurt mit Früchten. Bei Kindern beliebt sind die vor allem in Geschäften erhältlichen Frucht- und Gemüsesäfte der Marke Kubuś. Unter den **alkoholischen Getränken** wird *wino* (Wein) immer beliebter. Neben edlen Tropfen aus aller Welt bekommt man auch Sorten aus unbekannteren Anbaugebieten in Ungarn oder Tschechien. An Met erinnert der warm getrunkene Honigwein *miód pitny*. Die besten und beliebtesten Biersorten *(pi-wo)* sind Żywiec, Tyskie, Okocim und Lech. Gerade in den letzten Jahren kommen aber immer neue Sorten auf den Markt, unter anderem gebraut von deutschen Einwanderern. Eine Spezialität ist der warme *grzaniec* (Glühwein) oder auch das *grzane piwo* als ähnlich gewürztes, aufgekochtes Bier. Er wird vor allem im Winter getrunken und hilft ausgezeichnet gegen Husten.

Spezialitäten aus Kleinpolen

Oscypek: ein harter, geräucherter Schafskäse mit kräftigem Geschmack aus den Bergen der Tatra, in Tierform gepresst auch *redykołka* genannt.

Bryndza: weicher Schafskäse, oft als Füllung benutzt.

Kwaśnica: Suppe aus Sauerkrautwasser mit Fleischeinlagen und Gemüse.

Kiełbasa lisiecka: grobe Wurst aus Schweinefleisch mit starkem Eigengeschmack, eine Krakauer Spezialität, aber nicht vergleichbar mit der sog. Krakauer Bratwurst aus deutscher Produktion.

Maczanka po krakowsku: gulaschähnliches Rezept, bei dem Fleisch und Brötchen mit Wasser, Tomatensoße, Mehl und Schmalz gekocht werden.

Obwarzanek: die Urform des in New York als Bagel berühmt gewordenen Kringels aus süßem, mit Mohn oder Sesam bedecktem Teig – eine Krakauer Spezialität.

Grzaniec galicyjski: Glühwein oder ähnlich gewürztes warmes Bier, manchmal aber auch mit Honig, Nüssen oder Himbeersirup.

Śliwowica: Pflaumenschnaps, wie er in vielen slawischen Ländern getrunken wird.

Schnelles Essen

Natürlich gibt es auch in Krakau die unvermeidlichen Fastfood-Ketten aus den USA. Eine McDonald's-Filiale rühmt sich der, die einzige ihrer Art zu sein, in der man seine Burger in einem mittelalterlichen Keller verspeisen kann. Allerdings wird jede Neueröffnung zu einem Politikum, die geplante Unterbringung in den historischen Tuchhallen konnte durch den Protest der Krakauer verhindert werden. Auch der Döner ist längst in der Stadt angekommen. Wer Neues kennenlernen will, wird aber eher auf das reichhaltige Angebot typisch polnischer Fastfood-Klassiker zurückgreifen. Gerne werden zwischendurch *zapiekanki*

gegessen, mit Käse überbackene Pilzbaguettes, in der Regel noch in Ketchup
ertränkt und mit Lauch bestreut. Die an
jeder Straßenecke erhältlichen, an süße
Brezeln erinnernde *obwarzanki* stillen
ebenso den kleinen Hunger. Zum Glück
sind die kantinenartigen Überbleibsel
aus der Zeit des Sozialismus noch nicht
aus dem Stadtbild verschwunden: In einer *bar mleczny,* in der es trotz des Namens mehr als nur Milch gibt, kann
man schnell, günstig und in der Regel
auch gut essen; gleiches gilt für eine
Jadłodajnia oder *Pierogarnia.* Und im
Winter, wenn es draußen friert, wär-
men sich nicht nur Kinder an den Ma-
roni, die auf den Plätzen und in den
Gassen der Altstadt verkauft werden.

Vegetarische Genüsse

Auch wenn die polnische Küche einen
fleischlastigen Ruf hat, gibt es in fast
allen Restaurants traditionelle Gerichte,
die ohne Rind, Schwein und Co. aus-
kommen. Hinzu kommen neuere vegetarische Kreationen. Wie in einer Stu-
dentenstadt nicht anders zu erwarten,
gibt es unzählige rein vegetarische Res-

taurants und Salatbars mit ausgefalle-
nen und schmackhaften Kreationen.
Auch als *Veganer* muss man in Krakau
nicht verhungern. Die entsprechenden
Restaurants befinden sich hauptsächlich im Zentrum; Sie finden sie am Ende der jeweiligen Stadttouren. Sprach-
liche Hilfestellung beim Bestellen gibt
der Sprachführer auf S. 267.

Kaffee & Co.

Krakau ist eine Stadt der *Cafés.* Wie
viele es sind, vermag keiner zu sagen.
Aber es sind viele, darunter sehr viele
außergewöhnliche und außergewöhnlich gute. Hier trifft man sich mit
Freunden, manch einer arbeitet hier,
viele gönnen sich eine Pause. Das Publikum ist im einen Café eher studentisch, im nächsten künstlerisch und im
Café um die Ecke wiederum sitzen
Manager im Anzug. Mittendrin natürlich immer wieder die Touristen, die
längst erkannt haben, dass Wien als
Hauptstadt der Kaffeekultur ernste
Konkurrenz bekommen hat. Wie in
der österreichischen Hauptstadt kamen die braunen Bohnen wahrschein-

Krakaus schönster Biergarten beim Mleczarnia in Kazimierz

lich während der ansonsten eher feindseligen Kontakte mit Völkern aus dem Orient in die Stadt. Daran erinnert bis heute die traditionelle Art der Zubereitung *po turecku,* bei der der Satz im Glas bleibt. Natürlich gibt es inzwischen auch alle internationalen Varianten von *kawa* (Kaffee) von Espresso über die Wiener Variante mit Schlag *(po wiedeńsku)* bis hin zum Fil-

terkaffee. Beliebt sind die *gorąca czekolada,* die durch ihre dickflüssige Konsistenz eher ein Dessert als eine Trinkschokolade ist, und *herbata* (Tee) in vielen Sorten. Getrunken wird Letzterer mit viel Milch als *Bawarka* (der Bayrische!) und *z cytryną,* mit Zitrone, vor allem im Winter gern auch *z rumem* (mit Rum) und für Kinder mit einem Schuss Himbeersirup, *z sokem malinowym.*

Wenn es Wodka regnet und Kopernikus zur Frau wird

Was den Iren und Schotten der Whisk(e)y, ist den Polen der *wódka.* Verharmlosend heißt das trotz der meist 40 % Alkohol nichts anderes als Wäserchen. Unzählige Sorten gibt es, unterschieden wird grundsätzlich zwischen klarem *(czysta)* und farbigem *(kolorowa),* gebrannt wird er aus Getreide, manchmal aus Kartoffeln. Zu den besten zählen Wyborowa, Pan Tadeusz und Chopin bei den Klaren und der berühmte gelbliche Żubrówka mit dem Wisentgrashalm in der Flasche. Zu Unrecht gilt Wódka in Deutschland als Gesöff. Beim Brennen wird nämlich so viel Herzblut hineingesteckt wie daheim beim Bierbrauen. Der Kenner stellt schon beim Riechen fest, um welche Marke es sich handelt. Getrunken wird aus Schnapsgläsern *(kieliszek),* aber auch aus größeren Behältnissen. Eigentlich wird es als Verbrechen angesehen, Wódka zu mischen, es gibt jedoch zwei Ausnahmen: Gemixt mit Himbeersirup *(sok malinowy)* ergibt er im Glas die polnischen Nationalfarben und wird somit zum patriotischen *Flagowiec* oder *Teraz Polska.* Mit Apfelsaft verdünnter Żubrówka heißt *Tatanka.* Und wenn Sie Eindruck schinden wollen, helfen die folgenden Trinksprüche ganz sicher (für die Aussprache helfen die Anmerkungen im Sprachführer am Endes des Buchs – und natürlich das eine oder andere Gläschen):

„Jedna seta, druga seta i Kopernik też kobieta!" („Erstes Gläschen, zweites Gläschen und Kopernikus ist auch eine Frau!" – aus dem polnischen Kultfilm „Seksmisja" mit Jerzy Stuhr). Oder „Niech się wódka leje z nieba, bo humoru nam potrzeba!" („Wodka soll's vom Himmel regnen, weil wir gute Laune brauchen!").

Die Kładka Ojca Bernatka wird von Krakauern auch „Partybrücke" genannt

Nachtleben

Krakau ist für seine Bars, Kneipen und Clubs berühmt. Mittlerweile gibt es Touristen, die einzig aus diesem Grund in die Stadt reisen. Doch auch nach einem langen Tag in Kirchen, Museen und Schlössern findet man hier Abwechslung und lernt ein anderes Krakau kennen.

Während die meisten Gaststätten gegen 23 Uhr die Stühle hochstellen, beginnt das Nachtleben erst richtig. In den Sommermonaten verlagert sich ein Großteil des Treibens auf die Plätze und Straßen, sei es als Zwischenstation auf dem Weg zur nächsten Kneipe oder für eine Party unter freiem Himmel. Dabei ist zu bedenken, dass das Trinken alkoholischer Getränke in der Öffentlichkeit in Polen offiziell verboten ist. Nachdem dieses Gesetz in der Vergangenheit nicht streng kontrolliert wurde, sieht das seit 2007 anders aus. Grund für die Verschärfung waren englische Touristen, die nach dem Feiern von Junggesellenabschieden oftmals unangenehm aufgefallen waren.

denen je nach Ausrichtung Traditionelles oder Zeitgenössisches gespielt wird. In beiden Fällen wird man mit höchstem Niveau verwöhnt. Um bei der musikalischen Unterhaltung zu bleiben: Der Besuch eines Klezmerkonzerts in Kazimierz gehört fast schon zum Pflichtprogramm eines Krakau-Besuchers. Doch auch Freunde von Rock, traditioneller Musik und Chansons finden problemlos das entsprechende Lokal. Die Underground-Szene wechselt ihre Locations sehr schnell, teils legen aber auch in den etablierten Clubs DJs von Weltformat auf. Und schließlich gibt es gemütliche Kneipen mit schöner Einrichtung ebenso wie moderne Bars aus Glas und Metall.

Lokaltypen

Durchaus reizvoll ist die Vielseitigkeit der nächtlichen Aktivitäten. Da gibt es beispielsweise die vielen Jazzclubs, in

Zentren des Nachtlebens

Bisher sind es nur einige wenige Punkte in der Stadt, an denen sich das nächtliche Treiben konzentriert. An vorderster Stelle ist dabei **Stare Miasto**, die Altstadt, zu nennen. Der Marktplatz **Rynek** und seine benachbarten Gassen haben die weltweit mit Abstand größte Dichte an Lokalen. Die einen sprechen von mehr als 500 Restaurants, Kneipen und Bars, andere gar von bis zu 700. Wie dem auch sei, viele Touristen überlassen die Qual der Wahl den Einheimischen, denen sie einfach bis in die nächste Kneipe hinterherlaufen. Möchte man wirklich alles kennenlernen, bräuchte man jedenfalls ein paar Monate. Das meiste spielt sich übrigens in den katakombenartigen Kellergewölben ab. Roher Stein bestimmt dabei in der Regel das Flair, egal, ob am Cocktail genippt, *wódka* gekippt oder Bier getrunken wird. Abgesehen von den festen Räumlichkeiten gibt es Konzerte, Feste und sonstige Veranstaltungen unter freiem Himmel. Am Silvesterabend beispielsweise tummeln sich Hunderttausende bei meist klirrender Kälte im Zentrum.

Vor allem ein jugendliches und studentisches Publikum feiert in **Kazimierz**. Das ehemalige jüdische Viertel macht dabei mit der Anzahl der Lokalitäten dem Zentrum durchaus Konkurrenz. Rund um den **plac Nowy** tobt das Leben, reiht sich eine Kneipe an die andere. Jede will die andere in Sachen Originalität übertreffen, und in der Regel gelingt dies auch. Wie im Zentrum wird hier oft bis in den frühen Morgen gefeiert. Besonders in der Woche der Jüdischen Kultur Ende Juni/Anfang Juli finden ununterbrochen Veranstaltungen statt, die Menschen aus aller Welt nach Kazimierz locken. Ob in der Altstadt oder in Kazimierz, sehr oft wird zum abendlichen Bier noch Live-Musik in unterschiedlichsten Stilen geboten.

Die berüchtigten Clubs in der **ulica Wielopole** sind inzwischen alle geschlossen, nachdem das Treppenhaus mitten in einer Partynacht eingestürzt war.

Im südlich der Weichsel gelegenen Vorort **Podgórze** wurde es in den letzten Jahren immer lebhafter. Die Propheten des Nachtlebens sehen hier das kommende Kazimierz, das aufgrund steigender Preise und Mieten für viele Nachtschwärmer, aber auch Kneipenbesitzer langsam an Attraktivität verliert.

> Mehr zu den Lokalitäten finden Sie in den Stadttouren unter der Rubrik **Praktische Infos**. Für Nachtschwärmer von besonderem Interesse sind die Rundgänge 1, 2, 3 und 9.

Fotos der Stammgäste im Pauza

Krakaus neues Opernhaus

Kulturleben und Festivals

Kultur, wohin das Auge schaut und das Ohr hört. Die kreativen Plakate, die architektonischen Meisterleistungen, die Straßenmusik und die Konzerte unter freiem Himmel – all diese Kunstgenüsse sind kostenlos.

Trotzdem lohnt es sich, die eine oder andere Münze an den Kassen der Theater, Kabaretts und Konzertveranstalter zu lassen. Dabei berechtigt nicht nur das außerordentlich hohe Niveau der Darbietungen Krakau dazu, sich mit dem Titel „Kulturhauptstadt" zu schmücken. Ebenso beeindruckend ist die Vielseitigkeit des kulturellen Lebens. Experimentierfreude und Avantgarde sind dabei in den großen Häusern genauso anzutreffen wie bei der unabhängigen Szene.

Theater

Krakau ist eine Stadt des Theaters. Außer den etablierten Bühnen gibt es immer wieder junge Theatergruppen, die auf durchweg hohem Niveau das Angebot in der Stadt ergänzen. Auch das Publikum ist jünger und studentischer als man es von Deutschland gewohnt ist. Zwei Bühnen sind für den nicht Polnisch sprechenden Touristen besonders interessant: das KTO, das sämtliche Aufführungen wortlos darbietet, und das Groteska, dessen Stücke oft auch ohne Polnischkenntnisse nachvollzogen werden können. Die Eintrittspreise bewegen sich zwischen 3 und 25 €.

Stary Teatr: ältestes Theater Polens mit weltweit renommierten Schauspielern und Regisseuren. Programm: plac Szczepański 1, ✆ 12-4224040; Große Bühne und Neue Bühne ul. Jagiellońska 1; Bühne Kameralna ul. Starowiślna 21; Bühne der Stiftung ul. Sławkowska 14, www.stary.pl.

Teatr Słowackiego: konzentriert sich vorwiegend auf klassische Stücke Polens und der Welt. Große Bühne und Miniatura, pl. św. Ducha 1, Bühne w Bramie und Przy

Pompie, pl. św. Ducha 4, Programm & Kasse ☎ 12-4244528, www.slowacki.krakow.pl.

Bagatela: bunt gemischtes Programm, auch Popkultur. Ul. Karmelicka 6, Programm & Kasse ☎ 12-4226677, www.bagatela.krakow.pl.

Ludowy: Volkstheater im besten Sinne – junge Schauspieler, Kunsttherapie, Aufführungen mit Behinderten, Drogensüchtigen und anderen Außenseitern der Gesellschaft. Politisches Symbol der Avantgarde mit hohem philosophischem Anspruch. Große Bühne os. Teatralne 34; Bühne Nurt und Stolarnia os. Teatralne 23; Kasse ☎ 12-6802116; Bühne Pod Ratuszem Rynek Główny 1; Kasse ☎ 12-4215016, www.ludowy.pl.

STU: Theater der Gegenkultur während des Sozialismus. Noch immer experimentell und ungewöhnlich, für manchen sicher auch unangenehm. Al. Krasińskiego 16/18, Programm und Kasse ☎ 12-4222744, www.scenastu.com.pl.

Groteska: modernes, aber leicht zugängliches Theater, bei dem der Name Programm ist. Viele Veranstaltungen für Kinder, Puppentheater. Ul. Skarbowa 2, Programm und Kasse ☎ 12-6333762, www.groteska.pl.

KTO: wortlose Fortsetzung des Wander- und Gauklertheaters. Wichtig sind Gesten, Musik, Stimme und Körper. Ul. Gzymsików 8, Programm und Kasse ☎ 12-6338947, www.teatrkto.pl.

Mumerus: nichtkommerzielles Ensemble ohne festen Aufführungsort. Unter anderem faszinierendes Puppentheater. Os. Piastów 32/22, ☎ 12-6459273, www.mumerus.net.

Teatr Figur: Märchenaufführungen, Puppen- und Schattentheater. Kein fester Aufführungsort. Ul. Rękawka 3/2, ☎ 12-3994892, www.teatrfigur.pl.

Kabarett und Kleinkunst

Genauso bedeutend wie die Theater sind die Kabaretts, die ihre Bühnen meist in kleinen Kellern oder Hinterzimmern haben. Wie in allen totalitären Systemen gab es auch in Polen das dringende Bedürfnis, die Kritik an den Verhältnissen loszuwerden. Da die politische Spitze dagegen vorging, war man gezwungen, sich auf höchst kreative Weise zu artikulieren. In dieser Fähig-

keit liegt auch noch lange nach der Wende der spezielle Reiz der Krakauer Kleinkünstler. Und für die hervorragenden Chansons braucht man nicht unbedingt Polnisch zu sprechen, weshalb man gern die 2–5 € Eintritt bezahlt.

Loch Camelot: für neue Talente und bekanntere Namen. Lyrik, Satire und klassische Komik, sehr beliebt. Ul. św. Tomasza 17, ☎ 12-4230638, www.lochcamelot.art.pl.

Pod Baranami: kein festes Ensemble mehr, aber regelmäßige Auftritte mit den Besten der Besten. Rynek Główny 27, ☎ 12-4212500, www.piwnicapodbaranami.krakow.pl.

Jama Michalika: lohnt eher wegen der Tradition als wegen der aktuellen Aufführungen. Ul. Floriańska 45, ☎ 12-4221561, www.jamamichalika.pl.

Kabaret Pod Wyrwigroszem: Lieder, Parodien und Sketche im Stil des Slapstick. Ul. Henryka Wieniawskiego 58, ☎ 12-4135009, www.kabaret.pl.

Formacja Chatelet: grotesker Nonsens und absurder Humor, teils improvisiert. Kein fester Aufführungsort. www.chatelet.pl.

Klassische Musik

Anspruchsvolle Opernliebhaber kommen in Krakau nicht unbedingt auf ihre Kosten, doch die Philharmonie hat zu Recht einen wesentlich besseren Ruf. Sakrale Musik und Orgelkonzerte bekommt man zuhauf in den Kirchen zu hören, gregorianischen Gesang erlebt man beim Besuch in den Klöstern (zum Beispiel in Tyniec). Ansonsten lohnt ein Blick in den Veranstaltungskalender mit seinen zahlreichen attraktiven Festivals.

Opera Krakowska: meist So/Mo Aufführungen, Eintritt 4–63 €. Ul. Lubicz 48, ☎ 12-2966100, Kasse ☎ 12-2966260, www.opera.krakow.pl.

Filharmonia: eines der führenden Orchester in Europa, v. a. für zeitgenössische Musik. Eintritt 4–9 €. Ul. Zwierzyniecka 1, ☎ 12-4291345, Kasse ☎ 12-6198731, www.filharmonia.krakow.pl.

Capella Cracoviensis: kleines Ensemble, das v. a. Werke der Klassik und des Barock aufführt. Eintritt 6–15 €. Ul. Zwierzyniecka 1, ☎ 12-4214566, www.capellacracoviensis.pl.

Kirchenmusik: regelmäßig Orgelkonzerte und Kirchenmusik in vielen Krakauer Kirchen, vor allem in St.-Peter-und-Paul und St.-Anna. Zudem Aufführungen weltlicher Konzerte in den beiden Kirchen sowie in St.-Ägidius und der Bernhardinerkirche am Wawel. Aktuelle Flyer bei den Touristinfos.

Chopinkonzerte: Rund um den Rynek gibt es mehrere Salons, in denen die romantischen Klavierstücke aufgeführt werden. Musikalisch und von der Umgebung her am schönsten sind unserer Meinung nach die im Pałac Bonerowski. Hauptsaison tägl. 19–20 Uhr. Eintritt 14 €. ✆ 604-093570, ul. św. Jana 1, www.cracowconcerts.com.

Kunstvolle Plakate steigern die Vorfreude auf die Aufführung

Jazz

Die Jazzkonzerte und Sessions in Krakau sind auf einem durchweg hohen Niveau. Die unten aufgeführten Klubs sind nur diejenigen, die auf Jazz spezialisiert sind. Man hört aber auch an vielen anderen Plätzen regelmäßig Musiker Blues, Bebop und zeitgenössischen Jazz improvisieren.

U Muniaka: Jazzkeller mit dem weltbekannten Saxophonisten Janusz Muniak als Gastgeber und Gaststars wie Nigel Kennedy, Tomasz Stańko und weiteren international bekannten Größen. Di, Do und Sa 21.30 Uhr Sessions und Bebop-Konzerte. Eintritt bei Konzerten 3–5 €. Ul. Floriańska 3, ✆ 12-4231205, www.umuniaka.pl.

Alchemia: experimentelle Szene, zeitgenössischer Jazz, auch elektronische Musik. Viele Live-Aufnahmen werden hier gemacht. Eintritt 5–10 €. Ul. Estery 5, ✆ 12-4212200, www.alchemia.com.pl.

Kornet: der Klub für Freunde des New-Orleans-Stils. Unkomplizierte Atmosphäre und tanzende Paare. Mi/Fr Old Metropolitan Band, Do Blues. Eintritt nur bei besonderen Ereignissen. Ul. Krasińskiego 19, ✆ 12-4270244, www.jazzkornet. republika.pl.

Piec Art: akustischer Jazz und Jam-Sessions. Eintritt bei Konzerten 2–9 €. Ul. Szewska 12, ✆ 12-4296425, www.piecart.pl.

Harris Piano Jazz Bar: Jam Sessions, traditioneller Jazz, Bebop und Blues um Jarosław Śmietana. Eintritt bei Konzerten 2–6 €. Rynek Główny 28, ✆ 12-4215741, www. harris.krakow.pl.

milestone traditioneller Jazz, aber auch Swing- und Bebopkonzerte. Fr/Sa 19–2 Uhr. Ul. Nadwiślańska 6, ✆ 12-3745100, www. mile-stone.pl.

The Piano Rouge: Wie der Name vermuten lässt, ein Tempel des Smooth Jazz. Rot-plüschige Einrichtung, die ein Bordell in Montmartre blass aussehen lässt. Eintritt 2–3 €. Rynek Główny 46, ✆ 12-4310333, www.thepianorouge.com.

Rock, Pop und Folklore

Ein folkloristisches Konzert in Krakau ist ein Erlebnis, egal ob altpolnisch-ländlich oder jiddisch-städtisch. Auch für die Freunde des Rock gibt es genügend Clubs. Techno und House sind in Krakau ebenfalls zu Hause, einige aktuell gefragte Adressen sind unten aufgelistet. Mehr Infos finden Sie in den jeweiligen Stadttouren.

Klezmer-Hois: früher trat hier auch Leopold Kozłowski auf, der „letzte Klezmer". Reservierung vonnöten, Eintritt 7 €, tägl. 20 Uhr. Ul. Szeroka 6, ✆ 12-4111245, www.klezmer.pl.

Ariel: Klezmer-Konzerte ab 20 Uhr, Reservierung empfohlen, Eintritt 6 €. Ul. Szeroka 18, ✆ 12-4217920, www.ariel.krakow.pl.

Smak Ukraiński: ukrainische Folklore. Restaurantbetrieb, daher freier Eintritt bei Verzehr. Ul. Kanonicza 15, ✆ 12-4219294, www.ukrainska.pl.

Morskie Oko: Di bis Sa Livemusik aus den Bergen von traditionellen Goralen-Bands. Restaurantbetrieb, daher freier Eintritt bei Verzehr. Plac Szczepański 8, ✆ 12-4312423, www.morskie_oko.zaprasza.net.

Dom Polonii: traditionelles Krakauer Spektakel mit Tanz, Gesang und Musik vom Krakus Ensemble. So 17 Uhr, Eintritt 9 €. Rynek Główny 14, ✆ 662-007255, www.orfeusz.eu.

Showtime: ehrliche Livemusik von Funk und Salsa über Rock bis zu Coversongs. Rynek Główny 28, ✆ 12-4214714.

Pod Jaszczurami: ambitioniertes studentisches Kulturzentrum mit Musik von Jazz über Rock und HipHop bis Elektro. Eintritt 1–2 €. Rynek Główny 8, ✆ 12-4294538, www.podjaszczurami.pl.

Kinos

Ausländische Filme werden im Gegensatz zu Deutschland nicht synchronisiert, sondern meist mit Untertiteln versehen. Vor allem bei Kinderfilmen gibt es dennoch polnische Versionen, und in wenigen Filmen sowie generell im Fernsehen werden die originalen Dialoge polnisch übersprochen. Ein Sprecher übernimmt dabei mit teilnahmsloser, gleichbleibender Stimme sämtliche Rollen. Am besten, Sie erkundigen sich vor dem Kinobesuch, womit zu rechnen ist. Die Eintrittspreise sind ungefähr halb so hoch wie in Deutschland. Krakau verfügt neben den obligatorischen Hollywood-Filmpalästen über viele ambitionierte Programmkinos.

ARS: wie der Name verrät, vor allem auf Filmkunst spezialisiert, in der Altstadt gelegen. Gemütliche Sessel in teils denkmalgeschützten Sälen. Stand 2012 kurz vor der Schließung, konnte aber nach Demos und Facebook-Protesten bis auf das Sztuka gerettet werden. Eintritt 4–5 €, erm. 3 €, Mo 3 €. Ul. św. Jana 6, ✆ 12-4214199, www.ars.pl.

Mikro Klub Sztuki Filmowej: nur 3 Vorführungen täglich, aber sehenswertes Programm. Eintritt 3–4 €. Ul. Lea 5, ✆ 12-6342897, www.kinomikro.pl.

Pod Baranami: 2008 zu Europas bestem Programmkino gewählt, im berühmten Gebäude auf dem Marktplatz, beliebt ist die Reihe „Polnische Filme in Englisch" für 3 €. Rynek Główny 27, ✆ 12-4230768, www.kinopodbaranami.pl.

DKF Rotunda: studentischer Filmklub, Eintritt 2 €. Ul. Oleandry 1, ✆ 12-6336160, www.rotunda.pl.

Kijów: 2008 renoviertes Filmzentrum mit Club und Café. Eintritt 4–6 €, erm. 3,50 €, Mo 3,50 €. Al. Krasińskiego 34, ✆ 12-4330033, www.kijow.pl.

Cinema City & Panasonic Imax: großes Kinozentrum mit vielen Sälen und 3D-Vorführungen im Kraków Plaza, vorwiegend Filme aus Hollywood. Filme von 10 bis 22 Uhr. Al. Pokoju 44, ✆ 12-2909090, www.cinemacity.pl.

Cinema City: ein weiteres Multiplex mit 10 Sälen in der Galeria Kazimierz. Ul. Podgórska 34, ✆ 12-2545454, www.cinemacity.pl.

Veranstaltungskalender

In Krakau reiht sich ein *Festival* oder Stadtfest ans andere. Vor allem vom Mai bis Juli hat der Besucher die Qual der Wahl. Unbedingt zu empfehlen sind das Stadtfest, der Lajkonik-Umzug und das Festival der Jüdischen Kultur jeweils im Juni, im Dezember der Wettbewerb um die schönste Weihnachtskrippe sowie die Silvesternacht auf dem Marktplatz. Hinzugekommen sind die ambitionierten Musikfestivals Misteria Paschalia an Ostern und Sacrum Profanum im September. Interessant auch die Festivalserien „Krakauer Nächte" (www.krakowskienoce.pl) mit kostenlosem Eintritt und „Sechs Sinne" (www.6zmyslow.pl) mit den ambitioniertesten Krakauer Festivals. Der Eintritt bei vielen Festivals ist frei, bei Konzerten sind meist 2–10 € fällig.

Festivalbüro: Mo–Fr 8.30–16.30 Uhr, ✆ 12-4249650, 📠 4249652, www.biurofestiwalowe.pl.

Januar

Koncert Noworoczny: Neujahrskonzert im Teatr Słowackiego. Veranstalter Dom Kultury Podgórze. Ul. Krasickiego 18/20, ✆ 12-65 63670, www.dkpodgorze.krakow.pl.

Wielka Orkiestra Świątęcznej Pomocy: Abschluss-Benefizkonzert auf dem Marktplatz mit vielen bekannten Krakauer Musikern auf einer Bühne, am ganzen Tag wird von Jugendlichen für wohltätige Zwecke gesammelt. www.wosp.org.pl.

Februar

Tłusty Czwartek: der „Fette Donnerstag", auf Deutsch Altweiberfastnacht. Gegessen werden *pączki* (Berliner) als Grundlage für die verschiedensten abendlichen Feste, die in der gesamten Stadt stattfinden.

Międzynarodowy Festiwal Piosenki Żeglarskiej: ein internationales Festival der Shanty-Gesänge in einer Stadt, die mehr als 450 km vom Meer entfernt ist – ein nettes Beispiel der berüchtigten polnischen Absurdität. Verschiedene Veranstaltungsorte, Veranstalter: Krakowska Fundacja Żeglar-

stwa, ul. Straszewskiego 27, ✆ 12-4232236, www.shanties.pl.

März

Marsz Pamięci: Gedenkmarsch am 14. März, dem Tag der Auflösung des Krakauer Ghettos, zwischen dem pl. Bohaterów Getta und dem ehemaligen KZ. Veranstalter: Centrum Kultury Żydowskiej, ul. Meiselsa 17, ✆ 12-4306449, www.judaica.pl.

April

Rękawka: einwöchiges Volksfest mit Karussellen und Märkten. Vor allem aber Ritterspiele, heidnische Bräuche und mittelalterliches Essen im Park Bednarskiego über Podgórze und um den Kopiec Krakusa. Veranstalter: Dom Kultury Podgórze, ul. Krasickiego 18/20, ✆ 12-6563670, www.dkpodgorze.krakow.pl.

Misteria Paschalia: Osterfestival mit den weltbesten Interpreten Alter Passionsmusik aus Renaissance und Barock. Veranstalter: Biuro Festiwalowe, ul. Olszańska 7, ✆ 12-4249650, www.misteriapaschalia.pl.

Todestag von Johannes Paul II.: Am 2. April gedenken Krakauer und Pilger aus aller Welt des Papstes. Anlaufpunkt ist das Fenster des Erzbischöflichen Palasts, es gibt aber in der gesamten Stadt geplante und spontane Veranstaltungen. www.diecezja.pl.

Off Plus Camera: internationales Festival des Independent-Films, mehr als 100 Vorführungen in acht Krakauer Kinos. www.offpluscamera.com.

Emaus: Volksfest mit flohmarktähnlicher Atmosphäre. Erstanden werden kann Kitsch, Ramsch und Plunder. Passen Sie aber auf: In Polen werden am *Śmigus Dyngus* (Ostermontag/Emaustag) wildfremde Menschen mit Wasser getauft. Veranstaltungsort: Zwierzyniec vorm Klasztor Sióstr Norbertanek.

Cracovia Maraton: Sich in der reizvollen Umgebung alter Häuser verausgaben? Jedes Jahr finden sich dafür begeisterte Freiwillige. Gebühr 38 €. Veranstalter: Biuro Maratona, ul. Walerego Sławka 10, ✆ 12-6166300, www.cracoviamaraton.pl.

Mai

Juwenalia: Übernahme der Stadt durch die Studenten. Eine Woche lang zwar keine anarchischen Zustände, aber gut organisierte Feste, sympathische Kundgebungen und bunte Spektakel, www.juwenalia.krakow.pl.

Miesiąc Fotografii: meist bis in den Juni hineingehender „Monat der Fotografie" mit Ausstellungen und Workshops in Galerien und auf dem Rynek. Bietet einen guten Überblick über die Szene und internationale Starfotografen. Veranstalter: Fundacja Sztuk Wizualnych, ul. Piekarska 11/12, ✆ 12-4295908, www.photomonth.com.

Procesja w dniu Św. Stanisława: faszinierende Prozession vom Wawel zur Kościół Paulinów na Skałce zu Ehren des ermordeten Bischofs Stanisław. Immer am 1. Sonntag nach dem 8. Mai. www.skalka. paulini.pl.

Krakowski Festiwal Filmowy: eines der ältesten Filmfestivals in Europa. Ende Mai eine Woche lang Dokumentarfilme, Animationen und Kurzfilme. Veranstaltungsorte: Kinos Kijów, Mikro, Pod Baranami, Cinema Studio und Muzeum Narodowe; www. kff.com.pl.

Queerowy Maj/Marsz Tolerancji: seit 2004 Parade für die Rechte von Homosexuellen mit Diskussionen, Workshops und Konzerten im dreitägigen Rahmenprogramm. www.queerowymaj.wordpress.com.

Noc Muzeów: lange Nacht der Museen mit Jahr für Jahr großem Andrang. www. krakowskienoce.pl.

Festiwal Muzyki Filmowej: Bei Vorführungen von musiklastigen Blockbustern wie „Herr der Ringe" oder „Das Parfum" werden die Soundtracks live aufgeführt. www.fmf.fm.

Juni

Święto Miasta: 2-tägiges Stadtfest zu Beginn des Monats mit zahlreichen Veranstaltungen.

Parada Smoków: Drachenparade und Fest mit Puppen, Masken und überdimensionalen Drachen. Kinder lieben sie, Eltern staunen über das Lichtspektakel über der Weichsel. Veranstaltungsort: Rynek, Weichsel unterm Wawel. Veranstalter: Groteska, ul. Skarbowa 2, ✆ 12-6339604, www.paradasmokow.pl.

Leonardos „Dame mit Hermelin"

Lajkonik: Festzug durch die Straßen der Altstadt in Erinnerung an den Sieg gegen die Tataren, mit farbenfrohen und extravaganten Kostümen. Veranstalter: Muzeum Historyczne, Rynek Główny 35, ✆ 12-4223264, www.mhk.pl.

Selector: großes Festival mit elektronischer Musik und Multimediakunst auf den Błonia-Wiesen. Eintritt 50 € für 2 Tage. www. selectorfestival.pl.

Oldtimer: ein Wettbewerb um das besterhaltene historische Fahrzeug, manchmal erst im Juli. Veranstalter: Automobilklub, ul. Na Barciach 6, www.automobilklub.krakow.pl.

Art Boom: zeitgenössische Kunst im öffentlichen Raum. Veranstalter: Biuro Festiwalowe, ul. Olszańska 7, ✆ 12-4249650, ✆ 4249652, www.artboomfestival.pl.

Wianki: Mittsommernacht in Polen – auf der Weichsel schwimmen Blumenkränze mit Kerzen. Krönender Abschluss ist das Feuerwerk auf dem Wawel und das Konzert, interessant auch der altpolnische Jahrmarkt. www.wianki.krakow.pl.

Festiwal Kultury Żydowskiej: Ende Juni, Anfang Juli stattfindendes 10-tägiges Festival der jüdischen Kultur mit Gästen aus aller Welt. Ganz Kazimierz wird einbezogen in Konzerte, Workshops und ausgelassene Spektakel. Veranstalter: Stowarzyszenie Festiwal Kultury Żydowskiej, ul. Józefa 36, ✆ 12-4311517, www.jewishfestival.pl.

Juli

Festiwal Teatrow Ulicznych: Festival mit Straßentheatergruppen. Zuschauer werden an den 4 Tagen ins Geschehen einbezogen. Ein Highlight! Veranstalter: Teatr KTO, ul. Gzymsików 8, ✆ 12-6338947, www.teatrkto.pl.

Noc Jazzu: Jazznacht mit großem Open-Air-Konzert auf dem Mały Rynek und Sessions in den wichtigsten Jazzclubs. Veranstalter: Cracovia Music Agency, ul. Warszawska 18, ✆ 12-6332839, www.nocjazzu.com.

Benedyktyńskie Lato Muzyczne: Orgel- und Kirchenkonzertreihe an Sonntagen im Juli und Aug. in der Abtei von Tyniec. Veranstalter: Benedyktyński Instytut Kultury, ul. Benedyktyńska 37, ✆ 12-6885450, www.benedyktyni.eu.

Festiwal Tancóv Dworskich: höfische Tänze zwischen Mittelalter und Barock, den Abschluss krönt ein Ball auf dem Rynek. Besucher der Festwoche können die Schritte auch unter Anleitung lernen. Veranstaltungsorte: Wawel, Collegium Maius, plac św. Marii Magdaleny, Willa Decjusza. Veranstalter: Ardente Sole, pl. Na Groblach 7, ✆ 12-4210836, www.cracoviadanza.pl.

Letni Festiwal Jazzowy: mehrwöchiges Sommerfestival mit bekannten Jazzstars, den Auftakt macht traditionell die New Orleans-Parade auf dem Rynek. „Super gut" laut Leserbrief eines Jazzfans. Veranstalter: Cracovia Music Agency, ul. Warszawska 18, ✆ 12-4234016. Veranstaltungsorte: Piwnica pod Baranami, Rynek Główny 27; Radio Kraków, al. Słowackiego 22, www.cracjazz.com.

Tour de Pologne: Das Finale der Polenrundfahrt findet in Krakau statt. Veranstalter: Lang Team, www.tourdepologne.pl.

August

Letni Festiwal Jazzowy, Tynieckie Recitale Organowe → Juli

Cepeliada: Markt mit folkloristischem Kunsthandwerk, hauptsächlich aus Kleinpolen. Veranstaltungsort: Rynek. www.cepelia.krakow.pl.

Krakowski Festiwal Pierogów: Wettbewerb um die schmackhaftesten Teigtaschen, bei dem auch das Publikum ein Wort mitzureden hat. Der Mały Rynek wird an diesem Wochenende Mitte Aug. zu Freiluftküche und -Restaurant. Veranstalter: Biuro Festiwalowe, ul. Olszańska 7, ✆ 12-4249650, 🖷 4249652, www.biurofestiwalowe.pl.

Muzyka w starym Krakowie: klassische Musik in traumhafter Umgebung. Internationale Festival-Konzerte im Wawel, dem Barbakan, in Synagogen und Kirchen. Veranstalter: Capella Cracoviensis, ul. Zwierzyniecka 1, www.mwsk.pl.

Coke Live Music Festival: von Coca Cola gesponsertes Open-Air-Festival mit internationalen Popstars beim Museum der Polnischen Luftfahrt. 50 € für 2 Tage. www.livefestival.pl.

September

Sacrum Profanum: ein neues und überaus ambitioniertes Festival. 2008 wurde die deutsche Moderne vorgestellt – unter anderem kamen Kraftwerk, Ute Lemper, das Ensemble Modern und Heiner Goebbels, 2012 kamen Sigur Rós. Veranstalter: Biuro Festiwalowe, ul. Olszańska 7, ✆ 12-4249650, www.sacrumprofanum.pl.

Marsz jamników: Wahl des längsten und des originellsten Dackels, nicht des schönsten. Die Hunde mit den kurzen Beinen tragen dabei Kostüme von Sagengestalten oder sind als Hot Dog verkleidet. Sympathische Atmosphäre vor und nach der Parade auf dem Rynek, an der auch die Dackel ihren Spaß zu haben scheinen. www.radiokrakow.pl.

Oktober

Studencki Festiwal Piosenki: bedeutendes Studentenfestival der Liedermacher, das schon viele Stars hervorgebracht hat. Aufführungen in der ganzen Stadt. Veranstalter: Instytut Sztuki, Rynek Główny 8, www.instytutsztuki.pl.

Unsound: Noise, Soundexperimente, Avantgarde und bahnbrechende Musiker mit wahrhaft ungehörten Klängen an verschiedensten Orten in der Stadt. Veranstalter: Fundacja Tone, www.unsound.pl.

Krakowskie Reminiscencje Teatralne: Polens ältestes Theaterfestival, das die Wehmut nach der guten alten Zeit, in der das Theater eine noch wichtigere Rolle spielte, schon im Namen trägt. Internationales Renommee. Verschiedene Veranstaltungsorte, Veranstalter: Centrum Kultury Rotunda, ul. Oleandry 1, ℡ 12-6333538, www.krt-festival.pl.

Bajit Chadasz: Der Monat der Begegnung mit der Jüdischen Kultur dauert eigentlich zweieinhalb Monate – von Mitte Sept. bis Ende Nov. Es gibt Workshops, Lesungen, Ausstellungen, Konzerte und Feste im Kulturzentrum sowie an weiteren Orten in Kazimierz und Krakau. Veranstalter: Centrum Kultury Żydowskiej, ul. Meiselsa 17, ℡ 12-4306449, www.judaica.pl.

November

Targi książki: Die zweitwichtigste Buchmesse in Polen für Verlage, Schriftsteller und Bücherwürmer dauert 3 Tage (meist Anfang Nov., manchmal schon im Oktober) und kostet 2 € Eintritt. Veranstaltungsort: Hala Targów, ul. Centralna 41a, www.targi.krakow.pl.

Wszystkich Świętych: Allerheiligen ist in Polen einer der wichtigsten Feiertage, an dem man sich an den Gräbern der verstorbenen Verwandten trifft und ihrer gedenkt. Die Friedhöfe werden dabei mit Hunderttausenden von Kerzen beleuchtet. In Krakau macht die besinnliche Atmosphäre auf dem Rakowicki- und dem Erlöserfriedhof einen Abstecher dorthin lohnenswert.

Dezember

Konkurs Młodych i Debiutujących Zespołów Jazzowych Jazz Juniors: ein 5-tägiger Wettbewerb für junge Jazzgruppen auf teils erstaunlich hohem Niveau, Anfang Dez. Veranstalter: Centrum Kultury Rotunda, ul. Oleandry 1, ℡ 12-6333538, www.jazzjuniors.pl.

Festiwal Filmu Niemego: 4-tägiges Stummfilmfestival Anfang Dez. mit Livemusik im Kino Pod Baranami und im Japanischen

Kulturzentrum Manggha. Veranstalter: Kino Pod Baranami, Rynek Główny 27, ℡ 12-4230768, www.kinopodbaranami.pl.

Konkurs Szopek Krakowskich: Wettbewerb um die schönste Weihnachtskrippe. Die *szopki* werden in der Adventszeit neben dem Pomnik Adama Mickiwiecza auf dem Rynek ausgestellt. Veranstalter: Muzeum Historyczne, Rynek Główny 35, ℡ 12-4223264, www.mhk.pl.

Targi Bożonarodzeniowe: Weihnachtsschmuck und Markt auf dem Rynek: Wer friert, kann sich mit Grzaniec aufwärmen.

Noc Sylwestrowa: Konzerte und Spaß mit Hunderttausenden auf dem Rynek. Veranstalter: Biuro Festiwalowe, ul. Olszańska 7, ℡ 12-4249650, 📠 4249652, www.sylwester.krakow.pl.

Einer der vielen Straßenmusiker

Sport und Wellness

In Krakau muss man auch im Urlaub auf Bewegung nicht verzichten. Von Entspannung bis zu Anspannung ist für jeden etwas dabei. Besonders attraktiv sind die Sportarten unter freiem Himmel.

Ballonfahrten, Fallschirmspringen

Aeroklub: Warum nicht einmal die Stadt aus einem Korb von oben betrachten? Oder noch einmal in Kleinpolen landen? Lotnisko Pobiednik Wielki 32-126 Igołomia, ☎ 12-2870470, www.aeroklubkrakowski.pl.

Floßfahrten

Dunajec: Verein, der Abfahrten per Floß (ab 11 €) im kleinpolnischen Fluss Dunajec organisiert. April–Okt. 9–16 Uhr. ☎ 18-2629721, www.flisacy.com.pl.

Golf

Royal Kraków Golf & Country Club: 18-Loch-Anlage, Greenfee 41–47,50 €. 15 km südöstlich von Krakau in Ochmanów 124, ☎ 12-2819170, www.krakowgolf.pl.

Kraków Valley Golf & Country Club: exklusive 18-Loch-Anlage, die allen Ansprüchen genügt. Allerdings fast 25 km (Luftlinie!) weit im Nordwesten. Green fee 45–58 €, auch Ausritte für 12,50 €/Std. Paczółtowice 328, ☎ 12-2586000, www.krakow-valley.com.

Joggen

Gute Möglichkeiten und viel Grün auf den Błonia-Wiesen beim Nationalmuseum, auf dem Planty-Ring und entlang der Weichsel.

Klettern

Park Linowy: ein Kletterpark in schöner Umgebung. Mai–Sept. Mo–Fr 15 Uhr bis Sonnenuntergang, am Wochenende ab 10 Uhr, Juli/Aug. Mo–Fr ab 12 Uhr, im Okt. nur Sa/So 10–17 Uhr. Eintritt 8 €, erm. 6 €. Ul. Widłakowa (Pychowice), www.krakowski

parklinowy.pl. Bus 112 und 162, Haltestelle Pychowice II.

Reiten

Mustang: reizvolle Ausritte Di-Fr nachmittags und abends sowie Sa/So 9-13 Uhr. ul. Nad Zalewem 15, ☎ 602-272299, www.mustang.krakow.pl.

Stadnina Koni Huculskich: etwas außerhalb gelegen, aber schöne Umgebung und vorbildlicher Service. Nach dem Ausritt (9 €/Std.) kann man gegrillte Würstchen oder Forellen verspeisen. Auch Urlaub auf dem Reiterhof und Kurse im Angebot. Minibusverbindung von/nach Krakau, ab Nowy Kleparz. Nielepice 196, 32064 Rudawa, ☎ 12-2838726, www.nielepice.com.pl.

Schwimmen und Baden

Park Wodny: riesiger Wassertempel mit mehreren Schwimmbädern, Whirlpools, Saunen und Solarien und einer 200 m langen Rutsche. Nicht zu vergessen die Drachen, Seemonster und eine tibetische Brücke. Eintritt 5 €/Std., 2 Std. 7–8 €. Ul. Dobrego Pasterza 126, ☎ 12-6163190, www.parkwodny.pl. Bus 128, 129, 132.

Korona: Hallenbad in Podgórze, 3 €/Std. Ul. Kalwaryjska 9, ☎ 12-6561368, www.korona.krakow.pl/basen.html. Tram 8, 10, Haltestelle Korona.

Clepardia: im Sommer geöffnetes Freibad in der Nähe eines Campingplatzes. Ul. Mackiewicza 14, ☎ 12-4151674. Bus 114, 115, 164.

Weichselstrand → Rundgang 11/Prakt. Infos

Kryspinów: 12 km von Krakau entfernter Sandstrand mit sauberem Wasser. Wassersportgeräte sind ausleihbar, Beach-Volleyball und lockere Partys an diesem beliebten Sommer-Ausflugsziel. Bus 209, 229, 239 bis Haltestelle Kryspinów bzw. Kryspinów Zalew. Eintritt 3 €. www.kryspinow.com.pl.

Tauchen

Zakrzówek: In dem ehemaligen Steinbruch musste Johannes Paul II. arbeiten. Im See befinden sich einige Wracks, für Anfänger ist er ideal geeignet. Ausleihe und Kurse beim Centrum Nurkowe Kraken, ul. Pychowicka 1b, ☎ 12-2668683, www.kraken.pl. Bus 114, 124, 128, Haltestelle Rostworowskiego.

Radeln entlang der Weichsel

Naherholungsgebiet und Taucherparadies Zakrzówek

Wissenswertes von A bis Z

Ärztliche Versorgung, Apotheken

Der Auslandskrankenschein bzw. die EHIC-Karte garantieren für gesetzliche Versicherte aus Deutschland, Österreich und der Schweiz die Übernahme der Kosten für die unmittelbar erforderliche medizinische Versorgung. Wer sich mehr absichern möchte, schließt eine Urlaubskrankenversicherung ab, die im Bedarfsfall auch den Rücktransport übernimmt. Erste Hilfe ist in Polen grundsätzlich kostenlos, für eine weitergehende Behandlung muss aber bezahlt werden. Krakau verfügt über ein Netz an öffentlich zugänglichen Defibrillatoren, die entsprechend gekennzeichnet sind.

Sollte eine weniger schwerwiegende Erkrankung vorliegen, beraten einen auch die gut ausgebildeten Apotheker. Die Öffnungszeiten der Apotheken decken sich mehr oder weniger mit denen zu Hause.

Notarzt: landesweit ✆ 999

Infos zu Notaufnahme und Apotheken: englisch-, teils deutschsprachig unter ✆ 12-4220511 und ✆ 12-6612240.

Rettungsdienst: ul. Łazarza 14, ✆ 12-4222999.

24-Std.-Apotheken: Pod Opatrznościa, ul. Karmelicka 23, ✆ 12-6311980. Dbam o Zdrowie, ul. Kalwaryjska 94, ✆ 12-6561850. Prywatna, ul. Galla 26, ✆ 12-6367365. Apteka Starowiślna, ul. Starowiślna 82/2, ✆ 12-4221993.

Behinderte

Auch wenn sich nicht zuletzt durch den Beitritt zur Europäischen Union vieles zum Guten verändert hat, sind nicht alle öffentlichen Gebäude behindertengerecht. Im öffentlichen Nahverkehr bleibt trotz neuer Niederflurbusse und -trams noch einiges zu verbessern. Ein großes Plus aber ist die große Hilfsbereitschaft der Krakauer. Unterkünfte, die u. a. wegen ihrer günstigen Lage empfehlenswert sind, sind die Hotels Campanile, Gródek und Wyspiański in Zentrumsnähe sowie das Hotel Kazimierz

(→ „Übernachten"). Rollstuhlgerechte Toiletten finden Sie in den Sukiennice (Tuchhallen), in der ul. Smocza, ul. św. Tomasza (Planty), ul. Straszewskiego, ul. Prądnicka, im Park Jordana, auf dem Rynek Podgórski und auf dem plac Szczepański. Der sehr gute Krakauführer für Behinderte wartet leider noch auf eine Übersetzung ins Englische und Deutsche. Für Blinde gibt es bei den Touristinfos Stadtpläne sowie an einigen wenigen Sehenswürdigkeiten Infotafeln in Brailleschrift.

Behindertenverband: ul. Dunajewskiego 5, ✆ 12-4222811, www.fundacja-sm.malopolska.pl.

Infotelefon: ✆ 800-533335

Galeria Stańczyk: eigentlich eine Galerie für Kunst von behinderten Menschen, übernimmt aber auch Informationsdienste. Mo–Fr 12–17.30 Uhr, engl. Beratung meist Di & Do. Ul. Królewska 94, ✆ 12-6368584.

Behindertengerechte Taxis, Mikrobusse: Radio-Taxi ✆ 19633, ✆ 19688, ✆ 800-339633, www.radiotaxipartner.pl.

Führungen für Blinde und Taube: Kajstur, ul. Jeździecka 11a, ✆ 600-821536.

Mehr als 270 Geschäfte residieren in der Galeria Krakowska

Diplomatische Vertretungen, Reisedokumente

Seit dem EU-Beitritt Polens benötigt man für die Einreise nur noch den Personalausweis. Seit der Umsetzung des Schengener Abkommens 2008 entfallen endlich auch die Schlangen an den Flughäfen. Kinder unter 16 Jahren benötigen seit 2012 entweder einen Kinderausweis (mit Foto empfohlen) oder einen eigenen Kinder-Reisepass, Einträge im Reisepass der Eltern sind seitdem nicht mehr gültig!

Deutsches Konsulat, ul. Stolarska 7, ✆ 12-4243000, www.krakau.diplo.de.

Österreichisches Konsulat (nur bis 2013), ul. Napoleona Cybulskiego 9, ✆ 12-4249930, www.bmeia.gv.at/botschaft/gk-krakau.html.

Deutsche Botschaft in Warschau, ul. Jazdów 12, 00467 Warszawa, ✆ 22-5841700, www.warschau.diplo.de.

Österreichische Botschaft in Warschau, ul. Gagarina 34, 00748 Warszawa, ✆ 22-8410081, www.ambasadaaustrii.pl.

Schweizer Botschaft in Warschau, al. Ujazdowskie 27, 00540 Warszawa, ✆ 22-6280481, www.eda.admin.ch/warsaw.

Einkaufszentren

Krakau hat neben seinen kleinen Geschäften zwei zentral gelegene Einkaufszentren, deren Läden alles bieten, was man braucht – und noch mehr. Bemerkenswert ist vor allem die Galeria Krakowska am Hauptbahnhof mit 270 Geschäften auf 60.000 m². Neben internationalen und polnischen Ketten findet man auch Filialen alteingesessener Krakauer Geschäfte.

Galeria Krakowska: Mo–Sa 9–22, So 10–21 Uhr. Ul. Pawia, ✆ 12-4289900, www.galeria-krakowska.pl.

Galeria Kazimierz: Mo–Sa 10–22, So 10–20 Uhr. Ul. Podgórska 34, ✆ 12-4330101, www.galeriakazimierz.pl.

Ermäßigungen

Teilweise freien Eintritt und Ermäßigungen (auch in Hotels) gibt es vor

Die Tuchhallen sind Krakaus mittelalterliche Shopping-Mall

allem für Kinder. Für Studenten empfiehlt sich ein internationaler ISIC-Ausweis, der aber nicht immer anerkannt wird. Bei fast allen Museen und Ausstellungen heißt es an einem Tag in der Woche Eintritt frei (wann, finden Sie bei den jeweiligen Sehenswürdigkeiten in den Stadttouren). Die „Tourist Card" ist nur Leuten zu empfehlen, die einen Besichtigungsmarathon in kurzer Zeit absolvieren wollen:

Krakow Tourist Card: freier Eintritt in Museen (ausgenommen Wawel), Rabatt in Geschäften und Restaurants, zudem freie Fahrt in allen Stadtbussen, Straßenbahnen sowie im Bus 292 zum Flughafen. 2 Tage 15 €, 3 Tage 19 €. Erhältlich in den Touristinfos, in ausgewählten Hotels und Reisebüros, www.krakowcard.com.

Feiertage

Polen ist ein katholisches Land mit vielen kirchlichen Feiertagen. Dennoch wird an vielen dieser Tage gearbeitet und viele Geschäfte sind – wie oft auch an Sonntagen – geöffnet. Seit 2007 dürfen allerdings nur noch kleine Geschäfte im Familienbetrieb an folgenden Tagen geöffnet sein.

Gesetzliche Feiertage: Neujahr (1. 1.), Dreikönigstag (6. 1.), Ostersonntag/-montag, Tag der Arbeit (1. 5.), Jahrestag der Verfassung (3. 5.), Pfingstsonntag, Fronleichnam, Mariä Himmelfahrt (15. 8.), Allerheiligen (1. 11.), Nationalfeiertag (11. 11.), Weihnachten (25./26. 12.).

Fundbüros

Städtische Fundbüros: Powiatowe Biuro Rzeczy Znalezionych, ul. Słowackiego 20, Zimmer 107a, ☏ 12-6336526. Biuro Rzeczy Znalezionych Urzędu Miasta Krakowa, ul. Wielicka 28, Zimmer 114, ☏ 12-6165713.

Eisenbahn-Fundbüro: im Hauptbahnhof, Schalter 22, ☏ 12-3932651.

ÖPNV-Fundbüro: ul. Jana Brożka 3, ☏ 12-2541150.

Geld und Geldwechsel

Zwar bekommt man inzwischen auch in deutschen, österreichischen und Schweizer Banken polnische Złoty, der Wechselkurs ist aber oft schlechter als in Polen. Bis auch an der Weichsel der

Euro zur offiziellen Währung wird (offizielle Beitrittstermine wurden zuletzt krisenbedingt immer seltener genannt), kann man mit seiner Bankkarte Geld an den zahlreichen Automaten ziehen. Die andere Möglichkeit, an Złoty zu kommen, ist der Bargeldtausch in einer Wechselstube *(kantor)*. Aber Vorsicht: Die Wechselkurse sind gerade im Zentrum schlechter als sie sein müssten. Hinzu kommen Zahlendreher, die einen günstigen Kurs vortäuschen, bei genauem Hinsehen aber viel schlechtere Konditionen bieten. Am besten, Sie informieren sich vor der Anreise über den ungefähren Kurs, der in den letzten Jahren häufigen Schwankungen unterworfen war. Die Zeit der uneingeschränkten Schnäppchen ist übrigens vorbei, für polnische Verhältnisse ist Krakau inzwischen sowieso sehr teuer geworden. Dennoch muss man in der Stadt wesentlich weniger bezahlen als in den Tourismuszentren Westeuropas.

Alle Preise in diesem Reiseführer wurden in Euro umgerechnet, zu dem langfristig häufigsten Wechselkurs von 4 Złoty für 1 €.

Durch Währungsspekulanten und infolge der Finanzkrise kann es aber zu Schwankungen kommen.

Kantor: faire Wechselstube, auch bei höheren Beträgen zu empfehlen: ul. Długa 8, ✆/🖥 12-4217355, www.kantor.krakow.pl.

Gottesdienste, Gotteshäuser

Krakau hat mehr als 120 römisch-katholische Kirchen, in denen an Wochenenden und Feiertagen, aber auch unter der Woche mehrmals täglich Messen gefeiert werden. Und diese sind oft mehr als gut besucht. Selbst an kalten und regnerischen Tagen kann man Krakauer jeden Alters vor Kirchen sehen, weil innen kein Platz mehr ist. Kirchen anderer Konfessionen muss man etwas länger suchen, in der ulica Grodzka befindet sich beispielsweise die evangelisch-augsburgische Martinskirche. Eine deutschsprachige Messe findet sonntags um 19 Uhr in der St.-Barbara-Kirche statt.

Angemessene Kleidung sollte beim Besuch eines Gotteshauses selbstverständlich sein, d. h. Verzicht auf bauch-

In der St.-Barbara-Kirche wird sonntags um 19 Uhr eine deutschsprachige Messe gefeiert

Glasfenster der Touristinformation im Pawilon Wyspiański 2000

und ärmelfreie Oberteile und kurze Hosen; in den Synagogen im Stadtteil Kazimierz tragen Männer zudem immer eine Kopfbedeckung (Achtung: Man kann sich nicht immer vor Ort eine *Kippa* ausleihen).

Homosexualität

Krakau ist eine liberale Stadt, was nicht zuletzt an ihrer Universität und der jungen Bevölkerung liegt. Die lokale Schwulen- und Lesbenszene ist überschaubar, bietet aber genügend Abwechslung. Die folgenden Webseiten geben einen Überblick über die Lage in Krakau und weiteren polnischen Städten sowie Tipps zu Nachtleben, Übernachtungen und weitere Informationen:

www.innastrona.pl
www.cracow.gayguide.net
2ndfloor.queer.pl

Information

Schon von zu Hause aus erhält man Infos über das polnische Fremdenverkehrsamt in Berlin sowie über die weiter unten aufgeführten Internetseiten. Abgesehen davon halten auch Krakaus deutsche Partnerstädte – Nürnberg, Frankfurt/M., Leipzig – sowie Zürich in der Schweiz spezielle Angebote bereit. In Krakau selbst sollte man nur in die Informationszentren der Stadt gehen; es gibt auch private Infobüros, die weniger beraten als versuchen, überteuerte Ausflüge und Führungen zu verkaufen.

Touristinformationen in Krakau: die kompetenteste der vielen Informationsstellen findet sich in der ul. św. Jana 2, Mo–So 10–18 Uhr, Juni–Okt. 9–19 Uhr, ✆ 12-4217787, ✆ 4306503. Pawilon Wyspiański 2000, plac Wszystkich Świętych 2, Juni–Sept. tägl. 9–19, Okt.–Mai bis 17 Uhr, ✆ 12-6161886; in Kazimierz: ul. Józefa 7, Mo–So 9–17 Uhr. ✆ 12-4220471.

Für Kleinpolen und Krakau: Mo–Fr 9–17, im Sommer bis 20, Sa 10–16, So 10–14, im Sommer bis 16 Uhr. Rynek Główny 1/3 (in den Tuchhallen), www.mcit.pl.

Touristisches Servicezentrum am Wawel: 2010 geöffnete Info mit Gepäckaufbewahrung, Souvenirläden und Café, besonders geeignet für Tagestouristen und zur Planung von Ausflügen in die Umgebung. Mo–So 9–17, in der Hochsaison bis 19 Uhr. Ul. Powiśle 11.

Info Point für Teens und Twens: wertvolle Hinweise auf Englisch für junge Menschen, die auf ihr Budget achten müssen; Tipps zum Nachtleben, zu Handynutzung, den interessantesten Sehenswürdigkeiten ... Mo/Mi 10–14, Di–Do 13–17, Juli/Aug. Mo–Fr 10–14 Uhr. Ul. Basztowa 5, ☎ 12-4296569, www.rcim.krakow.pl.

Diecezjalne Centrum Informacji: Informationen für katholische Pilger durch die Diözese. Audioguides für die Tour auf den Spuren von Johannes Paul II. Mo–Fr 9–16 Uhr. Ul. Wiślna 12, ☎ 12-4302010, www.diecezja.pl.

Polnisches Fremdenverkehrsamt Berlin: Mo–Fr 9–16 Uhr. Kurfürstendamm 71, 10709 Berlin, ☎ 030-2100920, ✆ 21009214, www.polen.travel/de.

Krakauer Haus in Nürnberg: Mo–Sa 9–13, Mo, Di, Do 14–18 Uhr. Hintere Insel Schütt 34, 90403 Nürnberg, ☎ 0911-225031, www.krakauer-haus.de.

Internetadressen: teils auf deutsch, ansonsten englisch und polnisch: www.krakow.pl, www.krakow.travel, http://wirtualnyspacer.krakow.pl, www.cracow-life.com, www.krakow4u.pl.

Polen allgemein: www.schoenes-polen.de, www.polen.pl.

Internet

In der Stadt gibt es zahlreiche Internetcafés, von denen einige sogar durchgehend geöffnet sind. Eine halbe Stunde kostenlos ins Internet kommt man im Touristischen Servicezentrum am Wawel (s. o.). Wer mit Notebook verreist, findet einen kostenlosen Zugang auf dem Marktplatz (laut Eigenwerbung das schönste Freiluftbüro der Welt) sowie in der ulica Szeroka in Kazimierz. Der Rechner wählt sich automatisch ins öffentliche Netz ein, sofern man sich im Freien aufhält. Weitere mit dem Logo „hotspot cracovia" gekennzeichnete Zugänge gibt es in fast allen Lokalen im Zentrum, in Kazimierz sowie in den Einkaufszentren.

Internetcafés: *Hetmańska:* 1 €/Std. , 24 Std. geöffnet, ul. Bracka 4, www.hetmanska24.com. *Nandu:* 1 €/Std., tägl. 8–23 Uhr, ul. Wiślna 6, www.nandu.pl.

Klima und Reisezeit

Auch wenn Krakau zu jeder Jahreszeit eine Reise wert ist, kommen die meisten Touristen doch im Frühling und im Sommer. Von April bis Oktober liegen die Tagestemperaturen bei mindestens 15 Grad Celsius, was das Unterwegssein im Freien begünstigt. Der Winter ist etwas kälter als in den meisten Teilen Deutschlands, dabei aber keineswegs unangenehm. Die Krakauer nehmen die Minustemperaturen deshalb recht locker, selbst wenn es wie im Winter 2010 richtig kalt wird. Denkt man an die weiße Verpackung für die Bauwerke und die wärmenden Cafés, hat der Winter sicher seinen ganz eigenen Charme. Der Frühling kommt dann vielleicht etwas später als von zu Hause gewohnt, um im April und Mai die

Krakauer Koma

Das oft von Tiefdruck beeinflusste Klima in der Stadt kann für wetterfühlige Naturen belastend sein. Doch längst ist es nicht mehr so schlimm wie im 14. Jahrhundert, als die Witterung noch von der Feuchtigkeit beeinflusst wurde, die aus den Sümpfen aufstieg. Die Krakauer sollen damals bei extremem Tiefdruck in einen komatösen Schlaf gefallen sein, der laut einer auf König Łokietek zurückgehenden Legende sogar tagelang angedauert haben soll. Wer nun befürchtet, die ganze Zeit über im Halbschlaf durch die Innenstadt zu ziehen, dem sei versichert: Dies kann nur daran liegen, dass Sie alle Sehenswürdigkeiten an einem Tag ablaufen wollten; oder dass der Abend in der Kellerkneipe doch zu lang wurde; oder dass Sie dann noch unbedingt den Sonnenaufgang an der Weichsel sehen wollten; oder ...

Blumenbeete rund um das historische Zentrum aufblühen zu lassen und die Tische vor den Restaurants mit ersten Sonnenstrahlen zu verwöhnen. Im Sommer kann es sehr warm werden, begünstigt durch die Kessellage der Stadt – für Empfindliche durchaus zu warm. Probleme kann auch die verbesserungswürdige Luftqualität machen – vielleicht das einzige Manko der Stadt. Im frühen Herbst ist es noch angenehm warm und ein Besuch nicht zuletzt wegen der Farbenpracht der Bäume ein Erlebnis.

Kriminalität und Sicherheit

Trotz verbreiteter Vorurteile ist Polen und vor allem Krakau nicht unsicher, im Gegenteil: In einer offiziellen Liste des europäischen Städtenetzwerks Eurocities befindet steht Krakau auf den vorderen Plätzen der sichersten Städte des Kontinents. Trotzdem sollte man es Taschendieben nicht zu einfach machen und die Geldbörse in der vorderen Hosentasche oder speziellen Taschen aufbewahren. Unbedingt in Acht nehmen muss man sich vor den europaweit berüchtigten Hooligans an Spieltagen von Wisła oder Cracovia Kraków. Nach Einbruch der Dunkelheit sollte man zudem den Stadtwald oder den Vorort Nowa Huta besser meiden.

Notruf

Notruf: landesweit ☎ 112 oder ☎ 997.

Polizeistationen: Rynek Główny 29, ☎ 12-61-57317 (24 Std.); ul. Szeroka 35, ☎ 12-6152914.

Feuerwehr: landesweit ☎ 998.

Touristen-Notruf: In der Sommersaison tägl. 10–22 Uhr deutsch- und englischsprachige Hilfe unter ☎ 800-200300 (kostenfrei aus dem Festnetz) oder ☎ 0048-608-599999 (mobil).

Öffnungszeiten

Die Kernöffnungszeiten der kleinen Geschäfte sind ähnlich wie zuhause. Viele größere Geschäfte, Filialen und Einkaufszentren sowie Supermärkte nutzen das fehlende Ladenschlussgesetz und sind auch sonntags, am Abend, am frühen Morgen oder sogar durchgehend geöffnet. Manche Kirchen sind nur während der Messen zugänglich. Die Ruhetage von Museen variieren. Und nur sehr wenige Restaurants leisten sich den Luxus eines freien Tages.

Post

Die Hauptpost befindet sich östlich der Altstadt (auf der anderen Seite der Planty), wo die Straße Wielopole auf die Westerplatte stößt. Auch beim Bahnhof gibt es eine Filiale, die sogar rund um die Uhr geöffnet ist. Das

Höhe, wem Höhe gebührt

Die Polen scheinen seit alters her ein merkwürdiges Faible für die Aufschüttung von Erdhügeln zu haben. Mehr als 350 dieser künstlichen Erhebungen gibt es im ganzen Land, in Krakau selbst sind derzeit vier zu besichtigen, ein fünfter Hügel zu Ehren von Johannes Paul II. ist bereits angedacht. Neben dem natürlichen Wawel-Hügel (Rundgang 5) bilden der Kopiec Krakusa in Podgórze (Rundgang 10) und der Kopiec Wandy in Nowa Huta (Rundgang 13) die ältesten Erhebungen, die auch kultischen Zwecken dienten. In neuerer Zeit kamen der Kopiec Kościuszki (Rundgang 11) und der Kopiec Piłsudskiego im Las Wolski (Rundgang 12) hinzu. Gemeinsam ist allen, dass sie zu Ehren von Herrschern, deren Angehörigen oder zum Gedenken an Feldherren angelegt wurden.

Porto für einen Brief oder eine Post-karte beträgt 2,40 Złoty. Briefmarken erhalten Sie auch in manchen Kiosken.

Postämter: ul. Lubicz 4 (Hbf.), durchgehend Briefsendungen, Postauszahlungen und Kurierdienste, tägl. 0–24 Uhr.

Hauptpost: ul. Westerplatte 20, Mo–Fr 8–20, Sa 8–14 Uhr; ul. Starowiślna 56, Mo–Fr 9–20 Uhr. www.poczta-polska.pl.

Rauchen

Seit 2010 gelten in Polen ebenso stren-ge Gesetze wie in den meisten anderen europäischen Ländern. Cafés, Restau-rants, Kneipen und auch Clubs bleiben fortan rauchfrei, es sei denn, es gibt Raucherbereiche in abgetrennten Räu-men. Streng verboten ist das Rauchen auch auf Bahnhöfen, an Haltestellen sowie in öffentlichen Verkehrsmitteln, darunter auch Taxis. Verstöße werden mit Strafen ab 125 € geahndet.

www.lokalbezpapierosa.pl: listet vollständig rauchfreie Cafés, Restaurants und Lokale auf.

Telefonieren

Die öffentlichen Fernsprecher sind ausnahmslos Kartentelefone. Die hier-für nötige *karta telefoniczna* gibt es in den Kiosken und Postämtern. Falls Sie nicht auf Ihr Handy verzichten wollen, sollten Sie vor der Reise Ihren Anbie-ter kontaktieren. Je nach Netz sind verschiedene polnische Roaming-Part-ner günstiger. Wie üblich, ist Telefo-nieren in den Hotelzimmern deutlich teurer.

Achtung: Auch innerhalb Kra-kaus ist die Tel.-Vorwahl 12 mit-zuwählen. In Polen entfällt die „0" am Anfang der Ortsvorwahl inzwischen, in Flyern, Broschü-ren sowie auf Webseiten findet man sie aber gelegentlich noch. Lassen Sie sie beim Wählen ein-fach weg.

Postkartenschreiben nicht vergessen!

Internationale Vorwahlen: für Polen ☏ 0048, für Deutschland ☏ 0049, für Österreich ☏ 0043, für die Schweiz ☏ 0041.

Ortsvorwahl Krakau: innerhalb Polens ☏ 12, aus dem Ausland ☏ 0048-12.

Telefonauskunft: Ortsauskunft Krakau ☏ 911 und ☏ 910, national ☏ 912, international ☏ 900.

Spartipp: 85 % billiger mit der an Kiosken erhältlichen Vorwahlnummernkarte von Telegrosik; www.telegrosik.pl.

Toiletten

Die Nutzung öffentlicher Toiletten (am nördlichen Ende der Tuchhallen (tägl. 7–22 Uhr), rund um die Altstadt auf den Planty oder auf dem Wawel) kostet in der Regel 1 €. Manchmal gilt dies auch für Lokale! Weltweit einzigartig ist die Kennzeichnung für die Geschlechter. Ein Kreis auf der Tür kennzeichnet das Damen-WC, ein Dreieck das Herren-WC. Mitunter gibt es aber auch international verständliche Wörter oder Piktogramme.

Waschsalons

Frania Café: individueller Waschsalon zwischen Altstadt und Kazimierz mit Theke, Kaffeemaschine und Sofa. Waschen 3,50 €, Trocknen 2 €, beides zusammen 4 €. Mo–So 10.30–24 Uhr. Ul. Starowiślna 26, www.franiacafe.pl.

PePe: Beim Warten auf die Wäsche kann man für 1 €/Std. surfen oder kostenlos das WiFi benutzen. Wäsche groß 4 €, Trocknen 20 Min. 1 €. Mo–So 8–22 Uhr. Ul. Dietla 51, www.laundry.pl.

Zeitungen und Zeitschriften

Die internationale Presse ist in Krakau überall erhältlich, z. B. bei Empik auf dem Rynek. Veranstaltungshinweise finden Sie vor allem in dem studentisch geprägten Stadtmagazin „Akti-

vist", im „Miesiąc w Krakowie" und in den auch englischsprachigen Blättern „Kraków Insider", „Kraków What, Where, When" oder „Karnet" (Preis je 1 €). Nachrichten bringt die engl.-sprachige, monatlich erscheinende „Krakow Post" (1 €).

Typische Krakauer Tracht

Stadttouren

Alle Rundgänge auf einen Blick

Der Wunsch liegt nahe, es dem Helden in „Ich schwebe über Krakau"
gleichzutun. Wie in Adam Zagajewskis literarischer Liebeserklärung an
Krakau könnte der geradezu klassische Stadtaufbau so ganz von oben
bewundert werden. Alles dreht sich in Krakau um die tropfenförmige
Altstadt, die von einem Grüngürtel umgeben ist.

Mit steigender Nummerierung führen
die in diesem Buch beschriebenen Rundgänge einem Schneckenhaus gleich immer weiter vom zentralen Marktplatz
weg zu touristisch weniger bekannten
Orten. Dabei wird man bemerken, dass
sich viele Rundgänge schneiden, kreuzen
oder gar denselben Ausgangspunkt haben.
Für die Durchführung sollte man je einen
Vormittag oder Nachmittag einplanen.

Die Rundgänge sind jeweils in vier Ab-
schnitte unterteilt. Der erste Abschnitt
gibt grundlegende Informationen zur
Geschichte und zu den Besonderheiten
des Stadtviertels. Der zweite Abschnitt
Rundgang gibt zusammen mit der Karte
Hilfe zur Orientierung und nennt kurz
die Sehenswürdigkeiten (fett markiert)
im Verlauf des Rundgangs. Der dritte
Abschnitt **Sehenswertes** liefert die Details zu den wichtigsten Sehenswürdigkeiten. Der vierte Abschnitt **Praktische
Infos** bietet eine Auswahl an Restaurants, Cafés, Bars und Geschäften entlang der Routen. Einige der Rundgänge
werden um Sehenswürdigkeiten außerhalb der Route ergänzt. Abgesehen davon gibt es **Abstecher** zu Zielen in der Nähe von Rundgang 10 und Rundgang 13.

Die Rundgänge 1, 2, 3, 5 und 9 sind die
wichtigsten und das angenehme „Muss"
für jeden Krakaubesucher. Von der
Wegstrecke her recht kurz, gibt es umso mehr zu entdecken: **Rundgang 1**
führt rund um den 16.000 m² großen
Marktplatz mit seinen Sehenswürdigkeiten, **Rundgang 2** verschafft einen
Einblick in die Attraktionen des schach-
brettartig angeordneten Zentrums,
während **Rundgang 3** am ehemaligen

Königsweg entlang einmal quer durch
die Altstadt führt. **Rundgang 5** konzentriert sich auf das Areal des über der
Stadt thronenden Wawel, und **Rundgang 9** führt in das aus „Schindlers Liste" bekannte jüdische Viertel Kazimierz.

Wer beispielsweise nur für ein Wochenende in Krakau ist, kann die ersten fünf
Rundgänge miteinander kombinieren,
wofür etwa 1½ Tage zu kalkulieren sind.
Von Vorteil ist, dass man dabei nicht
auf Verkehrsmittel angewiesen ist. Und
den restlichen halben Tag verbringt
man dann damit, Kazimierz kennen
und lieben zu lernen.

Weniger bekannt, doch kaum weniger
interessant sind die Sehenswürdigkeiten der Rundgänge 4, 6, 7, 8 und 10.
Rundgang 4 vermittelt nicht zuletzt
eine Vorstellung von der Größe der Altstadt – der Rundgang führt um den historischen Stadtkern herum. **Rundgang 6** dürfte der Favorit unter Freunden des Jugendstils sein. Eine ähnliche
Architektur ist auf **Rundgang 7** zu entdecken, die zudem mit einem gut be-
suchten Markt lockt. Die Höhepunkte
von **Rundgang 8** sind das Botanische
Garten und der Rakowicki-Friedhof.
Rundgang 10 führt schließlich durch
das ehemalige Ghetto in Podgórze.

Die Rundgänge 11, 12 und 13 bieten ein
Kontrastprogramm zum typischen
Stadtbild: **Rundgang 11** führt entlang
der Weichsel zum Aussichtshügel Ko-
piec Kościuszki, **Rundgang 12** in den
Stadtwald Las Wolski und zum Zoo,
Rundgang 13 schließlich in das als so-
zialistische Vorzeigesiedlung geplante
Nowa Huta.

Krakau-Highlights

Rynek (S. 88): Das lebhafte Zentrum der Stadt ist um diesen größten mittelalterlichen Platz Europas angeordnet, die **Sukiennice (Tuchhallen** – S. 98) sorgen für die reizvolle Zweiteilung der eigentlich quadratischen Grundfläche. Unter dem Marktplatz gibt es nicht nur zahllose Kellerrestaurants und -kneipen, sondern seit 2010 auch die **Podziemia Rynku** (S. 99): Das Museum zeigt das Leben im mittelalterlichen Krakau.

Kościół Mariacki (S. 92): Auf die Marienkirche mit den unterschiedlichen Türmen und dem prachtvollen Altar im Inneren macht nicht zuletzt das Trompetensignal aufmerksam, das stündlich vom Nordturm geblasen wird.

Muzeum Czartoryskich (S. 106): Unter den vielen sehenswerten Gemälden der Sammlung ist das berühmteste Leonardo da Vincis „Dame mit dem Hermelin".

Collegium Maius (S. 111): Der gotische Prachtbau gehört zu einer der ältesten Universitäten Europas. Zu ihren berühmtesten Studenten zählte Nikolaus Kopernikus.

Barbakan, Brama Floriańska (S. 122/124): Die Reste der Stadtbefestigung zeugen von Krakaus einstiger Stärke.

Planty (S. 132): Die Grünanlage mit Blumenbeeten und Büsten wurde anstelle der ehemaligen Stadtmauer angelegt. Ein Spaziergang im Park verdeutlicht die Ausmaße des Zentrums.

Wawel (S. 142): Das einstige Königsschloss mit der eindrucksvollen Kathedrale ist komplett erhalten und birgt bedeutende Zeugnisse der polnischen Geschichte.

Nowy Świat und Piasek (S. 154): In den zwischen Zentrum und Nationalmuseum gelegenen Stadtvierteln sind die reizvollsten Jugendstilgebäude Krakaus zu bewundern.

Muzeum Narodowe (S. 158): Das Nationalmuseum zeigt in ständigen und wechselnden Ausstellungen vor allem Werke der Moderne und zeitgenössische Kunst.

Rynek Kleparski (S. 171): Krakaus beliebtester Markt mit den besten Lebensmitteln aus der Region.

Cmentarz Rakowicki (S. 100): Eindrucksvolle Grabmale und die parkähnliche Atmosphäre dominieren den Rakowicki-Friedhof. Hier findet man die Gräber bedeutender Polen.

Kazimierz (S. 182): Der Stadtteil erzählt vom heutigen und früheren jüdischen Leben. Neben Synagogen, Klezmer und jüdischen Restaurants ist Kazimierz auch ein Zentrum des studentischen Nachtlebens.

Kościół Paulinów „Na Skałce" (S. 192): Die auf einen Felsen gebaute Paulinerkirche ist das bedeutendste Gotteshaus der Stadt – in ihrer Krypta sind berühmte Künstler wie Miłosz oder Wyspiański in Sarkophagen bestattet.

Plac Bohaterów Getta (S. 205): Den Opfern des Nazi-Terrors gewidmeter Platz im ehemaligen Ghetto. Beim Apotheker der **Apteka Pod Orłem** (S. 207) am Platz erhielten die Verfolgten lebenswichtige Unterstützung und Hoffnung. In unmittelbarer Nähe wurde die **Fabryka Schindlera** (S. 205) in ein eindrucksvolles Museum verwandelt.

Muzeum Sztuki Współczesnej (S. 206): im Jahr 2010 eröffnetes Museum für Zeitgenössische Kunst in beeindruckendem Betonbau.

Łagiewniki (S. 212): Das auch architektonisch interessante Sanktuarium der Göttlichen Barmherzigkeit ist eines der bekanntesten Pilgerziele in Polen und Europa.

Kopiec Kościuszki (S. 219): Der weithin sichtbare Kościuszko-Hügel wurde zu Ehren des Freiheitskämpfers Tadeusz Kościuszko aufgeschüttet. Auf imposanter Höhe gewährt er einen interessanten Blick über die Stadt.

Nowa Huta (S. 230): Der heutige Stadtteil Krakaus ist eine im Stil des Sozialistischen Realismus gebaute Planstadt. Außer den wuchtigen Wohnblöcken steht hier die schlichte, aber eindrucksvolle Kirche **Arka Pana** (S. 238), für die die Bewohner jahrzehntelang kämpften.

Die prachtvollen Tuchhallen in der Mitte des Hauptmarkts

Rynek: Rund um den Marktplatz

Alle Wege führen zum Rynek, denn der zentrale Marktplatz ist das Herz der Innenstadt. Der weltweit größte mittelalterliche Platz gilt als magisch, in seiner Gestalt als unerreicht und einzigartig. Von diesen Superlativen sind nicht nur die Krakauer überzeugt.

So suchte die amerikanische Organisation „Project for Public Spaces" 2005 nach dem schönsten Platz der Welt – ihre Wahl fiel auf den Krakauer Rynek. Wer einmal auf ihm steht, wird die Entscheidung der Jury auch ohne Kenntnis ihrer Kriterien nachfühlen können. Auf der 200 mal 200 Meter großen Grundfläche fehlt es an nichts: eindrucksvolle Architektur aus mehreren Jahrhunderten, eine einzigartige Kirche, Denkmäler und die prachtvollen Tuchhallen in der Mitte des Platzes. Diese Vorzüge allein erklären aber nicht die Attraktivität des Platzes. Vielmehr ist hier die viel

beschworene Krakauer Magie am ehesten spürbar; und hier wird deutlich, weshalb immer mehr Touristen die Stadt besuchen. Die Atmosphäre ist im wahrsten Sinne des Wortes unbeschreiblich. Charakteristisch sind die vielen Blumenfrauen, die ihre bunte Pracht auf dem Rynek an die Frau und den Mann zu bringen suchen. Über Jahrhunderte sprachen sie als inoffizielle Botschafterinnen Krakaus dabei schon mit Staatsmännern, mit Päpsten und Königen. Die allgegenwärtigen Tauben werden gefüttert und umsorgt statt vertrieben. Und hier mischen sich wie so oft in Krakau

Realität und Mythen: Einer Stadtlegende zufolge lieh sich Prinz Probus Gold von einer Hexe, gab es ihr aber später nicht zurück. Aus Rache verzauberte sie alle seine Ritter in Tauben. Und mit ein bisschen Phantasie sehen die grauen Vögel wirklich etwas ritterlicher und edler aus auf diesem Marktplatz.

Dasselbe gilt für die Straßenmusiker und die für Stunden bewegungslos dastehenden Mimen in einfallsreichen Kostümen. Eine von ihnen ist die als Krakaus lebende Legende geltende Biała Dama (Weiße Dame) mit ihrem weiß geschminkten Gesicht und dem in derselben Farbe gehaltenen Gewand. Die auch als Theaterschauspielerin bekannte Maja Iljuczonek ist allerdings in den letzten Jahren immer seltener an ihrem angestammten Platz vor der Marienkirche zu sehen. Das Motion Trio hingegen musiziert nun

gar nicht mehr wie noch vor einigen Jahren auf dem Rynek. Stattdessen spielen die drei Akkordeonisten auf den bekanntesten Bühnen der Welt, u. a. in der Carnegie Hall und mit Größen wie Bobby McFerrin, Trilok Gurtu oder Krzysztof Penderecki.

Auch die vielen von geschmückten Pferden gezogenen Droschken verstärken das Bild einer zeitlosen Umgebung. Dieses Flair wollen die Menschen genießen, die an den Tischen der vielen Straßencafés und Restaurants sitzen oder über den Platz flanieren.

Wie man schnell feststellen kann, ist der Rynek auch heute noch der wichtigste Treffpunkt der Krakauer. Meist verabredet man sich „Pod Adasiem" („Unterm Adamchen"), wie der Volksmund das Denkmal zu Ehren des romantischen Nationaldichters liebevoll nennt.

Rundgang

Reine Gehzeit: ca. 30 Min.

Der Rundgang beginnt an der Einmündung der ulica Floriańska in den Rynek, von wo aus man die wichtigsten Sehenswürdigkeiten schon sehen kann. Gleichzeitig braucht man wohl ein paar Minuten, um diesen Platz auf sich wirken zu lassen. Ins Auge fällt dabei auch der architektonische Stilmix der Paläste an den Seiten. Von der Renaissance über den Barock bis zum Jugendstil sind alle bedeutenden Bauweisen vertreten. Die erste Sehenswürdigkeit ist noch eher unspektakulär, aber spannend genug. Es handelt sich um die **Kamienica Hipolitów**, in der eine Ausstellung zeigt, wie die Krakauer vom 17. bis zum 19. Jh. lebten. Bedeutender ist natürlich die **Marienkirche (Kościół Mariacki)**. Bevor man sie innen besichtigt, bietet sich eine Umrundung an, bis auf dem Marienplatz (plac Mariacki) der kleine Studentenbrunnen (Fontanna Żaka) zu sehen ist; ihn schmückt eine der Figuren des Hochaltars der Marienkirche als Kopie. Direkt gegenüber dem Brunnen sieht man auf der Fassade der Marienkirche eine Sonnenuhr. Diese zwei kleinen Details sind eine ideale Einstimmung für die Pracht im Inneren der Kirche, die man als Gläubiger durch das barocke Portal (1750–1752) von Francesco Placidi betritt. Touristen müssen allerdings zuvor bezahlen und nehmen den Seiteneingang. Nicht vergessen sollte man den **Marienturm (Wieża Mariacka)** mit seiner hervorragenden Aussicht, von dem zu jeder vollen Stunde das berühmte Trompetensignal (→ Kasten S. 91) erklingt. Gegenüber der Marienkirche steht die **St.-Barbara-Kirche (Kościół św. Barbary)**, in der sonntags um 19 Uhr ein deutschsprachiger Gottesdienst gehalten wird.

Gegenüber der Marienkirche und neben der Buchhandlung Empik ist ein langes Haus zu sehen, in dem Stanisław Wyspiański wohnte und sein Meisterwerk „Wesele" (→ Literatur) vollendete. Wenn man nun die Ostseite des Ryneks entlanggeht, sieht man rechts vor den Tuchhallen das **Adam-Mickiewicz-Denkmal (Pomnik Adama Mickiewicza)**, ein beliebter Treffpunkt der Krakauer.

Kurz dahinter steht Krakaus ältestes Gotteshaus, die **St.-Adalbert-Kirche (Kościół św. Wojciecha)**. Im weiteren Verlauf wird es etwas mysteriöser, denn im letzten Haus an der Südseite soll der Alchemist Twardowski gelebt haben. Der Meister der geheimnisumwitterten Wissenschaft gilt als ein Vorbild für die Figur des Faust. Tatsächlich hielt sich Johann Wolfgang von Goethe mehrmals in Krakau auf, die Geschichte wird ihm also geläufig gewesen sein. Im Nachbarhaus davor befindet sich die **Galerie MCK (Galeria MCK)**, in der wechselnde Kunst- und Fotoausstellungen zu sehen sind, meist mit einem Bezug zu Krakau. In dem gegenüberstehenden Eckhaus an der Westseite des Platzes befindet sich der **Keller Unter den Widdern (Piwnica Pod Baranami)**. Das berühmte Kabarett ist für seinen feinen Humor und seine beliebten Lieder bekannt. In dem Nachbarhaus ging es allerdings weit weniger lustig zu – hier wurde Bartolomeo Berrecci ermordet. Der Erbauer der Zygmunt-Kapelle auf dem Wawel hatte noch einige offene Rechnungen in seiner italienischen Heimat, die wohl zu seinem gewaltsamen Tod führten. Heute liegt er in der Kościół Bożego Ciała in Kazimierz begraben. Auf dem Weg zum **Rathausturm (Wieża Ratuszowa)** kommt man an einer klassischen, dennoch zeitgemäßen Skulptur von Igor Mitoraj vorbei, die der Künstler der Stadt schenkte. Weiter in Richtung der Nordseite erinnert eine

Rundgang 1: Rynek
→ Karte S. 93

Die Unvollendete von Krakau

Der Hejnał, ein kurzes Trompetensignal, ertönt seit dem Mittelalter stündlich. Seit 1927 wird er sogar täglich um 12 Uhr vom polnischen Rundfunk live ins ganze Land übertragen und ist damit die älteste ständige Musiksendung der Welt. Die Bezeichnung kommt vom ungarischen hajnal, was Dämmerung bedeutet und auf den eigentlichen Ursprung hinweist. Wie in jeder europäischen Stadt des Mittelalters hatten auch in Krakau Stadtpfeifer die Aufgabe, die Zeit zu verkünden und vor Gefahr zu warnen. Eine der größten

Gefahren der damaligen Zeit war das Feuer (weswegen die sieben festangestellten Trompeter noch heute der Feuerwehr unterstellt sind). Die andere Gefahr bestand aus feindlichen Angriffen, und hier liegt laut Legende der Grund für das plötzliche Abreißen der Melodie: Während eines Tatarenangriffs blies ein Turmbläser unermüdlich immer wieder dasselbe Warnsignal. Krakau konnte dadurch gerettet werden, der Held jedoch wurde von einem Pfeil in der Kehle getroffen und starb, bevor er das Signal zu Ende bringen konnte. Auch an sein Schicksal soll erinnert werden, wenn der Hejnał in jede Himmelsrichtung gespielt wird, nach Süden für den König, nach Westen für den Bür-

Signal im Stundentakt

germeister, nach Norden für die Gäste der Stadt und nach Osten zum Hauptquartier der Feuerwehr. In einer dieser Richtungen wird wohl auch der berühmte polnische Jazzmusiker Tomasz Stańko als Kind zugehört haben, was ihn zur 13. Variation auf seinem Album „Soul of Things" angeregt hat. Er zitiert darin die „zweite Nationalhymne der Polen" auf ganz persönliche Weise. Kritikern in aller Welt gilt Stańko als der bedeutendste Jazztrompeter seit Miles Davis. Und so lebt die Legende auch außerhalb Polens weiter …

Gedenktafel an Walenty Badylak, der sich 1980 an dieser Stelle aus Protest gegen die Verlogenheit des Sozialismus sowie das Verschweigen der stalinistischen Morde in Katyń verbrannte. Am Ende der Westseite steht der **Krzysztofory-Palast (Pałac Krzysztofory)**, in dem wichtige Ausstellungen des Historischen Museums untergebracht sind. Einer der Höhepunkte dieses Rundgangs aber ist der Besuch der **Tuchhallen (Sukiennice)**. In diesen Markthallen voll formvollendeter Pracht werden heute Souvenirs und Handwerkskunst verkauft. Im 1. Stock präsentiert die bis 2010 von Grund auf restaurierte **Galerie der Polnischen Kunst des 19. Jahrhunderts (Galeria Sztuki Polskiej XIX w.)** ausladende Gemälde polnischer Maler. Spektakulär ist die Ausstellung **Untergrund des Marktplatzes (Podziemia Rynku)**, die seit 2010 auf 6000 m² Mauerreste, Gänge und Keller zeigt. Schön ist auch der nachts beleuchtete Kristallbrunnen, der bei Tag Licht in die Kellergeschosse des Museums eindringen lässt und wegen seiner Form fast wie eine Miniaturausgabe der Pyramide vor dem Pariser Louvre wirkt.

Sehenswertes

Alle Sehenswürdigkeiten des Rundgangs sind von den Halte-stellen des Zentrums aus schnell erreichbar. Deshalb sind hier keine Anfahrtsmöglichkeiten an-gegeben.

Kamienica Hipolitów: Das Haus wurde im 17. Jh. von der Händlerfamilie Hipo-lit in seinen heutigen, von außen eher unspektakulären Zustand versetzt. Der Keller und die Steinportale stammen je-doch aus dem 14. Jh., zudem sind Re-naissance-Kolumnen und barocke Stuckarbeiten von Baltasar Fontana so-wie hölzerne Balkone und Rokoko-Po-lychromien erhalten. Die Ausstellung zeigt seit 2003 auf zwei Etagen und in verschiedenen Räumen typische Schlaf-, Ess-, Wohn- und Studierzimmer aus dem 17. Jh. bzw. dem 19. Jh. Von beson-derem Interesse ist das Arbeitszimmer wegen der erwähnten Stuckarbeiten, der Salon und der Sammlersaal mit Kunst-objekten aus mehreren Jahrhunderten.

Nov.–März Mi/Fr–So 9–16, Do 12–19, Mai–Okt. Mi–So 10–17.30 Uhr. Eintritt 2 €, erm. 1 €, Mi frei. Führung (deutsch) 21 €. Pl. Mariacki 3, ✆ 12-4224219, www.mhk.pl.

Marienkirche (Kościół Mariacki): An der nordöstlichen Ecke des Marktplat-zes erhebt sich die Basilika, die zugleich Pfarrkirche des Krakauer Zentrums ist.

Der Hochaltar von Veit Stoß ist ein in zwölf Jahren detailverliebter Schnitzarbeit entstandenes Meisterwerk

Tour 1: Rynek

30 m

Das Wahrzeichen der Stadt wurde von 1287 bis 1320 auf den Fundamenten einer romanischen Kirche errichtet.

Schon von weitem sichtbar sind die zwei unterschiedlich hohen Türme, die die Frontfassade prägen. Das Innere schmückt einer der größten Schätze spätgotischer Kunst überhaupt, der von 1477 bis 1489 vom Nürnberger Veit Stoß (von den Polen *Wit Stwosz* genannt) geschaffene Hochaltar. Der Künstler, der für diese Arbeit eigens nach Krakau gekommen war, erhielt damals 1808 Gulden – das entsprach dem gesamten damaligen Jahresetat der Stadt. Der städtische Schatzmeister musste sich aber keine Sorgen machen, denn die Summe wurde von der Bür-

Büsten an der Tür der Marienkirche

gerschaft bezahlt. Der im geöffneten Zustand 12,85 Meter hohe und 11 Meter breite Altar aus Eichenholz hat die Form eines Schranks mit zwei beweglichen Seitenflügeln. Die Figuren des Marienaltars sind aus Lindenholz geschnitzt, ihre Gesichtszüge wirken durch die Bemalung und Vergoldung verblüffend ausdrucksvoll. Die Krakauer nehmen sich ihn jedes Jahr vor Weihnachten als Vorbild für ihre liebevoll gestalteten Szopki Krakowskie. Diese Weihnachtskrippen werden in einem Wettbewerb bewertet und später im Historischen Museum ausgestellt. Das Original hingegen zeigt bei geöffneten Seitentüren die sechs Freuden Marias. Das Öffnen kann man täglich um 11.50 Uhr miterleben, die Türen werden um 18 Uhr wieder geschlossen. Bei geschlossenen Seitenflügeln sind dann die zwölf Leiden Mariens, Szenen aus der Passion Jesu, zu sehen. Dieser eindrucksvolle Anblick blieb den Krakauern jedoch im Zweiten Weltkrieg verwehrt, als die deutschen Besatzer den Kunstschatz nach Deutschland verschleppten. Seit 1946 kann man ihn aber wieder an seinem ursprünglichen Platz bewundern, ebenso wie andere bedeutende Werke von Veit Stoß (darunter ein Steinkreuz) und zahllosen anderen Künstlern aus verschiedenen Jahrhunderten. Zu beachten sind hierbei die von Stanisław Wyspiański und Józef Mehoffer nach Bildern von Jan Matejko gefertigten Glasfenster, die als einzige Lichtquelle der deshalb recht dunklen Kirche dienen. Auch das marmorne Montelupi-Grabmal (um 1600) von Santi Gucci (1530–1599) und natürlich Jan Matejkos von Blau und Gold dominierte Polychromien (1890–1892) ziehen die Blicke der Besucher auf sich.

Mo–Sa 11.30–18, So 14–18 Uhr; Messe Mo–Sa 6–11 Uhr zur vollen Stunde sowie 18.30 Uhr, So 6, 7, 8, 9, 10, 11.15, 12, 13, 18.30 Uhr. Eintritt 2,50 €, erm. 1 €. Rynek Główny 1, Kasse Mo–Sa 11.15–17.45 Uhr, So 14–17.45 Uhr, schräg gegenüber des Seiteneingangs beim Brunnen, www.mariacki.com.

Marienturm (Wieża Mariacka): Um die beiden Türme der Marienkirche rankt sich die angeblich wahre Geschichte von einem Bruderzwist, dessen tragisches Ende an Kain und Abel erinnert. Die Brüder bekamen den Auftrag, jeweils einen der Türme zu errichten. Als der Ältere der beiden als Erster fertig wurde, ging er nach Ungarn. Bei seiner Rückkehr sah er sofort, dass sein jüngerer Bruder mittlerweile einen schöneren und höheren Turm geschaffen hatte. Voll Zorn und Eifersucht begann er in einem Gasthaus einen Streit und erstach den begabteren Widersacher. Doch sofort wurde er von Reue erfasst und wollte sich von seinem eigenen Turm in den Tod stürzen. Die Häscher hielten ihn jedoch davon ab, um ihn am Ende auf dem Marktplatz zu enthaupten.

Der höhere der beiden Türme der Marienkirche heißt Marienturm und gehört übrigens der Stadt, von ihm aus erklingt stündlich das Trompetensignal Hejnał (→ Kasten S. 91). Seine Spitze ist über 239 Treppenstufen zu erklimmen, oben belohnt ein phantastischer Blick über die Stadt die Mühen des Aufstiegs.

Die beiden Türme der Marienkirche

Mai–Sept. Di, Do, Sa 9–11.30 und 13–17.30 Uhr alle 20 Min. Eintritt 1 €. Rynek Główny 1, www.mariacki.com.

St.-Barbara-Kirche (Kościół św. Barbary): Das gotische Gotteshaus wurde nach der Legende zeitgleich mit der Marienkirche erbaut, und zwar aus überschüssigen Steinen der großen Schwester. Im Gegensatz zur genauen Bauzeit ist die Erweiterung um zwei Joche zwischen 1402 und 1492 bekannt. Als im frühen 15. Jh. wegen der wachsenden und einflussreichen deutschen Gemeinde die Marienkirche für deutschsprachige Predigten reserviert war, wurden in St. Barbara die polnischen Gottesdienste gefeiert. 1537 wandte sich das Blatt und König Sigismund I. verfügte, dass die größere polnische Gemeinde in die Marienkirche umzog. Im Gegensatz zu der vor allem im 19. und 20. Jh. von deutscher wie polnischer Seite vertretenen These, dass dies auf großen Widerstand gestoßen sei, gehen Historiker heute eher von einer friedlichen Entwicklung aus. Die teilweise zweisprachige Bevölkerung nahm sogar nacheinander an beiden Messen teil. Seit 1997 gibt es sonntags um 19 Uhr wieder einen deutschsprachigen Gottesdienst, der oft ökumenisch ausgerichtet ist. Sehenswert sind das Muttergottesfenster, der Tabernakel und die Polychromien, die nach aufwendiger Restaurierung zwischen 2002 und 2009 so beeindruckend sind wie lange nicht mehr.

Mo–Sa 8–16, So 13.30–16 Uhr, Messe: Mo–Sa 7.30, 16, 18 Uhr, So 8, 9.30, 11, 12.30, 16, 18 Uhr, Messe auf Deutsch So 19 Uhr. Mały Rynek 8 (Zugang über pl. Mariacki), www.swbarbara.jezuici.pl, www.gemeinde.deon.pl.

Adam Mickiewicz-Denkmal (Pomnik Adama Mickiewicza): Auf wenig Begeisterung stieß die Statue zu Ehren des polnischen Nationaldichters nach ihrer Fertigstellung im Jahr 1895. Das lag zum einen daran, dass der wesentlich bekanntere und beliebtere Künstler Jan Matejko die Ausschreibung gegen Teodor Rygier verloren hatte, und zum anderen daran, dass letzterer ein eher enttäuschendes, fast schon kitschiges Werk schuf. Inzwischen haben sich die Krakauer aber an ihren „Adam" gewöhnt, und das Denkmal mit den vier Allegorien des Vaterlands, der Tapferkeit, der Wissenschaft und der Poesie ist heute ein beliebter Treffpunkt. Vielleicht stärkte auch die Zerstörung durch die Nazis 1940 die Zustimmung zu dem 1955 wieder errichteten Denkmal. Vergleichsweise jung ist die Tradition von Abiturienten, die 100 Tage vor ihrer Matura nicht allein der Mickiewicz-Lektüre vertrauen, sondern auf einem Bein um die Statue hüpfen. Unter der Kleidung tragen sie dabei Glück verheißende rote Unterwäsche – und die Anzahl der Umrundungen soll ihrer Abschlussnote entsprechen; eine Eins ist die schlechteste, eine Fünf die beste polnische Note ...

Euterpe, Muse der Tonkunst und Poesie am Mickiewicz-Denkmal

St.-Adalbert-Kirche (Kościół św. Wojciecha): Der eigentliche Eingang der romanischen Kirche befindet sich unterhalb des heutigen Straßenniveaus. Auch ansonsten wirkt sie wie ein seltsames Überbleibsel aus alter Zeit. Kein Wunder, denn das kleine Gotteshaus soll schon vor dem Jahr 1000 durch den Heiligen Wojciech, einem frühen christlichen Prediger, gegründet worden sein. Es steht in starkem Kontrast zu den größtenteils in der Renaissance und später entstandenen Gebäuden auf dem Marktplatz. In der Krypta ist ein Museum eingerichtet, das die Geschichte des Rynek zeigt. Von Interesse sind dabei die archäologischen Ausgrabungsfunde und der Querschnitt, auf dem die mittelalterliche Bebauung zu sehen ist. Bei Restaurierungsarbeiten und Ausgrabungen im Jahr 2006 wurden zahlreiche neue Schätze ans Licht geholt.
Mo–Sa 9–18, So 13.30–18, im Winter jeweils bis 17 Uhr. Messe Mo–Sa 8, Di 15, So 10.30 und 12.15 Uhr. Museum in der Krypta Juni–Okt. Mo–Sa 10–16 Uhr, Eintritt 0,50 €. Rynek Główny, www.kosciolwojciecha.pl, www.ma.krakow.pl.

Galerie MCK (Galeria MCK): Zwischen 1998 und 2006 wurde der Palast von Grund auf restauriert und um Ausstellungsflächen erweitert. Seitdem ist das Międzynarodowe Centrum Kultury (Internationales Kulturzentrum) um einiges interessanter geworden. Viele der etwa vierteljährlich wechselnden Ausstellungen haben Krakau und seine Geschichte zum Thema, ein großer Erfolg war aber auch z. B. die Alltagschronik „DDR – Erzählungen aus einem Land, das es nicht mehr gibt" im Jahr 2012. Zuletzt wurde die Bibliothek im Dachgeschoss zu einer mit Glas überdachten Terrasse ausgebaut, die Sicht auf den Rynek gewährt. Besuchen kann man dort nach dem nach dem Consulting-Unternehmen Roland Berger benannten Reading Room.

Di–So 11–19 Uhr. Eintritt 2 €, erm. 1 €. Reading Room Mo/Fr 10–16, Di–Do 10–19, Sa 10–14 Uhr. Rynek Główny 25, ✆ 12-4242800, www.mck.krakow.pl.

Keller Unter den Widdern (Piwnica Pod Baranami): Das Eckhaus mit den charakteristischen Widderköpfen ist die Heimat des bekanntesten polnischen Kabaretts. Zunächst trafen sich hier nur ein paar Freunde, die sich Sketche vorspielten, sangen und die Ereignisse des Tages kommentierten. Aus diesen informellen Zusammenkünften im Jahr 1956 entwickelte sich bald ein festes Ensemble. Die wichtigsten Gründungsmitglieder waren Andrzej Bursa, Bronisław Chromy, Ewa Demarczyk, Leszek Długosz, Grzegorz Turnau und Zbigniew Preisner. Diese Namen zeigen schon, welche Talente sich hier versammelt hatten: Chromy ist heute ein bedeutender Bildhauer, Długosz und Turnau sind beliebte Liedermacher, Preisner ist ein gefragter Filmkomponist ... Herz und Seele des Kabaretts war aber unbestritten der „Magier von Krakau" (→ Kasten S. 31) genannte Piotr Skrzynecki (1930–1997). Der sympathische und bescheidene Mann mit dem ungewöhnlichen Bart leitete das Ensemble, war sich aber nicht zu schade, mit seinem Glöckchen durch die Stadt zu laufen, um Publikum einzuladen. Noch heute kann man hier Vorstellungen sehen, die die polnische Wirklichkeit mit kritischem Humor begleiten.

Bar tägl. 12–1 Uhr, Jazzkonzert Do ab 21 Uhr, Kabarett Sa ab 21 Uhr. Rynek Główny 27, ✆ 12-4212500, www. piwnicapodbaranami.pl.

Rathausturm (Wieża Ratuszowa): Der Rynek war nicht durchgängig so offen wie heute. Noch zu Beginn des 19. Jh. stand mitten auf dem Platz ein Rathaus und versperrte mit dem angefügten Pranger die freie Sicht und den Weg. Dies dürfte wohl der Grund für den Abriss gewesen sein, bei dem einzig der schief stehende Turm erhalten blieb. In diesem befindet sich ein Museum, das archäologische Fundstücke, Uhren und alte Kostüme zeigt. Wesentlich interessanter aber ist der Blick über die Stadt, den ein Raum in einem der oberen Stockwerke gewährt. Im Keller ist außerdem ein kleines Café untergebracht.

April–Okt. tägl. 10.30–18 Uhr. Eintritt 2 €, erm. 1 €, Führung (deutsch) 21 €, Audioguide 1 €. Rynek Główny 1, ✆ 12-6192318, www.mhk.pl.

Krzysztofory-Palast (Pałac Krzysztofory) mit **Stadtmuseum** und **Galeria Krzysztofory Kantor:** Das Gebäude hat zwar einen interessanten Innenhof mit den schon fast obligatorischen Arkadengängen, wichtiger aber ist, dass es die wichtigsten Ausstellungsobjekte des Historischen Stadtmuseums zeigt. So findet man Kunsthandwerk, Waffen, Porträts historisch bedeutender Personen oder Rüstungen. Doch erst zwei Highlights machen den Museumsbesuch zu einem Vergnügen, bei dem man nicht nur etwas über die Stadtgeschichte erfährt. Zum einen ist dies das 1904 von Stanisław Wyspiański (1869–1907) geschaffene Kostüm des Lajkonik, das dem Sieg über die Tataren gewidmet ist. Zweiter Publikumsmagnet ist die Ausstellung der *Szopki*. Diese ganz besonderen Weihnachtskrippen werden jedes Jahr von Krakauer Bürgern jeden Alters für einen Wettbewerb gestaltet. Die Krippe hat zwar die Geburt Jesu zum Thema, statt der Scheune in Bethlehem bildet aber die Marienkirche mit ihrem Altar den Hintergrund.

Rundgang1: Rynek → Karte S. 93

Verschiedene Ansichten
der Tuchhallen

Die besten Szopki sind nach dem im Dezember stattfindenden Wettbewerb bis Ende Februar im Museum zu sehen. Leider bleibt die Dauerausstellung wegen Restaurierung bis voraussichtlich 2017 geschlossen. Es gibt aber regelmäßig Wechselausstellungen mit jeweils unterschiedlichen Öffnungszeiten. Von dieser Schließung betroffen ist auch die *Galeria Krzysztofory Kantor* (Cricoteka) im selben Gebäude, die normalerweise Ausstellungen zum Werk des Theatermachers zeigt (→ Rundgang 3 und 10).

Bis voraussichtlich 2017 geschlossen. Rynek Główny 35, ☎ 12-6192300, www.mhk.pl.

Galeria Krzysztofory Kantor (Cricoteka): vorübergehend geschlossen, Wiedereröffnungsdatum unbekannt; Eingang ul. Szczepańska 2, ☎ 12-4216975, www.cricoteka.pl.

Tuchhallen (Sukiennice): In der Mitte des Marktplatzes ziehen die formvollendeten Tuchhallen mit den langen Arkaden den Blick auf sich. Bereits im frühen Mittelalter hatten an dieser Stelle Händler ihre Stände, an denen sie Lebensmittel, Dinge des täglichen Bedarfs und natürlich die für den späteren Namen verantwortlichen Stoffe und Tücher feilboten. 1358 erfüllte König Kazimierz Wielki dann ein schon 100 Jahre zuvor von Prinz Bolesław Wstydliwy gegebenes Versprechen: Er ließ für die Händler ein Gebäude errichten, das jedoch 1555 einem Brand zum Opfer fiel. Der drei Jahre währende Neubau gab den Tuchhallen, die den Rynek in zwei gleich große Teile trennen, ihre heutige Gestalt. Verantwortlich für das Renaissance-Meisterwerk war Giovanni Maria Padovano (1493–1574). Bemerkenswert sind die an der Fassade überall sichtbaren Skulpturen, die sogenannten Maszkarony (Fratzen). Der Florentiner Santi Gucci (1530–1599) soll zu den einfältigen, zickigen und hässlichen Fratzen durch die Gesichter der damaligen Magistratsmitglieder inspiriert worden sein. Die eigentliche Vollendung der Sukiennice fand erst im späten 19. Jh.

statt. Verantwortlich war Tomasz Pry-
liński, ein Schüler von Jan Matejko
(1838–1893). Letzterer entwarf die Ar-
kadensäulen und Läden im Inneren des
Gebäudes, in denen Kunsthandwerk und
Andenken verkauft werden. Seit dieser
Zeit können Besucher in den Arkaden
gängen flanieren, sich in eines der Cafés
setzen, die Souvenirläden begutachten
oder das Museum im ersten Stock besuchen. Laut Legende war das über dem
Eingang beim Mickiewicz-Denkmal
hängende Messer die Tatwaffe beim Bru-
dermord im Marienturm (→ Wieża
Mariacka); andere Quellen behaupten,
dass man mit seiner Klinge die Ohren
von Dieben abgeschnitten habe. Zwischen 2006 und 2010 wurde der obere
Teil des Gebäudes aufwendig restauriert.

Tägl. ab 9 Uhr bis etwa Sonnenuntergang.
Rynek Główny 1/3.

**Galerie der Polnischen Kunst des
19. Jahrhunderts (Galeria Sztuki Polskiej XIX w.):** Polens erstes Nationalmuseum wurde 1889 gegründet – in seinen
vier großen Sälen präsentiert es Gemälde und Skulpturen aus dem 19. Jh. Do-
minierend sind Werke aus der Romantik, frühe Impressionisten und vor allem monumentale Darstellungen großer historischer Ereignisse, die für das
auseinandergerissene Polen vor allem
eine patriotische Funktion erfüllten. Eines dieser riesigen Werke ist das bei
allen Polen bekannte „Hołd Pruski"
(„Die preußische Huldigung", 1882) von
Jan Matejko (1838–1893). Das Bild, auf
dem auch die oft kopierte Figur des
„Stańczyk" (Hofnarr) zu sehen ist, hängt
heute nur unweit der Stelle, an der sich
die historische Szene abgespielt hat. Ein
Saal zeigt ausschließlich Gemälde des
romantischen Malers Piotr Michałow-
ski (1800–1855). Anlass für die Gründung des Museums lieferte aber die
Schenkung des 4 x 7 m langen Werkes
„Pochodnie Nerona" („Die Fackeln Ne-
ros", 1876) von Henryk Siemiradzki
(1843–1902). Spektakulär wie sein Na-

me ist die Geschichte des 1894 entstandenen Gemäldes „Szał" („Der Wahn")
von Władysław Podkowiński (1866–
1895). Der Maler selbst soll nach Fertigstellung des Werks wahnsinnig geworden sein und versucht haben, das Bild
zu zerstören. Die beabsichtigte Wir
kung ist ihm jedenfalls so gut gelungen,
dass es mental schwache Besucher immer wieder dazu inspirierte, das Werk
zu zerstören. Dem Bild konnten diese
erfolglosen Versuche aber ebenso wenig
anhaben wie die Bestrebungen seiner
Zeitgenossen, es verbieten zu lassen.
Nach den 2010 abgeschlossenen Restaurierungsarbeiten präsentiert sich das
Museum moderner, ein einfacherer Zugang für Behinderte wurde geschaffen
und auch Aussichtsterrassen mit einem
Café sind zugänglich.

Di–Sa 10–20, So 10–18 Uhr, im Winter Di-Do
nur bis 18 Uhr, Mo jeweils geschl. Terrasse
und Café Szał tägl. 10–20 Uhr, an Sommer-
abenden bis 24 Uhr. Eintritt 3 €, erm. 1,50 €,
So frei, Führung 28 €, Audioguide 1 €,
Aussichtsterrasse 0,50 €. Rynek Główny 1/3,
✆ 12-4244603, www.muzeum.krakow.pl.

**Untergrund des Marktplatzes (Pod-
ziemia Rynku):** Das 2010 eröffnete un-
terirdische Museum verdankt seine
Existenz der Tatsache, dass das mittelalterliche Krakau tiefer lag, frühere
Gassen und Erdgeschosse also heute
unter Tage liegen. Mit über 6000 m²
Fläche ist sie die weltweit größte Ausstellung dieser Art und sicher auch eine
der spektakulärsten. Die erwarteten
500.000 Besucher pro Jahr laufen auf
ehemaligen Straßenzügen, passieren dabei verschüttete Friedhöfe, Geschäfte
sowie mittelalterliche Überreste und
Ausgrabungsstücke. Das Museum genügt dabei modernsten Ansprüchen,
Hologramme sowie interaktive und au-
diovisuelle Elemente lassen den Besucher ins mittelalterliche Leben eintauchen. Der Name der Dauerausstellung
„Auf den Spuren der europäischen
Identität Krakaus" signalisiert, dass
auch die Vergangenheit der Stadt als

multikulturelles europäisches Handelszentrum nicht zu kurz kommt. Die Eröffnung hatte sich übrigens immer wieder verzögert, da das empfindliche Mikroklima beachtet werden musste; wegen des Zuströmens von Sauerstoff könnten sich Pilze und Schimmel ausbreiten und die gesamte Altstadt zum Einsturz bringen – so die geradezu apokalyptischen Befürchtungen mehr oder weniger kundiger Experten.

Nov.–März Mi–Mo 10–20, Di 10–16 Uhr; April–Okt. Mo 10–20, Di 10–16, Mi–So 10–22 Uhr, jeden 1. Di im Monat zu. Eintritt 4 €, erm. 3,50 €, Di frei, Führung 30 €, Audioguide 1 €. Letzter Eintritt 1 Std. vor Schließung; vorherige Buchung über die Internetseite empfohlen. Rynek Główny 1, ☏ 12-4265060, www.mhk.pl, www.podziemiarynku.com.

Praktische Infos (→ Karte S. 93)

Restaurants

Fast alle Restaurants haben von Frühling bis Spätherbst auch außen Tische stehen, von denen man das bunte Treiben auf dem Rynek beobachten kann. Leider sind in den letzten Jahren einige Restaurants mit langer Geschichte verschwunden, die dann durch zu teure und rein auf Touristen ausgelegte Lokale ersetzt wurden.

Hawełka 4 Sehr traditionsbewusster Fixpunkt des kulinarischen Krakaus, ein Verwandter gründete später in Wien das gleichnamige Kaffeehaus. Zu Beginn im 19. Jh. bot man Sandwiches an, inzwischen zählen Pilz- und Wildgerichte in vielen Variationen zu den Spezialitäten des Hauses. Über einen separaten Eingang gelangt man in das für seine Süßspeisen bekannte Café. Leser waren 2008 allerdings nicht begeistert, weder vom Service noch vom Essen noch von den anderen Gästen. Für geschlossene Gesellschaften kann das **Tetmajerowska 4** reserviert werden. Hg. 12–25 €, das Chefmenü kostet 89 €. Tägl. 11–23 Uhr. Rynek Główny 34, ☏ 12-4220631, www.hawelka.pl.

Grande Grill 29 Elegant-uriges Kellerlokal, die Spezialität ist Barbecue. T-Bone-Steak 18,50 €, Forelle 6 €. Tägl. 12–22.30 Uhr. Rynek Główny 15, ☏ 12-4249621, www.grandegrill.pl.

》》》 Unser Tipp: Szara **20** Raffinierte, dennoch eher schwere Küche mit Spezialisierung auf skandinavische Fischgerichte. Auf jeden Fall eines der besten Krakauer Restaurants, das auch viele unserer Leser begeisterte. Rentier-Tatar 9 €, Milchlamm mit Pilzsauce 15 €. Tägl. 11–23, Bar ab 8 Uhr, Frühstück ab 4,50 € von 8-12 Uhr. Rynek Główny 6, ☏ 12-4216669, www.szara.pl. **《《《**

Wierzynek 29 Mit seiner mehr als 600-jährigen Geschichte Krakaus ältestes Lokal. Zu Beginn speisten hier Könige aus ganz Europa, in unserer Zeit ließen sich Mächtige wie Fidel Castro oder Charles de Gaulle und Stars wie Steven Spielberg oder Robert de Niro das altpolnische Menü für 44–49 € schmecken. Auch in den Bestseller „1000 Places to see before you die" wurde man aufgenommen – also nach dem Besuch einen Haken machen, sofern man das Buch besitzt. Tägl. 13–22 Uhr. Rynek Główny 15, ☏ 12-4249600, www.wierzynek.com.pl.

Redolfi 3 Französisch-polnische Zusammenarbeit führt oft zu Meisterwerken. Die Filmgeschichte belegt diese These ebenso wie dieses Restaurant mit französisch inspirierten Rezepten und polnischer Einrichtung. Entenbrust mit Orangen in Honigsauce für 12 €. Auch ein Café mit einer bis 1832 zurückreichenden Tradition. Frühstück 5,50–8 €. Tägl. 9–24 Uhr. Rynek Główny 38, ☏ 12-4230579.

Wesele 26 Altpolnische Küche, die hölzerne Einrichtung passend urig. Man fühlt sich tatsächlich wie auf einer Bauernhochzeit auf dem Land, worauf der Name der Karczma anspielt. Jägerbigos mit Fleisch und Pilzen 6 €. Tägl. 11–23 Uhr. Rynek Główny 10, ☏ 12-4227460, www.weselerestauracja.pl.

Cafés & Pubs

Ratuszowa 17 Im Rathausturm, inmitten der Ausstellung über das folkloristische Theater und dem ehemaligen Betätigungsfeld des Henkers. Seit dessen Rücktritt hat sich die Behandlung der Gäste wesentlich verbessert: Das einzig Scharfe sind die Messer, die zu den Sandwiches und Salaten gedeckt werden. Sehr beliebt ist auch der Biergarten, in dem im Sommer ab 19 Uhr (Sa auch 12 Uhr) New Orleans-Jazzbands aufspielen. Tägl. 9–1 Uhr. Rynek Główny 1, ☏ 12-4211326, www.ratuszowa. restfood.pl.

Pijalnia Czekolady Wedel **9** Die Warschauer Firma ist mit ihrer 150-jährigen Tradition so etwas wie das polnische Lindt. In diesem Tempel der Schokolade werden Leckermäuler glücklich, wenn sie eine der zahlreichen edlen Variationen probieren, egal ob flüssig, als Fondue oder Praline. Frühstück von 9 bis 12 Uhr 0,50 €. Tägl. 9–24 Uhr, Nov.–April nur bis 22 Uhr. Rynek Główny 46, ✆ 12-4294085, www.wedelpijalnie.pl.

Słodki Wentzl **24** Lange Zeit berühmt für seine Desserts – die hausgemachten Torten zählten zu den besten der Stadt, das Eis stand ihnen in nichts nach. Hat aber leider in den letzten Jahren immer mehr nachgelassen. Tägl. 10–23 Uhr. Rynek Główny 19, ✆ 12-4295712, www.slodkiwentzl.pl.

Café Malaga **28** Elegante, ruhige Kawiarnia, bestens geeignet für lange Gespräche über die Eindrücke der Stadt. Dazu ein warmer Apfelkuchen und die Winterspezialität des Hauses, ein Grzaniec Malaga. Tägl. 10–22 Uhr. Rynek Główny 11, ✆ 12-4219190, www.cafemalaga.pl.

Bankowa **10** Tische und Dekoration scheinen aus dem Antiquitätenladen zu kommen. Schick und elegant wie andere Cafés und Restaurants auf dem Marktplatz, aber wesentlich günstiger. Tägl. 8–22, So ab 10 Uhr. Rynek Główny 47, ✆ 12-4295677.

»» Unser Tipp: Café Zakątek **31** Persönliche und sympathische Atmosphäre im zum Glück noch nicht restaurierten Hinterhof. Empfehlenswert sind die Toasts, die wie Magnete auf die Stammkunden wirken. Die hausgemachte Zitronenlimonade ist ein Traum! Frühstück 4 €. Tägl. 9–23 Uhr. Ul. Grodzka 2, ✆ 12-4295725, www.cafezakatek.w.krakowie.pl. **«««**

Vis-a-Vis **13** Der Lieblingsort von Piotr Skrzynecki, der hier mit einer Skulptur verewigt ist. Mittelaltes Publikum aus teils bekannten Musikern, Künstlern und Dichtern. Faszinierendes Überbleibsel aus Krakaus prätouristischer Epoche. Tägl. 8–23, Fr/Sa bis 1 Uhr. Rynek Główny 29, ✆ 12-4226961.

Café Europejska **2** Treffpunkt der Krakauer High Society. Mit Sandalen und Shorts bekleidet dürfte man sich in dieser Umgebung mehr als unwohl fühlen. Sachertorte und andere Wiener Spezialitäten harmonieren perfekt mit dem edlen Krakauer Schmäh. Tägl. 8–24 Uhr. Rynek Główny 35, ✆ 12-4293493, www.europejska.pl.

Gehanowska Pod Słońcem **7** Beliebtes Frühstück im „Haus unter der Sonne" bis 12 Uhr. Elegant, aber nicht zu teure Kaffeekreationen und Desserts, im Keller ein Restaurant mit vielen Fleischgerichten. Tägl. 8–24, Restaurant ab 12 Uhr. Rynek Główny 43, ✆ 12-4229378, www.podsloncem.com.

Café Magia **14** Gemütliches, ruhiges Café in einem Hinterhof. Die Magie im Namen bezieht sich auf das Flair des Palasts aus dem 14. Jh., in dem man versteckt ist. Die Bedienung ist aber nicht die schnellste. Tägl. 10–23, Fr/Sa bis 1 Uhr, im Herbst/ Winter wird manchmal später geöffnet. Pl. Mariacki 3, ✆ 12-4119918, www.cafemagia.pl.

Demmers Teahouse **12** 130 Teesorten aus aller Welt, dazu Kuchen und Torten. Auch ein Geschäft mit ebenso großer Auswahl an Tees. Tägl. 10–19 Uhr. Pl. Mariacki 2, www.tea.pl.

Café Wierzynek **29** Herrlich kitschiges Café, vor allem im Blumensaal. Trotzdem schön! Neben dem obligatorischen Eis-Kalorien-Paradies gibt es auch Snacks und Desserts für Figurbewusste. Tägl. 9–22 Uhr. Rynek Główny 15, ✆ 12-4249600, www.cafewierzynek.pl.

Noworolski **16** Schon wegen der Lage an den Tuchhallen eine Institution. Innen sitzen traditionell Damen mit Hut, manchmal auch noch Gentlemen im Frack, an den Tischen unter den Arkaden vor allem Touristen aus aller Welt. Kaum zu glauben, dass auch Lenin hier Stammgast war. Tägl. 8–23/24 Uhr. Rynek Główny 1, ✆ 12-4224771, www.noworolski.com.pl.

Nachtleben

Budda Drink & Garden **20** Indisch, nicht tibetisch, wie die Kamasutra-Zeichnungen demonstrieren. Kräftiges Rot, viele Kerzen, Cocktails und ruhige Musik, die perfekte Bar zum Entspannen nach einem Sightseeing-Tag. Bei gutem Wetter Service im großen Innenhof. Tägl. 12–1, Do–Sa bis 2 Uhr. Rynek Główny 6, ✆ 12-4216522, www.budda-drink.com.pl.

Pod Jaszczurami **23** Ein Kulturzentrum mit langer und ereignisreicher Geschichte, 2008 restauriert. Zahllose berüchtigte Partys, unvergessene Konzerte und experimentelle Theateraufführungen fanden hier statt. Auch Fidel Castro höchstselbst soll schon hier gewesen sein. Von diesen Legenden

→ Rundgang1: Rynek → Karte S. 93

und den alternativen Aufführungen ist heute kaum noch was spürbar, stattdessen herrscht oft Ballermann-Feeling. So–Mi 9–1, Do–Sa 9–2/3 Uhr. Rynek Główny 8, ✆ 12-2922202, www.podjaszczurami.pl.

U Louisa 🟥30 Beliebter Club mit Salsa-Nächten, Konzerten und Vernissagen. Die Kellerräume hingegen lassen das Mittelalter lebendig werden, zumindest nach ein paar Bieren. Tägl. 11–1, Juli/Aug. erst ab 16 Uhr. Rynek Główny 13, ✆ 12-6170222, www.ulouisa.com.

The Piano Rouge 🟥9 Leichter Jazz ohne Gefuddel in plüschiger Umgebung. Auf der Karte Bistrogerichte. Eintritt erst ab 21 Jahren, einigermaßen strenger Dresscode. Tägl. Mo–Sa 9–2, So 11–2 Uhr. Rynek Główny 46, ✆ 12-4310333, www.thepianorouge.com.

»» Unser Tipp: Harris Piano Jazz Bar 🟥15 Klassischer Jazzkeller mit guter Akustik. April–Okt. tägl. 9–2, Nov.–März 13–2 Uhr. Rynek Główny 28, ✆ 12-4215741, www.harris.krakow.pl. **«««**

Showtime 🟥15 Ehrlicher Club mit Livebands, die jeden Abend handgemachte Musik auf die Bühne bringen. Gespielt wird Pop, Salsa, Funk, Jazz, Rock ... Mo–So 20–4 Uhr. Rynek Główny 28, ✆ 12-4214714.

Einkaufen

R7 🟥22 Spirituosen und Zigarren als noble Mitbringsel. Rynek Główny 7.

Księgarnia Hetmańska 🟥27 Bücher über Krakau, T-Shirts mit den Wahrzeichen der

Stadt und CDs von lokalen Musikern. Rynek Główny 17, www.hetmanska.info.

Wawel 🟥6 Ein Paradies für Naschkatzen: original Krakauer Schokolade und Konfekt. Rynek Główny 33, www.wawel.com.pl.

Delikatesy Podwawelskie 🟥4 Lang geöffnetes Lebensmittelgeschäft, auch einige polnische oder Krakauer Spezialitäten. Rynek Główny 34.

EMPiK 🟥18 Bücher, Stadtpläne, Zeitschriften, CDs und mehr in einer Filiale von Polens großer Buchladenkette. Auch Kartenvorverkauf. Rynek Główny 5, www.empik.com.

Vinoteka 13 🟥30 Weine aus aller Welt in einem Keller, der noch andere elegante Geschäfte versteckt hält. Rynek Główny 13, www.vinoteka13.pl.

»» Unser Tipp: Galeria Bukowski 🟥21 Teddybären in allen Größen und Formen. Ein Paradies für Kinder und Seelenverwandte. Ul. Sienna 1, www.galeriabukowski.pl. **«««**

🌿 **Sukiennice** 🟥8 Kunsthandwerk und Andenken in vielen kleinen Läden in den Tuchhallen. Auch zum Stöbern und Flanieren ideal. Die Krämerbuden und der Arkadengang wurden 2006–2010 renoviert und strahlen seitdem wieder in altem Glanz. ∎

Blumenstände, an der ganzen nördlichen Flanke des Rynek stehen Blumenfrauen mit ihrem bunten Angebot.

Mode

Tatuum 🟥1 Junge polnische Mode, die in ganz Mittel- und Osteuropa trendy ist, inzwischen gibt es auch Filialen in Berlin. Rynek Główny 37, www.tatuum.com.

Wólczanka 🟥11 Sehr elegante und zugleich modische Hemden aus polnischer Herstellung. Pl. Mariacki 1, www.wolczanka.com.pl.

Pasaż Rynek 13 🟥30 Nobles Einkaufszentrum in einem geschmackvoll restaurierten Haus. Feinkost, Bücher, Musik, Kleidung und Schmuck. Den guten Geschmack lässt allerdings die nervige Musikauswahl vermissen. Rynek Główny 13, www.likusconceptstore.pl.

Sonstiges

Kartenverkauf 🟥19 Tickets für und Infos zur Marienkirche. Geöffnet jeweils 15 Min. vor Öffnung und Schließung der Kirche.

Studentenbrunnen
vor der Marienkirche

Altstadthäuser auf dem Mały Rynek

Stare Miasto: In der Altstadt

Jahrhundertelang durch die Stadtmauern vor Angriffen und heute durch den Grüngürtel vor Abgasen geschützt, ist das Zentrum Krakaus ein quicklebendiges Biotop für die historischen Bauwerke. Hier konzentrieren sich Kirchen, Museen, Galerien und mittelalterliche Gebäude, aber auch Hunderte von Restaurants, Cafés, Kneipen und Clubs.

Bevor Krakau 1978 in die Liste des *UNESCO-Weltkulturerbes* aufgenommen wurde, standen mehr als 50 einzelne Bauwerke in den Büchern der Verantwortlichen. Wahrscheinlich wollten sie sich den bürokratischen Aufwand ersparen, jedes einzeln aufzulisten, und stellten kurzerhand die gesamte historische Altstadt unter den Schutz der internationalen Organisation. Über den von Barcelona gehaltenen Rekord mit den meisten Bauwerken auf der UNESCO-Liste kann man deswegen in Krakau nur milde lächeln.

In Polen kennt man die Straßen und Häuser der Altstadt, selbst wenn man noch nie dagewesen war, aus den Liedern, Geschichten und Legenden, die

sich um Krakau ranken. Da wäre zum Beispiel der Liedermacher Grzegorz Turnau, der davon singt, dass es über der ulica Bracka immer regnet. Der eine oder andere Pole richtet instinktiv den Blick gen Himmel, sobald er sich in dieser Straße befindet.

Die Anordnung der Wege und Gassen ist strikt: Beinahe jede Straße verläuft – relativ zum Rynek gesehen – entweder in senkrechter oder in waagrechter Richtung. Allerdings bricht so manche romanische Kirche, die aus der Zeit vor der strengen Bebauung ab dem 13. Jahrhundert stammt, aus dieser Symmetrie aus. Sie steht schräg, entgegen dem netzartigen Gebilde der umgebenden Gassen.

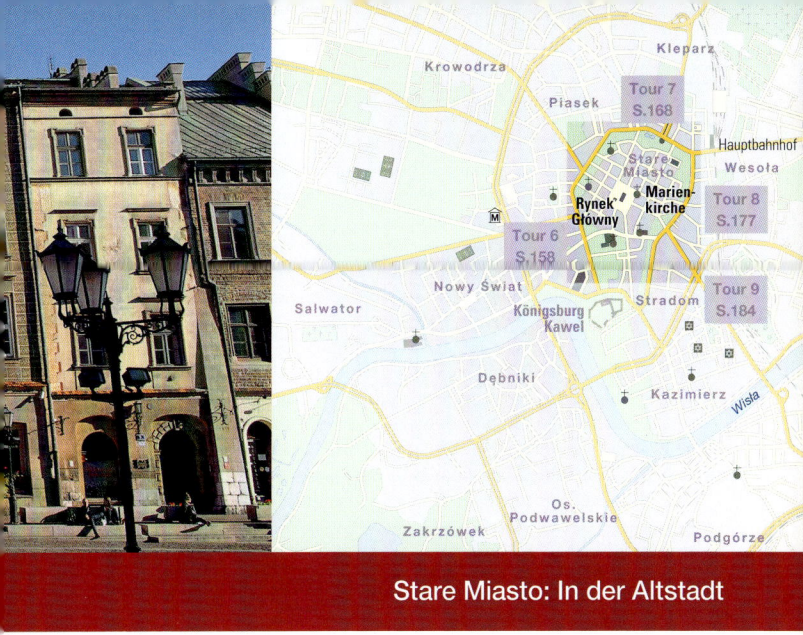

Tour 7
S.168

Tour 8
S.177

Tour 9
S.184

Tour 6
S.158

Stare Miasto: In der Altstadt

Mindestens so berühmt wie die Bauten selbst sind die Keller der Innenstadt. Sie verdanken ihre Entstehung der Tatsache, dass die Straßen und Plätze mit der Zeit immer höher aufgeschüttet wurden, die Häuser aber auf ihrem ursprünglichen Niveau blieben: Wo sich also früher Eingangsflure und Erdgeschossräume befanden, gelangt heute kein Sonnenlicht mehr hin. In diesen katakombenartigen Tunnels und Höhlen unter den Straßen befinden sich die Restaurants und Cafés, die Krakaus kulinarischen Ruf begründen.

Nicht zu vergessen die ebenfalls unterirdischen Kneipen und Clubs. Die Stadt schläft nämlich nie, das Treiben, das man tagsüber auf den Plätzen und in den Gassen beobachten kann, verlagert sich nur ein paar Treppenstufen tiefer.

Rundgang

Im Gegensatz zu anderen Rundgängen empfehlen wir für die historische Altstadt keinen speziellen Rundgang – eine Reihenfolge festzulegen wäre hier sinnlos. Die schachbrettartige Anordnung der Straßen im Zentrum erleichtert das Zurechtfinden, und wirklich jeder Winkel ist sehenswert. Die Touristinformation hält alleine mehrere thematische Rundgänge bereit, andere Reiseführer beschränken sich gar auf die historische Altstadt. Die wichtigsten Sehenswürdigkeiten sind ohnehin unten aufgeführt. Bedeutende und schöne Straßen und Plätze haben wir bereits in anderen Rundgängen beschrieben, darunter den Rynek (Rundgang 1), die ulica Floriańska, die ulica Grodzka und die ulica Kanonicza (alle Rundgang 3). Um doch ein paar Ecken zu nennen, die Sie nicht vergessen sollten, legen wir Ihnen die ulica Gołębia, den Mały Rynek, die ulica św. Tomasza oder den seit 2010 auf Vordermann gebrachten Plac Szczepański ans Herz. Doch Ihre eigene Lieblingsstelle werden Sie sicherlich schnell finden …

Ein Briefkasten voller Poesie

Vor einem Café in der ulica Gołębia 3 hängt ein recht ungewöhnlicher Briefkasten. Dem blauen Behältnis neben der goldenen Wasserrinne konnten Verliebte jahrelang Gedichte anvertrauen, zu denen sie ihr Gemütszustand inspirierte. Einmal im Monat kam eine Jury zusammen und entschied über das gelungenste Werk. Dabei handelte es sich nicht um eine x-beliebige Gruppe, sondern um ausgesprochene Experten der Liebesbekundung. So entschied etwa
immer der in Polen überaus berühmte Poet, Komponist und Liedermacher
Leszek Długosz über den Inhalt des poetischen Briefkastens, die restlichen Ju-
rymitglieder wechselten sich ab. Das gelungenste Gedicht wurde anschließend
an die Scheibe des Cafés gehängt und in der „Gazeta Krakowska" veröffent-
licht. Von einer Entlohnung in Nobelpreishöhe war man weit entfernt. Doch
der Gewinner konnte sich nicht nur über anerkennende Worte freuen, sondern
auch über eine Woche kostenlosen Kaffee – so lange, wie sein Gedicht zu lesen
war. Zu hoffen bleibt, dass die Tradition irgendwann wieder aufgegriffen wird.

Sehenswertes

Alle Sehenswürdigkeiten sind in
kürzester Zeit von den Haltestellen des Zentrums erreichbar; deshalb sind keine Anfahrtsmöglichkeiten angegeben.

**Czartoryski-Museum (Muzeum Czarto-
ryskich):** Das Museum ist nach der
Adelsfamilie benannt, die ihre Samm-

lungen der Stadt vermachte. Während
im 1. Stock des Gebäudes zwar durchaus interessantes, aber eher unschein-
bares Kunsthandwerk steht, findet man
im 2. Stock Gemälde europäischer
Künstler. Prunkstück der Sammlung ist
sicher die „Dama z łasiczką" (um 1490,
„Dame mit Hermelin"), eines der wenigen erhaltenen Ölgemälde Leonardo da
Vincis (1452–1519). Auch Rembrandt
(1606–1669) ist mit seinem Meister-

werk „Landschaft mit dem barmherzigen Samariter" (1638) vertreten. Kurios sind die persönlichen Gegenstände der beiden Feldherren Napoleon und Kościuszko sowie von Captain Cook. Im gegenüberliegenden Arsenal sind darüber hinaus Fundstücke aus der Antike zu sehen, darunter zwei ägyptische Särge mit Mumien. Wenn man in der Vergangenheit Pech hatte, befand sich das Porträt der Dame, die noch viel hübscher ist als Mona Lisa, auf Weltreise. Dies trifft auch auf die Zeit bis Ende 2013 zu, in der das Museum wegen umfangreicher Restaurierung geschlossen bleibt. Das Arsenal mit den antiken Exponaten wurde allerdings schon 2010 für Besucher wieder freigegeben.

Öffnungszeiten und Kartenpreise standen für die Wiedereröffnung bei Redaktionsschluss noch nicht fest. Als Anhaltspunkt die Zeiten vor der Renovierung: Mai–Okt. Di–Sa 10–18, So 10–16 Uhr; Nov.–April Di–So 10–16 Uhr. Eintritt 3 €, erm. 2 €, So frei, Führung (deutsch) 28 €, Audioguide 3 €; während der Renovierung Eintritt Eintritt 2 €, erm. 1 €. Ul. św. Jana 19, ✆ 12-4225566, www.muzeum-czartoryskich.krakow.pl, www.muzeum.krakow.pl, www.muzeum.czartoryskich.pl.

Piaristenkirche (Kościół Pijarów): Die von Kacper Bażanka (1689–1726) von 1718 bis 1728 erbaute Barockkirche wirkt von außen wie ein kleiner, weißer Fremdkörper inmitten der eher dunklen Häuser. Dieser schöne Kontrast wird durch eine Illusion im Inneren ergänzt. Die vielfarbigen Wandmalereien aus dem Jahr 1733 mit ihrer vollendeten Perspektive und kunstvollen Schattierung von Franciszek Ekstein (1689–1741) lassen die kleine Kirche wesentlich größer erscheinen. Das prunkvolle Grabmal zur Rechten des Presbyteri-

ums ist dem Ordensmann und Aufklärer Stanisław Konarski (1700–1773) gewidmet, dem Pionier des polnischen Bildungswesens. Einmal im Jahr finden hier Konzerte für einen karitativen Zweck statt.

Geöffnet nur während der Messen Mo–Sa 7, 8, 19 Uhr, So 7, 8.30, 10, 11.30, 13, 19 Uhr. Ul. Pijarska 2/4, www.pijarzy.pl.

Reformatenkirche (Kościół Reformatów): Die barocke Kirche ist immer noch unter ihrem alten Namen bekannt, auch wenn sie heute eigentlich dem Heiligen Kazimierz geweiht ist. Sie wurde 1673 erbaut und wäre nicht weiter erwähnenswert, gäbe es da nicht das besondere Mikroklima unterhalb der Kirche. Das ist nämlich dafür verantwortlich, dass die in den Katakomben vom 17. bis zum 19. Jh. bestatteten Mönche mumifiziert erhalten blieben (nur in seltenen Ausnahmefällen auf Anfrage zu besichtigen oder an Allerseelen, 2. Nov., sowie am 3. Nov.).

→ Rundgang 2: Stare Miasto
→ Karte S. 108/109

Fenster des Café Camelot

Geöffnet nur während der Messen Mo–Sa 7.30, 10, 16.15, 17.30 Uhr, So 7.30, 9, 10:30, 12, 13, 16.15 und 19 Uhr. Ul. Reformacka 4, ☎ 12-4220623, www.ofm.krakow.pl.

Haus Unter dem Kreuz/Theatermuseum (Dom Pod Krzyżem): Das Krakauer Theatermuseum zeigt die Geschichte der wichtigsten Ensembles und Häuser der Stadt, zum Beispiel des Stary Teatr, des Teatr Słowackiego und des Zielony Balonik. Theaterfreunde finden hier persönliche Gegenstände von Schauspielern, historische Kostüme und Requisiten. Besonders hervorgehoben werden die beiden Fixsterne jedes polnischen Schauspielers, Helena Modrzejewska (1840–1909) und Ludwik Solski (1855–1954). Bis voraussichtlich 2015 bleibt das Museum wegen Restaurierung noch geschlossen – Theaterfreunde können aber nach Voranmeldung einen Blick auf die Ausstellungsstücke werfen.

Bis 2015 geschlossen. Ul. Szpitalna 21, ☎ 12-4226864, www.mhk.pl.

Galeria Andrzeja Mleczki: Der politisch nicht korrekte Karikaturist ist in Polen Kult. Eher Zartbesaitete werden von seinen direkten und teils sexuell anstößigen Zeichnungen vielleicht schockiert sein. Die meisten anderen werden seine mit wenigen Strichen skizzierten, teils auch politischen Kommentare lieben. In der Galerie kann man Plakate, Bücher, Postkarten, T-Shirts, Tassen und sogar Bettwäsche mit seinen Motiven erstehen.

Mo–Fr 10–18, Sa bis 15 Uhr. Ul. św. Jana 14, ☎ 12-4217104, www.mleczko.pl.

Altes Theater (Stary Teatr): Polens ältestes Theater wurde schon 1781 gegründet; in dem heutigen Gebäude wurde allerdings erst später gespielt. Es ist aus zwei gotischen Gebäuden zusammengelegt, besitzt aber eine typische Jugendstilfassade. Die Bühnenkunst wurde hier – und wird es noch immer – nicht als reine Unterhaltung verstanden, sondern auch als Verpflichtung, die Besucher zum Nachdenken anzuregen.

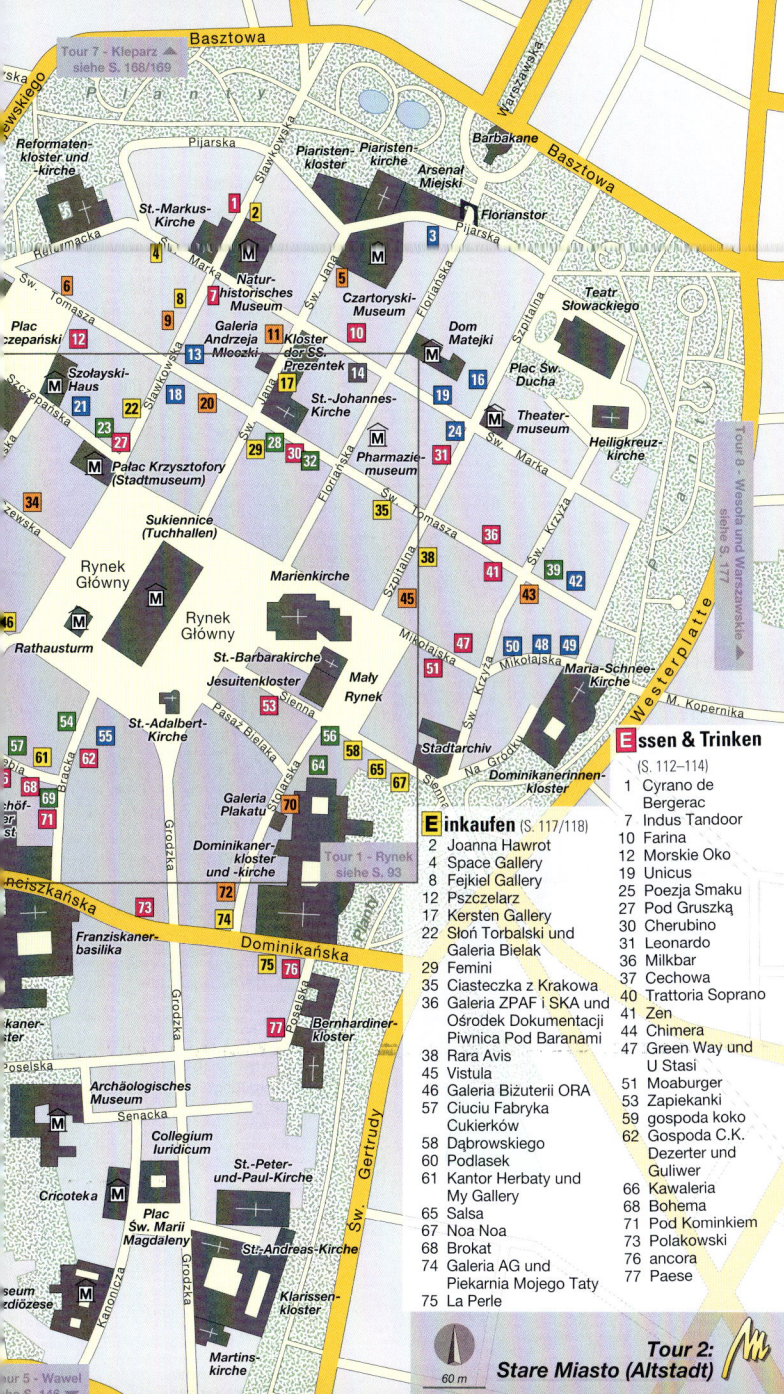

Map labels

Basztowa

Tour 7 - Kleparz ▲
siehe S. 168/169

Warszawska

Planty

Barbakane

Reformaten-
kloster und
-kirche

Pijarska

Piaristen-
kloster

Piaristen-
kirche

Arsenał
Miejski

Florianstor

Pijarska

St.-Markus-
Kirche

1
2

Natur-
historisches
Museum

4

7

Czartoryski-
Museum

3

Teatr
Słowackiego

6

8

Galeria
Andrzeja
Mleczki

9

11 Kloster
der SS.
Prezentek

10

Dom
Matejki

Plac
Św.
Ducha

Plac
Szczepański

12

13

St.-Johannes-
Kirche

14

16

Heiligkreuz-
kirche

Szołayski-
Haus

21

18

20

17

19

Theater-
museum

Pałac Krzysztofory
(Stadtmuseum)

22

23

27

28

29 **30** **32**

Pharmazie-
museum

24

31

34

33

Sukiennice
(Tuchhallen)

35

Rynek
Główny

Marienkirche

36

38

39 **42**

41

43

46

Rynek
Główny

45

47

50 **48** **49**

Rathausturm

St.-Barbarakirche

Mikołajska

51

Maria-Schnee-
Kirche

Jesuitenkloster

Mały
Rynek

M. Kopernika

53

Stadtarchiv

St.-Adalbert-
Kirche

54

55

Pasaż Bielaka

Sienna

56

Dominikanerinnen-
kloster

57

61

62

58

64

65 **67**

Na Gródku

68

69

71

Galeria
Plakatu

70

Galeria
Biżuterii ORA (see below)

Dominikaner-
kloster
und -kirche

Tour 1 - Rynek
siehe S. 93

Franziskaner-
basilika

72

74

Dominikańska

73

75 **76**

77

Bernhardiner-
kloster

Archäologisches
Museum

Collegium
Iuridicum

St.-Peter-
und-Paul-Kirche

Senacka

Cricoteca

Plac
Św. Marii
Magdaleny

St.-Andreas-Kirche

Klarissen-
kloster

Martins-
kirche

Tour 5 - Wawel ▼
siehe S. 146

E Einkaufen (S. 117/118)

2 Joanna Hawrot
4 Space Gallery
8 Fejkiel Gallery
12 Pszczelarz
17 Kersten Gallery
22 Słoń Torbalski und Galeria Bielak
29 Femini
35 Ciasteczka z Krakowa
36 Galeria ZPAF i SKA und Ośrodek Dokumentacji Piwnica Pod Baranami
38 Rara Avis
45 Vistula
46 Galeria Biżuterii ORA
57 Ciuciu Fabryka Cukierków
58 Dąbrowskiego
60 Podlasek
61 Kantor Herbaty und My Gallery
65 Salsa
67 Noa Noa
68 Brokat
74 Galeria AG und Piekarnia Mojego Taty
75 La Perle

E Essen & Trinken

(S. 112–114)

1 Cyrano de Bergerac
7 Indus Tandoor
10 Farina
12 Morskie Oko
19 Unicus
25 Poezja Smaku
27 Pod Gruszką
30 Cherubino
31 Leonardo
36 Milkbar
37 Cechowa
40 Trattoria Soprano
41 Zen
44 Chimera
47 Green Way und U Stasi
51 Moaburger
53 Zapiekanki
59 gospoda koko
62 Gospoda C.K. Dezerter und Guliwer
66 Kawaleria
68 Bohema
71 Pod Kominkiem
73 Polakowski
76 ancora
77 Paese

Tour 2:
Stare Miasto (Altstadt)

60 m

Viele Uraufführungen fanden in diesem Haus statt, in dem die gesamte Theaterelite Polens schon einmal tätig war. Auch im Ausland bekannte Namen, die mit dem Stary Teatr in Verbindung stehen, sind die des Autors Stanisław Wyspiański, der Schauspielerin Helena Modrzejewska (nach der das Theater auch offiziell benannt ist), der Regisseure Andrzej Wajda und Krystian Lupa sowie des Schauspielers, Drehbuchautors und Regisseurs Jerzy Stuhr. Das theatereigene **Museum** zeigt Requisiten, Kostüme und Theaterfotos, die seit 2011 in einem aufwendigen Projekt digitalisiert werden. Bis Ende 2014 ist das Museum wegen gleichzeitiger Renovierungsarbeiten geschlossen.

Die gesamte Altstadt ist für Künstler und Mimen eine Freilichtbühne

Foyer tägl. außer So 9–17, Sa 9–13 Uhr, Museum bis Ende 2014 geschlossen. Ul. Jagiellońska 5, ☎ 12-4228020, www.stary.pl.

Kunstplakatgalerie (Galeria Plakatu): Eine Galerie, die sich ganz der polnischen Plakatkunst widmet. Man kann aus 2000 Originalen, Nachdrucken und Postkarten auswählen oder sie einfach nur betrachten. Was sich eher nach einem gewöhnlichen Geschäft anhört, ist tatsächlich einer der kulturellen Geheimtipps in der Stadt – polnische Plakatkünstler sind wegen ihrer Arbeiten weltweit gefragt. Insofern sind ihre Werke mit den Gemälden der großen Meister oder den Bauwerken der bedeutenden Architekten zu vergleichen.
Mo–Fr 11–18, Sa bis 14 Uhr. Ul. Stolarska 8/10, ☎ 12-4212640, www.cracowpostergallery.com.

Szołayski-Haus (Kamienica Szołayskich): Einem Allroundgenie gewidmetes Museum. Vom Dramatiker und Regisseur Stanisław Wyspiański (1869–1907) gibt es Skizzen für die Bühnengestaltung, Kostüme und Requisiten sowie Erstdrucke von Dramen zu besichtigen. Vom Sakralkünstler Wyspiański kann man Entwürfe für Buntglasfenster sehen, z. B. die in der Franziskanerkirche und im Ärztehaus verwirklichten. Ein Raum widmet sich seinem Schaffen rund um den Wawel, man sieht Bilder des Hügels und auch das Modell zur Umgestaltung des Wawel in eine polnische Akropolis. Ein Teil der Sammlung präsentiert den Familienmenschen Wyspiański, der seine Angehörigen auf Gemälden und Fotos verewigt hat. Ein Stockwerk zeigt Werke, die der exzentrische Kunstsammler Feliks „Manggha" Jasieński (1861–1929) zusammengetragen hat. 2012 wurde das Gebäude renoviert und das Ausstellungskonzept überarbeitet. Seitdem gibt es etwas weniger Wyspiański zu sehen, dafür aber mehr von seinen Zeitgenossen.
Di–Sa 10–18, So 10–16 Uhr. Eintritt 2 €, erm. 1 €, So frei. Ul. Szczepańska 11, ☎ 12-2928183, www.muzeum.krakow.pl.

Collegium Maius: Die älteste Universität Polens ist zugleich eine der ältesten der Welt, schon seit 1364 wurde an der Krakauer Akademie gelehrt. Kurz danach bezogen die Lehrenden dieses Gebäude, das der König der Stadt für diesen Zweck gestiftet hatte. Im Erdgeschoss waren die Hörsäle untergebracht, Aula, Bibliothek und Schatzkammer befanden sich im 1. Stock. Auf dem gleichen Stockwerk lag auch der Gemeinschaftsraum der Dozenten, die im ganzen Collegium verstreut wohnten. Bis zum 19. Jh. änderte sich daran nichts. Für die heutige Jagiellonen-Universität mit ihren zigtausend Studenten würde der Platz natürlich nicht mehr ausreichen, die Fakultäten wurden deshalb längst an viele verschiedene Orte innerhalb und außerhalb des Zentrums verlagert. Das Collegium Maius selbst nimmt eine repräsentative Funktion ein. Seine Museumsräume wurden schon von Johannes Paul II., dem japanischen Kaiser und der Queen besucht. Abgesehen von den gut erhaltenen Sälen, in denen Kopernikus studierte, sind auch mehr als 2000 wissenschaftliche Objekte zu betrachten. Die bedeutendsten darunter sind astronomische Ausstellungsstücke, sehenswert ist u. a. der Kopernik-Raum. Auf dem Jagiellonen-Globus (Globus Jagielloński) wurde zum ersten Mal der Name „Amerika" vermerkt. Bemerkenswert sind auch die Räumlichkeiten, die Aufschluss geben über die Atmosphäre einer mittelalterlichen Universität. Laut einer Legende soll hier auch der originale Faust studiert haben, der Goethe zu seinem Werk angeregt hat. Eine weiteres kleines Extra ist der Oscar, den Andrzej Wajda für sein Lebenswerk erhalten hat. Aus der Nähe betrachtet wirkt die goldene und im Fernsehen so eindrucksvolle Figur aber eher schlicht. Ebenfalls einen Besuch wert ist der Innenhof mit seinem Brunnen, den Kreuzgängen und den verspielten Regenrinnen.

Tägl. außer So 10–15, Di bis 16, März–Okt. Di/Do bis 18 Uhr, alle 20 Min. mit obligatori-

Die „Helenka" ist eine von vielen verträumten Kinderporträts in Pastell von Stanisław Wyspiański

schem Führer, Reservierung erforderlich, letzter Einlass 40 Min. vor Ende. Innenhof von Sonnenaufgang bis -untergang. Eintritt 3 €, erm. 1,50 €, Di ab 14 Uhr frei, April–Okt. erst ab 15 Uhr frei. Ul. Jagiellońska 15, ✆ 12-6631307 (Reservierung), www.maius.uj.edu.pl.

Dominikanerkloster (Klasztor Dominikanów): Das zweite große Kloster in der Innenstadt existiert schon seit dem 13. Jh. Wegen eines Brandes wurde es aber 1872 neu aufgebaut, der vorherrschende Stil ist deswegen neugotisch. Die ältesten originalen Teile sind die Eingangsfassade und die Kapelle des Heiligen Jacek (Kaplica św. Jacka).

In der Kapelle steht der schön gestaltete Schrein des Heiligen, am Ende des Hauptschiffs hingegen der verspielte Hochaltar. Eine daneben angebrachte Gedenktafel stammt wahrscheinlich von Veit Stoß). Bemerkenswert ist auch die Rosenkranzkapelle (Kaplica Różańcowa) mit schwarzem und weißem Marmor und mit einem goldenen Madonnenbild in der Mitte des Altars. Die gotischen Kreuzgänge mit Grabesmonumenten sind ebenfalls einen Besuch wert.

Hier wurde schon im Jahr 1364 studiert

Die Messen in der Dominikanerkirche sind übrigens mehr als gut besucht, was an der liberalen Ausrichtung, den klaren Predigten und am politischen Mut in den sozialistischen 1980er Jahren liegen dürfte.

Tägl. 6–22 Uhr. Messe Mo–Sa 6.30, 7, 7.30, 8, 9, 12, 17, 19.30 Uhr, So 7, 8, 9, 10.30, 12, 13.30, 17, 19, 20.20, 21.30 Uhr. Eintritt frei. Ul. Stolarska 12, www.krakow.dominikanie.pl.

Restaurants, Cafés und Clubs: Das soll kein Witz an dieser Stelle sein, denn auch sie zählen zu den Sehenswürdigkeiten der Stadt. Es gibt sogar englischsprachige Reiseveranstalter, die sich einzig auf das Nachtleben der Stadt konzentrieren. Gründe hierfür sind schnell gefunden. Die historische Altstadt hat die weltweit größte Dichte an Lokalen, die Zahl schwankt zwischen 500 und 700. Ein Großteil von ihnen ist in den Katakomben der Krakauer Kellergewölbe untergebracht. Die mit alten Steinen gemauerten oder sogar in rohen Stein gehauenen Wände sind in Sachen Romantik unübertroffen.

Praktische Infos

(→ Karte S. 108/109)

Restaurants

»» Unser Tipp: ancora 76 Die wohl spektakulärste Neueröffnung der letzten Jahre. Adam Chrząstowski zählt zu einem auserlesenen Kreis von Starköchen, die sich um eine Modernisierung der polnischen Küche verdient machen. Stilvoll in jeder Hinsicht, das Prinzip der offenen Küche demonstriert selbstbewusst die hohe Qualität von Zutaten und Zubereitung. 5-Gänge-Degustations-Menü 39 €, 7 Gänge 48 €. Tägl. 12–22.30 Uhr. Ul. Dominikańska 3, ✆ 12-3573355, www.ancora-restaurant.com. **«««**

Cherubino 30 Im Restaurant steht eine Kutsche auf Kopfsteinpflaster, das den gesamten Boden des Lokals bedeckt. Zum Essen gibt es polnische und toskanische Grillgerichte vom Buchenholzgrill. Lunch 4–6 € (13–16 Uhr). Tägl. 10–24, So bis 23, im Winter erst ab 12 Uhr. Ul. św. Tomasza 15, ✆ 12-4294007, www.cherubino.pl.

Cyrano de Bergerac 1 1998 zum besten Restaurant Südpolens gewählt. Die feine französische Küche schmeckt auch vielen Stars wie zum Beispiel Roman Polański. Achtung: Beim Eintreten den Kopf einziehen! Hg. 11–24 €. Tägl. 12–23 Uhr. Ul. Sławkowska 26 (im Hinterhof), ✆ 12-4117288, www.cyranodebergerac.pl.

Leonardo 31 Nobelrestaurant der Extraklasse. Italienische Küche in immer neuen Kreationen und fast schon versnobte Räume mit Brunnenanlagen. 3-Gänge-Menü 20–38 €. Tägl. 12–23 Uhr. Ul. Szpitalna 20/22, ✆ 12-4322255, www.leonardo.com.pl.

Paese 77 Liebevoll eingerichtetes korsisches Restaurant. Ratatouille 4,50 €. Mo–So 13–23 Uhr. Ul. Poselska 24, ✆ 12-4216273, www.paese.com.pl.

Indus Tandoor ⛴ Langgezogenes Restaurant. An den durch die hohen Lehnen der Sitzbänke getrennten Tischen schmeckt die indische Küche, die authentischer ist, als es die blonden Kellnerinnen im Sari vermuten lassen. Hg. 3–9 €. Tägl. 12–22 Uhr, Fr/Sa bis 24 Uhr. Ul. Sławkowska 13/15, ☎ 12-4232282, www.indus.pl.

Trattoria Soprano 🔟 Helle Pastelltöne dominieren dieses italienische Restaurant, tolle, wechselnde Karte. Gnocchi mit Pinienkernen und Rucola 5 €. Tägl. 10–24 Uhr. Ul. św. Anny 7, ☎ 12-4225195, www.trattoriasoprano.pl.

Cechowa 🔟 An den Decken findet man Zunftzeichen der Handwerkergilden, an den Tischen polnische Gerichte und ein gemischtes Publikum, das oft schon seit der Eröffnung in den 1960er Jahren zur Stammkundschaft zählt. Hg. 3,50–9,50 €. Tägl. 11–22 Uhr. Ul. Jagiellońska 11, ☎ 12-4210936, www.restauracjacechowa.pl.

»» Unser Tipp: Chimera 🔟 Zwei Lokale in einem: eine entspannte Salatbar mit frischer und breiter Auswahl (Vegetarierparadies!), zum anderen ein nobles Restaurant mit königlichen Rezepten, in dem sich Künstler und Journalisten treffen und beispielsweise einen Fasan mit Reizkern für 14 € verspeisen. Hg. 7–17 €, in der Snackbar 4 € für einen großen Teller. Tägl. 12–23 Uhr, Salat- und Snackbar im Sommer So–Mi 10–23, Do–Sa bis 24, im Winter tägl. 9.30–22 Uhr. Ul. św. Anny 3, ☎ 12-2921212, www.chimera.com.pl. **«««**

Pod Kominkiem 🔟 Mehrere Säle im Keller. Altpolnisches Essen an Wochenende etwas biedere Tanzveranstaltungen zu Musik aus den 60er Jahren. Rindslende im Kräutermantel mit Pfifferlingen in Sahnesoße, Ofengemüse und Trüffel-Kartoffelpüree 12 €. Tägl. 12–22.30 Uhr. Ul. Bracka 13, ☎ 12-4302130, www.piwnicapodkominkiem.pl.

Bohema 🔟 Die Sitze sind aus alten Bettgestellen gefertigt, ein Schutzengel hilft bei der Verdauung. Typisch polnische Wildgerichte wie Kaninchen in Sahnesoße für 10 €. Tägl. 12–23 Uhr. Ul. Gołębia 2, ☎ 12-4302683, www.bohema.cracow.pl.

Kawaleria 🔟 Die Säbel, Uniformen und der sonstige Pferdekrimskrams brachten das altpolnische Lokal auf den 1. Platz in Sachen Inneneinrichtung beim großen Restaurant-Test von „Newsweek". Überzeugende Küche: Schweinelende mit Oscypek-Käse, Moosbeerensauce und Bratkartoffeln

10,50 €. Tägl. 12–22 Uhr. Ul. Gołębia 4, www.kawaleria.com.

Gospoda C.K. Dezerter 🔟 Ein (auch verfilmtes) Kultbuch über Deserteure der polnischen Armee liefert die Ideen für dieses Restaurant. Einen Großteil der Flucht verbringen die Deserteure in Österreich, woher auch die meisten Rezepte stammen. Unter anderem Wiener Schnitzel satt 9 €. Tägl. 9–23, Fr/Sa bis 24 Uhr. Ul. Bracka 6, ☎ 12-4227931, www.ckdezerter.pl.

Green Way 🔟 Vegetarische Frische, für den großen Hunger gibt es eine Platte mit vielen verschiedenen fleischlosen Spezialitäten. Dazu frische Säfte, Kräutertees oder Joghurtgetränke. Extra-Mix mit sechs Gerichten 5,50 €. Mo–Fr 10–22, Sa/So 11–21 Uhr. Ul. Mikołajska 14, ☎ 12-4311027, www.greenway.pl.

Unicus 🔟 Lassen wir die Titel sprechen: In der Küche steht Rafał Targosz, der Bronzemedaillengewinner der Kochweltmeisterschaften 2002. Für seine Kreationen hat er zudem bereits zweimal den polnischen kulinarischen Meistertitel und 2010 die Anerkennung der Michelinkritiker gewonnen. Die Preise der regelmäßig wechselnden Karte halten sich dabei in Grenzen: 5-Gänge-Menü 28–55 €. Tägl. 13–23 Uhr. Ul. św. Marka 20, ☎ 12-4337111, www.hotelunicus.pl.

Zen 🔟 Stilvoll eingerichtete Sushi-Bar mit die besten Fischhappen, die man in Krakau bekommt. Von 12 bis 17 Uhr unbegrenzt Sushi für 17 €/Pers. Tägl. 12–24 Uhr. Ul. św. Tomasza 29, ☎ 12-4265555, www.zensushi.pl.

Morskie Oko 🔟 Offenes Feuer, große Portionen, Di–Sa eine folkloristische Kapelle. Man meint, man wäre in der Tatra. Pierogi mit Saubohnen 3,50 €, Fleischplatte für 2 Pers. 15 €. Tägl. 12–23/24 Uhr. Plac Szczepański 8, ☎ 12-4312423, www.morskieoko.krakow.pl.

Pod Gruszką 🔟 Krakauer Restaurant mit langer Tradition, das zwischenzeitlich geschlossen war. Seit der Wiedereröffnung 2011 kann man sich wieder von der Einrichtung und der altpolnischen Küche zu einer Zeitreise ins frühe 20. Jh. verleiten lassen. Leser waren so begeistert, dass sie sie gleich zweimal zum Essen kamen. Pierogi 3 €, Rippchen mit Kraut und Meerrettich 7 €. Tägl. 11–23 Uhr. Ul. Szczepańska 1 (im 1. Stock), ☎ 12-3465704, www.podgruszka.pl.

Poezja Smaku 🔟 Der Name ist Programm. Besonders poetisch schmecken die

Pfifferlinge in Sahnesoße. Schön eingerichtet mit Spiegeln und Gemälden, der Garten ist ebenso romantisch. Wildschweingulasch 9 €. Mo–Fr 17–23, Sa/So 12–22 Uhr. Ul. Jagiellońska 5, ✆ 12-2928020, www.poezjasmaku.pl.

Guliwer 62 Süßes, kleines Restaurant mit französischer Küche. Oft wechselnde Tagesgerichte wie Muscheln in Weißwein-Sauce für 6 €. Tägl. 8.30–23 Uhr. Ul. Bracka 6, ✆ 12-4302466, www.guliwer. zaprasza.net.

Farina 10 Eines der besten Restaurants mit Schwerpunkt auf Fisch, mediterrane und polnische Gerichte ergänzen die Karte. Dazu eine unkomplizierte und gemütliche Einrichtung. Dorade auf Blattspinat

Viele entdeckungswürdige Details

Moaburger 51 Burgerladen mit Buletten in richtiger Größe und aus echtem Fleisch. Für Vegetarier wird stattdessen Ziegenkäse zwischen die Brötchenhälften gelegt. 400 g-Mammut-Burger mit Käse, Bacon, Roter Bete, Ananas, Tomaten, Gurke und Zwiebeln 7 €. Mo–Sa 11–23, So 12–21 Uhr. Ul. Mikołajska 3, ✆ 12-4212144, www.moaburger.com.

U Stasi 47 Eine der Krakauer Kultmilchbars mit ehrlicher und leckerer Küche. Die Professorendichte ist wohl höher als an jeder Fakultät, ansonsten freuen sich Studenten, Rentner und auch der eine oder andere Obdachlose, wenn sie einen der wenigen Sitzplätze ergattert haben. Mo–Fr 12.30–17 Uhr oder bis es nichts mehr gibt. Ul. Mikołajska 16, ✆ 12-4215084.

»» Unser Tipp: **gospoda koko** 59 Genießt unter den Krakauer Studis Kultstatus. Woran liegt's? Wahrscheinlich daran, dass man bis in die Nacht hinein große Portion für kleines Geld bekommt, die Tageskarte stets fröhlich gemalt wird und man wie bei Muttern futtern kann. Tägl. 8–3 Uhr. Ul. Gołębia 8, ✆ 12-4302135, www.gospodakoko.pl. ««

Milkbar 36 Modernisierte Milchbar, die Krakaukennern vielleicht noch unter dem früheren Namen „Bar smaczny" ein Begriff ist. Im Vergleich zu früher ein anglisierter Name, etwas höhere Preise und freundlichere Farben. Tagesmenü 4,50 €. Mo–Sa 9–21, So 9–20 Uhr. Ul. św. Tomasza 24.

Polakowski 73 Gut Ding hat Weile. Mehr als 100 Jahre hat diese Krakauer Institution für schnelles und gutes Essen gebraucht, um ein zweites Lokal zu eröffnen. Gołąbki (Kohlrouladen) oder Bigos 2,50 €. Tägl. 11–22 Uhr. Pl. Wszystkich Świętych 10, www.polakowski.com.pl.

Zapiekanki 53 Wie der Name verrät, sind die in Polen so beliebten Pilzbaguettes Programm. Und die schmecken hier sehr gut und sind mit frischen Pilzen belegt. Kein Wunder also, dass man schon 30-jähriges Bestehen feiern konnte. Tägl. 10.30–19.30 Uhr. Ul. Sienna 3.

Die Ecke des „Ungläubigen Thomas" beim Café Camelot
zählt zu den malerischsten Orten der Altstadt

Cafés & Pubs

》Unser Tipp: Camelot 32 Sicher eines der beliebtesten Cafés der Stadt, von der Washington Post gar zum besten Café der Welt gekürt. Romantik pur auf den unverkleideten Holzdielen, zwischen hölzernen Figuren und runden Tischlein. An den Wänden hängen Meisterwerke von Nikifor und weitere naive Kunst. Um das Ganze noch zu toppen, freitags Kabarett und regelmäßig Ausstellungen oder Konzerte. Ideal auch zum Frühstück. Tägl. 9–24 Uhr. Ul. św. Tomasza 17, ☎ 12-4210123. 《

Philo 39 Existentialistisch – zum Kaffee kommt eine philosophische Weisheit auf einem Zettelchen. Viele Kaffeesorten und konkurrenzlos billiger Lunch sowie Snacks. Zapiekanki, Pizza und Brote für 1 €, der freundliche Service ist eigentlich unbezahlbar. So–Do 10–24, Do–Sa 12–3 Uhr, manchmal auch rund um die Uhr geöffnet. Ul. św. Tomasza 30, ☎ 12-4319191.

Zaćmienie 28 Café mit vielen kleinen Winkeln, einem romantischen Keller und stimmungsvollem Garten im Innenhof. Zum Tee und Kaffee gibt's ein Stück Apfelkuchen gratis. So–Do 10–24, Fr/Sa bis 1 Uhr. Ul. Szczepańska 3, ☎ 12-4310864.

》Unser Tipp: Nowa Prowincja 54 Besonders begehrt sind die Plätze am Fenster über der Bar, die man über eine Treppe erreicht. Unkomplizierte Kneipe für nette Gespräche, außerdem sehr guter Kaffee, sündhaft leckere heiße Schokolade und selbst gemachter Kuchen. Mo–Sa 8.30–23, So 9–23 Uhr. Ul. Bracka 3/5, www.nowaprowincja. krakow.pl. 《

》Unser Tipp: Lwowska Manufaktura Czekolady 34 Anknüpfend an die galizische Tradition, als Lemberg als Schokoladenhauptstadt der Region bekannt war, hat diese Chocolaterie 2011 in Krakau eröffnet. Im Geschäft kann man Pralinen, Trüffel und Schokolade in verschiedensten Formen und Geschmacksrichtungen erstehen, im Café sich der heißen Schokolade erfreuen oder in der Manufaktur den fleißigen Schokogießern bei der Produktion zuschauen. Tägl. 10–22 Uhr. Ul. Szewska 7, www. chocolate.krakow.pl. 《

Camera Café 52 Ruhiges Plätzchen, wie geschaffen für ein Rendezvous. Gegen möglichen Liebeskummer hilft dagegen die hervorragende Chocolaterie, das Fondue kostet 9 €, eine scharfe Schokolade 2,50 €. Tägl. 10–22 Uhr. Ul. Wiślna 5, www.camera-cafe.pl.

Botanica **69** Blumen und Pflanzen sind das zentrale Thema im gemütlichen Café, das 2008 um eine Orangerie erweitert wurde. Auch kleinere Gerichte wie Sandwiches oder Salate. Frühstück bis 12 Uhr. Mo–Do 8.30–23, Fr/Sa bis 24, So 10–23 Uhr. Ul. Bracka 9, ☎ 12-4228980, www.cafebotanica.pl.

Dym **28** Verraucht, wie es vor dem Verbot der Fall war und wie der Name noch immer vermuten lässt, ist das Café nicht mehr; dafür beliebter Treffpunkt für ein gemischtes Publikum. Tägl. 10–24, Fr/Sa bis 1 Uhr. Ul. św. Tomasza 13, ☎ 12-4296661.

Gołębia 3 **57** Ein Café, das einfallsreicher als sein Name ist. Den Beweis liefert der poetische Briefkasten (→ Kasten S. 106). Mo–So 9–23 Uhr. Ul. Gołębia 3, ☎ 12-4302419, www.cafegolebia3.com.

>>> Unser Tipp: Charlotte **16** Krakauer Filiale eines Warschauer Bistros mit sehr französischem Flair. Trotz der sprichwörtlichen Abneigung gegen alles Hauptstädtische war das Charlotte schon kurz nach der Eröffnung stets voll. Kein Wunder, bei der entspannten Atmosphäre, den leckeren Croissants und Croques und dem guten Wein. Frühstück (2–6 €) bis 23 Uhr! Mo–Fr 7–24, Sa 9–24, So 9–22 Uhr. Pl. Szczepański 2, www.bistrocharlotte.com. **>>>**

Pierwszy Lokal ... **56** ... na Stolarskiej po lewej stronie, idąc od Małego Rynku – das ist nichts weiter als eine Standortbeschreibung. Das Lokal mit dem längsten Namen Krakaus hat unter der Woche schon sehr früh geöffnet. Nachteulen treffen hier dann auf Frühaufsteher, Studenten kommen den ganzen Tag über. Tägl. 6.30–24, Fr/Sa bis 2, Sa/So ab 10 Uhr. Ul. Stolarska 6/1, ☎ 12-4312441, www.pierwszylokal.pl.

Siesta **64** Sympathisches Café mit drei kleinen Zimmern. Mo–Fr 9–24, Sa ab 11, So ab 11.30 Uhr. Ul. Stolarska 6.

Nachtleben

>>> Unser Tipp: Ambasada Śledzia **70** Kaum ein Jahr geöffnet und schon Kult! Die Heringsbotschaft (so die Übersetzung) ist eine der polnischen Tapas-Bars, wie üblich kosten Getränke 1 €, Snacks 2 €. Die besten Beilagen zum Runterspülen der Klaren sind natürlich die Heringskreationen: in Sahne, mit Curry, als Tatar ... Rund um die Uhr geöffnet. Ul. Stolarska 8/10. **>>>**

Baroque **11** Mehr als 100 verschiedene Wodkasorten und 200 Cocktails für Genuss-

trinker – die Grundlage schaffen passende Snacks. Mo–Do 16–2, Fr–So 12–2 Uhr. Ul. św. Jana 16, ☎ 12-4220106, www.baroque.com.pl.

Cień Klub **5** Elektronisch-urbane Musik in mittelalterlichen Räumen. Strenge Türsteher vor einem der besten Krakauer House-Clubs. Di–Sa 21–6, So bis 3 Uhr. Ul. św. Jana 15, ☎ 12-4222177, www.cienklub.com.

Frantic **34** Etwas snobistischer Club mit metrosexuellen Männern und entsprechenden Frauen. Die DJs legen aber meistens recht gut auf. Di–Sa 21–3 Uhr. Ul. Szewska 5, ☎ 12-4230483, www.frantic.pl.

Bomba **15** Mischung aus Café und Kneipe. Unser Meinung nach ist es am Abend am schönsten, im Winter im Obergeschoss mit Blick auf den Platz, im Sommer auf den Stühlen vorm Lokal. So–Do 10–24, Fr/Sa bis 1.30 Uhr. Plac Szczepański 2/1.

>>> Unser Tipp: Piec Art **33** Jazzklub mit Konzerten, meist Mi–Sa. Eher Modern Jazz, selten Free-Jazz-Experimente. Mo ab 20 Uhr Tandemabend. Tägl. 17–2, Konzerte ab 21.30 Uhr, oft auch später. Ul. Szewska 12, ☎ 12-4296425, www.piec.krakow.pl. **>>>**

House of Beer **43** Ehrliche Kneipe mit sehr vielen Biersorten aus Polen und aus aller Welt. So–Mi 14–1, Do–Sa 14–2 Uhr. Ul. św. Tomasza 35, www.houseofbeerkrakow.com.

Pijalnia Wódki i Piwa **28** Eigentlich immer volle Stehbar mit ostalgischer Inneneinrichtung und einfachem Prinzip: Snacks für 2 €, Klare, Wein und Bier für 1 €. Durchgehend geöffnet. Ul. św. Jana 3–5.

Lizard King **20** Livemusik-Club mit internationalen Stars und buntem Programm zwischen Jazz und Heavy Metal. An konzertfreien Tagen meist Rock-Disko. So–Do 18–2, Fr/Sa 18–4 Uhr. Ul św Tomasza 11a, ☎ 12-4220475, www.lizardking.pl.

Decafencja **22** Kultkneipe in einem kleinen Raum, in den Nachtschwärmer strömen, wenn andere Kneipen und Clubs bereits schließen. Wenige Touristen, viele Krakauer. Tägl. 13–5 Uhr. Ul. Sławkowska 4, ☎ 12-3414137.

Pod Papugami **11** Zwar ein Irish Pub, bietet jedoch wesentlich mehr als das übliche Guinness-Britpop-Gemisch. Eine polnische Institution des Nachtlebens nämlich, besungen auch vom berühmten Rockstar Czesław Niemen. Die Treppen scheinen beim Hinausgehen länger und steiler als beim Hereinkommen. Tägl. 13–2, So ab 15 Uhr. Ul. św. Jana 18, ☎ 12-4228299, www. odpapugami.krakow.pl.

Art Club Błędne Koło 55 Viele große Räume mit Sofas und Couchen, manch einer findet gar nicht mehr heraus. Trotzdem immer voll, die Musik ist eher chilloutlastig, manchmal Dancehall oder HipHop. So–Do 10–3, Fr/Sa 15–5 Uhr. Erst ab 21 Jahren. Ul. Bracka 4 (1. Stock).

Baccarat 72 Sehr luxuriöser House-Club mit teuren Lampen und plüschigen Sofas zum Versinken. Do–Sa 20–4 Uhr. Ul. Stolarska 13, www.baccaratclub.pl.

BaniaLuka 6 „Zwischen Wódka und Snack" lautet das Motto und zeigt, dass es sich um eine weitere der in den letzten Jahren aus dem Boden sprießenden polnischen Tapas-Bars handelt. Wie anderswo auch rund um die Uhr geöffnet, die Snacks kosten 2 €, (alkoholische) Getränke 1 €. Plac Szczepański 6.

Rdza 54 Wer rastet, rostet: Bei den Housetunes der etablierten DJs tanzt die Menge, die es hereingeschafft hat. Tägl. 19–4 Uhr. Ul. Bracka 3/5, www.rdza.pl.

Stalowe Magnolie 5 Kultclub mit herausragender Livemusik. Wer früh genug kommt, kann sich auf den gemütlichen Sofas lümmeln. Tägl. 19–2, Fr/Sa bis 4 Uhr. Ul. św. Jana 15, www.stalowemagnolie.com.

Jazz Rock Café 9 Rockateka mit Musik von Jazz Rock bis Metal. Die übliche Klientel, es ist manchmal auch etwas ungemütlich. Tägl. außer Mo 16–4 Uhr. Eintritt 1,50 €, ab 21 Jahre. Ul. Sławkowska 12, www. jazzrockcafe.pl.

Ministerstwo 45 Laut Selbsteinschätzung Polens einziges funktionierendes Ministerium. Der Alkohol- und Spaßpegel im Club dürfte aber höher sein als unter den Politikern. So–Mo 17–3, Di–Sa 17–5 Uhr, Garten ab 10 Uhr. Ul. Szpitalna 1, www.klubministerstwo.pl.

Einkaufen

Ciasteczka z Krakowa 35 Leckere handgemachte Kekse in allen Formen und Geschmäckern. In den liebevollen Verpackungen eignen sie sich perfekt als Geschenk. Seit kurzem auch ein kleines Café und um die Ecke in der Floriańska ein weiteres Geschäft. Ul. św. Tomasza 21, www.ciasteczkazkrakowa.pl.

» Unser Tipp: Ciuciu Fabryka Cukierków 57 Die weltweit kleinste Bonbon- und Lutschermanufaktur. Gearbeitet wird an

Abstecher in Innenhöfe lohnen sich!

Geräten aus dem 17. und 18. Jh., der Kunde darf sich eigene Muster wünschen. Tägl. von 12–20 Uhr zur vollen Stunde Vorführungen. Ul. Gołębia 3, www.ciuciu.pl. «

Piekarnia Mojego Taty 74 Beschreibung siehe Rundgang 9. Plac Dominikański 2, www.piekarniamojegotaty.pl.

Pszczelarz 12 Laden der lokalen Imkerkooperation mit hochwertigem Honig, Bienenwachs und Zubehör. Pl. Szczepański 8, www.osppszczelarz.pl.

Kantor Herbaty 61 Teegeschäft mit Seele. Der Besitzer scheint ein Katzenliebhaber zu sein. Ul. Gołębia 1.

Brokat 68 Brokatstoffe in vielen Variationen sowie Engel aus Holz oder Buntglas. Ul. Gołębia 2.

Modeboutiquen und Kleidung

»» Unser Tipp: Femini 29 Elegante Damenmode aus Krakau, in Deutschland nicht erhältlich. Inzwischen aber beliebt bei Frauen in New York, Shanghai, Tokio oder London. Ul. św. Jana 5, www.femini.pl. **««**

Podlasek 60 Krakauer Designermode aus Leinen – von ausgefallen über hippielike und folkloristisch bis hin zu elegant. Ul. Wiślna 9.

Noa Noa 67 Outlet-Geschäft der dänischen Mode- und Schuhmarke. Ul. Sienna 17.

Słoń Torbalski 22 Bunte, handgemachte Designertaschen aus Krakau für Sie und für Ihn. Ul. Sławkowska 4, www.slontorbalski.com. ■

Salsa 65 Teure Damenmode, Abendkleider und Kostüme. Ul. Sienna 11.

»» Unser Tipp: La Perle 75 Boutique mit Handtaschen, Schmuck, Schuhen und Kleidern von jungen polnischen Modedesignern. Ul. Dominikańska 3, www.laperleshop.com. **««**

Joanna Hawrot 2 Boutique einer begabten Modedesignerin. Kleider, Schuhe und Taschen für den großen Auftritt. Ul. Sławkowska 19 (2. Bude von der Straße aus), www.joannahawrot.com.

Dąbrowskiego 59 Hemden und Krawatten aus Krakau. Ul. Sienna 7, www.dabrowski.com.pl.

Vistula 45 Klassische Eleganz für Herren, die Anzüge überzeugten auch „James Bond" Pierce Brosnan. Ul. Szpitalna 3, www.vistula.pl.

Schmuckgeschäfte

Galeria Biżuterii ORA 46 Einfallsreicher und kunstvoller Schmuck nach eigenem Design, den man so elegant nur sehr selten findet. Ul. św. Anny 3/1a, www.galeria-ora.com.

My Gallery 51 Boutique mit ungewöhnlichem Schmuck aus Holz und Steinen, Geschirr mit Krakauer Impressionen und Wollkleidung aus eigener Produktion. Ul. Gołębia 1a, www.mygallery.pl.

Galeria Bielak 22 Bezahlbarer zeitgenössischer europäischer Schmuck und polnischer Designerschmuck. Ul. Sławkowska 4, www.galeriabielak.pl.

Kunstgalerien

Space Gallery 4 1992 gegründet, entwickelte sich die Galerie bald zu einer der wichtigsten Kunstadressen in der Stadt. Alte jüdische Maler findet man ebenso wie zeitgenössische Bildhauerei und Grafik. Mo–Fr 10–18.30, Sa 10–15, So 11–16 Uhr. Seit 2010 an neuem Ort: ul. św. Marka 7, ✆ 12-4322920, www.spacegallery.com.pl.

Rara Avis 38 Antiquariat mit alten Büchern, Karten, Drucken und Plakaten, auch Antiquitätenversteigerungen. Mo–Fr 10–18, 10–14 Uhr. Ul. Szpitalna 7/4 (im 1. Stock), www.raraavis.krakow.pl.

Galeria ZPAF i SKA 36 Galerie mit ambitionierter Kunstfotografie. Mo–Sa 12–18, Do bis 20 Uhr. Ul. św. Tomasza 24, www.zpafiska.pl.

Kersten Gallery 17 Zeitgenössische polnische Künstler, u. a. kann man Skulpturen von Bronisław Chromy erstehen. Mo–Fr 11–19, Sa 11–15 Uhr. Ul. św. Jana 9, www.kerstengallery.com.pl.

Fejkiel Gallery 8 Konzentriert sich auf zeitgenössische Grafiken und Zeichnungen. Ul. Sławkowska 14, ✆ 12-4291553, www.fejkielgallery.com.

Galeria AG 74 Moderne Kunst, Skulpturen und Gemälde. Mo–Fr 11–19 Uhr. Pl. Dominikański 2, www.galeriaag.art.pl.

Sonstiges

Galeria-Pracownia Tadeusza Kantora (Cricoteka) 58 Wechselnde und feste Ausstellungen zum Werk der Theaterlegende Kantor bis zur Premiere des Spektakels „Umarła klasa" („Die gestorbene Klasse"). Er selbst nannte das Atelier seinen „schäbigen kleinen Raum der Vorstellungskraft". Weitere Informationen siehe Rundgang 3 (Archiwum-Galeria Cricoteki). Di 10–18, Mo und Mi–Fr 9–16 Uhr, Sa/So zu. Eintritt frei. Ul. Sienna 7/5, ✆ 12-4213266, www.cricoteka.com.pl.

Biblioteka Czartoryskich 14 Sammlung mit bedeutenden handschriftlichen Dokumenten und Büchern vom 9. bis zum 18. Jh. sowie Drucken und Karten ab dem 16. Jh. U. a. das Original von Kopernikus' „De revolutionibus" und der Polnischen Chronik von Jan Długosz. Mo–Fr 9–15.45, Sa 9–13.45 Uhr. Registrierung mit Ausweis und Foto. Ul. św Marka 17, ✆ 12-4221172, www.muzeum.krakow.pl.

Ośrodek Dokumentacji Piwnica Pod Baranami 36 Ausstellungen und Infos zum Kabarett und Piotr Skrzynecki s. Rundgang 1. Mo–Fr 8–15 Uhr. Ul. św. Tomasza 26.

Apostel vor der St.-Peter-und-Paul-Kirche

Droga Królewska:
In des Königs Fußstapfen

Wahrhaft eines mächtigen Herrschers würdig sind die Straßen, auf denen der Königsweg, die Droga Królewska, verläuft. Die historische Route der prunkvollen Einzüge, Prozessionen und Begräbnisse ist heute naturgemäß weniger feierlich als zu Zeiten der Wawelkönige, aber noch immer reizvoll und interessant.

Als Krakau noch eher einer Festung ähnelte als einer weltoffenen Stadt, die es damals schon war, wurde es von Königen und hochstehenden Gästen durch das Florianstor betreten. Von hier steuerten diese die königliche Burg auf dem Wawel an. Doch nicht nur feierliche Krönungen folgten der Route, sondern auch die Begräbnisprozessionen, auf denen die Särge der Könige in den Wawel gebracht wurden, wo sie bis heute stehen.

Und noch heute kommt ein Großteil der Besucher vom Bahnhof aus zum seit jeher wichtigsten Eingang des Zentrums. Heute ist der Tourist König, und auch er schlägt meist dieselbe Richtung ein.

Rundgang

Startpunkt: Barbakane

Ende: ul. Kanonicza

Reine Gehzeit: ca. 25–45 Min.

Bei diesem Rundgang gehen wir nicht exakt denselben Weg, den damals die Könige nahmen: Der Königsweg begann schon bei der Florianskirche, und er endete auf dem Wawel. Wenn Sie

Tour 7 S.168

Tour 8 S.177

Tour 6 S.158

Tour 9 S.184

Droga Królewska: In des Königs Fußstapfen

wollen, können Sie den Rundgang aber mit den Rundgängen 5 und 7 kombinieren. In diesem Fall würden Sie tatsächlich in die Fußstapfen der Könige treten. Der hier vorgestellte Rundgang ist sicher mit der einfachste, weshalb man sich auf die einzelnen Sehenswürdigkeiten gut konzentrieren kann. Vom Startpunkt an der **Barbakane (Barbakan)**, einem runden, der Stadtmauer vorgelagerten Bollwerk, geht man einfach immer geradeaus. Sobald der Grüngürtel überschritten ist, ist schon das einst wichtigste Stadttor zu sehen, das **Florianstor (Brama Floriańska)**. Über die lange Einkaufsstraße ulica Floriańska flanieren wir zunächst zum **Jama Michalika**, einem Café mit großer Vergangenheit. Nur wenige Meter weiter steht das **Matejko-Haus (Dom Matejki)**, in dem der Künstler Jan Matjeko lebte und arbeitete. Danach passieren wir das **Pharmaziemuseum (Muzeum Farmacji)** und das Hotel Pod Różą, in dem der Künstler Jan Matjeko lebte und arbeitete. Danach passieren wir das **Pharmaziemuseum (Muzeum Farmacji)** und das Hotel Pod Różą, in dem

Franz Liszt häufig zu Gast war. Den Marktplatz schlendern wir ganz königlich an der Ostseite entlang und durch den trichterförmigen Eingang hinein in die ulica Grodzka. Die beiden gegenüberliegenden Häuser waren hier früher durch einen Übergang verbunden, von dem Kinder beim Empfang des Königs oder wichtiger Gäste Blumen streuten. Auf diese schmeichelnde Tradition muss man leider verzichten, die weiteren Sehenswürdigkeiten entschädigen aber dafür. Die erste befindet sich mit dem **Pawilon Wyspiański 2000** am besonders abends schönen plac Wszystkich Świętych. Sowohl der Platz als auch das Gebäude wurden anlässlich des 100. Todestags des namengebenden Künstlers neu gestaltet. An der Ecke zur ulica Poselska auf der linken Seite kann man die ehemalige Werkstatt von Veit Stoß leider nicht besichtigen, dafür aber ein paar Schritte weiter geradeaus das **Collegium Iuridicum** auf der rechten Straßenseite mit seinem reizvollen Innenhof.

Schräg gegenüber steht die imposante barocke **St.-Peter-und-Paul-Kirche (Kościół św. Piotra i Pawła)**, die teilweise der römischen Kirche Il Gesù nachempfunden wurde. Kleiner ist die romanische **St.-Andreas-Kirche (Kościół św. Andrzeja)**. Auch der weitere Verlauf der ulica Grodzka ist „kirchlich" geprägt, schließlich verlassen wir die Straße und gehen rechts an der Nordflanke des Wawels an der **St.-Ägidius-Kirche (Kościół św. Idziego)** vorbei bis zur ulica Kanonicza. Diese Straße war einst eines der klerikalen Zentren, wovon bis heute das **Museum der Erzdiözese (Muzeum Archidi-**ecezjalne) zeugt, in dem der spätere Johannes Paul II. in seinen Krakauer Jahren wohnte. Vorbei an eleganten Häusern wie dem **Palast des Bischofs Erazm Ciołek (Pałac Biskupa Erazma Ciołka)** durchschreiten wir diese vielleicht schönste Straße der Stadt bis zur **Cricoteka, Archiv und Galerie des Theaters Cricot (Archiwum-Galeria Cricoteki)** und beenden damit den Rundgang. Der historische Königsweg bog übrigens schon vorher von der ulica Grodzka in die Kanonicza ein und führte in entgegengesetzter Richtung zum Wawel.

Sehenswertes

> Alle Sehenswürdigkeiten sind von den Haltestellen des Zentrums schnell erreichbar. Deshalb sind keine Anfahrtsmöglichkeiten angegeben.

Barbakane (Barbakan): Aus Angst vor weiteren Angriffen der Türken und Tataren wollten die Krakauer ihre Stadt besser schützen. So bauten sie in den letzten Jahren des 15. Jh. vor jedem Stadttor starke Bastionen, insgesamt drei. Die einzig noch erhaltene findet sich am Nordeingang der Stadt. Die eindrucksvollen drei Meter starken Mauern sollten besonders vor den damals aufkommenden Feuerwaffen schützen. Durch einen tunnelartigen Gang gelangten freundlich gesinnte Gäste von der kleinen Burganlage in die Stadt. Zur Verteidigung dienten auch die tiefen Wassergräben und die zahlreichen Schießscharten. Zu ihrer Zeit galt die Barbakane als uneinnehmbar, heute finden in ihrem Innern Konzerte und Spektakel statt, zudem informiert eine etwas dürftige Ausstellung über die Geschichte der Anlage. Alle drei Wochen gibt es samstags Ritterspiele und Mittelalter-Workshops, für die der normale Eintrittspreis fällig wird; aktuelle Termine auf der unten angegebenen Homepage. April–Okt. tägl. 10.30–18, Ritterspiele Sa/So 14–16/17.30 Uhr (ca. alle 3 Wochen). Eintritt 2 €, erm. 1 € (Kombiticket für Barbakane und Verteidigungsmauern). Ul. Basztowa, ☎ 12-4229877, www.mhk.pl.

Florianstor (Brama Floriańska): Das Haupttor der damaligen Stadtmauer. Während die Reste der Verteidigungsanlage zugunsten der Planty zu Beginn des 19. Jh. abgerissen wurden, steht das Florianstor mit seinem kurzen Mauerstück und den drei Wehrtürmen noch immer so wie bei seiner Erbauung um das Jahr 1300. Das Dach des zentralen Turms ist barocken Ursprungs, im 1. Stock befindet sich eine Kapelle, die Fassade schmückt ein Relief des Heiligen Florian. Bis heute betreten die meisten Besucher die Stadt durch das Tor, an dessen äußerer Fassade das Wappentier Polens zu sehen ist, ein von Jan Matejko gefertigter weißer Adler. Seit 2007 dürfen die Mauern betreten werden, ein wegen der Aussicht und für Fotos lohnenswerter Abstecher.

April–Okt. tägl. 10.30–18 Uhr. Eintritt 2 €, erm. 1 € (Kombiticket für Verteidigungsmauern und Barbakan). Ul. Pijarska, ✆ 12-4211361, www.mhk.pl.

Café Jama Michalika: Dunkelheit scheint Intellektuelle geradezu anzuziehen. Wie 50 Jahre später die Existentialisten in den Kellern von Montmartre, traf sich bereits um die Wende zum 20. Jh. Jahrhundert Krakaus künstlerische Elite in diesem Café. Wegen der fehlenden Fenster hatte es schnell den Spitznamen „Jama" (Höhle) weg. Der Ernst des elitären Künstlerkreises wurde dann von der 1905 gegründeten Gruppe Zielony Balonik (Grüner Ballon) auf die Schippe genommen. Während sich erstere noch als auserwählte Künstler sahen, distanzierten sich Tadeusz Boy-Żeleński und seine Truppe bei ihren Auftritten im Jama Michalika von dieser Selbstbeweihräucherung. Da ihre Kritik humorvoll verpackt war, nahm sie ihnen aber niemand übel.

Zudem hatte man den Vorteil, als erste Satirikergruppe Krakaus ganz ungezwungen und ohne Vorbilder die Phantasie spielen zu lassen. Zum Beispiel nahmen bei den Kabarettabenden die Puppen und Marionetten eine bedeutende Rolle ein, die noch heute im Eingangsbereich zu sehen sind. Die Zeiten des Zielony Balonik sind lange vorbei, doch Kabarettabende finden bis heute statt. Das Café ist für Touristen und traditionsbewusste Krakauer gleichermaßen ein Magnet.

Tägl. 9–23, Fr/Sa bis 24 Uhr. Nov.–März Mi & Sa, April–Okt. Mi, Fr–So jeweils 19 Uhr Folklore-Show inkl. Essen 21 €. Ul. Floriańska 45, ✆ 12-4221561, www.jamamichalika.pl.

Matejko-Haus (Dom Matejki): In dem Geburtshaus von Jan Matejko (1838–1893), in das der Maler für seine letzten Lebensjahre zurückkehrte, ist heute ein Museum zu seinen Ehren eingerichtet, das einen intimen Einblick in das Leben des Künstlers gewährt. Neben den Privaträumen ist vor allem das Atelier in-

Die uneinnehmbare Barbakane

teressant, in dem einige seiner Werke und Skizzen zu sehen sind. Das wohl wichtigste Projekt, dessen einzelne Arbeitsschritte hier nachvollzogen werden können, ist die polychrome Gestaltung der Marienkirche (u. a. die Wandmalereien und die gesamte Dekoration des Presbyteriums). Die Familie des Künstlers überließ dem Museum auch persönliche Stücke, die wegen der Sammelleidenschaft Matejkos zahlreich vorhanden sind.

Di–Sa 10–18, So bis 16 Uhr. Eintritt 2 €, erm. 1 €, So frei, Audioguide (englisch) 1 €, Führung (deutsch) 28 €. Ul. Floriańska 41, ✆ 12-4225926, www.muzeum.krakow.pl.

Pharmaziemuseum (Muzeum Farmacji): Das Museum verteilt sich über alle fünf Etagen des Hauses. Ausgestellt sind vor allem Objekte aus einer Zeit, als die Apotheker ihre Salben und Medikamente noch selbst rührten, mischten und destillierten: Waagen, verschiedenste Gefäße, Mörser und sonstiges Arbeitsgerät, alte Diplome, ein kompletter Verkaufsraum … Ein Saal widmet sich dem Apotheker und Widerstandskämpfer im Krakauer Ghetto, Tadeusz Pankiewicz. Abgesehen von den Sammlungen ist auch das Gebäude an sich sehenswert. Im Stadtpalast aus dem 15. Jh. sind gotische Gewölbekeller, Portale und Holzdecken aus der Renaissance sowie ein Fresko aus dem 19. Jh. erhalten geblieben.

Di 12–18.30, Mi–So 10–14.30 Uhr. Eintritt 2 €, erm. 1,50 €, Fotografieren verboten. Ul. Floriańska 25, ✆ 12-4219279, www.muzeumfarmacji.pl.

Wyspiański-Pavillon 2000 (Pawilon Wyspiański 2000): Von außen mag man es kaum glauben, dass es sich bei dem Gebäude nur um eine Touristinformation handelt – und es ist nicht zu viel versprochen, wenn man sie als weltweit schönste ihrer Art bezeichnet. In dem schmalen Pavillon wurden drei bemerkenswerte Buntglasfenster eingefasst, die Piotr Ostrowski nach Plänen des na-

Café + Kabarett = Legende

mengebenden Künstlers schuf. Verantwortlich für die Umsetzung des schon seit 1998 geplanten Projekts, das pünktlich zum 100. Todestag von Stanisław Wyspiański fertiggestellt worden war, waren Krakaus Stararchitekt Krzysztof Ingarden und als Mäzen der Oscarpreisträger Andrzej Wajda. Das moderne Gebäude fügt sich wie selbstverständlich in die Umgebung des ebenfalls neu gestalteten Allerheiligenplatzes ein. Vor allem bei Dunkelheit sind die beleuchteten Meisterwerke einen Besuch wert und ein schönes Fotomotiv. Ab und zu gibt es Foto- oder Gemäldeausstellungen im Kellergeschoss.

Juni–Sept. Mo–So 9–19, Okt.–Mai bis 17 Uhr. Eintritt frei. Pl. Wszystkich Świętych 2, ✆ 12-6161886.

Collegium Iuridicum: In dem mittelalterlichen Gebäude residieren die kunstgeschichtliche und die namengebende juristische Fakultät der Universität. Letztere wurde schon Anfang des 15. Jh. gegründet, musste aber aus Platzgründen inzwischen zum Teil ausgelagert werden. Für Besucher gibt es gleich drei Attraktionen: zum einen den sehenswerten mit Arkaden geschmückten Innenhof; zum anderen versteckt sich hier die außerordentliche Skulptur „Luci di Nara" (1991) von Igor Mitoraj (geb. 1944) – das kunstvoll gefertigte Gesicht hinterlässt einen bleibenden Eindruck. Die dritte Attraktion ist die Sammlung von Schmetterlingen und Muscheln im Keller mit 2300 bzw. 1500 verschiedenen Arten.

Innenhof tägl. 7–20 Uhr, Ausstellung Di/Do 12–15 Uhr, Juli/Aug. geschlossen. Eintritt frei. Ul. Grodzka 53, www.mzuj.uj.edu.pl.

Buntglasfenster im Pawilon Wyspiański 2000

St.-Peter-und-Paul-Kirche (Kościół św. Piotra i Pawła): Krakaus erste Barockkirche lehnt sich an die Architektur des berühmten römischen Gotteshauses Il Gesù an und ist wie das Vorbild ebenfalls eine Jesuitenkirche. Bevor man sie betritt, fallen die Skulpturen der zwölf Apostel ins Auge: Die von Efeu bewachsenen Statuen aus weißem Marmor scheinen miteinander zu diskutieren. David Heel schuf von 1715 bis 1722 die zwischenzeitlich zerstörten Original-Apostel, weshalb heute nur ihre von Kazimierz Jęczmyk gestalteten Kopien zu sehen sind. 1595 wurde mit dem Bau der Kirche begonnen – auf Initiative von König Zygmunt III. Waza und seines jesuitischen Hofpredigers Piotr Skarga (1536–1612), dessen Grabmal in der Krypta zu sehen und dem das Denkmal gegenüber der Kirche gewidmet ist.

Die Kirche steht heute wegen statischer Mängel etwas schief. Nach den Fehlern des ersten Baumeisters Józef Britius (1538–1604) mussten seine Nachfolger das Fundament absenken, um den Bau nach ersten Verfallserscheinungen noch zu retten. Für das heutige, von 1605 bis 1619 verwirklichte Erscheinungsbild ist Giovanni Trevano (gest. 1644) verantwortlich. Trotz der Baufehler ist die Kirche eine beeindruckende Erscheinung. Vor allem im Kircheninnern überzeugen die Arbeiten Kacper Bażankas (1689–1726), sein Hochaltar und die ebenfalls von ihm geschaffene Orgelempore sind Prunkstücke barocker Kirchenkunst. Sehenswert sind auch die diversen Seitenkapellen. Eine weitere Besonderheit ist das Foucaultsche Pendel, das seit dem 500. Todestag von Kopernikus in der Kuppel der Jesuitenkirche zu sehen ist. Regelmäßig finden Orgelkonzerte sowie Konzerte eines Barockorchesters statt, die nicht zuletzt wegen der besonderen Akustik hörenswert sind. Die Termine erfährt man bei den Touristinfos oder durch vor der Kirche verteilte Handzettel.

Die Türme der romanischen St.-Andreas-Kirche

Mo–Sa 9–17, So 13.30–17 Uhr, Vorführung des Foucaultschen Pendels Do 10, 11, 12 Uhr. Messe Mo–Sa 7, 18, So 8, 9.30, 11, 12.30, 18 Uhr. Freiwilliger Eintrittspreis für die Krypta 1 €, Konzerte 7–12,50 €. Ul. Grodzka 54, www.apostolowie.pl.

St.-Andreas-Kirche (Kościół św. Andrzeja): Wegen seiner Lage neben der imposanten St.-Peter-und-Paul-Kirche wird das Gotteshaus oft übersehen. Von der ursprünglich romanischen Architektur (Baubeginn 1080) ist viel erhalten, da St. Andreas wegen seines festungsähnlichen Charakters den großen Tatarenangriff im Jahr 1241 nicht nur unbeschadet überstand, sondern damals sogar als Verteidigungsanlage diente. Das Innere der Klarissenkirche mit Arbeiten von Baltasar Fontana und Karol Dankwart ist dagegen eher barock geprägt. Bemerkenswert sind der Altar aus schwarzem Marmor, ein Gemälde der Seligen Salome und die Kanzel in Form eines Schiffes. Das angrenzende Klarissenkloster ist leider nicht zugänglich. Der Ruhe verströmende Innenhof tröstet nur etwas darüber hinweg, dass man die romanischen Fresken aus dem 12. Jh. und andere Kunstschätze nur in Ausnahmefällen zu sehen bekommt.

Tägl. 7.30–17 Uhr. Messe Mo–Sa 7, So 7 und 10 Uhr. Ul. Grodzka 56.

St.-Ägidius-Kirche (Kościół św. Idziego): Das Entstehungsjahr des Kirchleins ist umstritten, aktuell geht man vom späten 11. Jh. aus. Von der romanischen Architektur blieb allerdings nichts erhalten, es überwiegt die Gotik und im Innern die Renaissance. Spektakulär ist das Chorgestühl von 1629 aus Sandstein, Marmor und Alabaster, für das u. a. Fragmente eines Renaissance-Grabmals aus der Dominikanerkirche verwendet wurden. Mitunter gibt es um 19 Uhr Konzerte eines Kammerorchesters (2012 Mo, Di, Do). Aktuelle Termine bei den Touristinfos oder durch vor der Kirche verteilte Handzettel.

Di, Do, Sa 12–16, So 8–14 Uhr. Messe So 9 und 12 Uhr, um 10.30 Uhr in Englisch. Eintritt bei Konzerten 9–12 €. Ul. Grodzka 67.

Museum der Erzdiözese (Muzeum Archidiecezjalne): Größter Publikumsmagnet ist das Arbeitszimmer von Karol Wojtyła, der ab 1964 als Erzbischof in Krakau wirkte. Interessanterweise befand sich der Original-Raum ursprünglich im benachbarten Dekanat, das aber nicht besichtigt werden kann. Also rekonstruierte man das Arbeitszimmer in den Räumlichkeiten, in denen sich der spätere Papst schon zuvor, von 1953 bis 1958, aufgehalten hatte. Ansonsten bietet das Museum wechselnde Ausstellungen sakraler Kunst, Leihgaben von den zahlreichen Kirchen und Klöstern der Stadt. Die Dauerausstellungen zeigen weniger spektakuläre Werke aus den Bereichen Malerei, Bildhauerei und Kunsthandwerk.

Tägl. außer Mo 10–16, Sa/So bis 15 Uhr. Eintritt 1 €, Di frei, Führung (engl./frz.) 15 €. Ul. Kanonicza 19–21, ✆ 12-4218963, www.muzeumkra.diecezja.pl.

Palast des Bischofs Erazm Ciołek (Pałac Biskupa Erazma Ciołka): Der zwischen 1999 und 2006 aufwendig restaurierte Palast ist eine der prachtvollsten früheren Residenzen des Metropolitankapitels. Mit seiner Bauzeit von 1503 bis 1505 ist er eines der frühesten Beispiele der polnischen Renaissance. Gebaut wurde das Haus für den Plocker Bischof Erazm Ciołek, der neben seiner geistlichen Funktion auch als königlicher Sekretär, geschickter Diplomat und Kunstmäzen in Erinnerung geblieben ist. Abgesehen von der prachtvollen Architektur locken zwei im Jahr 2007 eröffnete Ausstellungen, die alte polnische Kunst präsentieren. Die „Kunst des Alten Polens" umfasst den Zeitraum vom 12. bis 18. Jh. Wertvollster Teil der Sammlung sind die gotischen Gemälde und Skulpturen, aber auch Werke aus der Renaissance und dem Barock sind vertreten. Ein besonderes Augenmerk gilt dem Schaffen von Veit Stoß und der hölzernen Skulptur der Schönen Madonna von Krużlowa aus dem Jahr 1410. Die zweite Dauerausstellung zeigt die „Orthodoxe Kunst der Alten Republik". Kaum bekannt ist die Tatsache, dass das heute fast vollkommen katholische Polen eine starke orthodoxe (übrigens auch protestantische, jüdische und im Osten sogar muslimische) Tradition aufweist. Die eindrucksvollen Ikonen aus den Karpaten, dem Balkan und dem heutigen Griechenland stammen vor allem aus der Zeit vor dem 17. Jh., aber auch den folgenden beiden Jahrhunderten. In ihrer Gesamtheit ist die Sammlung, die auch Werke orthodoxer Schnitzkunst zeigt, eine der weltweit bedeutendsten ihrer Art.

Di–Sa 10–18, So 10–16 Uhr. Eintritt für beide Galerien 3 €, erm. 1,50 €, So frei; Audioguide (englisch) 1 €. Ul. Kanonicza 17, ✆ 12-4291558, www.muzeum.krakow.pl.

Cricoteka – Archiv und Galerie des Theaters Cricot (Archiwum-Galeria Cricoteki): In diesem Gebäude fanden bis 1990 die Proben des Theaters Cricot 2 statt, gleichzeitig wurde es als Fundus für Requisiten genutzt. Heute ist hier ein Museum eingerichtet, das dem Schaffen Tadeusz Kantors (1915–1990) gewidmet ist. Der Theatermacher, Bühnenbildner und Allroundkünstler gilt bis heute als einer den einflussreichsten Regisseure seiner Generation – seine avantgardistischen Werke sind in Krakau immer noch in aller Munde. Die historischen Aufführungen können im Museum anhand der Skizzen, Kostüme, Fotos, Rezensionen und Requisiten nachvollzogen werden. Jedes Jahr stehen am 8. Dezember, Kantors Todestag, ihm zu Ehren drei Schauspieler vor dem Gebäude, die zentrale Hauptfiguren aus seinem Werk darstellen. Sie bewegen sich nicht und erinnern damit an das (nicht verwirklichte) Vorhaben des Regisseurs, eben diese Figuren als steinerne Statuen in die ulica Kanonicza zu stellen.

An zwei weiteren Orten im Zentrum sind ergänzende Ausstellungen zu sehen: Die Galeria Krzysztofory im Gebäude des Stadtmuseums zeigt Wechselausstellungen zum Leben und Schaffen Kantors, die Galeria-Pracownia Tadeusza Kantora in der ulica Sienna hingegen konzentriert sich auf sein Frühwerk bis 1975, vor seinem bahnbrechenden Spektakel „Die gestorbene Klasse".

Mo–Fr 10–14 Uhr. Eintritt frei. Ul. Kanonicza 5, ✆ 12-4228332, www.cricoteka.com.pl.

Praktische Infos

(→ Karte S. 123)

→ Rundgang 3: Droga Królewska · Karte S. 123

Restaurants

Chłopskie Jadło 26 Das mit Kerzen, historischen Objekten und Holzbänken dekorierte rustikale Innere lädt ein, authentische altpolnische Gerichte aus dem Tonteller zu genießen. Ob Brot, Pierogi, Fleisch oder die Suppen: Alle Speisen werden nach alten Rezepten zubereitet. Leider wurde der Service in den letzten Jahren stetig schlechter. „Bauerntrog" mit vielen Fleischgerichten für 4 Pers. 50 €. So–Do 12–22, Fr/Sa bis 23 Uhr. Ul. Grodzka 9, ✆ 12-4296187, www.chlopskiejadlo.pl.

Piwnica Pod Złotą Pipą 6 Schon vor der Tür wartet bei jedem Wetter ein bemitleidenswerter Junge in Schwejk-Kostüm mit einem Schild des altpolnischen Restaurants. Inzwischen ist er ein beliebtes Fotomotiv, ob die Werbung mit dem unsterblichen Helden aus dem Buch des Tschechen Jaroslav Hašek überzeugt, kann man nur vermuten. Ach ja, essen könnte man zum Beispiel Entenbrust in Sherrysauce für 15 €, die sicher auch dem tapferen Soldaten geschmeckt hätte. Tägl. 12–24 Uhr. Ul. Floriańska 30, ✆ 12-4219466, www.pipa.com.pl.

Gruzińskie Chaczapuri 11 Georgische Spezialitäten bekommt man wohl selten auf den Teller, ganz zu schweigen so große Portionen für so wenig Geld. Auch einige vegetarische Gerichte. Hg. 4–9 €. Tägl. 12–23, Fr/Sa bis 24 Uhr. Ul. Floriańska 26, ✆ 12-4291131, www.chaczapuri.pl.

Pod Aniołami 36 Der Klassiker „Unter den Engeln". Fleischfreunde kamen hier früher auf ihre Kosten: Wildschwein, Rind und Co. werden auf Buchenholz gegrillt und im Keller aus dem 14. Jh. serviert. Ein Leser war allerdings enttäuscht vom Service und den Portionen; uns ging es bei unserem definitiv letzten Besuch leider nicht anders. Schade! Hg. 11–16 €. Tägl. 13–24 Uhr. Ul. Grodzka 35, ✆ 12-4213999, www.podaniolami.pl.

La Campana 45 Mediterrane Küche in stimmungsvollem, gemütlichem Ambiente. Kein Wunder, dass sich Leserinnen wie Michelinkritiker schon kurz nach der Eröffnung richtig wohl fühlten. Zanderfilet mit Ratatouille in Shrimps-Sauce 10 €. Tägl. 12–23 Uhr. Ul. Kanonicza 7, ✆ 12-4302232, www.lacampana.pl.

Wiśniowy Sad 34 Original russische Küche. Den sibirischen Tee sollte man probieren, wenn es friert; den Lachs mit Wodka für 9 € ebenso. Tägl. 12–22, Fr/Sa bis 24 Uhr. Ab ab 20 Uhr Gitarrenkonzerte. Ul. Grodzka 33, ✆ 12-4302111, www.kuchniarosyjska.com.

Miód Malina 40 Viele einfache, aber gute Ofengerichte und leckere Desserts. Gemalte Himbeeren an den Wänden, urige Einrichtung und vorbildlicher Service. Auch wenn der erste Michelin-Stern mehrmals knapp verpasst wurde, schwankte die Qualität des Hauses in den letzten beiden Jahren, wie ein Leser bestätigte. Grund dafür war vielleicht, dass sich die Betreiber auf mehrere Neueröffnungen an anderer Stelle konzentrierten. Fleischplatte mit Himbeersauce für 2 Pers. 17 €. Tägl. 12–23, Fr/Sa 19.30–22.30 Uhr Livemusik. Ul. Grodzka 40, ✆ 12-4300411, www.miodmalina.pl.

Smak Ukraiński 47 Schmackhaftes aus dem einstigen Sowjetstaat. Wem die polnische Küche nicht exotisch genug ist, bestellt hier z. B. Schweinefleisch-Rouladen mit Sauerkraut und Speck gefüllt für 5 €. Tägl. 12–22 Uhr. Ul. Kanonicza 15, ✆ 12-4219294, www. ukrainska.pl.

Zapiecek 12 Neun verschiedene warme *kanapki* zum Mitnehmen, leckere selbstgemachte Saucen an den Baguettes für 2 €. Um zu dieser *bar kanapkowy* zu gelangen, muss man – nein, darf man – durch einen traumhaft schönen Innenhof gehen. Mo–Sa 10–20 Uhr. Ul. Floriańska 20, ✆ 12-4221345, www.zapiecek.krakow.pl.

»» Unser Tipp: Bar Grodzki 42 Eine der Krakauer Kult-Milchbars, 2009 umfangreich renoviert. Es gibt die Klassiker der einfachen polnischen Küche wie Bohnensuppe. Hg. 1–3 €, Tagesmenü 3,50 €. Tägl. 9–19, So ab 10 Uhr. Ul. Grodzka 47, ✆ 12-4226807, www.grodzkibar.zaprasza.net. **«««**

Balaton 🟥38 Ungarische Küche, die in Polen sicher authentischer zu finden ist als in Deutschland. Die bekannten Klassiker aus den Rezeptbüchern der Magyaren schmecken ungewohnt, aber besser als gewohnt. Gefüllte Paprika 5 €. Tägl. 12–23 Uhr. Ul. Grodzka 37, ✆ 12-4220469, www.balaton.krakow.pl.

Cafés & Pubs

Pożegnanie z Afryką 🟥18 Eine kleine Welt, die der Kaffeepflanze gewidmet ist. Über 50 Kaffeesorten und -kreationen zur Auswahl, die liebevoll in speziellen Maschinen zubereitet werden. Ein Traum also für jeden Kaffeesüchtigen (kawosz), der hier auch Ketten aus Kaffeebohnen, Tassen und weiteres erwerben kann. Tägl. 10–21 Uhr. Ul. św. Tomasza 21, ✆ 12-6444745, www.pozegnanie.com.

Jama Michalika 🟥7 Die Geschichte des Hauses ist spannender als seine Gegenwart (→ Sehenswertes). Tägl. 9–22, Fr/Sa bis 23 Uhr. Ul. Floriańska 45, ✆ 12-4221561, www.jamamichalika.pl.

Literatka 🟥43 Das 2008 ein paar Häuser weitergezogene Café ist die Heimat für die Glöckner der Zygmuntglocke, an der Wand hängen ihre Fotos und Stammkrüge. Literaten findet man seltener, stattdessen einen ruhigen Garten mit großem, Schatten spendendem Baum. Tägl. 10–22 Uhr. Ul. Kanonicza 1.

》》》 Unser Tipp: Pauza 🟥13 Etwas schwer zu finden, aber es lohnt sich. Minimalistischer Stil, umso ausgiebigere Gespräche der Studenten und Künstler. Die Wand mit den Fotos der Gäste hat es schon in alle großen Dokumentationen und Berichte über die Stadt Krakau geschafft. Auch künstlerisch hochwertige Fotoausstellungen in der Galerie und in der Kneipe sowie ein 2012 renovierter Club im Keller. Tägl. 10–24, So ab 12, Club bis 4 Uhr. Ul. Floriańska 18/3, 1. Stock, www.pauza.pl. 《《《

Nachtleben

U Muniaka 🟥19 1992 gegründet von dem weltbekannten polnischen Saxophonisten Janusz Muniak nach seiner Rückkehr in die Heimat. Ihn selbst kann man jeden Do, Fr und Sa abends in Begleitung anderer berühmter Jazzmusiker hören. Die einzigartige Kelleratmosphäre und die große Auswahl an Getränken und warmen Speisen sind ebenso herausragend wie die Musik. Tägl. 19–2 Uhr, Konzerte tägl.

ab 21.30 Uhr. Ul. Floriańska 3, ✆ 12-4231205, www.umuniaka.pl.

Indigo 🟥10 Früher einer der besten Krakauer Jazzclubs mit Konzerten zwischen traditionellem und freiem Jazz. David Krakauer oder Tomasz Stańko standen hier schon auf der Bühne. Inzwischen nur noch sehr selten Jazzkonzerte, am Wochenende stattdessen Rock- und Ska-Partys ab 21.30 Uhr. Tägl. 18–2 Uhr. Ul. Floriańska 26, ✆ 12-4232688, www.indigopub.pl.

Einkaufen

》》》 Unser Tipp: Krakowski Kredens 🟥24 Was den Münchnern ihr Dallmayr, ist den Krakauern ihr Kredens – das beste Delikatessengeschäft der Stadt. Frische Waren wie Schinken, Wurst, Käse sind genauso beliebt wie Konfitüre, Honig, Senf, Süßes oder der 10 Jahre im Eichenfass gereifte Wódka Okowita. Ideal als Mitbringsel, für den schnellen Hunger gibt es einen Snackstand. Ul. Grodzka 7, www.krakowskikredens.pl. 《《《

Toruńskie Pierniki 🟥29 Lebkuchen aus Thorn, der Lebkuchenhauptstadt Polens. Zum Verschenken für alle, die vielleicht einen Hänsel oder eine Gretel kennen. Ul. Grodzka 14, www.kopernik.com.pl.

🌿 **serowarnia Magdalenka** 🟥37 Frischer Käse von Kuh, Schaf und Ziege, Frischmilch, Eier von freilaufenden Hühnern u. a. Echt „bio", obwohl das wie so oft in Polen nicht draufsteht, vor allem aber sehr lecker! Ul. Grodzka 38, www.oscypki.com.pl. ∎

》》》 Unser Tipp: Tuban 🟥50 Eine faszinierende Welt der Seifenblasen für Kinder und Träumer. Im Geschäft kann man sich von einer riesigen Blase umhüllen lassen oder die widerstandsfähige Seifenmischung erstehen, die Inhaber Jakub Bochenek in zwei Jahre dauernder Tüftelei entwickelt hat. Inzwischen gilt der sympathische Seifenalchimist als einer der weltbesten Künstler in diesem Bereich, in Polen ist er ein Star mit Fanvideos auf youtube und Artikeln in allen wichtigen Zeitschriften und Zeitungen. Ul. Grodzka 61, www.tuban.pl. 《《《

Polskie Szkło 🟥32 Trinkgefäße, Flaschen und Vasen – alles aus Glas, von einfach bis elegant. Ul. Grodzka 36.

Habana Cygara Alkohole 🟥48 Alle polnischen Wodkasorten, ideal als Mitbringsel oder Geschenk für sich selbst. Aber vergessen Sie nicht, dass man nur 10 l für den privaten Gebrauch problemlos durch den Zoll bringt … Ul. Grodzka 59.

Bona 46 Gemütliche Mischung aus Buchhandlung und Café. Ul. Kanonicza 11, www.ksiegarnia.bonamedia.pl.

Cocoart 06 Wirklich schönes Kunsthandwerk aus Keramik, Holz, außerdem allerlei nützliche Einrichtungsgegenstände und Lederwaren. Ul. Grodzka 4, www.cocoart.pl.

Zabawki BAJO 54 Holzspielzeug, das Eltern und Kinder gleichermaßen begeistert. Darunter der in Krakau einst sein Unwesen treibende böse Drache Smok Wawelski auf vier Rädern zum Ziehen. Ul. Grodzka 60, www.bajo.com.pl.

Schmuck

Boruni 53 Eine unglaubliche Welt aus Bernstein – Handwerkskunst auf höchstem Niveau mit den Schmucksteinen aus der Ostsee. Gruppen wird nach Voranmeldung auch ein deutschsprachiger Film über das Gold des Baltikums gezeigt. Ul. Grodzka 60, ☎ 12-4231081, www.boruni.pl.

Fantasievolle Bernsteinarbeiten

Rundgang 3: Droga Królewska
→ Karte S. 123

Mode

Ryłko 15 Polnische Schuhmode zu bezahlbaren Preisen. Ul. Floriańska 23, www.rylko.com.

Galeria Lnu 25 Ein Paradies für Frauen, die Handtaschen lieben. Ungewöhnliche und individuelle Stücke, auch Kleider aus Leinen. Ul. Grodzka 4, www.galeriagrodzka4.pl.

Clickfashion 30 Funktionelle, bunte und bequeme Mode für Frauen in den Zwanzigern und Dreißigern. Ul. Grodzka 32, www.clickfashion.pl.

Simple 28 Schlichte, aber raffinierte Eleganz von den polnischen Designerinnen Lidia Kalita und Maja Palma. Für den großen Auftritt im Büro oder am Abend. Ul. Grodzka 18, www.simple.pl.

Reserved 9 Jugendliche und aktuelle polnische Mode im Stil von H & M. Ul. Floriańska 43, www.reserved.pl.

Ulica Floriańska, Ulica Grodzka, die 2006 rundum neu gestalteten (aber auf alt getrimmten) Straßen warten mit vielen Geschäften auf Flaneure und Shoppinglustige. Im historischen Zentrum sind sie die klassischen Einkaufsstraßen.

Galerien

Galeria Mariana Gołogórskiego 31 Eine alternative Galerie, die hauptsächlich die außergewöhnlichen Werke des Inhabers Marian Gołogórski verkauft. Einmal malen, zeichnen oder modellieren, wie man es bei ihm zu sehen bekommt? Der sympathische Künstler bietet auch Kurse an. Di–Fr 12–14 & 15–18, Sa 11–15 Uhr. Ul. Grodzka 29, www.gologorski.com.

Galeria Meble 53 Kunstvolle, handbemalte Möbel, Keramik und Glaskunst. Man versucht, jeden noch so individuellen Wunsch zu realisieren. Außergewöhnlich! Seit 2008 an neuem Ort und nicht mehr in der ul. św. Jana: Ul. Grodzka 60.

Sonstiges

Centrum Jana Pawła II 51 Bis zur Eröffnung des Zentrums befinden sich hier Erinnerungsstücke des Papstes. Zu sehen sind im Gebäude mit dem von Arkadengängen bestimmten Innenhof auch die Pläne für das architektonisch interessante Zentrum, das derzeit in Łagiewniki entsteht. Tägl. 10–16 Uhr. Ul. Kanonicza 18, www.janpawel2.pl.

Das Teatr Słowackiego an den Planty hat schon viele Uraufführungen gesehen

Planty: Um die Altstadt herum

Wo Soldaten einst Wache schoben, spazieren heute Familien und Touristen. Krakaus weltweit einzigartiger Park zieht sich an Stelle der Mauern und Wassergräben rund um die historische Altstadt. Der tropfenförmige Grüngürtel zählt zu den bekanntesten und reizvollsten Attraktionen der Stadt.

Als um das Jahr 1800 die verteidigungstechnisch überflüssig gewordenen Stadtmauern abgerissen wurden, entstand rund um die historische Altstadt eine freie Fläche, die wahrscheinlich wenig einladend ausgesehen hat. Die ehemaligen Wassergräben versumpften, und Krakaus Bürger ärgerten sich über Tagediebe und Betrunkene, die sich hier herumtrieben. Das Ende der Konzeptlosigkeit kam dann mit der einfachen, aber genialen Idee von Florian Straszewski: Der reiche Adlige setzte sich dafür ein, den Gürtel in einen Park zu verwandeln. Und wenn bei den Bauarbeiten ab 1832 wieder einmal das Geld knapp wurde, half er aus und legte so den Grundstein für die noch heute faszinierende Grünanlage. Brunnen, Wege, Teiche und Hügel wurden später immer wieder verändert. Vor allem nach dem Ende des Sozialismus wurde viel investiert, um den vernachlässigten Planty ihr Erscheinungsbild des 19. Jh. zurückzugeben; die Leuchten und Bänke ergänzen das Bild vom Sonntagsspaziergang in der guten alten Zeit. Zuerst ins Auge fallen natürlich die vielen gepflegten Blumenbeete. Charakteristisch für den Park und seinen Duft aber sind die vielen Linden; charakteristisch auch die zahlreichen Denkmäler für bedeutende Künstler oder fiktive Personen aus Dramen und Epen.

Planty: Um die Altstadt herum

Die Spaziergänger rasten auf Bänken in der Nähe von Teichen oder Denkmälern, wenn sie den 4 km langen Rundweg nicht auf einmal zurücklegen wollen. Ein Rundgang über die Planty erleichtert aber auch den Zugang zu wichtigen Sehenswürdigkeiten der Stadt, darunter die Franziskanerbasilika oder die Universitätskirche St. Anna. Dabei erkennt man zugleich die Ausmaße des Stadtkerns und des Wawel-Hügels.

Im Norden der Planty sind einige Meter der ehemaligen Stadtmauer erhalten geblieben. Sie sind am Ende der ulica Floriańska zu sehen, wo sie in das Florianstor übergehen. An dieser Stelle steht mit der Barbakane ein mächtiges Verteidigungsbollwerk; aber auch über die ganze Planty verstreut sind noch Überreste früherer Wachtürme zu entdecken, deren Fundamente meist am steinernen quadratischen Grundriss zu erkennen sind.

Rundgang

Startpunkt: Planty zwischen Florianstor und Barbakane

Ende: Słowacki-Theater

Reine Gehzeit: ca. 45 Min.–1½ Std.

Unser Rundgang führt gegen den Uhrzeigersinn einmal ganz um das Zentrum herum und bietet somit eine ideale Möglichkeit, die Altstadt in ihrer ganzen Größe zu erfahren. Noch interessanter aber sind die Planty-Anlagen an sich. Vor allem im Frühling lassen die blühenden Blumen vergessen, dass sich hier früher Stadtmauern und Wassergräben erstreckten.

„Sprecht ihn heilig!"

... so schallten die Sprechchöre, die Papst Benedikt XVI. auf seiner Polenreise 2006 besonders laut in Krakau zu hören bekam. Die lautstarke Forderung bezog sich natürlich auf seinen Freund und Vorgänger, den inzwischen seliggesprochenen Johannes Paul II., der mit dieser Stadt aufs Engste verbunden war. Als Kind war Karol Wojtyła mit seinem Vater nach Krakau gezogen und hatte hier auch sein Studium der Polonistik begonnen. In dieser Zeit wohnte er südlich der Weichsel in der ulica Tyniecka 10. Seine Bekannten aus diesen Tagen erinnern sich an ihn als sportlichen jungen Mann. Nach dem Einmarsch der Nazis musste er zwangsweise in einem Steinbruch und von 1942 bis 1944 in einer Chemiefabrik arbeiten, die Nächte aber widmete er den verbotenen theologischen Studien. Zu dieser Zeit schrieb er auch religiöse Gedichte und schloss sich einem Untergrund-Theater an. Seine kirchliche Laufbahn begann nach seiner Priesterweihe 1946, dem Theologie-Lizenziat 1947 und dem Philosophie-Doktorat 1948 als Pfarrer der Florianskirche. Schon 1958 wurde er mit nur 38 Jahren zum Bischof ernannt und zog in die ulica Kanonicza 21. Aus Protest gegen den verweigerten Bau einer Kirche im Vorort Nowa Huta hielt Karol Wojtyła bei jedem Wetter Messen unter freiem Himmel ab. Seine unermüdliche Opposition gegen die Machthaber führte er auch als Kardinal und späterer Papst fort, indem er unter anderem die Gewerkschaft Solidarność unterstützte. Aus diesem Grund ist sein Beitrag für das Ende des realen Sozialismus im östlichen Eu-

ropa unbestritten. Die ersten drei der neun Heimatreisen des Papstes kamen nationalen Aufständen gleich, seine letzten sechs Reisen endeten in triumphalen Empfängen. Und in seinem Krakau wurde der ohnehin äußerst beliebte Johannes Paul II. noch mehr verehrt als in anderen Teilen der Welt.

Doch auch zahlreiche Sehenswürdigkeiten befinden sich rund um den Grüngürtel der Altstadt. Den Anfang macht im Norden das Florianstor (Brama Floriańska) mit den einzigen erhaltenen Teilen der ursprünglichen Mauern. Das Tor, an dem stets der eine oder andere Straßenmusikant zu hören ist, lässt man zur Linken hinter sich, ebenso die Barbakane (Barbakan) zur Rechten. An dem Bollwerk begibt man sich nach links auf einen der zwei Wege. Das erste der vielen Denkmäler, **Pomnik Bohdana Zalewskiego**, steht hinter einer kleinen Brü-

Der Kunstpalast zwischen den Planty und dem Plac Szczepański

cke. Das nächste, **Pomnik Jadwigi i Jagiełły**, erinnert an das polnisch-litauische Königspaar Jadwiga und Jagiełło, in deren Regierungszeit Polen die größte Ausdehnung besaß und bis vor Moskau und ans Schwarze Meer reichte. Weiter geht es vorbei am **Pomnik Lilii Wenedy** und **Pomnik Artura Grottgera.**

Um in den **Kunstpalast (Pałac Sztuki)** zu gelangen, muss man die Planty kurz verlassen. In dem Museum gibt es ebenso wie im benachbarten **Kunstbunker (Bunkier Sztuki)** wechselnde Ausstellungen, wobei der Kunstpalast sich auf Gemälde und Plastiken aus dem 19. Jh. konzentriert, der Bunker auf zeitgenössische Kunst. Eines der sehenswertesten Gotteshäuser der Stadt ist die **St.-Anna-Kirche (Kościół św. Anny)**, die Universitätskirche, die in der gleichnamigen Straße liegt. Die Statue des wohl berühmtesten Studenten der Stadt, das **Pomnik Kopernika**, stimmt bereits auf die Lehrstätte des Astronomen ein, das nahe gelegene Collegium Maius. Wir lassen auch den neueren Universitätsbau, das **Collegium Novum**,

hinter uns und werden wie so oft in Krakau mit der Geschichte des letzten Papstes konfrontiert: Im Innenhof des **Erzbischöflichen Palasts (Pałac Arcybiskupi)** steht eine Statue zu seinen Ehren. Viel wichtiger aber ist Polens berühmtestes Fenster, an dem ein Foto von Johannes Paul II. hängt. Im dahinter liegenden Zimmer sollte der päpstliche Besucher eigentlich schlafen, doch die Leute riefen ihn ans Fenster, um mit ihm über Religion, Politik und vieles mehr zu reden. Daraufhin sprach er den berühmten Satz, nach dem es schon schwierig sei, in Rom Papst zu sein, in Krakau allerdings noch schwieriger. Zu seinem Andenken brennen Kerzen unter dem Fenster, an dem oft auch Menschen beten. Gegenüber dem Palast steht die **Franziskanerbasilika (Bazylika Franciszkanów)** mit ihren Meisterwerken.

Wieder in den Planty, sehen wir das **Pomnik Grażyny i Litawora** und betreten anschließend das **Archäologische Museum (Muzeum Archeologiczne)** und seinen einladenden Garten. Vorbei am **Pomnik Boya-Żeleńskiego** und den Eulen, eine der vielen Skulpturen, die Bronisław Chromy für die Stadt schuf, gelangen wir zur Päpstlichen Theologischen Akademie (Papieska Akademia Teologiczna), an der auch Karol Wojtyła studierte. Von dieser Stelle ist schon die imposante Anlage des Wawels zu sehen, an der wir links vorbeigehen; die Planty führten übrigens unterhalb seiner Mauern einst mit Weinreben und Obstbäumen bepflanzt bis zur Weichsel. Die heutige Verbindungs-Trasse führt an der romantischen ulica Kanonicza vorbei sowie an der belebteren ulica Grodzka. Hier lohnt ein kurzer Abstecher über die ulica Stradomska zur **Bernhardinerkirche (Kościół Bernardynów)**.

Wieder zurück auf dem Grüngürtel, haben wir weniger Sehenswürdigkeiten vor uns, der Rundgang gleicht nun eher einem gemütlichen Spaziergang entlang der Mauern. Dabei lässt man das auffällige neugotische Gebäude der Feuerwehr zur Rechten hinter sich und stößt so nach einer Weile auf das Pomnik Bałuckiego, ein Denkmal für einen Dramatiker, der sich nach schlechten Kritiken auf den Błonia-Wiesen erschoss – direkt daneben steht die **Heiligkreuzkirche (Kościół św. Krzyża)**. Etwas weiter, bei der Fußgängerunterführung zum Bahnhof, erinnert das **Pomnik Straszewskiego**, ein Obelisk, an den oben erwähnten Initiator der Planty. Unser Rundgang endet am **Słowacki-Theater (Teatr Słowackiego)**. In dem imposanten Gebäude werden vor allem große Dramen inszeniert, bei denen die besten Schauspieler des Landes auf der Bühne stehen. Von hier ist es kaum eine Minute zum Startpunkt unseres Rundgangs. Zuvor aber kann man noch das Pomnik Robotników poległych betrachten, ein Mahnmal für die Opfer des Arbeiteraufstands von 1936, der blutig niedergeschlagen wurde.

Sehenswertes

Alle Sehenswürdigkeiten des Rundgangs sind von den Haltestellen des Zentrums schnell erreichbar. Deshalb sind hier keine Anfahrtsmöglichkeiten angegeben.

Denkmäler (Pomniki): Aus Platzgründen beschreiben wir nur die wichtigsten oder schönsten Statuen im Detail. Das erste Denkmal auf dem Rundgang (1886) ist dem Ukrainer *Bohdan Zalewski* gewidmet, einem Poeten der Romantik. Es ist Treffpunkt der Verliebten – angemessen romantisch steht es bei einem Teich mit kleiner Brücke. Das nächste Denkmal (ebenfalls 1886) zeigt das Königshepaar *Jadwiga und Jagiełło*. Die Herrschaft der Polin und des Litauers war der Beginn des goldenen polnischen Zeitalters. Der kleine Ehrenhügel, auf dem sie stehen, symbolisiert ihre Bedeutung für das Land. Etwas versteckt ist die Statue (1885) von *Lilia Weneda*. Die fiktive Hauptperson aus einem Drama Słowackis versucht mit Hilfe einer Harfe die Schlangen zu besänftigen, die ihren Vater ermorden wollen. In der Nähe des Collegium Novum befindet sich die Figur von *Mikołaj Kopernik*, der von 1491 bis 1494 an der Universität Krakaus studierte. Seit ihrer Fertigstellung im Jahr 1900 stand sie bis 1953 im Innenhof des Collegium Maius, wurde dann aber an die heutige Stelle versetzt. Bei so vielen Denkmälern verwundert es nicht, dass eines dem größten Dichter Polens gewidmet ist: Aus einem Epos von *Adam Mickiewicz* stammen die Büsten der Helden *Grażyna* und *Litawor* (1884). Grażyna ist inzwischen ein üblicher Frauenname in Polen, Mickiewicz erfand ihn aber erst – er bedeutet „mutig" auf Litauisch. Unter dem Wawel steht die Büste von *Tadeusz Boy-Żeleński* (1874–1941). Er war ein bedeutender Übersetzer für französische Literatur und einer der Autoren des Kabaretts Zielony Balonik, sein Denkmal wurde 1985 als letztes auf den Planty aufgestellt. Das 1874 errichtete erste Denkmal der Planty ist dem Initiator des Grünstreifens gewidmet: *Florian Straszewski* war ein reicher Adeliger, der die den Großteil der Arbeiten aus eigener Tasche bezahlte. Sein Obelisk steht in der Nähe des Bahnhofs.

Kunstpalast (Pałac Sztuki): Der Kunstpalast wurde 1901 im Jugendstil erbaut, sein Architekt Franciszek Mączyński (1874–1947) nahm sich dabei Wiener Bauten als Vorbild. Wie die Secession in der österreichischen Hauptstadt diente das Gebäude einem Verein zur Förderung der Kunst als Ausstellungsfläche. Das typische Dekor an der Fassade und die Geschichte des Vereins lassen den Kunstpalast bedeutender erscheinen, als er heute ist. Nur noch selten gibt es hier wirklich sehenswerte Ausstellungen. Kunstfreunde strömen daher eher zum gegenüberliegenden Kunstbunker, ins Nationalmuseum oder in die Sukiennice. In den letzten Jahren gab es jedoch hinsichtlich der Qualität einen erfreulichen Aufschwung, der hoffentlich nicht gleich wieder nachlässt.

Mai–Okt. Mo–Fr 8.15–18, Sa/So ab 10 Uhr. Eintritt 2 €, erm. 1 €. Plac Szczepański 4, ☏ 12-4226616, www.palac-sztuki.krakow.pl.

Kunstbunker (Bunkier Sztuki): Der Kunstbunker ist eine der wichtigsten Institutionen, die der modernen Kunst in Polen zur Verfügung stehen – Präsentiert werden nicht nur berühmte Künstler, sondern auch junge Talente aus aller Welt. Dreimal pro Woche gibt es zusätzlich zu den wechselnden Ausstellungen Diskussionen und Filmvorführungen. Die künstlerische Unabhängigkeit des Kunstbunkers garantiert

Rundweg der Statuen

erstklassige, manchmal schockierende Performances und Ausstellungen. Dem Gebäude von 1960 wird mit dem Beinamen Bunker fast noch geschmeichelt, es handelt sich fraglos um die hässlichste Bausünde in der Innenstadt.

Tägl. außer Mo 11–18 Uhr, bei Veranstaltungen auch abends. Eintritt 2,50 €, erm. 1 €. Plac Szczepański 3a, ☎ 12-4221052, www.bunkier.art.pl.

St.-Anna-Kirche (Kościół św. Anny): Sobald man die Universitätskirche sieht, versteht man, warum sie als eines der schönsten Barockwerke ganz Polens gilt. Erbaut wurde sie von 1689 bis 1705 von Tylman van Gameren (1632–1706), einem niederländischen Architekten. Wie bei den anderen von ihm geschaffenen Palästen und Kirchen in Polen – van Gameren war polnischer Hofarchitekt – besticht der formvollendet harmonische Gesamteindruck des Gotteshauses. Das Hauptschiff ist mit dem Querschiff durch ein eindrucksvolles Tonnengewölbe und eine Kuppel verbunden. Der Hauptaltar und weitere Elemente der vor Prunk überschäumenden Innengestaltung sind Arbeiten des Italieners Baltasar Fontana (1658–1729). Auf der rechten Seite ist der monumentale Sarg des Heiligen Jan Kanty (Johannes von Krakau) zu sehen, des Schutzheiligen von Polen, der auch Patron der hiesigen Professoren, Studenten und Lehrer ist. Der Sarg wird von vier allegorischen Figuren gestützt, die die theologische, juristische, medizinische und philosophische Fakultät verkörpern. Die Büste ist ein Werk von Franciszek Wyspiański (1836–1901), dem Vater von Stanisław. Die Kirche ist nicht nur optisch einzigartig, sondern auch akustisch: Die Orgelkonzerte mit Original-Instrumenten aus der Zeit Bachs gehören zu den Höhepunkten des klassischen Krakauer Musiklebens.

Tägl. 9–12 und 16–19 Uhr. Messe Mo–Sa 7, 8, 19.30 Uhr, So 7.30, 9, 10, 11, 12, 13, 19.30, 20.30, 21.30 Uhr. Ul. św. Anny 11, www.kolegiata-anna.katolicki.eu.

„Gottvater – Werde!"

Collegium Novum: Das neugotische Universitätsgebäude wurde von 1873 bis 1887 nach Plänen von Feliks Księżarski gebaut. Damals wurde es zur Erweiterung der bestehenden Räumlichkeiten dringend benötigt, heute dient es vor allem als Sitz des Rektorats und der Universitätsverwaltung. Im Inneren sind die breite Treppe und die Aula mit einer Kassettendecke und Professorenporträts aus mehreren Jahrhunderten erwähnenswert. In einem kleinen Geschäft kann man T-Shirts, Tassen und ähnliche Souvenirs mit der Aufschrift UJ (für Uniwersytet Jagielloński) erstehen.

Mo–Fr 10–18, Sa 10–13 Uhr. Ul. Gołębia 24, www.uj.edu.pl.

Erzbischöflicher Palast (Pałac Arcybiskupi): Zwar zählt der Palast zu den ältesten Gebäuden Krakaus, das heutige Erscheinungsbild nach mehreren Bränden geschuldeten Umbauten lässt dies allerdings nicht vermuten. Das prachtvolle Innere darf man als gewöhnlicher Tourist leider nicht besichtigen, aber schon der Innenhof mit seinen Arkaden gefällt. Dort steht auch das stets blumengeschmückte Denkmal zu Ehren von Johannes Paul II., der hier von 1963 bis 1978 sowie während seiner päpstlichen Krakau-Aufenthalte wohnte. Deshalb ist das Fenster, von dem aus er zu den Krakauern sprach, mit einem Foto von ihm geschmückt. Das ganze Jahr über versammeln sich unter dem Fenster Pilger und entzünden Kerzen – besonders viele sind es an seinem Todestag am 2. April.

Innenhof mit Denkmal Mo–Fr 9–18 Uhr. Ul. Franciszkańska 3.

Franziskanerbasilika (Bazylika Franciszkanów): Seit 1237 gibt es Franziskaner in Krakau. Damit ist es das älteste durchgängig besetzte Kloster Polens. Wer sich bei dem Gedanken ertappt, er könne die x-te Kirche in Krakau auslassen, sollte bedenken, dass die im 13. Jh. errichtete Basilika eine der sehenswertesten ist. Allein die Innengestaltung ist ein „Best of" der Fähigkeiten von Stanisław Wyspiański (1869–1907). Die Wände schmückte er mit gemalten polnischen Feldblumen, die Madonna ließ er auf einem Gemälde Volkstracht tragen, und seine Buntglasfenster zählen zu den Glanzlichtern eines Krakau-Besuchs. Das berühmteste und wohl auch beste mit dem Titel „Bóg Ojciec – Stań się!" („Gottvater – Werde!", 1897–1904) zeigt den Herrn bei der Erschaffung der Welt. Die anderen Fenster zeigen die vier Elemente und den Heiligen Franziskus. Gleich drei Kapellen finden in dem geräumigen Inneren Platz: Die Kapelle des Leiden Christi mit 14 von Józef Mehoffer (1869–1946) gemalten Kreuzwegstationen; die Kapelle der Schmerzensmutter mit einem Bildnis, auf dem sie mit einem Dolch im Herzen zu sehen ist; und schließlich die Kapelle der Seligen Salome mit ihren Reliquien.

... einmal Zähneputzen, bitte

Auch die gotischen Kreuzgänge, die die Kirche mit dem Franziskanerkloster verbinden, sollte man nicht verpassen. Sie sind mit Gemälden und Medaillons geschmückt, auf denen die Krakauer Bischöfe und berühmte Ordensmitglieder verewigt wurden. Jedes Jahr zieht von hier aus die Karfreitagsprozession los. In schwarzen Gewändern und mit verhüllten Gesichtern gehen die Mönche dann durch die Kreuzgänge bis zum Hauptaltar. Im Kloster wohnte von 1919 bis 1922 auch der in Auschwitz hingerichtete und später heiliggesprochene Franziskanerminorit Maximilian Kolbe.

Tägl. 9.45–16.15, So ab 13.15 Uhr. Messe Mo–Sa 6, 6.30, 7, 8, 9, 16.30, 18, 19 Uhr, So 6.30, 8, 9.30, 11, 12, 15.30, 16.30, 19 Uhr. Plac Wszystkich Świętych 5, www.franciszkanska.pl.

Archäologisches Museum (Muzeum Archeologiczne): Polens ältestes archäologisches Museum wurde 1850 gegründet.

In der Sammlung sind hauptsächlich Schenkungen vertreten, die chronologisch geordnet sind. Sehr interessant ist ein steinernes Standbild der heidnischen Gottheit Światowid aus dem 7. Jh. Eine Kopie des Kunstwerks steht vor dem Wawel. Zu sehen sind zudem ägyptische Mumien, alte Münzen, Keramik, Goldfunde aus einem Hunnengrab und andere Schätze der Menschheitsgeschichte. Seit 2009 wird in einem restaurierten Kellergeschoss eine weitere Dauerausstellung gezeigt; Themen sind alte Stadtansichten, die Vergangenheit des Museumsgebäudes als Gefängnis sowie archäologische Fundstücke. Die 25 Cent Eintritt für den Garten (bei Museumsbesuch inklusive) sollte man sich gönnen – eine kleine grüne Oase ohne den Lärm der nahen Stadt; geschützt von den Mauern kann man die kleinen, witzigen Skulpturen betrachten, die aus dem Rasen zu wachsen scheinen (→ Foto).

Sept.–Juni Mo, Mi, Fr 9–15, Di/Do 9–18, So 11–16 Uhr; Juli/Aug. Mo–Fr 11–18, So 10–15 Uhr; Sa stets geschlossen. Eintritt 2 €, erm. 1 €, So frei. Ausstellung im Kellergeschoss 1 €, erm. 0,50 €, So frei Ul. Poselska 3, ✆ 12-4227100, www.ma.krakow.pl.

Bernhardinerkirche (Kościół Bernardynów): Ihre heutige barocke Pracht verdankt die Kirche dem Wiederaufbau zwischen 1659 und 1680. Damals entstand auch der marmorne Schrein des 2007 von Papst Benedikt XVI. heilig gesprochenen Simon von Lipnica. Sehenswert sind auch die den Hauptaltar umgebenden barocken Gemälde von Franciszek Lekszycki, das Glasfenster von Józef Mehoffer, das Lebensstationen des Heiligen Simon zeigt, sowie die Statue der Heiligen Anna von Veit Stoß.

Tägl. 10–18.30 Uhr. Messe Mo–Sa 6, 7, 8, 9, 18.30, So 7, 8, 9, 10, 11, 12, 16, 18.30 Uhr. Ul. Bernardyńska 2, www.bernardyni.com.pl.

Heiligkreuzkirche (Kościół św. Krzyża): Ein Paradebeispiel der Krakauer Gotik ist dieses Gotteshaus aus der ersten Hälfte des 14. Jh. Von außen schafft sie einen reizvollen Kontrast zum nahen Theater, von innen ist sie noch sehenswerter. Leider sind die Fresken und das von einer Säule getragene und mit Blumenmotiven geschmückte Blättergewölbe in der Regel nur während der Messen zu sehen.

Messe Mo–Sa 7.30, 18, So 9, 10.30, 12, 13.15, 18, 19.15 und 21 Uhr. Ul. św. Krzyża 23, www.krzyzkrakow.pl.

Słowacki-Theater (Teatr Słowackiego): Das nach dem Theaterschriftsteller Juliusz Słowacki benannte Theater wurde 1893 eröffnet. Selten wurden in Krakau alte Gebäude zugunsten von Neubauten abgerissen, an dieser Stelle ist es jedoch geschehen. Der Abriss eines Klosters und eines Krankenhauses stieß damals auf erbitterten Protest, Jan Matejko legte gar seine Ehrenbürgerschaft nieder. Als das neue Gebäude dann stand, waren die Kritiker wohl etwas stiller. Denn das dem Pariser Opernhaus nachempfundene Theater vereint harmonisch die verschiedensten Einflüsse. Die Fassade schmücken die allegorischen Figuren der Poesie, des Dramas, der Musik, Oper, Operette sowie der Freude und Trauer. Auch die aus Adam Mickiewicz' Nationalepos „Pan Tadeusz" stammenden Hauptfiguren sind dargestellt. Das prachtvolle Innere erinnert an ein verschwenderisches Rokokotheater. Bemerkenswert ist der Vorhang im sog. Akademischen Stil. Er zeigt den Genius des Theaters, der eine Gestalt segnet, die zugleich das Gute und das Böse verkörpert. Allein dieser Vorhang rechtfertigt einen Besuch des Theaters, selbst wenn man von den polnischen Dialogen nichts verstehen sollte. Ansonsten kann man die unten angegebene Nummer anrufen, die Besichtigung ist dann mit einem autorisierten Führer möglich.

Geöffnet eine Stunde vor Beginn einer Vorstellung und bei Proben. Besichtigung mit Führung (englisch, 35 €) nach tel. Anmeldung. Plac św. Ducha 1, ✆ 12-4244525, www.slowacki.krakow.pl.

Praktische Infos   (→ Karte S. 123)

Restaurants

Miód i Wino **2** Vielfach noch als d e r Geheimtipp unter dem Namen „Szlacheckie Jadło" bekannt. Neuer Name, gleiche Qualität: Gerichte nach adeligen Rezepturen werden zwischen beinahe musealen Möbeln serviert. Passende Untermalung durch höfische Barockmusik. Dazu empfiehlt der Koch Rinderfilet vom Säbel für 2 Pers. (27 €). Tägl. 11–23 Uhr. Ul. Sławkowska 32, ✆ 12-4227495, www.miodiwino.pl.

》》 Unser Tipp: Pod Baranem **55** Die Einrichtung pendelt zwischen Eleganz und Gemütlichkeit. Neben vielen Fleisch- und Wildgerichten auch vegetarische Küche und glutenfreie Menüs. Empfehlenswert! Hg. 5–17 €. Tägl. 12–22 Uhr. Ul. św. Gertrudy 21, ✆ 12-4294022, www.podbaranem.com. 《《

Pod Wawelem **56** Anti-Diät-Küche mit Fleisch-Gelagen und oktoberfestverdächtigen Bierkrügen an langen Tischen, mit deftigem Humor und uriger Akkordeonmusik. Großer Teller mit bestem Fleisch für die ganze Kompanie oder auch für zwei 12,50 €. Tägl. 6.30–10.30 (Frühstücksbuffet) und 12–24 Uhr, So nur bis 23 Uhr. Ul. św. Gertrudy 26–29, ✆ 12-4212336, www.podwawelem.eu.

Sakana Sushi **41** Neben Sushi auch weitere hochwertige Gerichte der japanischen Küche. Sashimi 15–23 €. Mo–Sa 12–23, So 13–22 Uhr, ✆ 12-4293086, www.sakana.pl.

U Babci Maliny **5** *Bar mleczny* im folkloristischen Zakopane-Stil. Gemütliche Holzmöbel, deftige Bergküche. Im 1. Stock Selbstbedienung, im Keller elegantes Restaurant mit Flügel. Pierogi schon ab 2,50 €. Mo–Sa 11–21, So 12–21 Uhr. Ul. Szpitalna 38, ✆ 12-4214818, www.kuchniaubabcimaliny.pl.

Zapiecek **3** Eher ein Imbiss mit Sitzgelegenheiten, doch die Pierogi-Kreationen zählen zu den besten in der Stadt. Auch andere günstige polnische Gerichte um 3 €. Tägl. 24 Std. Ul. Sławkowska 32, ✆ 12-4227495, www.zapiecek.eu.

U Romana **21** Das Essen ist nicht weiter der Rede wert, ist dies doch eine Mensa für Studenten der Musikakademie. Vielmehr lohnt sich der Aufstieg in den 6. Stock wegen des Panoramas von der Dach-terrasse mit „Livemusik" aus den Untergeschossen. Mo–Fr 8–20, Sa 8–15 Uhr, Juli/Aug. Mo–Fr 8–16 Uhr. Ul. św. Tomasza 43, ✆ 12-4232081, www.uromana.com.pl.

Cafés & Pubs

Kawiarnia U Zalipianek **14** Der Umgebung entsprechend mit Blumen geschmückte Möbel und Wände. Was sich etwas kitschig anhört, passt aber zum Lokal und seinen nicht mehr ganz jungen Gästen. Tägl. 10–22 Uhr. Ul. Szewska 24, ✆ 12-4222950.

》》 Unser Tipp: Bunkier Café **8** Café im Kunstbunker mit Rattanmöbeln. Das Zelt davor macht dem Museumsgebäude Konkurrenz in Sachen Hässlichkeit, doch die transparente Folie ermöglicht freien Blick auf die Planty. Die Innenräume mit den alten Fotos sind sehr schön eingerichtet, die Bedienungen haben immer viel zu tun. Tägl. 9–1, Do–Sa bis 2 Uhr. Plac Szczepański 3a, ✆ 12-4310585. 《《

Klimaty Południa **35** Weinschänke mit mediterraner Atmosphäre und Bistrogerichten. Tägl. 13–24 Uhr, Fr/Sa um 20 Uhr französische Gitarren- oder Akkordeonmusik. Ul. św. Gertrudy 5, ✆ 12-4220357, www.klimatypoludnia.pl.

Kawiarnia Łabędzie **1** Im Schwanencafé legen die Krakauer gern eine Ruhepause beim Spaziergang auf den Planty ein. Im Sommer tägl. 8–20 Uhr. Ul. Pijarska (auf den Planty).

Café Zakopianka **17** Seit 1834 bewirtschaftetes Café, von dem aus die Adeligen ihre Ausflüge nach Zakopane starteten. Heute ein gemischtes Publikum in den nicht nur wegen des Kiosks französisch anmutenden Räumen. Gemütlicher Pavillon direkt auf den Planty, im Sommer eine Alternative bei gutem Wetter. Mo–Fr 11–22, Sa/So 12–22 Uhr. Ul. św. Marka 34, ✆ 12-4214045, www.estrada.net.pl.

Einkaufen

Artykuły Religijne św. Franciszek **33** Religiöse Bücher und Andenken. Vor allem für Katholiken interessant, für alle anderen auch schöne Postkarten von Krakaus Kirchen. Ul. Franciszkańska 4.

→ Rundgang 4: Planty
→ Karte S. 123

Wawel: Auf der Königsburg

Hoch über der Stadt erhebt sich stolz der Wawel, ein Hügel, von dem die Könige das Land regierten. Zwischen dem Zentrum und der Weichsel gelegen, findet man auf ihm Zeugnisse aus mehreren Jahrhunderten – und ganz nebenbei eine wunderschöne, fast vollständig erhaltene Burganlage.

Seit weit mehr als 1000 Jahren ist der Wawel ein Zentrum weltlicher und geistlicher Macht. Der längste Ausläufer des von Karsthöhlen durchzogenen Krakau-Tschenstochauer Juras war der Ausgangspunkt für die Besiedlung der Region. Seit dem 7. Jh. lebten die Wislanen auf dem Hügel, der zum Zentrum ihres Siedlungsbereichs wurde. Zugleich war der Wawel eine Stätte für die Kulte, die erst mit der Christianisierung Polens ein Ende fanden. Es gibt Funde, die auf eine christliche Holzkirche im 9. Jh. hinweisen. Ab dem Jahr 1000 stand hier die erste Bischofskirche des jungen Bistums. Nur ein Jahrhundert später stießen die weltlichen Herrscher dazu, die sieben Jahrhunderte auf dem Wawel residierten und kunstvolle Bauwerke in Auftrag gaben. Trotz etlicher

Angriffe, Zerstörungen und Brände ist eine intakte Burganlage erhalten geblieben, wenn auch nicht mehr mit dem Prunk, der wohl zur Blütezeit Polens unter den Jagiellonen herrschte, als angeblich selbst die Dachziegel aus Gold gewesen waren. Von 1795 bis 1905 dauerte die Zweckentfremdung als Kaserne durch Soldaten der österreichisch-ungarischen Monarchie. Nach ihrem Abzug wurde die Burg restauriert und in den 1930er Jahren wieder als Residenz des Staatsoberhauptes genutzt. Stanisław Wyspiański und Władysław Ekielski hegten in dieser Zeit den Plan, den Wawel in eine polnische Akropolis mit Parlament, Nationalmuseum, Akademie und sogar Amphitheater umzugestalten. Aus dem Vorhaben wurde jedoch nichts. Das Wawelmuseum aber öffnete bereits

Wawel: Auf der Königsburg

1930 erstmals seine Tore für Besucher. Nach der langen Zeit, in der Polen besetzt gewesen war, kam der Königsstätte mit ihrer langen und stolzen Geschichte eine wichtige Funktion als patriotisches Symbol zu. Dies wussten auch die nationalsozialistischen Besatzer, die den Wawel 1939 demonstrativ zur ihrer Zentrale erklärten. Der hier residierende Generalgouverneur Hans Frank ließ gleich nach dem Einzug die Muskeln spielen und wichtige polnische Denkmäler und bedeutende Kunstwerke zerstören.

Vom Wawel und aus Krakau verschwanden die Nazis 1945 jedoch glücklicherweise wieder so schnell, wie sie gekommen waren. Die Zerstörungen der braunen Besatzer hielten sich dabei im Vergleich zur Hauptstadt Warschau in Grenzen. Die später restaurierte Burg und die Kathedrale fanden schnell den Weg auf die Weltkulturerbeliste der UNESCO. Auch die vielen Sagen und Geschichten, die sich um den Wawel ranken, kennt bis heute jedes polnische Kind. Etwas weniger bekannt ist die Geschichte, die an in Ägypten spielende

Horrorfilme samt Pharaonen-Fluch erinnert. Demnach verstarben nach der Öffnung des Sarges von König Kazimierz Jagiellończyk die damit beauftragten Historiker und Konservatoren innerhalb weniger Jahre. Schuld an dem Unglück der 15 Wissenschaftler hatte allerdings kein königlicher Fluch, sondern ein Schimmelpilz mit dem harmlos klingenden Namen Aspergillus flavus.

Achtung: Für den Besuch der Ausstellungen im Schloss gilt Reservierungspflicht. Teilweise muss man Karten mindestens einen Tag vorher beim Besucherzentrum bestellen (→ „Praktische Infos" S. 153). Die Führungen sind obligatorisch; Auch für einen deutschsprachigen Führer sollte man sich rechtzeitig bei der Information melden. Ist man nur ein Wochenende in Krakau, empfehlen wir, schon von zu Hause aus zu reservieren. Ansonsten morgens früh vor Öffnung der Kassen erscheinen.

Wenn Sie bei Ihrem Besuch Menschen mit ihren Köpfen, Händen oder Körpern an die Wände gelehnt sehen, handelt es sich höchstwahrscheinlich nicht um erschöpfte Touristen. Nach einer unter *Hinduisten* verbreiteten Lehre warf Gott Shiva sieben magische Steine auf die Erde. Spätestens seit dem 19. Jh. bezeichnen Hindus den Wawel nun als einen dieser sieben Punkte auf der Welt, an dem sich das irdische und das kosmische *Chakra* kreuzen. Hindus, inzwischen aber auch Esoteriker und sensitive Menschen aus aller Welt wollen hier diese Kraft zu spüren bekommen, wobei sie wissenschaftliche Messungen und das offizielle Anlehnverbot wenig interessieren. Wenn Sie nun in der Hoffnung, mehr über die kraftspendenden Quellen zu erfahren, Ihren Reiseführer fragen, werden Sie enttäuscht werden. Die katholischen Führer geben keine Auskunft darüber und erzählen stattdessen gern die Legende, nach der das Ende der Welt naht, wenn die über dem Eingang der Kathedrale hängenden Knochen herunterfallen ...

Von durstigen Drachen und traurigen Prinzessinnen

An lokalen Gute-Nacht-Geschichten mangelt es nicht in Krakau. Die wohl bekannteste handelt von dem Drachen *(Smok)*, der die Stadt tyrannisiert und ihre Jungfrauen verschlingt. Dem ratlosen König Krak weiß erst ein Schusterjunge zu helfen, der einen so einfachen wie genialen Plan hat. Ein ausgestopftes Schaf füllt er mit Schwefel und wirft es dem Drachen zum Fraß hin. Smok frisst die leichte Beute und leidet sofort unter der Wechselwirkung der Füllung mit seinem feurigen Magen. In seiner Not stürzt er sich in die Weichsel und trinkt so lange, bis er platzt. Fast an jeder Ecke der Stadt findet man Hinweise auf diese Sage, die mit der glücklichen Vermählung des Schusterjungen mit der Prinzessin endet ...

Weit tragischer ist da die Legende über eine verhinderte Zwangsehe. Wanda, die wunderschöne Prinzessin, weigert sich, an einen deutschen Adeligen verheiratet zu werden, und stürzt sich in die Fluten der Weichsel (der Titel lautet übersetzt wortwörtlich „Von Wanda, die den Deutschen nicht wollte"). Inzwischen dürften deutsche Männer bei polnischen Frauen etwas beliebter sein. Laut einer deutschen Statistik sind es unter allen Ausländerinnen die Polinnen, die am häufigsten mit einem Deutschen zum Traualtar schreiten.

Rundgang

Unser Rundgang startet am Fuß des 50 m hohen Hügels neben der Skulptur einer viergesichtigen Gottheit, dem Świątowid. Über die Droga do Zamku geht es zum **Turm von Sandomierz** *(Baszta Sandomierska)* und dann zur eigentlichen Burganlage. Die erste Kurve bietet zugleich einen schönen Blick auf die Weichsel zu Füßen der Königsburg. Am Diebesturm (Baszta Złodziejska) vorbei, in dem sich früher die Kasse befand (!), erreicht man den ersten Innenhof. Man sieht an dieser Stelle auch die starken Mauern, ein Vikariat und Gebäude, in denen Restaurateure und Wachleute leben. Auf der Grünfläche im Zentrum sind die Fundamente früherer Kirchen zu sehen. Bedeutender ist die erste Sehenswürdigkeit in entgegengesetzter Richtung, der **Waweldom** *(Katedra Wawelska)*. Der Eingangsbereich und das Innere der Kathedrale mit ihren vielen Kapellen und **Krypten** *(Krypty)* zählen zu den religiösen Sehenswürdigkeiten auf dem Wawel. Gleiches gilt auch für den **Sigismundturm** *(Wieża Zygmuntowska)*, den man sich nicht entgehen lassen sollte. Das **Dom-Museum** *(Muzeum Katedralne)*, vor dem eine wenig gelungene Statue an Johannes Paul II. erinnert, beendet diesen Teil des Rundgangs.

Weltlicher wird es, wenn man das Wasa-Tor (Brama Wazów) durchschreitet. Hier steht das **Denkmal** *(Pomnik Kościuszki)* zu Ehren des polnischen Nationalhelden Tadeusz Kościuszko. An dieser Schräge befand sich auch der Haupteingang, an dem der Königsweg endete. Wieder zurück auf der eigentlichen Anlage, geht es am Dom vorbei und unter einem schmalen Durchgang zum zweiten Innenhof der Anlage.

Das **Königliche Schloss** *(Zamek Królewski)* mit seiner Renaissancefassade wartet mit vier Ausstellungen auf, eine interessanter als die andere: Zu besichtigen sind die **Königlichen Gemächer** *(Komnaty Królewskie)*, die **Königlichen Privatgemächer** *(Prywatne Apartamenty Królewskie)*, der **Kronschatz mit Rüstkammer** *(Skarbiec Koronny i Zbrojownia)* sowie die Ausstellung zur **Kunst des Orients** *(Sztuka Wschodu)*. Eine fünfte Ausstellung mit dem klangvollen Namen „**Verschollener Wawel**" („*Wawel Zaginiony*") ist wieder über den ersten Innenhof zu betreten; nach dieser archäologischen Ausstellung geht es zurück zu der Terrasse, an der wir beim Betreten der Burganlage bereits vorbeikamen. Abgesehen von dem Blick auf den Kopiec Kościuszki und den Las Wolski lohnt sich von hier aus der Besuch der **Drachenhöhle** *(Smocza Jama)*, die uns hinunter zum Boulevard an der Weichsel bringt. Hier kann man sich mit Souvenirs eindecken, während die Kinder um die feuerspeiende Drachenskulptur herumtollen.

Lange war der Wawel Polens weltliches und geistliches Zentrum

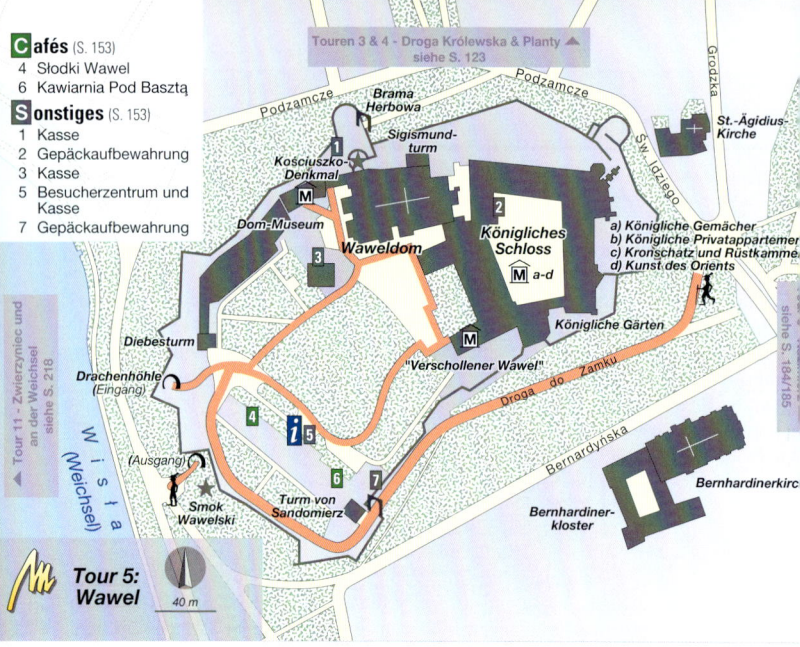

Cafés (S. 153)
4 Słodki Wawel
6 Kawiarnia Pod Basztą

Sonstiges (S. 153)
1 Kasse
2 Gepäckaufbewahrung
3 Kasse
5 Besucherzentrum und Kasse
7 Gepäckaufbewahrung

Touren 3 & 4 - Droga Królewska & Planty ▲
siehe S. 123

Podzamcze
Brama Herbowa
Podzamcze

Grodzka

Sigismund-turm

St.-Ägidius-Kirche

Kościuszko-Denkmal

M

Dom-Museum

Waweldom

3

Königliches Schloss

M a-d

a) Königliche Gemächer
b) Königliche Privatappartement
c) Kronschatz und Rüstkamme
d) Kunst des Orients

Diebesturm

M

Königliche Gärten

Drachenhöhle
(Eingang)

4

i 5

"Verschollener Wawel"

Droga do Zamku

Bernardyńska

siehe S. 184/185

(Ausgang)

6

7

Bernhardinerkirc

Smok Wawelski

Turm von Sandomierz

Bernhardiner-kloster

◀ Tour 11 - Zwierzyniec und an der Weichsel siehe S. 218

W i s ł a
(Weichsel)

M Tour 5:
Wawel

40 m

Sehenswertes

Öffnungszeiten für das gesamte Gelände tägl. ab 6 Uhr, Mai–Aug. bis 20, Mitte Okt.–Feb. bis 17 Uhr; in den übrigen Monaten etwa bis Sonnenuntergang. An den wichtigsten katholischen Feiertagen bleibt die Anlage geschlossen. Tram 6, 8, 10, 13 und 18 bis Haltestelle Wawel.

Turm von Sandomierz (Baszta Sandomierska): In der zweiten Hälfte des 15. Jh. wurde zu Verteidigungszwecken die südliche Flanke mit diesem Rundbau verstärkt und später nach und nach zu einem von zwei Batterietürmen umgebaut. Genutzt wurde der Turm aber auch als Gefängnis für Adlige, die im Gegensatz zum in Verliesen schmorenden Pöbel zumindest die Aussicht genießen konnten. Dies kann man seit 2011 auch als Besucher, sobald man die 137 Treppenstufen hinter sich gelassen hat.

April/Sept. tägl. 10–17 Uhr, Mai–Aug. tägl. 10–19 Uhr, Okt. Sa/So 10–17 Uhr. Eintritt 1 €.

Waweldom (Katedra Wawelska): An der Stelle des Doms standen einst zwei andere Kirchen, von denen Teile in das heutige Gebäude integriert sind, an dem seit dem Jahr 1320 gebaut wurde. Im Waweldom wurden seitdem alle polnischen Könige gekrönt. Und fast so viele Baustile wie Königskrönungen lassen sich in der Kathedrale nachvollziehen. Von außen wirkt sie deshalb patchworkartig zusammengesetzt, aber nicht unattraktiv. Das marmorne Eingangsportal schmücken ein Mammut-, ein Wal- und ein Nashornknochen. Im Inneren bemerkt man sofort, dass dieser Dom wohl zu den bemerkenswertesten Gotteshäusern der Welt zählt. Allein mit den Dekorationen könnte man sich Tage beschäftigen. Die Kunstwerke wurden in fast einem Jahrtausend christlicher Kultur geschaffen, eine vollständige Liste der hier tätigen Künstler aus aller Welt wäre sehr lang. Die wichtigsten Arbeiten stammen von den Italienern Francesco Placidi, Bartolomeo Berrecci, Giovanni Trevano und Santi Gucci, den Nürnbergern Veit Stoß, Melchior Baier und Peter Vischer sowie den Polen Józef Mehoffer, Włodzimierz Tetmajer und Anton Madeyski.

Gleich zu Beginn fällt der Blick auf den silbernen Sarg (1626–1629) des Heiligen Stanisław, der von Engeln gestützt in einer offenen Kapelle steht. Die anderen 19 Kapellen bilden eigenständige kleine Räume. Der Hochaltar, an dem die Krönungen stattfanden, glänzt vor goldener, barocker Pracht. Beim gotischen Kreuz der Königin Jadwiga an der hinteren linken Ecke befinden sich auch ihre Reliquien. Die Marienkapelle (Kaplica Mariacka, Mitte des 14. Jh.) am Ende des Hauptschiffs ist ein weiteres Meisterwerk, auf deren Ausstattung bei Führungen besonders hingewiesen wird. Ihm gegenüber stehen die spätbarocken Sarkophage der Königspaare Jan III. Sobieski und seiner Gemahlin sowie von Michał Korybut Wiśniowiecki und dessen Frau Eleonora. An der rechten Ecke ist die Kapelle und der Sarg des Königs Jan Olbracht zu sehen, zusammen mit dem kontrastreichen Marmorsarkophag des bedeutenden Monarchen Kazimierz Wielki aus dem Jahr 1370. Die bekannteste aller Kapellen ist Zygmunt gewidmet. Hier schuf der Baumeister und Bildhauer Bartolomeo Berrecci (1480–1537) mit Hilfe der damals größten italienischen Meister eine Pracht, die es in Sachen Kunstfertigkeit und kunsthistorischer Bedeutung mit den wichtigsten Werken der italienischen Renaissance aufnehmen kann. Der rote Marmorboden der Zygmunt-Kapelle, die goldene Dekoration und die Pflanzenmotive heben die Sarkophage der letzten beiden Jagiellonenkönige hervor. Gegenüber steht der Sarg (1900–1902) der Königin Jadwiga, der mit seinem weißen Marmor einen starken Kontrast bildet, stilistisch aber an die älteren Königsgräber anknüpft. Abschließend sei gesagt, dass selbst Menschen, die normalerweise nicht an sakraler Kunst interessiert sind, hier fasziniert und sprachlos sind. Auch Kinder werden sich nicht langweilen.

April–Sept. Mo–Sa 9–17, So 12.30–17 Uhr, Okt.–März Mo–Sa 9–17, So 9–17 Uhr, geschlossen an wichtigen kath. Feiertagen. Messe: April–Sept. Mo–Sa 6.30, 7, 7.30, 16.30 Uhr (Okt.–März 17.30 Uhr), So 7, 8, 9, 10, 11.30, 17.30 Uhr. Eintritt frei, Audioguide 2 €, erm. 1 €. www.katedra-wawelska.pl.

Krypten (Krypty): Ebenso bedeutend wie die Kapellen sind die Krypten. Direkt über das Kircheninnere zugänglich ist das Dichtergrab, in dem Adam Mickiewicz und Juliusz Słowacki, die beiden wichtigsten Romantiker Polens, ruhen. Der Überlieferung zufolge hassten sich die Konkurrenten, die nun in trauter Zweisamkeit beieinander liegen (müssen).

Fast so viele Baustile
wie Königskrönungen

Auch im Tode schön – Königin Jadwiga

In den anderen sieben Krypten wurden die Könige seit Zygmunt I. Stary bestattet. Bis auf die Wahlkönige fanden alle polnischen Monarchen auf dem Wawel ihre letzte Ruhestätte. Von besonderem Interesse ist die Krypta (erb. 1090–1117) des Heiligen Leonard, in der der junge Karol Wojtyła 1946 seine erste Messe als Priester zelebrierte. Das mysteriöse, romanisch geprägte Innere hat ein außergewöhnliches, von acht Säulen gestütztes Kreuzgewölbe. Für heftige Kontroversen sorgte die Entscheidung, den 2010 bei dem Flugzeugabsturz von Smolensk gestorbenen polnischen Präsidenten Lech Kaczyński mit seiner Ehefrau Maria inmitten der Königsgräber zu bestatten.

April–Sept. Mo–Sa 9–17, So 12.30–17 Uhr, Okt.–März Mo–Sa 9–16, So 9–17 Uhr, geschlossen an wichtigen kath. Feiertagen. Eintritt für Krypten, Sigismundturm und Museum 3 €, erm. 2 €; Kasse gegenüber der Kathedrale. www.katedra-wawelska.pl.

Sigismundturm (Wieża Zygmuntowska): Im Turm der Kathedrale hängt mit der Sigismundglocke (Dzwon Zygmunta) die größte ihrer Art in ganz Polen. Sie wiegt 12 Tonnen, allein der Klöppel bringt es auf 300 kg. Zwölf Glöckner bedarf es, um ihn mit Hilfe eines dicken Kamelhaartaus in Bewegung zu setzen. Dies geschieht nur zu den wichtigsten Anlässen, beispielsweise bei kirchlichen Hochfesten, bei Staatstrauer oder etwa zum Beginn des Pontifikats von Johannes Paul II. Bereits dreimal zerbrach die 50 km weit hörbare Glocke, zuletzt zu Weihnachten 2000. Die Legende sagt, wer sie mit der linken Hand berührt, wird Glück in der Liebe finden, wer die rechte nimmt, wird mit Reichtum belohnt. Wer aber so schlau sein sollte, es mit beiden Händen zu versuchen, wird enttäuscht – er geht leer aus. Sollte aber die Glocke einmal verstimmt erklingen, gilt dies als Ankündigung einer Katastrophe. Die anderen Glocken sind weniger bedeutend. Vorsicht: Der extrem enge und steile Aufgang zur Glocke kann sich als äußerst schwierig erweisen.

Geöffnet wie die Krypten, Eintritt inklusive.

Dom-Museum (Muzeum Katedralne): Das von Karol Wojtyła während seiner Zeit als Erzbischof gegründete Museum zeigt Reliquien und andere bedeutende sakrale Objekte, darunter auch das Schwert, das bei der Beerdigung von Zygmunt August im Jahr 1572 zerbrach. Dieses Malheur hatte symbolischen Charakter, denn mit dem Tod des letzten Jagiellonenkönigs endete Polens Blütezeit. Weitere Exponate sind der ursprüngliche Klöppel der Zygmunt-Glocke und königliche Insignien.

Mo–Sa 9–17, Okt.–März bis 16 Uhr. Eintritt für Krypten, Sigismundturm und Museum 3 €, erm. 2 €; Kasse gegenüber der Kathedrale; Kasse nur für das Museum direkt am Eingang, Reservierung nicht nötig.

Kościuszko-Denkmal (Pomnik Kościuszki):

Schon von weitem ist die Reiterstatue sichtbar. General Kościuszko kämpfte im polnischen Aufstand von 1794 und im amerikanischen Unabhängigkeitskrieg für die Freiheit der beiden Länder. 1921 schuf Leonard Marconi zu seinen Ehren das Denkmal, das bereits 19 Jahre später wegen seiner patriotischen Bedeutung für die Polen von den Nazis zerstört wurde. Heute ist eine Rekonstruktion aus dem Jahr 1960 zu sehen.

Königliches Schloss (Zamek Królewski):

Vom ersten, romanischen Schloss auf dem Hügel ist kaum etwas erhalten; die heutige Renaissancefassade zeugt vom großen Umbau im 16. Jh., dem ab 1595 barocke Umbauten im nördlichen Flügel folgten. Begonnen hatte die Arbeiten Eberhard Rosemberger, Bartolomeo Berrecci vollendete sie. Die gotischen Arkadengänge wurden nach der Restaurierung Anfang des 20. Jh. aber nicht in den Originalzustand mit purpurfarbenen Säulen und goldenen Kapitellen versetzt; dennoch zeigt die heutige Gestaltung eindrucksvoll die ästhetische Intention des Baumeisters Francesco Fiorentino. Man erkennt deutlich den Florentiner Einfluss, das Königliche Schloss gilt deshalb als schönstes weltliches Renaissancebauwerk nördlich der Alpen. Wie auch im Collegium Maius sind die mit Tiermäulern geschmückten Regenrinnen eine Krakauer Besonderheit. Die Innenräume bekommt man bei den unten beschriebenen Führungen zu Gesicht.

Innenhof: Mai–Aug. tägl. 7–19.30 Uhr, Okt.–Feb. tägl. 7–16.30 Uhr, April/Sept. tägl. 7–17.30 Uhr.

Rundgang 5: Wawel
→ Karte S. 146

Mysteriöse Knochen über dem Eingang der Kathedrale – hoffentlich bleiben sie noch lange hängen …

Im Schlosshof

**Königliche Gemächer (Komnaty Kró-
lewskie)**: Die größte Ausstellung im
Schloss veranschaulicht, wie die Könige
im 16. Jh. gelebt haben. Drei Gemächer
sind den Besuchern zugänglich. Es sind
dies die Wohnung des Schlossgouver-
neurs, vier Säle im 1. Stock und weitere
drei im 2. Stock. Der Gesandtensaal (Sala Poselska) war zunächst ein Thron-
saal, in dem der König seine Gäste em-
pfing. Die größte Attraktion sind hier
die in die Kassetten der Decke einge-
fügten hölzernen Köpfe von 1540. Von
den ursprünglich 194 Büsten sind aber
nur noch 30 erhalten. Bei einem Kopf
ist der Mund zugebunden – der Legende nach hatte er von König Zygmunt
August mehr Gerechtigkeit gefordert;
der König hörte dies nicht gerne und
stopfte dem Holzkopf das Maul. Wie so
oft im Wawel sind auch hier Wandtep-
piche mit biblischen Motiven zu sehen.

Im 2. Stock sind zahlreiche Fresken zu
sehen, darunter auch Werke des Hof-
malers Hans Dürer (1490–1538; ein jüngerer Bruder des berühmten Albrecht).

Zu sehen sind u. a. Ritterturniere sowie
eine allegorische Darstellung des
menschlichen Lebens. Die kunstvollen
Portale stammen entweder aus der Renaissance oder sie wurden in gotischer
Form restauriert. Die Sammlung von
italienischen Renaissancemöbeln und
königlichen Porträts wurde durch eine
großzügige Schenkung der Familie Lan-
ckoroński mit mehr als hundert Porträts italienischer Meister ergänzt.

April–Okt. Di–Fr 9.30–17, Sa/So 10–17, Nov.–
März Di–Sa 9.30–16, So ab 10 Uhr. Eintritt
4,50 €, erm. 3 €, im Winter 0,50 € günstiger
und So frei (Karten müssen trotzdem an
den Kassen abgeholt werden). Die Zahl der
täglichen Eintrittskarten mit festgelegter
Besuchszeit ist limitiert, Eintritt in Gruppen,
Reservierung (am besten einen Tag zuvor)
beim Besucherzentrum empfohlen (S. 153).

**Königliche Privatgemächer (Prywatne
Apartamenty Królewskie)**: Ebenfalls im
nordöstlichen Flügel befinden sich die
Räumlichkeiten mit den privaten Räumen der Könige sowie den Zimmern
für Bedienstete und Gäste. Die obliga-

Erinnerungsstücke an den Nationalhelden General Kościuszko und ein verherrlichendes Gemälde für den „Türkenbezwinger" König Jan III. Sobieski.

April–Okt. Di–Fr 9.30–17, Fr/Sa 10–17, Nov.–März Di–Sa 9.30–16 Uhr. Eintritt 6 €, erm. 5 €, obligatorische Führung (jeweils 10 Pers. alle 10 Min.), im Winter 1 € günstiger. Die Zahl der täglichen Eintrittskarten ist limitiert. Reservierung (am besten einen Tag zuvor) beim Besucherzentrum empfohlen (S. 153).

Kronschatz und Rüstkammer (Skarbiec Koronny i Zbrojownia): Seit dem 15. Jh. werden in den gotischen Räumen im nordwestlichen Teils der Schlossanlage die Insignien und Kleinodien für die Krönungszeremonien der polnischen Könige aufbewahrt. Das bedeutendste Stück der Sammlung ist das aus dem 13. Jh. stammende sogenannte Schartenschwert (Szczerbiec), das bei der Krönung auf die Schultern des Königs gelegt wurde. Die Ausstellung zeigt zudem Schmuck und Erinnerungsstücke an die jeweiligen Könige und ihre Familien.

Neben der Schatzkammer befinden sich die Säle der Rüstkammer. Hier ist eine Ausstellung von polnischen, aber auch ausländischen Waffen vom 14. bis zum 18. Jh. zu bestaunen; dabei handelt es sich sowohl um echte Waffen wie auch um Zierwaffen. Ergänzt wird die Sammlung durch spätgotische und neuzeitliche Rüstungen sowie Ausrüstungsgegenstände der polnischen Infanterie und Husaren, darunter Rüstungspanzer, Schwerter, Rapiere, Degen, Dolche und Säbel. Von besonderem Interesse sind auch die polnischen und türkischen Pferdegeschirre und Sättel sowie die Henkerswaffen.

April–Okt. Mo 9.30–13, Di–Fr 9.30–17, Fr/Sa 10–17 Uhr; Nov.–März Di–Sa 9.30–16 Uhr. Eintritt 4,50 €, erm. 3 €, Mo frei, im Winter 0,50 € billiger (Karten müssen dennoch an der Kasse abgeholt werden). Die Zahl der täglichen Eintrittskarten mit festgelegter Besuchszeit ist limitiert, geführt wird in Gruppen. Reservierung (am besten einen Tag zuvor) beim Besucherzentrum empfohlen (S. 153).

torische Führung beginnt am Eingang des Wohngemachs, dessen Wände ungewöhnliche Bildteppiche mit Tierdarstellungen schmücken. Hier sieht man auch italienische Möbel und Holzdecken, Freskenfragmente und Portale aus der Zeit zwischen Gotik und Renaissance. Die Säle, die von den letzten Jagiellonen im 16. Jh. bewohnt wurden, zeigen heute eine Porzellansammlung sowie französische, niederländische und italienische Möbel, Uhren, Leuchter und Gemälde. Auch hier finden sich wieder die charakteristischen Teppiche und hinaus auch Goldschmiedekunst sowie polnisches und westeuropäisches Mobiliar. Das Gemach von Präsident Ignacy Mościcki, der 1929 als Staatsoberhaupt in der Nachfolge der Könige stand, ist ebenfalls unverändert zu sehen. Die letzten Säle im Nordflügel sind der Kolumnensaal und das Vestibül. Ersterer präsentiert Porträts von Königen und Bischöfen sowie Gobelins und Ledermöbel. Die wichtigsten Exponate der Vorhalle sind

Rundgang 5: Wawel → Karte S. 146

Kunst des Orients (Sztuka Wschodu): Die orientalische Sammlung im Westflügel des Schlosses präsentiert Teppiche, Waffen und Porzellan, die nach den erfolgreichen Schlachten gegen die Türken und Perser erbeutet wurden. Fünf enorme türkische Fahnen aus goldverzierter Seide sind in speziellen Schaukästen unter der Decke zu bestaunen. Besonders eindrucksvoll sind die Teppichzelte, die der Sammlung Einzigartigkeit verleihen – eine Atmosphäre der Märchen aus 1001 Nacht.

April–Okt. Di–Fr 9.30–17, Fr/Sa 10–17 Uhr, Nov.–März Di–Sa 9.30–16 Uhr. Eintritt 2 €, erm. 1 €. Die Zahl der täglichen Eintrittskarten ist limitiert, geführt wird alle 10 Min. in Gruppen von maximal 20 Pers. Reservierung (am besten einen Tag zuvor) beim Besucherzentrum empfohlen (S. 153).

Königliche Gärten (Ogrody Królewskie): Die Königlichen Gärten können nur bei gutem Wetter und in Begleitung eines Führers besichtigt werden. Bereits 300 m² der Gartenanlage wurden restauriert, und obwohl die Arbeiten noch andauern, deutet sich an, dass hier ein weiteres Glanzlicht entstehen wird. Bis 2012 waren die Gärten allerdings fast ständig geschlossen, eine Änderung war bei Redaktionsschluss nicht abzusehen. Ursprünglich ließ Königsgattin Bona Sforza die Gärten in der ersten Hälfte des 16. Jh. anlegen, die aus ihrer italienischen Heimat auch viele (Nutz-)Pflanzen mitbrachte. Und der italienische Einfluss auf die polnischen Gemüsebezeichnungen ist bis heute hörbar: „Kalafior" heißt der Blumenkohl auf Polnisch, „pomidor" die Tomate.

April–Aug. Di und Fr/Sa 10.30–17, Mi/Do und So 10.30–15.30 Uhr, bei Regen sowie Sept.–März geschlossen. Eintritt 3 €. Die Zahl der täglichen Eintrittskarten ist limitiert, geführt wird alle 10 Min. in Gruppen von max. 30 Pers. Reservierung (am besten einen Tag zuvor) beim Besucherzentrum empfohlen (S. 153).

„Verschollener Wawel" („Wawel Zaginiony"): Die Ausstellung zeigt Stücke aus dem Mittelalter, die bei archäologischen Grabungen auf dem Gelände des Königshügels gefunden worden waren. Wo früher die königlichen Küchen standen, ist heute eine Sammlung von Schmuckstücken, Alltagsgegenständen, Münzen und Ähnlichem zu begutachten. Ebenfalls zur Ausstellung zählen die Ausgrabungsstätten im Innenhof. Auf dem gesamten Gelände standen über die Jahrhunderte diverse inzwischen verfallene Kirchen, deren Fundamente auch auf der Grünfläche zwischen der Kathedrale und den Mauern zu sehen sind. Zu den bedeutendsten zählt die Rotunde der Allerheiligsten Jungfrau Maria (Rotunda Najśw. Marii Panny), die im 10. Jh. gebaut wurde. Im Vorraum kann man mit Hilfe eines Computerprogramms eine virtuelle Rekonstruktion des mittelalterlichen Hügels betrachten sowie ein Modell, das die Anlage im 18. Jh. zeigt. Die beiden letzten Attraktionen waren allerdings in den letzten Jahren nicht immer zu sehen.

April–Okt. Mo 9.30–13, Di–Fr 9.30–17, Sa/So 10–17 Uhr, Nov.–März Di–Sa 9.30–16, So 10–16 Uhr. Eintritt 2 €, erm. 1 €, Mo frei (Sommer), So frei (Winter); Karten müssen trotzdem abgeholt werden. Die Zahl der täglichen Eintrittskarten mit festgelegter Besuchszeit ist limitiert.

Drachenhöhle (Smocza Jama): Schon im 12. Jh. erwähnte der Chronist Wincenty Kadłubek die Drachenhöhle, in der nach der Legende (→ Kasten S. 144) das Untier hauste, das die Stadt bedrohte. Tatsächlich befindet sich eine gewaltige Höhle mit langen Gängen im westlichen Teil des Hügels; heute ist allerdings nur ein Teil davon zugänglich. Der Eingang auf der Terrasse des Hügels führt nach einigen Treppen zu einem 81 m langen Tunnel im Kalksteinfels. Die dezente Beleuchtung der Höhle gewährt einen Blick auf geheimnisvolle Felsspalten und Kammern, die bis zum 16. Jh. unter anderem als Kneipe benutzt worden waren. Heute ist der Rundgang, der an der Weichsel herausführt, vor allem ein Spaß für Kinder – sie begeistern sich für die vor der Höhle stehende Drachenskulptur von Bronisław Chromy, die regelmäßig echtes Feuer speit.

April und Sept./Okt. tägl. 10–17 Uhr, Mai–Aug. bis 19 Uhr; Nov.–März geschlossen. Eintritt 1 €, Kinder bis 7 J. frei. Tickets am Automaten beim Eingang der Höhle auf dem Wawel oder bei den Kassen.

Praktische Infos

(→ Karte S. 146)

Information und Eintrittskarten

Besucherzentrum 5 Das Büro ist zuständig für die Besichtigung durch Reisegruppen und die Buchung der Führungen (gruppenweise sowie für Einzelpersonen). Die Preise für eine deutschsprachige Führung variieren stark (ab 19 €), je nach Gruppengröße und Zahl der Führungen. Im Besucherzentrum befinden sich eine der beiden Kassen, ein riesiges Souvenirgeschäft, Infostände und zwei Cafés. *Besucherzentrum: Dez.–Feb. tägl. 9–17 Uhr, März/Okt. bis 18 Uhr, April/Sept. bis 19 Uhr, Mai/Aug. bis 20 Uhr, Juni/Juli bis 21 Uhr. Büro: Nov.–März Mo–Sa 9–15 Uhr, April–Okt. Mo 9–14, Di–Sa 9–16 Uhr. Geschlossen an wichtigen kath. Feiertagen.* ☎ 12-4221697, ✆ 4226464, www.wawel.krakow.pl.

Kassen für Ausstellungen im Schloss 1 befinden sich im Besucherzentrum und an der Brama Herbowa. Hier kann man reservierte Karten abholen und bezahlen. Auch bei freiem Eintritt müssen die Karten abgeholt werden, da die Zahl der Besucher aus Sicherheitsgründen limitiert ist. April/Sept.–Okt. Mo–Fr 9–16.45, Sa/So 9.30–16.45 Uhr, Mai–Aug. Mo–Fr 9–17.45, Sa/So 9.30–17.45 Uhr, Nov.–März Di–Sa 9.15–14.45, So 9.30–14.45 Uhr.

Kasse für Dom-Museum, Krypten und Sigismundturm 3 gegenüber der Kathedrale. Zur Hochsaison wird empfohlen, möglichst früh und/oder nicht am Wochenende zu kommen, weil es auch im Dom zu Wartezeiten kommen kann. Mo–Sa 9–16.30 (im Winter bis 15.30, So 12.30–16.30 Uhr.

Gepäckaufbewahrung 2/7 Größere Gepäckstücke müssen bei der Brama Bernardyńska auf der östlichen Seite abgegeben werden, Handgepäck, Rucksäcke und Taschen vor dem Besuch der Ausstellungen im Schloss in einem vom Innenhof zugänglichen Raum. Mo 9.30–15.30, Di–Fr 9–17, Sa/So 9.30–17 Uhr.

Cafés

Słodki Wawel 4 Kuchen, Eis, Kaffee und natürlich Schokolade aus dem Hause Wawel in fester und flüssiger Form. Geöffnet wie Besucherzentrum. Wzgórze Wawelskie 9, www.wawel.com.pl.

Kawiarnia Pod Basztą 6 Ein Café, das von seiner Lage lebt, abgesehen davon nichts Besonderes. Tägl. 9–17 Uhr, im Winter bis 16, im Sommer bis 18 Uhr. Wzgórze Wawelskie 9, ☎ 12-4227528, www.kawiarniapodbaszta.com.

Warten, bis er Feuer speit

Kunstgarten und typische Krakauer Jugendstilfassade

Piasek und Nowy Świat: Mitten im Krakauer Jugendstil

So schön die historische Altstadt für Touristen sein mag, manch einer zieht zum Wohnen freiere Flächen vor. So ging es auch manchen Krakauern, die im 19. Jahrhundert ihr Glück in Nowy Świat, in der „Neuen Welt", versuchten, die gleich westlich der Stadtmauer begann. Die unbegrenzten Möglichkeiten dort drückten sich unter anderem im verspielten Jugendstil aus.

Einschränkend aber ist hinzuzufügen, dass die Flächen, die vor 100 Jahren noch genügend Platz ließen, inzwischen längst zugebaut sind. Doch die, die auf der Suche nach Lichtungen im Häuserwald sind, werden auf diesem Rundgang trotzdem bestens bedient. Auch die Krakauer strömen im Sommer mit Kind und Kegel oder Picknickdecke und Fahrrad zu den Parkanlagen und Wiesen, die hinter dem Stadtteil Piasek beginnen. Hier im Westen befinden sich nicht nur Cracovia und Wisła, die beiden wichtigsten Fußballvereine der Stadt, sondern auch zahlreiche universitäre Einrichtungen – eine angemesse-

ne Nachbarschaft für das Nationalmuseum, dem man problemlos einen eigenen Rundgang widmen könnte.

In Piasek selbst ist man umgeben von Jugendstilgebäuden, die vom Reichtum ihrer Besitzer erzählen – zugleich aber auch von der Verspieltheit ihrer Architekten, deren Stil im krassen Gegensatz steht zu den Bauwerken der historischen Altstadt. Wie gemacht also für die vielen Studenten, die man hier tagsüber auf den Straßen und in Cafés rund um die ulica Krupnicza trifft. Diese Cafés, die sich mit originellen Restaurants und versteckten Geschäften abwechseln, sind ein weiterer Grund, die Gren-

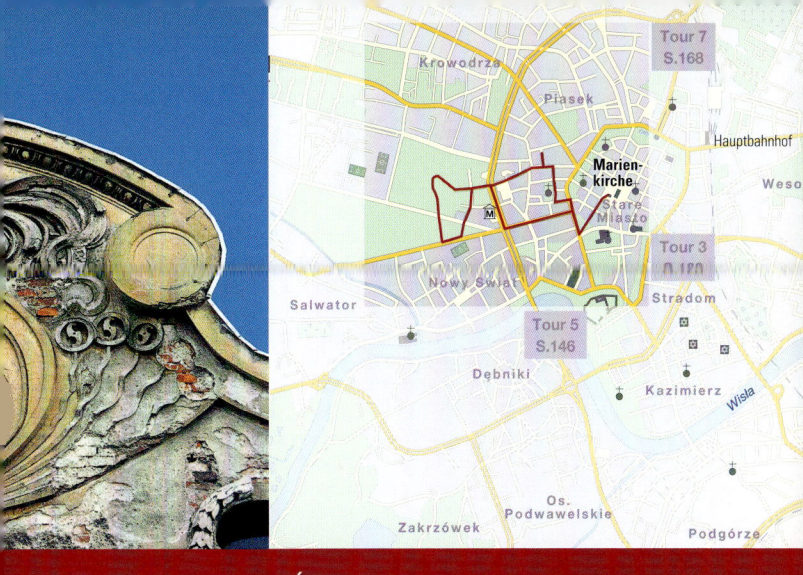

Tour 7
S.168

Tour 3
S.150

Tour 5
S.146

Piasek und Nowy Świat: Mitten im Krakauer Jugendstil

ze der einstigen Stadtmauern zu überschreiten. Die zweite kulturelle Institution neben dem Nationalmuseum ist die Philharmonie, die nicht nur wegen des hervorragenden Orchesters einen Besuch wert ist. Nach einem Konzert kann man dann durch die gedämpft beleuchtete ulica Piłsudskiego schlendern, die auch tagsüber zu den schönsten Straßen Krakaus zählt.

Rundgang

Startpunkt: Rynek Główny, Rathausturm

Ende: ul. Straszewskiego

Reine Gehzeit: ca. 1 Std.

Der Rundgang beginnt auf dem Rynek beim Rathausturm. Über die ulica Wiślna kreuzen wir die Planty und befinden uns schon vor der **Philharmonie (Filharmonia)**. Auf der ulica Straszewskiego gehen wir ein paar Schritte nach rechts, um in die ulica Piłsudskiego einzubiegen. Auf der linken Seite steht der **Hutten-Czapski-Palast (Pałac Hutten-Czapskich)**, den man ab Sommer 2013 endlich auch von innen besichtigen

kann. Wenn man bis zur nächsten Kreuzung weitergeht, findet man sich in Gesellschaft der vielleicht individuellsten Jugendstilgebäude der Stadt. Es sind dies das **Haus unter dem Singenden Frosch (Dom Pod Śpiewającą Żabą)** und die **Sporthalle Sokół (Towarzystwo Gimnastyczne Sokół)**. Aber bei diesen beschränkt sich das Vergnügen auf das Betrachten der Fassaden. Die älteste Sporthalle Krakaus darf man zwar betreten, doch findet sich hier nichts von Interesse. Davor steht seit 2008 ein Denkmal zu Ehren des Feldherrn Józef Piłsudski. An der Ecke zur Allee steht das ungewöhnliche **Ekielski-Haus (Dom własny Ekielskiego)**, nach ein paar Schritten nach links in die Allee stößt man auf das **Haus unter der**

Eule (**Dom Pod Sową**) – und gleich daneben auf das **Buntglasmuseum (Muzeum Witrażu)**. Zurück an der Kreuzung öffnet sich die Perspektive. Man schaut auf eine weite Rasenfläche, an deren linkem Ende das hässliche Hotel Cracovia steht. Ihm gegenüber steht ein Denkmal zu Ehren des Universalgenies Wyspiański (→ Kasten S. 30), auf dem Figuren aus seinen Dramen verewigt wurden. Bei den Krakauern gilt es zu Recht als misslungenstes Denkmal der Stadt. Von wesentlich größerem Interesse ist da schon das dahinter aufragende **Nationalmuseum (Muzeum Narodowe)**. Der Bau selbst ist zwar wenig einladend, doch hinter seinen Mauern sind polnische Schätze zu entdecken, die nicht nur Kunstfreunde begeistern. Die Allee der Drei Poeten (Aleje Trzech Wieszczów), an der sich das Museum befindet, war in den 30er Jahren von der Stadtregierung als Prachtstraße geplant. Davon zeugen noch immer die monumentalen Bauten, an denen man vorbeikommt. Die Industrieschule (Szkoła Przemysłowa) und die Bergbau-Akademie (Akademia Górniczo-Hutnicza) sind zwei Beispiele, ein drittes ist die **Jagiellonen-Bibliothek (Biblioteka Jagiellońska)**. Im Gegensatz zu den beiden zuvor genannten Gebäuden wird man von diesem nicht erschlagen; vielmehr beweist es, dass Großbauten durchaus unaufdringlich sein können. Dahinter steht ein ebenso sehenswerter, zur Bibliothek gehörender Neubau, dessen Baustil an das Hauptgebäude angelehnt ist.

Nach so viel Kultur hat man etwas Erholung verdient. Über die ulica Ingardena gelangt man zu dem am Ende der Straße liegenden **Jordan-Park (Park Jordana)**. Hier toben Kinder herum, für die Eltern sind die teils symmetrisch angelegten Wege mit ihren Büstengruppen ebenso interessant. Eine große Bedeutung für die Stadt haben die **Błonia-Wiesen (Błonia)**. Auf ihnen finden regelmäßig Sportveranstaltungen und ähnliche Massenereignisse statt. Weltweit sind sie durch die Freiluftmessen des letzten Papstes bekannt geworden. Die ulica Oleandry mit ihren vielen Museen, Instituten und Studentenclubs führt wieder an der Rückseite der Jagiellonen-Bibliothek vorbei. Danach biegt man in die ulica Krupnicza ein, auf den ersten Blick keine besonders attraktive Straße; näher zum Zentrum hin finden sich jedoch viele Restaurants und Cafés. Dort steht auch das **Mehoffer-Haus (Dom Mehoffera)**, das Werke des gleichnamigen Künstlers zeigt.

Abschließend biegen wir nach links in die ul. Szujskiego und gelangen so zum rostroten Gebäude des **Kleinpolnischen Kunstgartens (Małopolski Ogród Sztuki)**. Wieder zurück auf der ul. Krupnicza, gehen wir ein paar Schritte nach links und schlendern dann durch die ulica Loretańska, eine kleine romantische Gasse. Nach der Kapuzinerkirche halten wir uns links und passieren in der ul. Jabłonowskich an ein weiteres Jugendstilgebäude, das erst kürzlich restaurierte „Haus unter der Krone" (Dom Pod Koroną), das heute als Schule dient. Die ulica Straszewskiego führt uns dann an den Ausgangspunkt unseres Rundgangs zurück. Das Technikhaus (Dom Technika, Haus-Nr. 28) ist ein weiteres interessantes Beispiel des Krakauer Jugendstils.

Sehenswertes

Philharmonie (Filharmonia): Das von außen eher nüchterne Gebäude lebt vor allem vom Ruf des Orchesters und seiner Darbietungen. Bis 1909 mussten die Krakauer auf eine feste Besetzung warten, doch danach stieg das Niveau stetig. Wie bei vielen Orchestern von Weltrang verdankt es seine Prägung einem bestimmten Dirigenten. In Krakau war dies Krzysztof Penderecki (geb. 1933), der aufgrund seiner eigenen Kompositionen oft als „spätmoderner Klassiker" bezeichnet wird. Kein Wunder also, dass man in der Heimstätte des Orchesters wie auch bei den zahllosen Tourneen in die ganze Welt vor allem eindrucksvolle Interpretationen zeitgenössischer Musik zu Gehör bekommt. Das eher klassische Repertoire der Sinfonien und Konzerte aus dem 18. und 19. Jh. wird natürlich ebenso überzeugend dargeboten. Das Haus selbst stammt aus den späten 1920er Jahren, Bauherr war das Katholische Kulturinstitut.

Geöffnet eine Stunde vor Konzertbeginn. Ul. Zwierzyniecka 1, ✆ 12-6198733, www.filharmonia.krakow.pl. Tram 1, 2, 6, 8, 13, 18, 69, Haltestelle Filharmonia.

Hutten-Czapski-Palast (Pałac Hutten-Czapskich): Gebaut wurde die mit Tierskulpturen verzierte elegante Stadtvilla im späten 19. Jh., schon 1894 kaufte sie der reiche litauische Kunstsammler Emeryk Hutten-Czapski. Dessen Interessen waren außergewöhnlich vielseitig und reichten von Münzen und Drucken über Porzellan und Glaskunst bis zu Gemälden und Rüstungen. Da der Platz in dem Haus nicht ausreichte, baute er für seine Sammlung eigens einen kleinen Pavillon. Heute befinden sich in der Villa die Verwaltung des Nationalmuseums sowie ein Depot mit den Schätzen, die die Familie dem Museum vermachte. Eine dauerhafte Öffnung für Besucher ist ab Juni 2013 geplant. Zu sehen sein wird dann eine Auswahl der von Emeryk Hutten-Czapski gesammelten Münzen und Kunstwerke sowie Gemälde seines Enkels Józef Czapski, eines begnadeten Malers.

Öffnungszeiten und Eintrittspreise standen bei Redaktionsschluss noch nicht fest. Ul. Piłsudskiego 12, www.muzeum.krakow.pl. Tram 18, Bus 124, 152, Haltestelle Uniwersytet Jagielloński.

Haus unter dem Singenden Frosch (Dom Pod Śpiewającą Żabą): Der unverwechselbare Stil von Teodor Talowski (1857–1910) zieht sich durch das ganze Viertel, doch dieses 1889/1890 errichtete Haus ist sein berühmtestes Werk. Das mag an dem auf vielen Fotos verewigten Frosch liegen, aber auch an der Idee hinter der Skulptur. In dem Gebäude war nämlich eine Musikschule untergebracht, worauf die Notenlinien auf der Fassade anspielen. Ob die angehenden Musiker mit dem Sinnbild des quakenden Froschs zufrieden waren, oder ob sie es mit dem gleichen Schmunzeln wie die heutigen Touristen zur Kenntnis nahmen, ist nicht bekannt. Genauso außergewöhnlich sind die benachbarten Häuser in der ul. Retoryka. Unter der Nummer 7 findet man das 1887 fertiggestellte Wohnhaus „Festina Lente" (Eile mit Weile), in dem Talowski lebte. An der asymmetrisch gestalteten Fassade ist außer dem Namen des Hauses auch Talowskis auf Hippokrates zurückgehendes Lebensmotto „Ars longa vita brevis" (Die Kunst währt lang, das Leben kurz) verewigt. Ebenfalls aus der frühen Schaffenszeit des Architekten stammt das Wohnhaus „Pod Osłem" (Unter dem Esel) mit der Nummer 9, das wie die anderen beiden durch die eigenwillige Interpretation der Krakauer Renaissance auffällt.

Für Besucher nicht zugänglich. Ul. Retoryka 1/7/9. Tram 18, Bus 124, 152, Haltestelle Uniwersytet Jagielloński.

Sporthalle Sokół (Towarzystwo Gimnastyczne Sokół): Ein weiteres Gebäude, das Teodor Talowski zwar nicht plante, doch 1894 erweiterte und verschönte. Nicht zuletzt deshalb trägt es seine ganz spezielle Handschrift. Der Arzt Henryk Jordan (1842–1907) gründete hier den ersten Krakauer Verein, der sich der Gymnastik und dem Sport verschrieb – mit interessanter Ausrichtung: So wurden die Rumpfbeugen und Liegestützen mit theoretischen Erklärungen und patriotischen Ansprachen (!) ergänzt. Heute beschränkt man sich eher auf die sportlichen Elemente.

→ Rundgang 6: Piasek und Nowy Świat → Karte S. 158/159

Noch immer finden hier Veranstaltungen statt, und regelmäßig trainieren hier Vereine.

Für Besucher nicht zugänglich. Ul. Piłsudskiego 27, www.sokol.pl. Tram 18, Bus 124, Haltestelle Cracovia.

Ekielski-Haus (Dom własny Ekielskiego): Von 2008 bis 2010 restauriert, präsentiert sich die Villa wieder so faszinierend, wie sie der zweite große Krakauer Architekt der Jahrhundertwende 1899 schuf. Władysław Ekielski (1855–1927) wohnte selbst in diesem Eckhaus, das vor interessanten Einfällen nur so strotzt. Charakteristisch sind der runde Turm des Treppenhauses, das Spiel mit der Symmetrie und die Kombination verschiedener historischer Baustile.

Für Besucher nicht zugänglich. Ul. Piłsudskiego 40. Tram 18, Bus 124, Haltestelle Cracovia.

Haus unter der Eule (Dom Pod Sową): Das 1907 vollendete Haus mit der Eule an der Fassade geht auf Roman Bandurski zurück, einen Schüler von Teodor Talowski. Deutlich zeigt sich der Einfluss seines Lehrers in der Verwendung von roten Ziegeln, der Vermischung verschiedener Stile, der Asymmetrie und dem Detailreichtum.

Das Nachbarhaus, 1906/07 nach den Plänen von Ludwik Wojtyczko gebaut, beherbergt eine Buntglaswerkstatt mit einigen Ausstellungsstücken im Muzeum Witrażu (Buntglasmuseum). Im Jahr 2000 erweckte der Glaskünstler Piotr Ostrowski die traditionsreiche Werkstatt von Stanisław Gabriel Żeleński (der Bruder des Satirikers Tadeusz Boy-Żeleński) zu neuem Leben.

Eintritt frei. Al. Krasińskiego 21/23. Besuch nur nach Voranmeldung unter ☎ 12-4228619. www.muzeumwitrazu.pl. Tram 18, Bus 124, Haltestelle Cracovia.

Nationalmuseum (Muzeum Narodowe): Von außen an Hässlichkeit nur noch durch das gegenüberliegende Hotel Cracovia übertroffen, findet man in

Ü bernachten
1   2nd Floor (S. 55)
3   Piast (S. 57)
5   cracow days (S. 55)
7   Polonez (S. 54)
16 Cybulskiego (S. 55)
18 Fortuna (S. 53)
19 Fortuna Bis (S. 53)
22 Ostoya Palace (S. 51)
23 Festina lente (S. 55)

E ssen & Trinken
     (S. 163/164)
6   Pierogi
9   Mamma Mia
10 Nostalgia
11 eco resto bar Korek
13 Vega
15 Karma

C afés (S. 164)
2   Lody U Marysi
8   Czarodziej
12 Ważka
14 Dynia
25 Filmowa
28 Café Szafé

N achtleben
     (S. 164/165)
4   Russian Enso
17 Stary Port
20 Rotunda
21 Żaczek
24 Kornet

E inkaufen (S. 165)
15 Naturalny Sklepik
26 Massolit Books
27 House of Albums

den Museumsräumen doch genügend ästhetisch Ansprechendes. Abgesehen von den wechselnden Ausstellungen gibt es drei Abteilungen. Im Erdgeschoss sind Waffen und Uniformen zu sehen – wohl nur für militärgeschichtlich Interessierte zu empfehlen. Für die Allgemeinheit sehr viel interessanter dürfte das Kunsthandwerk im ersten Stock sein: Schmuck, Dekorationen oder alte Sticke-

Ulica Pomorska, Museum der Geschichte der Fotografie

Tour 7: Kleparz
siehe S. 168/169 ▲

Haus "unter der Spinne"

Karmeliter-kloster und -kirche

Akademie f. Bergbau u. Hüttenwesen

Haus "unter der Spinne"

Małopolski Ogród Sztuki (Kleinpolnischer Kunstgarten)

Teatr Groteska

Mehoffer-Haus

Jagiellonen-Bibliothek

Kapuziner-kirche

Europeum

Rynek

Sporthalle Sokół

National-museum

Haus J. Piłsudskiego

"Unter d. Singenden Frosch"

Ekielski-Haus

Hotel Cracovia

Haus "unter der Eule"

Pałac Hutten-Czapskich

Filharmonia

Cracovia-Kraków-Stadion

Tour 11 - Zwierzyniec und an der Weichsel
siehe S. 218 ▼

W i s ł a (Weichsel)

150 m

Tour 6:
Piasek und Nowy Świat

reien vermitteln ein Bild vom Leben der Krakauer vom Mittelalter bis in die heutige Zeit. Unbestrittenes Prunkstück allerdings ist der dritte Bereich im zweiten Stock, der als Fortsetzung der Ausstellungen in den Tuchhallen gilt. Während dort die Kunst des 19. Jh. präsentiert wird, findet man hier Werke aus dem letzten Jahrhundert. Die Absicht, eine möglichst große Bandbreite der

modernen polnischen Kunst zu präsentieren, kann als sehr geglückt bezeichnet werden. Von den zahlreichen Gemälden, Plastiken, Zeichnungen und Graphiken ragen unter anderem die Werke Witkacys sowie die Glasmalereien von Wyspiański und Mehoffer heraus.

Di–Sa 10–18, So 10–16 Uhr, Mo geschl. Tageskarte für alle Dauer- und Wechselausstellungen 4,50 €, erm. 2 €, So frei (nur

Dauerausstellungen). Eintritt nur für Dauerausstellungen 2,50 €, erm. 1 €, Führung (deutsch) 28 €, Audioguide 1 €. Al. 3 Maja 1, ✆ 12-2955500, www.muzeum.krakow.pl. Tram 18, Bus 124, Haltestelle Cracovia.

Jagiellonen-Bibliothek (Biblioteka Jagiellońska): Von den 42 über die Stadt verteilten Bibliotheken ist dies die größte: 4,5 Millionen Bücher sind hier zu finden. Für die Krakauer ist es eine öffentliche Bibliothek, für die Studenten und Professoren eine Universitätsbibliothek und für die Polen eine von drei Nationalbibliotheken. Den Besuchern werden aber mehr die kostbaren Manuskripte und Bücher interessieren, die in den Spezialsammlungen ausgestellt werden. Ein Großteil dieser Schriften datiert aus dem Mittelalter und belegt die Bedeutung der Stadt als eines der wichtigsten geistigen Zentren Europas. Von besonderem Interesse sind die Handexemplare der ersten Bände des „Grimmschen Wörterbuchs" mit handschriftlichen Notizen der Brüder sowie die wertvolle Berlinka (nur für Forscher zugänglich). Diese Sammlung deutscher Originalschriften befindet sich seit Kriegsende in der Jagiellonen-Bibliothek. Über eine Rückgabe an Deutschland wird schon seit Jahrzehnten verhandelt. Sowohl das Hauptgebäude aus den 1930er Jahren als auch der Nebenflügel, der 2002 fertiggestellt wurde, überzeugen durch ihre stimmige und eindrucksvolle Architektur, die sich auf das Wesentliche beschränkt.

Bücher (ab 1800) können im Lesesaal gegen Vorlage eines Ausweises studiert werden. Mo 10–19, Di–Fr 9–19, Sa 9–14 Uhr; alte Drucke und Handschriften Mo–Fr 10–18, Sa 10–14 Uhr. Eintritt frei. Al. Mickiewicza 22, ✆ 12-6330903, www.bj.uj.edu.pl. Tram 8, Haltestelle Oleandry.

Jordan-Park (Park Jordana): Einst eine Weidefläche, die 1887 für eine Ausstellung zum Park umgestaltet wurde. Pavillons wurden gebaut, Alleen angelegt und Bäume gepflanzt. Ein Jahr später schlug der Arzt Henryk Jordan vor, die Ausstellungsfläche dauerhaft als Park zu nutzen. Schon damals war dem „Krakauer Turnvater Jahn" die Erholung der Bürger und deren körperliche Fitness ein Anliegen, und bis heute kommen die Krakauer hierher, um sich vom urbanen Stress zu erholen, spazieren zu gehen und zu joggen. Schwimmbäder und Turngeräte gibt es heute nicht mehr, dafür aber Hügel, Kinderspielplätze und Teiche zum Paddeln. Sehenswert sind neben den Blumenbeeten und der Anlage vor allem die 45 Büsten berühmter Polen, die über den Park verstreut stehen.

April–Okt. 6–22, Nov.–März bis 20 Uhr. Zwischen ul. Reymonta und al. 3 Maja. Tram 8, Haltestelle Park Jordana.

Haus unter der Eule

Krakaus größte „Kirche" – die Błonia-Wiesen

Błonia-Wiesen (Błonia): Mit 50 Hektar gehören die Wiesen zu den großen innerstädtischen baumlosen Grünflächen Europas. Doch wie kam es, dass ein solches Areal unbebaut blieb? Ein reicher Adliger vermachte das sumpfige, von Bächlein durchzogene Land vor einer Pilgerreise ins Heilige Land dem Orden der Prämonstratenserinnen. Im Jahr 1366 wiederum tauschten die Nonnen die Błonia gegen ein kleines Haus in der ulica Floriańska. Die Schwestern hatten Pech, denn ihr ertauschtes Gebäude brannte nieder. Die Krakauer Bürger hingegen hatten Glück, weil König Kazimierz Wielki ihnen das Weiderecht zusicherte. Dieses Versprechen an die Krakauer wurde über Jahrhunderte hinweg von Königen und später Politikern erneuert. Bereits im Mittelalter sollen auf dem Gelände Fußballspiele stattgefunden haben. Bis heute nutzen viele das Gelände zum Inlineskaten, Radeln oder Joggen. Auch die großen Vereine Wis-

ła Kraków und Cracovia Kraków sind in unmittelbarer Nähe zu Hause. Bei ihren Spielen sollte man sich allerdings von den Błonia-Wiesen fernhalten – dann sind auch viele Hooligans unterwegs. Diese schworen zwar nach dem Tod des letzten Papstes von der Gewalt ab, doch war dies ein Schwur, den sie bald brachen. Johannes Paul II. ist überhaupt aufs Engste mit den Wiesen verbunden. Hier hielt er 1979, 1983 und 1987 Messen vor bis zu drei Millionen Menschen ab, die letztlich das Ende des Sozialismus einläuteten. Ihm zu Ehren wurde ein Stein aus den Bergen der Tatra hierhergebracht, zu dem nach seinem Tod beim Weißen Marsch eine Million Menschen strömten. „Du bist der Fels", lautet die Inschrift in Anlehnung an den kirchenstiftenden Auftrag, den Petrus von Jesus erhalten hatte (Mt 16,18).

Zwischen al. Focha, al. 3 Maja und ul. Piastowska. Tram 18, Bus 124, Haltestelle Cracovia.

Mehoffer-Haus (Dom Mehoffera): Das Geburtshaus von Stanisław Wyspiański war wahrlich ein Hort der Kreativität. Denn auch Józef Mehoffer, der ab 1932 in dem Haus lebte, schuf hier ein Meisterwerk nach dem anderen, wie unter anderem die museumseigene Sammlung zeigt. Vor allem Bilder und Glasmalereien finden sich in den Räumen, die seit dem Tod des Künstlers nicht verändert worden sind. Das Haus war aber nicht nur Mehoffers Atelier, es war auch einer der wichtigsten Treffpunkte für den gesamten Künstlerkreis des Jungen Polen. Hinter dem Haus befindet sich noch der kleine Garten, der auf die polnischen Jugendstilisten vielleicht ebenso inspirierend wirkte.

Mi–So 10–16 Uhr. Eintritt 2 €, erm. 1 €, So frei; Führung (deutsch) 28 €. Ul. Krupnicza 26, ✆ 12-4211143, www.muzeum.krakow.pl. Tram 2, 4, 14, 18, 24, 64, 69, Haltestelle Teatr Bagatela.

Kleinpolnischer Kunstgarten (Małopolski Ogród Sztuki): Das Ende 2012 eröffnete zeitgenössische Kunstzentrum mit dem Kürzel MOS ist aus zwei Gründen sehenswert. Zum einen ist es ein architektonisch sehr gelungener Bau, dessen rostrote Farbe und von sog. żyletki (Rasierklingen) verdeckte Glasfassade an den ebenfalls von Krzysztof Ingarden konzipierten Pawilon Wyspiański 2000 erinnert (→ Rundgang 3). Zum anderen handelt es sich um eine Krakauer Variante des Centre Pompidou, die Zielgruppe beschränkt sich also nicht auf snobistische Eliten, sondern umfasst alle Bevölkerungsschichten. Zu sehen sind „multimedial aufbereitete Synthesen" aus diversen Kunstbereichen wie Musik, Theater, Performance Art, Tanz und Bildender Kunst, aber auch „normale" Ausstellungen, Filmvorführungen und Konzerte.

Öffungszeiten und –preise abhängig von den jeweiligen Veranstaltungen. Ul. Rajska 12, ✆ 12-424 45 25, www.mos.art.pl. Tram 2, 4, 14, 18, 24, 64, 69, Haltestelle Teatr Bagatela.

Außerhalb des Rundgangs

Europeum: Krakaus altes Speicherhaus wurde von Grund auf restauriert und auf seine neue Aufgabe vorbereitet. Statt wie im 17. Jh. zur Kornaufbewahrung dient das beinahe quadratische Gebäude ab Ende 2013 als Ausstellungsfläche für Gemälde, weltliche und sakrale Kunst sowie Grafiken und Kunsthandwerk aus dem 14. bis zum 20. Jh. Besonderes Interesse auf sich ziehen werden die Werke flämischer, holländischer, italienischer, spanischer und deutscher Meister, darunter Lotto, Berlini, Strozzi oder Pieter Brueghel der Jüngere.

Eröffnung voraussichtlich Oktober 2013. Öffnungszeiten und Eintrittspreise standen bei Redaktionsschluss noch nicht fest. Pl. Sikorskiego 6. Tram 2, 4, 14, 18, 24, 64, 69, Haltestelle Teatr Bagatela.

Haus unter der Spinne (Dom Pod Pająkiem): 1889 schuf Architekt Teodor Talowski dieses seltsame Haus, bei dem er Gotik, flämische Renaissance und Manierismus miteinander kombinierte. Viele Details wie die abstehenden Ziegel, Türmchen und Märchengestalten bestimmen die Ziegelfassade. Talowski vermittelte erfolgreich den Eindruck, dass das Eckhaus mehrmals umgebaut worden war und eine Restaurierung benötigte! Den Namen hat das Gebäude von der auf einem Giebel befindlichen gusseisernen Spinne, die ihr Netz in einem Loch gespannt zu haben scheint. Als Symbol der Kreativität wollte der Meister sie verstanden wissen.

Für Besucher nicht zugänglich. Ul. Karmelicka 35. Tram 4, 13, 14, 20, 24, 64, Haltestelle Batorego.

Museum der Geschichte der Fotografie (Muzeum Historii Fotografii): Schwerpunkt des Museums sind die Anfänge der Fotografie. Zu sehen sind Landschaftsfotos, Aufnahmen historischer Ereignisse und natürlich Bilder des alten Krakaus. Der größte Schatz sind die Autochromaufnahmen des polnischen Farbfilmpioniers Tadeusz Rząca aus den Jahren 1908 bis 1912. Abgesehen davon sind auch alte Kameras und Foto-Equipment zu bestaunen. Regelmäßige Wechselausstellungen präsentieren hingegen die Werke der zeitgenössischen Fotografen.

Mi–Fr 11–18, Sa/So 10–15.30 Uhr. Eintritt 2 €, erm. 1 €, So frei. Ul. Józefitów 16, ℡ 12-6345932, www.mhf.krakow.pl. Tram 4, 13, 14, 20, 24, 64, Haltestelle plac Inwalidów.

Pomorska-Straße (Ulica Pomorska): Im ehemaligen Gestapo-Gefängnis wurde eine vollständig neue Ausstellung ausgearbeitet, die seit 2011 zu besichtigen ist. Der Titel „Krakauer gegen den Terror 1939–1945–1956" deutet schon an, dass es um die Verbrechen der nationalsozialistischen, aber auch der stalinistischen Besatzer geht. Fotos, Dokumente, Erinnerungsstücke, Folterwerkzeuge und ein Verhörzimmer verdeutlichen die totalitären Methoden. Eintritt erst ab 14 J. empfohlen.

April–Okt. Di–So 10–17.30 Uhr, Nov.–März Di/Mi und Fr 9–16, Do 12–19, Sa/So 10–17 Uhr. Eintritt 1,50 €, erm. 1 €, Kombi-Ticket „Trasa Pamięci" 5 €, erm. 4 €. Ul. Pomorska 2, ℡ 12-6331414, www.mhk.pl. Tram 4, 13, 14, 20, 24, 64, Haltestelle plac Inwalidów.

Museum des Jungen Polen (Muzeum Młodej Polski): Im ehemaligen Heim des Malers Włodzimierz Przerwa-Tetmajer heiratete seine aus einer Bauernfamilie stammende Schwägerin Jadwiga den bürgerlichen Poeten Lucjan Rydel. Wohl zur bekanntesten Hochzeit Polens wurde die Vermählung durch die Verarbeitung der Ereignisse in Stanisław Wyspiańskis Drama *Wesele*, das die Überwindung des Klassenunterschieds als romantisches Zurück-zu-den-Wurzeln betont. Heute beherbergt das Gebäude ein der Bewegung des Jungen Polen gewidmetes Museum mit interessanten Bildern, Mobiliar und Kleidung der damaligen Zeit.

Mo–Mi und Fr/Sa 9–15, Do 13–19 Uhr. Eintritt 2 €, erm. 1,50 €. Ul. Tetmajera 28, ℡ 12-6370750. Tram 4, 13, 24, 64, Haltestelle Bronowice Małe. (An der Endhaltestelle aussteigen, in Fahrtrichtung nach rechts in die ul. Zielony Most gehen, dann den Tunnel durchqueren und nach links in die ul. Tetmajera.)

→ Karte S. 158/159 — Rundgang 6: Piasek und Nowy Świat

Praktische Infos (→ Karte S. 158/159)

Restaurants

Vega 🔢 Einfallsreiche Küche mit ausschließlich vegetarischen Gerichten. Frische Salate, Gemüselasagne, Suppen und Sojaspezialitäten. Hg. 2–3,50 €. Tägl. 9–21 Uhr. Ul. Krupnicza 22, ℡ 12-4300846, www.vegarestauracja.com.pl. ■

Nostalgia 🔟 Ein passender Name. Gemütlicher Garten und schönes Interieur, die Küche eher neupolnisch und mit vielen Gerichten für Vegetarier. Hg. 4,50–19 €. Tägl. 12–23 Uhr. Ul. Karmelicka 10, ℡ 12-4254260, www.nostalgia.krakow.pl.

Mamma Mia 9 Pizza aus dem Steinofen und auch sonst authentisches italienisches Lebensgefühl. Hg. 3,50–10 €. Tägl. 12–23, So bis 22, Mo–Sa ab 7.45, So ab 9 Uhr für den Morgencappuccino. Ul. Karmelicka 14, ℡ 12-4300492, www.mammamia.net.pl.

🌿 Karma **15** Empfehlenswerte Bar mit vielen vegetarischen Gerichten auf der Tageskarte. Die Zutaten stammen aus kontrolliert biologischem Anbau. Schöne Einrichtung aus rohem Stein, Metall, Beton und langen Bänken. Einzige Minusse sind die manchmal langen Wartezeiten und dass oft schon eine Stunde vor dem Schließen fast nichts mehr zur Auswahl steht. Mo–Fr 9–20, Sa/So 11–19 Uhr. Ul. Krupnicza 12. ∎

eco resto bar Korek **11** Bistro mit geschmackvoller Inneneinrichtung und günstigen Gerichten. Viele Studenten als Gäste, die Wert legen auf frische und ökologische Produkte sowie auf das den ganzen Tag erhältliche Frühstück. Mo–Fr 10–21, Sa/So 11–20, während des Semesters oft schon ab 8.30 Uhr. Ul. Czysta 8, ☎ 12-6335757, www.korekrestobar.pl.

≫ **Unser Tipp: Pierogi 6** Sehr kleine Pierogarnia mit nur zwei Tischlein. Aber mit die besten Pierogi in Krakau, probieren sollte man sie als *ruskie* (2 €) oder mit Rinderhack (3 €). Mo–Fr 11–19, Sa 12–16 Uhr. Ul. Karmelicka 21a. ≪

Cafés & Pubs

Dynia **14** Geräumiges Bistro mit ungewöhnlichem Garten. Vor allem das Frühstück und die Mittagsgerichte sind bei dem vorrangig studentischen Publikum beliebt. Mo–Fr 8–22, Sa/So erst ab 9 Uhr. Ul. Krupnicza 20, ☎ 12-4300838, www.dynia.krakow.pl.

Czarodziej **8** Nur für diejenigen, die wissen möchten, wie ein polnisches Café in Zeiten des Sozialismus ausgesehen hat. Zwar gibt es inzwischen auch italienischen Kaffee, doch am typischsten sind die liebevoll zubereiteten Kuchen, Torten und Fruchtcocktails. Tägl. 9–19 Uhr. Ul. Karmelicka 15, www.czarodziej.krakow.pl.

≫ **Unser Tipp: Café Szafé 28** Romantisches Café mit hervorragender heißer Schokolade und einzigartigem Flair. Filmmusik, Jazz und Chansons, Songs von Björk bis Radiohead oder auch Weltmusik laufen

im Hintergrund. Der Besitzer Łukasz Dębski ist Autor und Märchenerzähler – und wie in einer Kinderfantasie mutet auch sein Café an: Man kann in bemalten Schränken sitzen und sich dort sogar einschließen. Der Rauchersaal ist weniger spektakulär. Oft Ausstellungen von Fotos oder Holzkunst und Konzerte. Mo–Fr 9–24, Sa/So 10–24 Uhr, bei Partys länger. Ul. Felicjanek 10, www.cafeszafe.com. ≪

Ważka **12** Kleines Kaffeehaus, das von seiner Lage im Dom Mehoffera profitiert. Vor allem Touristen und ältere Gäste. Tägl. 10–22 Uhr. Ul. Krupnicza 26.

Filmowa **25** Das Café im Kinozentrum hat eine offene Glasfassade, von der es sich auf die Allee schauen lässt, und einen schönen, als Dschungel bezeichneten Sommergarten. Schon bald nach der Eröffnung ein Treffpunkt für viele Krakauer „Kinomaniaks". Tägl. 10–23 Uhr. Al. Krasińskiego 34, ☎ 12-4330033, www.filmowacafe.pl.

Lody U Marysi **2** Winzige, aber wirklich gute Eisdiele, mit ein paar Holzbänken davor. Alle Eissorten werden nach eigener Rezeptur mit natürlichen Zutaten hergestellt, ohne Konservierungs- oder Farbstoffe – das schmeckt man auch. Tägl. 10–21 Uhr, im Winter geschlossen. Ul. Karmelicka 43a.

Nachtleben

Stary Port **17** Eine dunkle Hafenspelunke – nur der Hafen fehlt. Fischernetze an den Wänden, Shanty-Musik (manchmal auch live) und angetrunkene Freizeitmatrosen. Von Newsweek aber für die durchaus authentische Inneneinrichtung mit dem zweiten Platz eines Kneipenrankings belohnt worden. Mo–Mi 12–1, Do/Fr 12–3, Sa 17–3, So 17–1 Uhr. Ul. Straszewskiego 27, ☎ 12-4300962, www.staryport.com.pl.

Rotunda **20** Seit den 70ern eines der beliebtesten Kulturzentren der Stadt. Hauptsächlich Rockkonzerte (teils ambitioniert), aber auch Kinovorführungen, Veranstalter eines Filmfestivals und Jazzwettbewerbs. Fast ausschließlich studentisches Publikum. Tägl. 11–24 Uhr, bei Veranstaltungen länger. Ul. Oleandry 1, ℡ 12-6333538, www.rotunda.pl.

》》 Unser Tipp: Kornet  In dem Club schräg gegenüber dem Nationalmuseum erklingen traditioneller Jazz und Blues – eine unglaubliche Atmosphäre. Mittwochs und freitags singt das Stammpublikum bei Sessions oder Auftritten der in ganz Europa bekannten *Old Metropolitan Band* mit. Ein Tänzchen kann man auch wagen. Mo–Sa 11–23, So 15–23 Uhr, Konzerte Mi/Fr 20.30–23 Uhr. Ul. Krasińskiego 19, ℡ 12-4270244, www.jazzkornet.republika.pl. 《《

Russian Enso ◪ Als „Himmel" wird die Lounge bezeichnet, in der die Schönen und Neureichen an Cocktails schlürfen. 2008 wurde dann die „Hölle" eröffnet, ein futuristisch anmutender Club im „Berlin-Style". Seit 2011 Neuausrichtung mit Kitschpartys und Russendisko-Abenden. Sehr strenge Türsteher! So–Mi 10–22, Do–Sa 10–3 (Lounge), Do–Sa 21–4 Uhr (Club). Ul. Karmelicka 52, ℡ 12-6336520, www.russianenso.pl.

Żaczek ◪ Club in einem Studentenwohnheim, auf der Bühne standen schon alle populären polnischen Bands. In den Semesterferien geschlossen, ansonsten Konzerte und Spektakel ohne Grenzen. Bei Studis auch unter dem Namen „Kropka" („Punkt") bekannt. Tägl. 10–24 Uhr. Al. 3 Maja 5, ℡ 12-6221167, www.klubzaczek.pl.

Einkaufen

Massolit Books ◪ Krakaus bester Buchladen für englischsprachige Literatur. Viele Übersetzungen von polnischer Literatur, auch Bücher über jüdische Kultur und Wissenschaftliches – und ein gemütliches Café mit freundlichem Service. Tägl. 10–20, Fr/Sa bis 21 Uhr. Ul. Felicjanek 4, www.massolit.com.

Naturalny Sklepik ◪ Ein reizender Laden im Hinterhof, der natürliche Lebensmittel, Gewürze und Kosmetika führt, z. B. für

Im romantischen Café Szafé

das duftende Honigschaumbad in der Hotelbadewanne. Hier findet man Gutes für sich selbst und auch das eine oder andere Mitbringsel. Auch Snacks zum Essen an den Tischen vor dem Lädchen. Ul. Krupnicza 8. ∎

House of Albums ◪ Zahllose Fotoalben zu verschiedensten Themen. Ul. Zwierzyniecka 17 (im Hinterhof), www.houseofalbums.pl.

Ulica Karmelicka, lange Straße mit vielen Fachgeschäften.

Krakaus Hauptbahnhof spiegelt sich in der Glasfassade der Galeria Krakowska

Kleparz: Zwischen Plätzen und Märkten

Das Herz der einst selbstständigen Stadt ist der Rynek Kleparski. Diesen Marktplatz säumen heute monumentale Bauten, die Kunstakademie, Jugendstil-Häuser, die Technische Universität und Verlagshäuser.

Dass Kleparz vom 14. bis ins späte 15. Jh. Florencja (Florenz) hieß, ist kein Zufall. Stolz stand die damals neben Kazimierz wichtigste Nachbarstadt vor den Toren des großen Krakau. Stadtrechte erhielt der Markt- und Handelsflecken Kleparz schon im Jahr 1366. Von den damals errichteten Kirchen und anderen Gebäuden ist aber nur wenig erhalten. Der fehlende Schutz durch Stadtmauern führte immer wieder zu Zerstörungen, weshalb die heutige Architektur eher von den Baustilen des 19. Jh. geprägt ist – da war Kleparz bereits in Krakau eingemeindet worden. In der Folge entstanden hier der Bahnhof und andere Gebäude, für die in der Altstadt der Platz fehlte. Die National-

bank, Verwaltungshäuser und die Kunstakademie nehmen entsprechend viel Raum um den mit einem patriotischen Denkmal geschmückten Matejko-Platz ein. Auch in den letzten Jahren setzte sich die Tradition der Großprojekte in Kleparz fort. Der Bahnhofsvorplatz wurde umgestaltet und zugleich mit einem der größten Einkaufskomplexe Europas versehen. Inmitten dieser Großbauten steht dann doch noch eine kleine Kirche, in der der spätere Papst Johannes Paul II. während seiner Krakauer Zeit predigte. Im ganzen Viertel sieht man Studenten auf dem Weg zur Universität oder beim Plaudern mit Freunden. Mit der 2010 rundum sanierten, einst nach Schlesien führenden Handelsstra-

ße ulica Długa findet man aber auch eine der bis heute wichtigsten Einkaufsstraßen, in der es so gut wie alles zu kaufen gibt. Berühmt sind die vielen Geschäfte, die Hochzeitskleidung im Angebot haben. Wer also, überwältigt durch das romantische Krakau, kurzfristig eine Hochzeit plant, ist in Kleparz am richtigen Ort.

Rundgang

Der Rundgang gehört zu den kürzeren, und er führt direkt zum Startpunkt zurück. Wegen der Nähe zum Zentrum kommt man dabei ohne Verkehrsmittel aus.

Startpunkt & Ende: Barbakane

Reine Gehzeit: ca. 30–45 Min.

Unser Rundgang startet an der Barbakane, von der man eine gute Sicht auf den plac Matejki mit seinem imposanten Denkmal hat. Wer sich sattgesehen hat, verlässt die Szenerie zunächst an der Planty entlang nach Osten, vorbei am Staatstheater. Nach links geht es in die ulica Pawia, die am Bahnhof und an der erst kürzlich eröffneten, riesigen Galeria Krakowska vorbeiführt. Noch ein paar Schritte in diese Richtung, und man befindet sich auf dem 2007 neu gestalteten **Jan Nowak-Jeziorański-Platz (plac Jana Nowaka-Jeziorańskiego)**, den man vielleicht schon nach der Ankunft mit der Bahn kennengelernt hat. Ebenfalls neu gestaltet wurde die ulica Kurniki, die wieder zurück auf den zentralen Platz von Kleparz führt. Vorher kommt man noch an der **Florianskirche (Kościół św. Floriana)** vorbei. In dieser Kirche war der junge Karol Wojtyła in den 50er Jahren Priester. Der **Matejko-Platz (plac Matejki)** ist umgeben von monumentalen Gebäuden, deren architektonische Nähe zu den Wiener Ringstraßenbauten des ausgehenden 19. Jh. auffällt. Die Mitte des

Platzes wird vom **Grunwald-Denkmal (Pomnik Grunwaldzki)** dominiert, das eine siegreiche Schlachtszene zeigt. Über die ulica Paderewskiego geht es zum **Markt von Kleparz (Rynek Kleparski)**. Auf diesem Marktplatz kann man sich mit frischen Lebensmitteln, Kleidung und Blumen versorgen oder einfach nur durch das farbenfrohe Schauspiel bummeln. Über die ulica Krzywa gelangt man dann auf die Lange Straße (ulica Długa), eine lang gezogene Einkaufsstraße, auf der sich all das findet, was man auf dem Markt vielleicht vermisst hat. An der Ecke zur ulica Pędzichów steht das Türkische Haus (Dom Turecki), das mit seinen drei Minaretten aus dem Stadtbild heraussticht. Ein reicher Krakauer Bürger ließ es in den 1880er Jahren für seine türkische Frau herrichten. Nach dem Shoppen und Stöbern verlässt man die Straße und findet an der Ecke zur ulica Basztowa das **Haus unter dem Globus (Dom Pod Globusem)** – ein ungewöhnlicher Jugendstilbau, der auch innen besichtigt werden kann. Anschließend ist es sinnvoll, die Straßenseite zu wechseln, um den namengebenden Globus auf der Turmspitze richtig sehen zu können. Zum Abschluss des Rundgangs geht es wieder zum Ausgangspunkt an der Barbakane zurück.

Sehenswertes

Wer von außerhalb kommt, nimmt Tram 2, 4, 14, 20, 24, 64, Haltestelle Basztowa LOT – oder Tram 3, 69, Haltestelle Dworzec Główny Zachód/Galeria. Alle Sehenswürdigkeiten sind von hier aus in 5 Min. zu Fuß zu erreichen.

Jan Nowak-Jeziorański-Platz (Plac Jana Nowaka-Jeziorańskiego): Der Bahnhofsplatz ist das Herz des von den Stadtplanern „Neues Krakau" getauften Viertels rund um den Hauptbahnhof. Geblieben ist das von 1844 bis 1847 im Neorenaissance-Stil erbaute Bahnhofsgebäude sowie das ebenso alte Postgebäude. Zusammen mit der neu erbauten Galeria Krakowska und dem Andel's Hotel bilden sie ein reizvolles und kontrastreiches Ensemble an den Rändern des Platzes. Von den beiden modernen Neubauten kann vor allem die Galeria Krakowska überzeugen, die 2008 mit dem Eu-

Tour 8 - Wesoła und Warszawskie
siehe S. 177 ►

Tour 3 & 4 - Droga Królewska und Planty
siehe S. 123 ▼

Tour 7 :
Kleparz

100 m

ropean Shopping Center Award ausgezeichnet wurde; ein Grund dafür
dürfte auch die Glasfassade gewesen
sein, die abends in wechselnden Farben stimmungsvoll leuchtet.

Florianskirche (Kościół św. Floriana):
Im späten 12. Jh. wurden die Reliquien
des Heiligen Florian aus Italien nach
Krakau verbracht. Die Pferde sollen
sich jedoch geweigert haben, die heilige Fracht bis in die Stadt hinein-
zuziehen, und wenige Meter vor den
Stadttoren stehengeblieben sein. Dies
wurde als Zeichen des Himmels ge-
deutet, weshalb die Kirche von 1185

bis 1216 an der heutigen Stelle errichtet und damit zum Ausgangspunkt
der schon in der Altstadt befindlichen
ulica Floriańska wurde. Von hier aus
wurden auch die Särge der toten Herrscher auf dem Königsweg in den Wawel getragen. Nach zahllosen Zerstörungen durch Kriege und Brände wurde die Kirche im 15. Jh. umgebaut, bis
ein weiterer Brand sie im Jahr 1655
erneut zerstörte. In diesem Fall konnte
auch St. Florian nicht mehr helfen, der
bekanntlich der Schutzpatron der
Feuerwehren ist – vielleicht weil seine
Reliquien mittlerweile in den Wawel

gebracht worden waren. Im späten 17. Jh. entstanden das Innere im Rokoko-Stil und der barocke Altar, in dessen Zentrum die Figur des Heiligen Florian zu sehen ist. Sehenswert ist auch die von Franciszek Mączyński im frühen 19. Jh. gestaltete Fassade. Zwischen 1949 und 1958 arbeitete Karol Wojtyła hier zunächst als Kaplan und später dann als Gemeindepfarrer. An seinem damaligen Pfarrhaus erinnert

Das Haus unter dem Globus

eine Gedenktafel an den prominenten Gottesdiener.

Tagsüber geöffnet. Messe Mo–Sa 6, 6.30, 7, 7.30, 8, 9, 18.30 Uhr, So 6.30, 8, 9.30, 11, 12.15, 15.15, 18.30, 20 Uhr. Ul. Warszawska 1b, www.swflorian.diecezja.krakow.pl.

Matejko-Platz (Plac Matejki): Der langgezogene, 2009 umgestaltete Platz zieht schon von den Planty den Blick auf sich. Stünde nicht die wuchtige Barbakane im Weg, kämen wahrscheinlich wesentlich mehr Touristen hierher. So aber kann man die Bauten und Wohnhäuser an seinem Rand recht ungestört betrachten. In der Mitte steht das große Denkmal, am Ende des Platzes die Florianskirche und auf der westlichen Seite die Akademie der Schönen Künste und das Gebäude der Eisenbahnverwaltung. Die 2008 aufwendig restaurierte Kunstakademie an der Ecke zur ulica Basztowa wurde nach den Plänen von Jan Matejko 1879 errichtet. Seit seinem Bestehen studierten in dem Neorenaissance-Bau zahllose bedeutende Künstler, darunter etwa Witkacy oder Bronisław Chromy. Gegenüber steht der neoklassizistische Palast der *Polnischen Nationalbank* (1920–1923), deren schon von den Planty aus zu sehenden Skulpturen an der Fassade bemerkenswert sind. Das Gebäude der Eisenbahnverwaltung von 1888 schließlich zeigt neobarocke Anleihen und scheint aufgrund seiner verschwenderischen Größe auch sonst dieser Epoche verbunden. Alle Bauwerke sind von innen entweder nicht zugänglich oder Besucher sind unerwünscht, da die Angestellten nicht gestört werden möchten. Seien Sie aber beruhigt, es entgeht Ihnen nicht viel.

Grunwald-Denkmal (Pomnik Grunwaldzki): Das Denkmal in der Mitte des Matejko-Platzes wurde zum 500. Jahrestag der Schlacht von Grunwald (dt. Tannenberg), die gegen den Deutschen Orden ausgetragen wurde, im Jahr 1910

Besiegter Ordensritter auf dem plac Matejki

errichtet. Damit sollten nicht nur die siegreichen Kämpfer des späten Mittelalters geehrt werden, viel mehr ging es dem politischen Auftraggeber Ignacy Paderewski (1860–1941) darum, den polnischen Patriotismus zu stärken – schließlich gab es 1910 noch immer keinen polnischen Staat. Paderewski, der frühere Konzertpianist und spätere polnische Ministerpräsident, nutzte für die angestrebte Souveränität vor allem seine im Exil geknüpften Kontakte in den USA. Auf dem Denkmal thront über den anderen Figuren König Władysław Jagiełło zu Pferde. Die Skulptur am Fuße zeigt den toten Ulrich von Jungingen, der als Großmeister die unterlegenen Ordensritter anführte. Auf der einen Seite jubeln polnische Soldaten dem siegreichen König von Polen und Großfürsten von Litauen zu, auf der anderen Seite jubeln die litauischen Kämpfer. Näher zur historischen Altstadt hin steht das Grabmal des Unbekannten Soldaten.

Markt von Kleparz (Rynek Kleparski): Einen Besuch wert zumindest für all die, die sich in ihrer Zeit in Krakau selbst versorgen: An den Ständen auf dem Platz gibt es die frischesten und besten Lebensmittel, und das günstiger als in den Supermärkten. Auch kurz vor der Heimfahrt kann man hier noch einmal zuschlagen, da sich das Angebot nicht auf die üblichen Gemüse- und Obstsorten beschränkt, sondern auch viele typische Zutaten der polnischen Küche zu haben sind, beispielsweise frische Steinpilze, wenn man zur richtigen Zeit im Herbst die Stadt besucht. Wer also die Gerichte zu Hause nachkochen möchte, die er in Krakau kennengelernt hat, sollte auf einen Besuch des Rynek Kleparski nicht verzichten. Doch auch ein gewöhnlicher Bummel hat seinen Reiz, da die farbenfrohen Auslagen nicht nur dem Auge etwas bieten, sondern auch der Nase (siehe Foto S. 173).

Mo–Fr 7–19, Sa 8–16 Uhr; einige Stände öffnen oder schließen früher bzw. später. www.starykleparz.com.

Haus unter dem Globus (Dom Pod Globusem): In dem Gebäude residierte einst die hiesige Industrie- und Handelskammer, woran bis heute die verspielten Verzierungen erinnern: Auf der Turmspitze des Daches ist ein Globus aufgespießt, die Fassade schmückt eine Schiffsskulptur. Im Treppenhaus illustrieren Buntglasfenster die Veränderung des Handels im Lauf der Jahrhunderte. Heute hat sich in dem von außen so international wirkenden Haus ein polnischer Verlag niedergelassen. Leider nur selten besichtigen kann man den sehenswerten Konferenzsaal im ersten Stock mit Wandmalereien von Józef Mehoffer.

Tagsüber geöffnet, Besichtigung des Sala Konferencyjna (Konferenzsaal) mit viel Glück nach Voranmeldung unter ✆ 12-6192740, ansonsten bei Lesungen. Wydawnictwo Literackie, ul. Długa 1, www. wydawnictwoliterackie.pl.

Praktische Infos

(→ Karte S. 168/169)

Restaurants

》》 Unser Tipp: Jarema **16** Hat schon mehrere Preise gewonnen – zu Recht. Nachdem wir hier schon vor Jahren vorzüglich gegessen hatten, lobten gleich drei Leser dieses Restaurant! Die eigentlich ostpolnische Küche integriert geschickt baltische und ukrainische Einflüsse; Resultat ist zum Beispiel der Rehrückenbraten an Steinpilzen. Mittlerweile gibt es auch viele vegetarische Gerichte, dazu eine ungezwungene Atmosphäre mit Geigenmusik und Tanz. Kleine Hg. ab 5 €, größere 7,50–18 €, gebratener und gefüllter Fasan auf Vorbestellung 45 €. Tägl. 12–22.30 Uhr. Plac Matejki 5, ✆ 12-4293669, www.jarema.pl. 《《

》》 Unser Tipp: Chata **11** Eine typische Karczma im Stil der Tatra-Goralen. Urig ist die hölzerne Einrichtung mit offenem Grill. Polnisches Schaschlik für 4 €, „Polnischer Backtrog" mit vielen Fleischgerichten für hungrige 2–3 Pers. 37 €. Tägl. 13–22.30, Sa/So bis 23 Uhr. Ul. Krowoderska 21/2, ✆ 888-101100 (mobil), www.polskakuchnia. com.pl. 《《

Glonojad 17 Auf deutsch Algenfresser – nicht verwunderlich also, dass es sich um eine vegetarische Bar handelt, die schon kurz nach der Eröffnung 2010 stets voll war. Hg. 2–4 €, 0,4 l frisch gepresster Saft 2,50 €. Tägl. 9–22 Uhr. Pl. Matejki 2, ✆ 12-3461677, www.glonojad.com.

Nachtleben

Forty Kleparz 2 2010 eröffneter Club in einer alten Festung. Konzerte in gehobener Atmosphäre, aber auch DJ-Sets für Tanzfreudige. Fr/Sa 20–4 Uhr. Ul. Kamienna 2–4 (Eingang beim Parkplatz), ✆ 606-388313, www.fortykleparz.pl.

Polibuda 7 Bedeutet im Studenten-Slang „Polytechnikum". Große, doch fast immer volle Räume mit Dart, Sofas und Sportfernsehen. Tägl. 9–1, Fr/Sa bis 3 Uhr. Ul. Warszawska 17, ✆ 12-6333959, www.polibuda.com.pl.

Einkaufen

Rynek Kleparski, Lebensmittel, aber auch Blumen und vereinzelt Bekleidung (→ „Sehenswertes").

Nowy Kleparz 3 Mehr Kleiderstände als auf dem Rynek Kleparski, dafür weniger schön gelegen. www.kleparz.krakow.pl.

Galeria Krakowska 15 2006 eröffnete Shopping-Mall mit zahllosen Läden und Cafés direkt am Bahnhof. Vor allem westliche Ketten, teils edle Geschäfte. Mo–Sa 9–22, So 10–21 Uhr. Ul. Pawia 5, www. galeria-krakowska.pl.

Ulica Długa, Einkaufsstraße mit vielen Bekleidungs-, Schuh- und Lebensmittelgeschäften.

Wesoła und Warszawskie: Zum Rakowicki-Friedhof

So nah an Bahnhof und Innenstadt und doch so still liegt der wie Kleparz erst spät eingemeindete Vorort Wesoła. Die fehlenden Touristen wissen nicht, was ihnen entgeht. Etwas Ruhe und Leichtigkeit vielleicht …

Da wäre zum Beispiel die ulica Kopernika, sicher eine der romantischsten Straßen Krakaus. Oder der Botanische Garten, der wie gemacht scheint für Verliebte. Oder aber der Cmentarz Rakowicki, der oft als Père Lachaise Krakaus bezeichnet wird. Die grünen Impressionen werden nur von den Bausünden am Rande gestört, wo der angrenzende Stadtteil Grzegórzki beginnt. Doch rund um das Rondo Mogilskie werden in den kommenden Jahren weitere Großprojekte für spannende Veränderungen sorgen. Ansonsten handelt es sich aber um einen fast ländlichen Teil der Stadt, der zu ausgiebigen Spaziergängen einlädt und so ganz nebenbei eine der schönsten Kirchen für die Besucher bereithält. Krakau ist vielseitig, Wesoła ist die leichte Alternative nach dem bedeutungsschweren Zentrum. Hier kann man auch mal die historischen Ereignisse und Hintergründe vergessen und wird nicht erschlagen von der Dichte der Sehenswürdigkeiten. Der Name des Stadtteils, der übersetzt „fröhlich" bedeutet, ist da mehr als nur ein Hinweis. Kein Wunder, dass hier viele Krankenhäuser stehen, denn in dieser Umgebung erholen sich die Kranken wohl doppelt so schnell wie anderswo.

Wesoła und Warszawskie: Zum Rakowicki-Friedhof

Rundgang

Startpunkt: Rynek Główny

Ende: al. 29 Listopada, Cmentarz Rakowicki

Reine Gehzeit: ca. 30 Min.–1¼ Std.

Unser Rundgang startet auf dem Rynek, von dem wir in Richtung Osten in die ulica Mikołajska einbiegen. Als Erstes überqueren wir geradeaus die aleja Westerplatte und befinden uns schon in der oben erwähnten ulica Kopernika.

Auf der rechten Seite steht eine der ältesten Kirchen Krakaus, die **St.-Nikolaus-Kirche (Kościół św. Mikołaja)** aus dem 12. Jh. Kurz vor der Eisenbahnunterführung lädt noch das **Haus der Ärztegesellschaft (Dom Towarzystwa Lekarskiego)** ein, in dem vor allem das von Stanisław Wyspiański stammende Buntglasfenster sehenswert ist. Sobald wir

den Tunnel hinter uns gelassen haben, beginnt der alleeähnliche Teil der Straße mit den vielen Bäumen. Schon bald darauf stoßen wir auf die **Herz-Jesu-Basilika (Bazylika Najśw. Serca Pana Jezusa)**, die von außen wie von innen zu Recht als eine der schönsten Kirchen in der Stadt gilt. Anschließend geht es weiter, vorbei an weiteren kleinen Kirchen und den vielen Hospitälern bis zum wunderschönen **Botanischen Garten (Ogród Botaniczny)**. Innerhalb dieser Gartenanlage befindet sich auch das alte Astronomische Observatorium (Obserwatorium Astronomiczne), das allerdings jüngeren Datums ist als der Namengeber der Straße – Kopernikus wird zu seiner Krakauer Studentenzeit von anderen Orten aus die Sterne betrachtet haben. Entlang der Unterführung unter dem neu gestalteten Rondo Mogilskie gelangen wir zur **Oper (Opera)**. Anschließend gehen wir die ulica Topolowa bis zur ulica Rakowicka, die zum gleichnamigen Friedhof führt.

Von einem fast hundert Meter hohen Skelett

Anfang der 80er Jahre verhängte der damalige polnische Ministerpräsident Jaruzelski das Kriegsrecht, die ohnehin schwer angeschlagene Wirt-
schaft erlahmte vollends. So auch im Osten Krakaus am Rondo Mogilskie,

wo eine moderne Hochhaussied-
lung geplant war, die schon vor
den ersten Arbeiten vollmundig
als „polnisches Manhattan" ange-
kündigt wurde. Begonnen wurde
allerdings allein mit dem Bau eines einzigen Hauses, dessen Ge-
rippe einsam in den Himmel über
der Stadt ragte. Aus den 80ern
stammt auch sein Name „Szkieletor", nach Skeletor, dem bösen
Gegenspieler von He-Man (die
„Masters of the Universe" der
Spielzeugfirma Mattel lassen grü-
ßen). Passenderweise vermittelt
das Ding den Charme einer
Kriegsruine, die den Blick von den
Türmen von Rathaus und Marienkirche in Richtung Osten verdirbt.
Wie lange das oft als Plakatwand
genutzte Gebäude noch unfertig
zu sehen sein wird, ist offen. Ein
Investor hatte das Gelände ge-
kauft und zunächst die Genehmigung für einen Ausbau auf 102,5 m Höhe
erhalten. Die nüchterne Planung sieht ein Hotel, Geschäfte und Wohnbe-
reiche vor. Die Arbeiten sollten 2011 beginnen, doch wegen bürokrati-
scher Fehler bei der Baugenehmigung wurde daraus wieder einmal nichts.

Zuvor lockt allerdings noch der sog.
Schießgarten (Ogród Strzelecki) mit
dem Museum Celestat zu einem Abstecher, bei dem wir auch an der 2001 errichteten Statue von Johannes Paul II.
vorbeikommen. Wieder zurück, überqueren wir die Hauptstraße ul. Wita
Stwosza durch den Tunnel und biegen
auf der anderen Seite die erste Möglichkeit nach der Kirche links ein. Nach
500 m erreichen wir das **Museum der
Heimatarmee (Muzeum Armii Krajowej)**. Die ulica Rakowicka zieht sich anschließend lange hin und führt unter
anderem an der Wirtschaftsuniversität

(Uniwersytet Ekonomiczny) entlang.
Das eindrucksvolle Gebäude steht inmitten eines gepflegten Parks. Für die
Besichtigung des **Rakowicki-Friedhofs
(Cmentarz Rakowicki)** sollte man sich
etwas Zeit nehmen. Die Gräber reicher
und berühmter Polen sind mit künstlerisch interessanten Grabsteinen geschmückt, die ebenso sehenswert sind
wie die Parkanlage des Friedhofs. Wer
ihn einmal ganz durchquert, kommt an
der aleja 29 Listopada heraus, von wo
mehrere Busse ab der Haltestelle
Cmentarz zurück in die Stadt fahren,
z. B. Buslinie 105 oder 129.

Ausdrucksvolles Grabmal auf dem Rakowicki-Friedhof

Sehenswertes

St.-Nikolaus-Kirche (Kościół św. Mikołaja): Das ursprünglich Anfang des 12. Jh. im romanisch-gotischen Stil erbaute Gotteshaus ist eine der ältesten Kirchen der Stadt, wurde aber nach Zerstörungen durch die Schweden 1655 barock umgebaut. Den mittelalterlichen Altar aus dem frühen 15. Jh. bekommt man leider nur während der Messen zu Gesicht. Die Gedenksäule, die um 1350 für die Lepratoten errichtet wurde, steht in dem jederzeit zugänglichen Hof. Für dieses „Laterne der Toten" genannte Denkmal wurden Trümmer eines mittelalterlichen Krankenhauses verwendet. Bis 1871 stand es im früheren Siechenhaus in Kleparz.

Geöffnet nur während der Messen: Mo–Sa 6.30, 7.15, 18 Uhr, So 6.30, 8, 9.30, 11.30, 13, 15, 19 Uhr. Ul. Kopernika 9. Tram 1, 3, 19, 24, 69, Haltestelle Poczta Główna.

Haus der Ärztegesellschaft (Dom Towarzystwa Lekarskiego): Das Haus an sich ist kaum der Rede wert, doch das schlichte Äußere betont das im Treppenaufgang eingelassene Buntglasfenster mit dem Titel „Apollo – System słoneczny Kopernika" (Apoll – Kopernikanisches Sonnensystem) aus dem Jahr 1904 umso mehr. Das kürzlich restaurierte Meisterwerk von Stanisław Wyspiański zeigt Motive aus der griechischen Mythenwelt sowie Anspielungen auf Kopernikus und das Sonnensystem. Seit in dem Haus Abteilungen der Universität untergebracht sind, wurden die Besuchszeiten ausgeweitet. Die ebenfalls sehenswerten Säle können allerdings nur am Tag des offenen Denkmals Mitte Mai besichtigt werden.

Mo–Sa 8–19 Uhr, Juli/Aug. Mo–Fr 9–15 Uhr. Eintritt frei. Ul. Radziwiłłowska 4, ✆ 12-4227547. Tram 1, 3, 19, 24, 69, Haltestelle Poczta Główna.

Herz-Jesu-Basilika (Bazylika Najśw. Serca Pana Jezusa): Schon auf den ersten Blick erkennt man die Schönheit dieses Gesamtkunstwerks, das zwischen 1909 und 1912 entstand – sein Architekt Franciszek Mączyński hat sich damit selbst übertroffen. Mączyński gilt übrigens als derjenige, der den Jugendstil nach Polen brachte, wie man an seinem zweiten bedeutenden Werk in Krakau feststellen kann – dem Kunstpalast. Jedoch zeichnet die Jesuitenbasilika die Kombination verschiedener historischer Stile aus, schlichtere Teile wechseln sich mit prunkvollem Dekor ab. Im Eingangsbereich fallen die Fresken an der Decke und die Mosaiken ins Auge. Die Buntglasfenster werfen ein bemerkenswertes gedämpftes Licht auf das Kircheninnere. Die ausgetüftelte Gestaltung der Wände lenkt zwar den Blick auf den in der Apsis platzierten Altar (1915–1920), trotzdem scheint jeder Winkel der Kirche ein weiteres Meisterwerk versteckt zu halten.

Tägl. 9.30–12 und 14.30–19.30 Uhr. Messe Mo–Sa 6, 7, 8, 9, 15.30, 18 Uhr, So 6, 7.30, 9, 11, 12.30, 15.30, 18 Uhr. Ul. Kopernika 26, www.bazylika.deon.pl. Tram 2, 4, 10, 12, 14, 20, 64, Haltestelle Lubicz.

Botanischer Garten (Ogród Botaniczny): Das bereits 1783 als Teil eines Schlossgartens angelegte Gelände verdankt seine Existenz wie so viele Sehenswürdigkeiten Krakaus der Fürstenfamilie Czartoryski. Fünf Jahre später wurden die ersten Gewächshäuser errichtet, zeitgleich mit dem Observatorium (beim Eingangsbereich). Seitdem wurden Pflanzen aus der ganzen Welt herbeigeschafft, darunter auch viele südamerikanische Exoten. Alleine 300 verschiedene Arten von Orchideen warten auf die Besucher, die in diesem geheimnisvollen Park immer wieder etwas Neues entdecken können. Die wohl größte Attraktion des Gartens ist eine 400 Jahre alte Eiche.

Garten: Mitte April–Mitte Sept. tägl. 9–19, Mitte Sept.–Mitte Okt. 9–17 Uhr. Gewächshäuser: tägl. außer Fr 10–18, Sept./Okt. bis 16 Uhr. Botanisches Museum: Mi/Fr 10–14, So 11–15 Uhr. Eintritt Garten & Gewächshäuser 1,50 €, erm. 1 €, inkl. Museum. Ul. Kopernika 27, ✆ 12-6633635, www.ogrod.uj.edu.pl. Tram 4, 5, 10, 14, 20, 50, 52, 64, Haltestelle Rondo Mogilskie.

Oper (Opera). Krakaus Operntradition reicht zwar bis ins Jahr 1628 zurück, doch erst seit 1954 gibt es ein festes Ensemble. Und dieses musste bis 2008/2009 auf ein eigenes Haus warten und bis dahin in verschiedenen Theatern und bei Open-Air-Veranstaltungen auftreten.

Schattenspiele in der Jesuitenkirche

Exotik im Treibhaus

Für den Neubau verpflichtet wurde der Krakauer Stararchitekt Romuald Loegler, der ein gewagtes, von außen etwas gewöhnungsbedürftiges Gebäude geschaffen hat. Platz finden bis zu 760 Besucher, die das Treiben auf der 300 m² großen Bühne ebenso bestaunen werden wie die geschickte Integration des denkmalgeschützten Reitschulgebäudes in das Opernhaus.

Eintritt 4 bis 45 €. Ul. Lubicz 48, ✆ 12-2966100, www.opera.krakow.pl. Tram 4, 5, 10, 14, 20, 50, 52, 64, Haltestelle Rondo Mogilskie.

Museum der Heimatarmee (Muzeum Armii Krajowej): Die AK, ins Deutsche meist mit Heimatarmee übersetzt, war eine militärisch organisierte Untergrundbewegung gegen die deutschen Besatzer im Zweiten Weltkrieg. Für das Museum wurde zunächst der denkmalgeschützte Backsteinbau hergerichtet, in den kommenden Jahren soll für die bisher lose und in Wechselausstellungen präsentierten Objekte ein multimediales Konzept ausgearbeitet werden. Für historisch Interessierte lohnt sich schon jetzt ein Besuch.

Vorerst Di–Fr 10.30–17.30 Uhr. Eintritt 1 €, erm. 0,50 €. Ul. Wita Stwosza 12, ✆ 12-4100770, www.muzeum-ak.pl. Tram 5, 50, Haltestelle Dworzec Główny Tunel, oder Tram 2, Haltestelle Uniwersytet Ekonomiczny.

Rakowicki-Friedhof (Cmentarz Rakowicki): Unglaubliche 420.000 Menschen liegen hier begraben. Kein Wunder, dass der Friedhof oft als Chronik der Stadt bezeichnet wird. Allein 10.000 als Denkmäler gestaltete Grabsteine lassen sich auf einem Areal finden, die flächenmäßig etwa der historischen Altstadt entspricht. Ent-

lang der Hauptachse finden sich Gräber so berühmter Künstler wie Jan Matejko oder der Schauspiel-Ikone Helena Modrzejewska, die zwar 1909 in Los Angeles bestattet wurde, deren sterbliche Reste aber aufgrund ihres Testaments später nach Krakau überführt wurden. Sehenswert sind auch die in jüngster Zeit angelegten quadratischen Ruhestätten, z. B. die der Kabarettlegende Piotr Skrzynecki (1930–1997). All diese Grabsteine haben einen individuellen Bezug. So liegt etwa Tadeusz Kantor (1915–1990) unter einem von seinem Theaterstück „Umarła Klasa" („Die gestorbene Klasse") inspirierten Grabmal. Neu hinzugekommen ist das Grab des beliebten Liedermachers Marek Grechuta (1945–2006), zu dem noch immer viele Menschen pilgern. Letztes Endes fühlt man sich nicht wie so oft auf Friedhöfen bedrückt, sondern ist vielmehr von der Harmonie der Kunstwerke und der Parkgestaltung bewegt.

April–Sept. tägl. 7–20, Okt.–März bis 18 Uhr. Ul. Rakowicka, www.zck-krakow.pl. Tram 2, Bus 124, 184, 424, Haltestelle Cmentarz Rakowicki.

Rundgang 8: Wesoła und Warszawskie → Karte S. 177

Praktische Infos   (→ Karte S. 177)

Restaurants

Il Calzone **6** Italienische Trattorien-Küche, aber auch ausgefallenere Gerichte. Der Chefkoch lebte 15 Jahre in Italien, deswegen recht authentisch. Empfehlenswert der Lachs vom Grill mit Trüffeln (10 €). Ruhiger Hinterhof des Pałac Pugetów mit Garten. Tägl. 12–22, Fr/Sa bis 24 Uhr. Ul. Starowiślna 15, ✆ 12-4295141, www.ilcalzone.pl.

Kiełbaski z Niebieskiej Nyski **5** Die Grillwürste für Nachtschwärmer (2 €) sind in Krakau Kult. Leserinnen stimmten zu: „Tipp für alle, die eine authentische Wurst in ungezwungener Atmosphäre essen möchten." Mo–Sa 20–3 Uhr. Ul. Grzegórzecka, bei der Hala Targowa.

Nachtleben

Krakaukenner und Nachtschwärmer werden an dieser Stelle vielleicht die vielen Clubs in der ul. Wielopole 15 vermissen. Grund für deren Schließung war eine an einem feierwütigen Samstagabend eingestürzte Treppe. Generell gilt das Gebäude als halb baufällig und stark renovierungsbedürftig – die Wiedereröffnung ist also mehr als fraglich.

Einkaufen

Targ Grzegórzecki **5** Großer Lebensmittelmarkt, Sonntag früh ab 6 Uhr auch lohnenswerter Flohmarkt mit Antiquitäten und Büchern. Tägl. 6–22 Uhr, die meisten Stände schließen aber gegen 17 Uhr. Rondo Grzegórzeckie.

In, an und vor den Häusern an der ulica Szeroka wird an die Tradition des Sztetls erinnert

Kazimierz: Dem jüdischen Leben auf der Spur

Einst war Kazimierz eine Insel, die durch einen Seitenarm der Weichsel von Krakau getrennt war. Bis zum Zweiten Weltkrieg befand sich hier das jüdische Viertel, auf dessen Spuren man überall stößt. Obwohl die immer wieder angestellten Vergleiche zu Montmartre, Soho oder dem Prenzlauer Berg nachvollziehbar sind und sich auch hier die Künstler und Studenten in den zahlreichen Kneipen und Cafés treffen, hat der Stadtteil doch eine ganz eigene Atmosphäre.

Der polnische König Kazimierz Wielki gründete auf den Überresten des alten Dorfes Bawół 1335 eine Stadt, die er auf seinen Namen taufte. Laut Legende geschah dies als Geschenk an seine jüdische Geliebte Estera. Ihr Kazimierz sollte ein Gegenpol zum mächtig und teilweise judenfeindlich gewordenen Krakauer Bürgertum werden. Der damalige zentrale Platz mit dem Rathaus war dem Rynek Krakaus ebenbürtig, auch wenn von der einstigen Pracht heute nicht mehr viel zu erkennen ist. Nach

dem Tod des Königs vertrieb sein Nachfolger Jan Olbracht 1495 die Juden unter dem Vorwand der Brandstiftung aus Krakau. Was für die Vertriebenen und auch für Krakau zunächst schlechte Folgen hatte, erwies sich für Kazimierz als Glücksfall, denn hier fanden die Juden eine neue Heimat und schufen unter günstigen Bedingungen eines ihrer bedeutendsten Zentren in Europa. Erst um 1800 wurde Kazimierz eingemeindet. Bis 1939 hatten Katholiken und Juden mehr als vier Jahrhunderte lang fried-

Kazimierz: Dem jüdischen Leben auf der Spur

lich zusammengelebt. Dieses auch wirtschaftlich blühende Zusammenleben wurde dann nach der Besetzung Polens von den Nationalsozialisten vernichtet. Zwei Jahre nach dem Einmarsch in die Stadt wurden die Juden 1941 aus Kazimierz in den viel zu kleinen Krakauer Stadtteil Podgórze südlich der Weichsel deportiert. Dort mussten sie zunächst die alltäglichen Grausamkeiten des Ghettos ertragen, bevor mehr als 60.000 von ihnen ermordet wurden. Steven Spielbergs Film „Schindlers Liste" von 1993 zeigt das Schicksal der Krakauer Juden – er wurde unter anderem in den Straßen und Hinterhöfen von Kazimierz gedreht.

Nach dem Krieg war das Elend für die 4000 Überlebenden und die neuen Bewohner aber nicht beendet. Armut war weit verbreitet, und das zerstörte Viertel verkam. Vom einstigen Glanz und Stolz war nichts mehr übriggeblieben. Noch heute sieht man abgeblätterte Fassaden leerstehender Häuser, die eine tragische Melancholie ausstrahlen und deshalb auf vielen Fotos festgehalten

sind. Erst mit dem Neuzuzug von Juden aus anderen Teilen Polens sowie den USA und Israel ab den 90er Jahren besserten sich die Verhältnisse. Offiziell sind zwar nur 300 von ihnen gemeldet, tatsächlich aber leben wieder mehrere Tausend in Kazimierz und Krakau. Dennoch befürchtet die Krakauer Öffentlichkeit, dass hier kein jüdisches Kazimierz entstehen wird, sondern nur eine Art Freilichtmuseum. Allerdings wurden schon in den frühen 70ern Kulturvereine gegründet, und seit 1997 nimmt auch wieder ein Rabbi seine Aufgaben wahr. Parallel zu den institutionellen Veränderungen blühte das Nachtleben auf, zahlreiche Geschäfte und Restaurants mit raffinierter Küche wurden neu eröffnet. Man bräuchte durchaus mehrere Tage, um allein Kazimierz richtig kennenzulernen. Mit jeder Stunde, die man hier verbringt, bietet der anfangs überschaubare Stadtteil immer neue Entdeckungen. Denn Kazimierz ist wie Klezmer: voller Vielfalt, melancholisch bis todtraurig und doch voller Hoffnung.

Rundgang

Startpunkt: ul. Miodowa, Nowy Cmentarz Żydowski

Ende: ul. Skałeczna, Kościół Paulinów na Skałce

Reine Gehzeit: ca. 45–90 Min.

Der Ausgangspunkt für die Erkundung von Kazimierz ist der **Neue Jüdische Friedhof (Nowy Cmentarz Żydowski)**, auf dem eine Mauer aus Grabsteinresten von den Zerstörungen der Nationalsozialisten erzählt. Die Steine wurden erst nach dem Krieg wieder zurückgebracht, nachdem sie zuvor als Straßenpflaster missbraucht worden waren. Nach der Besichtigung des Friedhofs führt der Rundgang weiter über die ulica Miodowa nach links in die zunächst enge ulica Szeroka am **Szeroka Nr. 1** vorbei – die Schaufenster dieses Restaurants, die in der Art früherer Geschäfte gestaltet sind, lassen erahnen, wie es in Kazimierz einmal ausgesehen haben muss. Zweistöckige, teils gedrungene Häuser und das charakteristische Kopfsteinpflaster, das bei Regen blau leuchtet, bieten die Kulisse für die Entdeckungstour durch das Viertel. Das nächste Ziel ist die **Remuh-Synagoge (Bożnica Remuh)** mit dem gleichnamigen Friedhof. Auch auf diesem steht ein aus zerstörten Grabsteinen bestehender Wall, der auch Klagemauer (Ściana Płaczu) genannt wird. Schräg gegenüber wartet die weniger bedeutende **Popper-Synagoge (Synagoga Poppera)** mit einem reizvollen Innenhof auf.

Entlang der platzähnlichen Breiten Straße (ulica Szeroka) begegnet man dann der lebendigen jüdischen Kultur, vor allem abends beim Besuch eines Klezmer-Konzerts. Internationales Aufhorchen erregte in letzter Zeit die Zusammenarbeit des Geigenvirtuosen und Neu-Krakauers Nigel Kennedy mit der

hier ansässigen Band Kroke. Auf dem atmosphärischen Kopfsteinpflaster des Platzes findet auch alljährlich Ende Juni das Abschlusskonzert des Jüdischen Kulturfestivals (Festiwal Kultury Żydowskiej) statt. Juden und Nicht-Juden kommen dafür aus der ganzen Welt zusammen, um in Workshops und bei Festen mehr über die jüdische Kultur

Pod

E ssen & Trinken (S. 193–195)

2 chili & cynamon Vege Bar
5 Polakowski
6 Love Krove
7 Bar Szynk
8 Klezmer-Hois
13 Rubinstein und Bombaj Tandoori
21 Ariel
24 Momo
30 Mini Bar Endzior und Grill na Kazimierzu
32 Studnia Życzeń
33 Pierożki u Vincenta
35 Bagelmama
36 Alef
40 Fabryka Pizzy
42 Pimiento
44 Kolanko No. 6
47 Kuchnia i Wino
55 Café Młynek
57 horai und Green Times
58 RotiRoti
60 Marchewka z groszkiem
66 Augusta
67 Barka Alrina

E inkaufen (S. 198/199)

3 High Fidelity
4 Jarden
18 Anna Kara
19 Ciasteczka z Krakowa
23 Archetyp
31 galeria aruaco
38 Bücherei der Hohen Synagoge
45 Piekarnia Mojego Taty
46 Galeria Szalom
48 Blazko Kindery
49 Souvenirs Gifts
51 Galerie d'Art Naif
53 Manufaktura Rytter
56 Produkty Benedyktyński
59 IdeaFix
61 Art Cherubino

C afés (S. 195/
23 Les Couleur
27 Kawiarnia H
29 Lody - Prac Cukiernicza Stanisław S
37 Warsztat Ca
38 Cheder Caf
39 Mleczarnia
52 Eszeweria
62 Mostowa A
64 Café Kładka café culca

Tour 11 - Zwierzyniec und an der Weichsel siehe S. 218

Droga do

Smocza

Wa

zu erfahren. Auch für den Rest des Jahres bleibt zu hoffen, dass die Straße nicht mehr länger als Parkplatz zweckentfremdet, sondern wie früher als Marktplatz wiederbelebt wird. Am Ende befindet sich die **Alte Synagoge (Synagoga Stara)**, in der sich vor der Nazizeit das religiöse und soziale Leben konzentrierte; heute ist hier das Museum über die Geschichte der Krakauer Juden untergebracht. Nach links gelangt man in die ulica Dajwór und damit zum 2004 eröffneten **Museum Galizien (Galicja Muzeum)**, das die Geschichte der galizischen Juden präsentiert. Ein paar Schritte weiter befindet sich das besonders für Kinder interessante **Städtische Ingenieursmuseum (Muzeum Inżynierii Miejskiej)**, in dessen Umgebung derzeit viel renoviert wird.

Weiter geht es über die ulica Wąska in die Josefstraße (ulica Józefa), in der zahlreiche Geschäfte und Galerien zum Stöbern und Einkaufen einladen.

Übernachten
8 Klezmer-Hois (S. 54)
9 Momotown (S. 57)
14 Hotel Kazimierz II (S. 54)
16 Maayan (S. 56)
17 Kazimierz (S. 54)
22 Off White (S. 56)
25 Eden (S. 54)
26 Ester (S. 52)
28 Nathan's Villa (S. 57)
34 Tournet (S. 54)
36 Alef (S. 54)
42 Karmel (S. 54)
50 Regent (S. 53)
55 Pokoje w Młynku (S. 57)
65 Barka Basia (S. 57)

Nachtleben (S. 196/197)
1 Literki
4 The Bats Gallery
10 La Habana
11 Absynt
20 Propaganda
43 Singer
62 Po Drodze
63 Cocon

Sonstiges (S. 199)
12 Jewish Community Centre
41 Centrum Kultury Żydowskiej
54 Nürnberger Haus
65 Barka Basia

**Tour 9:
Kazimierz**

Besonders Liebhaber von Antiquitäten und Kunst sollten sich hier Zeit nehmen. Einen Besuch wert ist auch die **Hohe Synagoge (Synagoga Wysoka)**. Je weiter man ins Herz von Kazimierz vorstößt, desto verwinkelter wird es. Hier lohnt sicher auch der eine oder andere Abstecher abseits der Route. Über die ulica Kupa gelangen wir zuerst zur **Izaak-Synagoge (Synagoga Izaaka)**, anschließend zum nächsten jüdischen Gotteshaus, der **Kupa-Synagoge (Synagoga Kupa)**. Danach führt die ulica Jakuba zur ulica Miodowa, in die wir links einbiegen und so auf die schöne **Tempelsynagoge (Synagoga Tempel)** stoßen.

Zurück geht es auf der ulica Estery geradewegs auf das Herz von Kazimierz zu, den **Neuen Platz (Plac Nowy)**, auf dem vor allem nachts das Leben tobt – Studenten und Künstler sind hier aber auch früher anzutreffen. Samstags gibt es einen Flohmarkt mit sehenswerten Antiquitäten, an den anderen Tagen werden Lebensmittel oder Kleider verkauft. Hier ist es sinnvoll, einen längeren Aufenthalt mit Abendessen einzuplanen, um anschließend eine oder mehrere der vielen Bars und Cafés zu besuchen.

Nach dem Jüdischen Kulturzentrum und dem Biergarten (im Winter geschlossen) lohnt es, ein paar Schritte nach links zu gehen. An einer Wand findet man Fotos von Filmszenen, die an dieser Stelle gedreht wurden. Am bekanntesten ist die berühmte Treppe aus Schindlers Liste, die man hier wiederer-

kennen kann. Die Gassen Bożego Ciała (Corpus Dei – Fronleichnam) und Rabina Meiselsa (für Rabbi Meisel) bilden ein Kreuz und stehen für das über Jahrhunderte selbstverständliche Nebeneinander von christlichem und jüdischem Leben.

Auf der ulica Bożego Ciała schlendert man in Richtung **Fronleichnamskirche (Kościół Bożego Ciała)** und erreicht so den eher christlich geprägten Teil von Kazimierz. In diesem Gotteshaus sind der goldene Altar und das zwischen den Seitenwänden befestigte Kreuz sehenswert. Überquert man den Plac Wolnica in Richtung des Rathauses von Kazimierz (Ratusz Kazimierski), gelangt man zum darin befindlichen **Volkskundlichen Museum (Muzeum Etnograficzne)** mit Ausstellungen von polnischen Trachten, Volkskunst und traditionellen Musikinstrumenten. Ein kurzer Abstecher über die ulica Mostowa führt zur **Fußgängerbrücke des Paters Bernatek (Kładka Ojca Bernatka)**, die seit 2010 Kazimierz mit Podgórze verbindet. Wieder zurück auf dem plac Wolnica, überquert man die ulica Krakowska in Richtung der **Katharinenkirche (Kościół św. Katarzyny)**, vor der ein hölzerner Glockenturm steht. Mit dem Besuch der vor allem von außen eindrucksvollen **Paulinerkirche Auf dem Felsen (Kościół Paulinów Na Skałce)** endet dieser Rundgang. Bei schönem Wetter bietet sich anschließend ein Spaziergang entlang der Weichsel zum Wawel an.

Sehenswertes

Neuer Jüdischer Friedhof (Cmentarz Żydowski Nowy): In dieser im Jahr 1800 angelegten Begräbnisstätte liegt auch der große Maler Maurycy Gottlieb begraben. In Krakau heißt es, dies sei der traurigste Friedhof in der Stadt. Fast niemand kommt, um an den Gräbern der Lieben eine Kerze zu entzünden oder einen Stein zu hinterlassen, weil die Angehöri-

gen meist selbst Opfer des Holocausts wurden. Auch wenn man hier fast nur unter Touristen ist, ist es wichtig, dass man als Mann nach jüdischem Brauch eine Kopfbedeckung trägt. Eine Kippa kann am Eingang ausgeliehen werden. Im Sommer tägl. außer Sa 8–18, im Herbst/ Frühling bis 17, im Winter bis 16 Uhr. Ul. Miodowa 55. Tram 3, 9, 19, 24, 50, 69, Haltestelle Miodowa.

Auf dem Neuen Jüdischen Friedhof

Szeroka Nr. 1: Das Restaurant befindet sich im alten Zentrum von Kazimierz. Eine Näherei, der Laden eines Schumachers und ein Lager wurden zu einem Lokal zusammengefügt, die dazugehörigen Schaufenster blieben dabei erhalten. Wer hier eintritt, fühlt sich ins 19. Jh. zurückversetzt – passend dazu das Motto des Restaurants: „dawno temu na Kazimierzu" („Es war einmal in Kazimierz"). Zur Klezmermusik schmeckt die Küche, zum Beispiel das Sabbat-Tscholent für 6 €. Abgesehen davon lässt es sich hier ungezwungener speisen als in den anderen, eher vornehmen jüdischen Restaurants. Trotzdem soll das Lokal hier auch stellvertretend stehen für das Klezmer-Hois, Ariel und Alef (→ „Praktische Infos" ab S. 193). Ein Abendessen mit jüdischer, teils auch koscherer Küche sollte man sich in Krakau nicht entgehen lassen.

Tägl. 10–24 Uhr. Ul. Szeroka 1. ☎ 12-4212117, www.dawnotemu.nakazimierzu.pl. Tram 3, 9, 19, 24, 50, 69, Haltestelle Miodowa.

Remuh-Synagoge (Bożnica Remuh): In ihrer mehr als 400-jährigen Geschichte wurde sie mehrmals umgebaut, seit der letzten Instandsetzung hat sie keine Fenster mehr. Links vom Eingang sieht man das *ner tamid* (ewiges Licht) zum Gedenken an den Rabbi Remuh. Die Remuh-Synagoge ist die einzige Synagoge, die die Krakauer Juden noch als Gotteshaus benutzen. Der Alte Jüdische Friedhof wurde erst in den 50er Jahren wiederentdeckt. Aus den von den Nazis zerstörten Grabsteinen errichtete man eine Mauer, die auch zweite Klagemauer genannt wird. Juden aus aller Welt kommen hierher, um ihrer toten Glaubensbrüder zu gedenken. Der ausgestellte Sarg des Rabbis Isserles soll mit einem Fluch belegt sein, der selbst die Nazis von einem Raub abgehalten hat. Voraussichtlich bis 2015 wird die Synagoge gründlich restauriert, Besuche sollen trotzdem durchgehend möglich sein.

Mai–Okt. So–Do 9–18, Fr 9–16 Uhr, Nov.–April nur bis 16, Fr nur bis 14 Uhr, Sa jeweils geschlossen. Eintritt 1 €, erm. 0,50 €. Ul. Szeroka 40, ☎ 12-4295735, www.remuh. jewish.org.pl, www.krakow.jewish.org.pl. Tram 3, 9, 19, 24, 50, 69, Haltestelle Miodowa.

Rundgang 9: Kazimierz → Karte S. 184/185

Popper-Synagoge (Synagoga Poppera): Leicht zu übersehen ist diese im Hinterhof versteckte Synagoge. Vom einstigen Prunk der Möbel, gestiftet vom reichen Kaufmann Wolf Popper, blieb nach den Zerstörungen durch die Nazis nichts übrig. Heute werden die Innenräume von einem Jugend-Kulturzentrum genutzt.

Unregelmäßig geöffnet. Eintritt frei, Spenden für die Jugendarbeit sind willkommen. Ul. Szeroka 16. Tram 3, 9, 19, 24, 50, 69, Haltestelle Miodowa.

Alte Synagoge (Synagoga Stara): Dieser alte Tempel ist einer der schönsten jüdischen Bauwerke in ganz Polen. Erbaut wurde er von den Juden, die vor dem Prager Pogrom von 1389 geflohen waren. Für den Umbau im Stil der Renaissance zeichnete der Florentiner Baumeister Matteo Gucci (ca. 1500–1550) verant-

Spuren aus mehr als 600 Jahren Geschichte (in der ulica Józefa)

wortlich. Die hier 1794 von Tadeusz Kościuszko gehaltene Rede ist für das traditionell gute Verhältnis von katholischen und jüdischen Polen bezeichnend: Der General lud darin die Juden ein, beim Befreiungskampf mitzuwirken, was sie auch taten. Während der deutschen Besatzung wurde die Synagoge in eine „Treuhandstelle" zur Verwaltung des polnischen und jüdischen Besitzes umfunktioniert. Dabei offenbarte sich der bigotte Umgang mit der jüdischen Kultur: So wurden die Kerzenständer auf Wunsch des Generalgouverneurs Hans Frank zur Dekoration seines neuen Amtssitzes in den Wawel geschafft. Heute ist in der ehemaligen Synagoge das Muzeum Judaistyczne (Jüdisches Museum) untergebracht. Verschiedene Ausstellungen zeigen das frühere Leben und dokumentieren das Martyrium der Bevölkerung während der Besatzungszeit.

April–Okt. Mo 10–14, Di–So 9–17 Uhr, Nov.–März Mo 10–14, Di–Do und Sa/So 9–16, Fr 10–17 Uhr. Eintritt 2 €, erm. 1,50 €, Mo frei, Audioguide (deutsch) 2,50 €. Ul. Szeroka 24, ✆ 12-4220962, www.mhk.pl. Tram 3, 9, 19, 24, 50, 69, Haltestelle św. Wawrzyńca.

Museum Galizien (Muzeum Galicja): Das Museum will der jüdischen Opfer des Nationalsozialismus gedenken und zugleich ihre reiche Kultur im ehemaligen Galizien präsentieren. Diesem Anspruch wird man in Wechselausstellungen, Diskussionen und Konzerten gerecht. Die eindrucksvolle und detaillierte Dauerausstellung „Spuren der Erinnerung" zeigt Bilder des 2007 verstorbenen Fotografen Chris Schwarz, der 12 Jahre lang zusammen mit einem Professor für jüdische Geschichte und Sachverständigen der UNESCO durch das polnische Galizien reiste, um die jüdischen Spuren zu dokumentieren. Wer sich weiter über die Geschichte der polnischen Juden informieren möchte, kann in Polens größtem jüdischem Buchladen stöbern.

Tägl. 10–18 Uhr. Eintritt 4 €, erm. 2,50/3 €. Ul. Dajwór 18, ✆ 12-4216842, www.galiciajewish museum.org. Tram 3, 9, 19, 24, 50, 69, Haltestelle św. Wawrzyńca.

Städtisches Ingenieursmuseum (Muzeum Inżynierii Miejskiej): Passend zu seinen Themen residiert das Museum im alten Straßenbahndepot der Stadt. Zwei Dauerausstellungen zeigen Oldtimer auf zwei und vier Rädern sowie die Techniken der Krakauer Druckereien. Für Kinder gedacht und für die Eltern kaum weniger interessant sind die greifbaren und leicht verständlichen Spiele, die Technik, Ingenieurskunst und Physik besser verstehen lassen. Seit 2010 werden weitere alte Tramhallen restauriert, entstehen soll ein Kulturzentrum.

Juni–Sept. Di–So 10–18 Uhr, Okt.–Mai bis 16 Uhr. Eintritt 2 €, erm. 1,50 €, Kombiticket mit Garten der Erfahrungen 3 €, erm. 2 €. Ul. św. Wawrzyńca 15, ✆ 12-4211242, www. mimk.com.pl. Tram 3, 9, 19, 24, 50, 69, Haltestelle św. Wawrzyńca.

Hohe Synagoge (Synagoga Wysoka): Nach aufwendigen Restaurierungsarbeiten ist die Synagoge seit 2005 wieder für die Öffentlichkeit zugänglich und wird seitdem vor allem für Ausstellungen genutzt. Zwischen 1556 und 1563 als drittes jüdisches Gotteshaus gebaut, zeigt sie deutliche Ähnlichkeit zur Prager Hohen Synagoge. Von der einstigen Pracht ist wenig erhalten geblieben, sehenswert sind die Wandpolychromien. Der Name der Synagoge rührt daher, dass sich ihr Gebetsraum im ersten Stock befindet. Die Eintrittskarten erhält man in der Buchhandlung im Erdgeschoss.

April–Okt. tägl. 9–19, Nov.–März 10–18 Uhr. Eintritt 2,50 €, erm. 1,50 €. Ul. Józefa 38. Tram 3, 9, 19, 24, 50, 69, Haltestelle św. Wawrzyńca.

Izaak-Synagoge (Synagoga Izaaka): eine der schönsten Synagogen in Kazimierz, nach der Restaurierung sind die Fresken gut sichtbar. Mit dem Bau in der ersten Hälfte des 17. Jh. ist eine Legende verbunden. Der arme Kaufmann Izaak träumte, dass unter einer gemauerten Brücke in Prag ein Schatz auf ihn

warte. Dort angekommen, traf er auf einen Soldaten, der ihn auslachte und ihm seinen eigenen Traum erzählte, wonach ein Schatz bei einem gewissen Izaak unter dem Ofen versteckt sei. Zurück in Kazimierz, fand Izaak tatsächlich den Schatz und errichtete damit u. a. die Synagoge. Diese war nach Fertigstellung dermaßen prachtvoll, dass eine weitere Legende entstand, die besagte, dass eine Räuberbande aus Krakau von den Schätzen angelockt würde. Daraufhin beriet sich Izaak mit dem Rabbi Jom Tow Heller und ließ alle Tore nach Kazimierz schließen, ausgenommen das auf dem Weg, der über den Remuh-Friedhof führte. Dort warteten 26 in weiße Gewänder gekleidete Juden auf die Diebe und erschreckten sie so, dass sie niemals wiederkehrten. Heute kann man die Synagoge ganz ohne Angst besichtigen; zu sehen gibt es auch Wechselausstellungen, Filmvorführungen über Kazimierz und die Geschichte der Juden sowie Klezmer-Konzerte.

April–Okt. tägl. außer Sa 8.30–20 Uhr, Nov.–März nur bis 18 Uhr, Fr jeweils nur bis 14.30 Uhr. Eintritt 2 €, erm. 1 €. Ul. Kupa 18, ✆ 12-4305577. Tram 3, 9, 19, 24, 50, 69, Haltestelle Miodowa.

Kupa-Synagoge (Synagoga Kupa): Ein ähnlich prunkvolles Inneres wie die benachbarte Tempelsynagoge weist dieses jüdische Gotteshaus auf, obwohl es beim Bau im 17. Jh. ursprünglich für die Armen gedacht war. Doch in den folgenden Jahrhunderten wurde die Synagoge nach und nach prunkvoller ausgestaltet, wovon auch die zwischen 2000 und 2002 renovierten farbenfrohen Wandmalereien zeugen.

So–Fr 9–17 Uhr, jedoch unregelmäßig geöffnet. Eintritt frei. Ul. Miodowa 27 (auch Zugang von ul. Kupa aus). Tram 3, 9, 19, 24, 50, 69, Haltestelle Miodowa.

Tempelsynagoge (Synagoga Tempel): In der jüdischen Gemeinde ging längst nicht alles so harmonisch zu, wie man meinen könnte. Die progressiven Juden der Tempelsynagoge wurden gar des Öfteren von den chassidischen Orthodoxen bespuckt, weil sie kein Jiddisch sprachen und sich zu sehr der polnischen Gesellschaft anpassten. Das Gotteshaus wurde von 1860 bis 1862 im Stil der maurischen Neorenaissance erbaut. Die Innenräume sind sehr prunkvoll gestaltet und von Mosaikfenstern geschmückt. Am Rand des Gebetssaals sind die separaten Galerien für die Frauen untergebracht. Heute gibt es hier keine Gottesdienste mehr, stattdessen in der Tradition der eher weltlichen Ausrichtung der Synagoge Konzerte und Treffen mit Künstlern.

Tempelsynagoge: So–Fr 10–18 Uhr, Nov.–März nur bis 16 Uhr. Eintritt 1 €, erm. 0,50 €. Ul. Miodowa 24. Tram 3, 9, 19, 24, 50, 69, Haltestelle Miodowa.

Neuer Platz (Plac Nowy): Aus dem heutigen Tschechien vertriebene Juden gründeten hier um 1500 den sog. Libuszhof, um den herum Gassen und ebenerdige Gebäude gebaut wurden. Der Platz in seiner heutigen Form entstand in der ersten Hälfte des 19. Jh.

Das zwölfeckige „Rondell" in der Mitte wurde als Markthalle und koscherer Schlachthof für Geflügel genutzt. Heute werden aus den Fensterchen heraus *zapiekanki*, überbackene Pilzbaguettes, und andere Snacks verkauft. Rund um den Platz eröffneten seit den 1990ern nach und nach Kneipen und Cafés, in denen Antiquitäten, alte Möbel, Fotos und schummriges Licht das typische Flair des Kazimierzer Nachtlebens verbreiteten. Vorreiter waren das Alchemia, das Singer und das Mleczarnia (→ Praktische Infos).

Samstagvormittag Antiquitätenmarkt, Sonntagvormittag Altkleidermarkt. Pl. Nowy. Tram 3, 9, 19, 24, 50, 69, Haltestelle Miodowa.

Fronleichnamskirche (Kościół Bożego Ciała): Der mächtige gotische Bau (1340–1405) steht an einer der Ecken des Hauptplatzes von Kazimierz. Mit ihren dicken Mauern war die Kirche vor den Gefahren der Zeit gut geschützt. In den kleinen Zellen im südlichen Eingangsbereich wurden früher Straftäter am Sonntag zur Schau gestellt. Bemerkenswert sind das zwischen den Seiten-

In der Tempelsynagoge

Volkskundliches Museum im alten Rathaus

schiffen hängende Kreuz, der goldene Altar, die Krakauer Orgel mit den meisten Pfeifen sowie die barocken Kapellen und die spätbarocke Empore in Form eines Schiffes.

Tägl. 9–12/13.30–19 Uhr. Messe Mo–Sa 6.30, 8, 12, 19 Uhr, So 6.30, 8, 9.30, 11, 12.15, 16, 19 Uhr. Ul. Bożego Ciała 26, www.bozecialo. net. Tram 6, 8, 10, 13, Haltestelle Plac Wolnica.

Fußgängerbrücke des Paters Bernatek (Kładka Ojca Bernatka): Benannt ist die 2010 gebaute Fußgänger- und Radlerbrücke nach einem Mönch, der im späten 19. Jh. das Krankenhaus der Barmherzigen Brüder gründete. Bei den Krakauern hat sie allerdings andere Namen: „Brücke der Liebe" beispielsweise (weil verliebte Pärchen am Geländer Vorhängeschlösser mit ihren Vornamen oder Initialen anbringen) oder auch „Partybrücke", denn der Steg verbindet Kazimierz mit seinen vielen Kneipen mit Podgórze, wo in den letzten Jahren die ersten Lokale eröffnet haben. 2012 kam dann die scherzhafte Bezeichnung „Spinnenbrücke" hinzu: Die nachts be-

leuchtete Brücke lockt nämlich Schwärme von Insekten an – ein regelrechtes Schlaraffenland für die Achtbeiner, die hier entsprechend prall und proper werden. An der zur Brücke führenden Straße haben sich in den letzten Jahren mehr und mehr Cafés, Restaurants, Geschäfte und Kneipen niedergelassen.

Weichselufer, zwischen ul. Mostowa & ul. Brodzińskiego. Tram 6, 8, 10, 13, Haltestelle Plac Wolnica.

Volkskundliches Museum (Muzeum Etnograficzne): Die Dauerausstellung im ehemaligen Rathaus von Kazimierz zeigt Modelle frühmittelalterlicher Holzhütten, alten Schmuck und historische Kleidung. Besonders reizvoll sind die Sammlungen mit Musikinstrumenten und Spielzeug aus Krakau. Ein Spaziergang um das Gebäude führt zu einem Relief, das den Empfang der Juden im Jahr 1096 in Krakau zeigt. In einem weiteren Gebäude ein paar Meter in Richtung Weichsel sind immer wieder interessante Wechselausstellungen zu sehen.

Rundgang 9: Kazimierz → Karte S. 184/185

Di/Mi und Fr/Sa 11–19, Do bis 21, So bis 15 Uhr. Eintritt für Dauerausstellung 3 €, erm. 2 €, So 0,50 €; Wechselausstellungen 2 €, erm. 1 €. Plac Wolnica 1/ul. Krakowska 46, ✆ 12-4306023, www.etnomuzeum.eu. Tram 6, 8, 10, 13, Haltestelle Plac Wolnica.

Katharinenkirche (Kościół św. Katarzyny): Mit dem Bau der Kirche des Augustinerklosters wurde 1342 begonnen, gotische Elemente lassen sich hier ebenso finden wie barocke. Leider ist die Kirche trotz fortwährender Restaurierungsarbeiten seit den 70er Jahren weniger gut erhalten als andere in Krakau. Sehenswert sind der gotische Kreuzgang mit Fresken, der Altar und das Chorgestühl mit Golddekor und die riesigen Gemälde. Vor der Kirche steht ein hölzerner Glockenturm aus dem 15. Jh.

Mo–Fr 10–16, Sa 11–14, So 13.30–16 Uhr. Messe Mo–Sa 7, 8 (nicht Juli/Aug.), 18 Uhr, So 7, 9 (nicht Juli/Aug.), 11, 12.15, 18 Uhr. Ul. Augustiańska 7, www.parafia-kazimierz.augustianie.pl. Tram 6, 8, 10, 13, Haltestelle Plac Wolnica.

Paulinerkirche Auf dem Felsen (Kościół Paulinów Na Skałce): Die Kirche steht auf einem kleinen Hügel, weshalb sie oft einfach „Skałka" (Felsen) genannt wird. Die ursprüngliche romanische Michaelskirche aus dem 10. Jh. wurde später durch eine gotische Basilika ersetzt, die dann von 1733 bis 1751 in der heute erhaltenen spätbarocken Form umgebaut wurde. In der auch der Friedhof der großen Polen genannten Krypta (1876–1880) ruhen unter anderem der 2004 verstorbene Poet und Literaturnobelpreisträger Czesław Miłosz und Stanisław Wyspiański. Dem Wasser aus einem kleinen eingezäunten Wasserbecken vor der Kirche werden Heilkräfte nachgesagt, da es von den Körperteilen des Bischofs Stanisław berührt worden sein soll; der später heilig gesprochene Schutzpatron der Kirche war von König Bolesław II. 1079 bei einer Messe grausam ermordet worden, hatte er es doch gewagt, den König wegen Ehebruchs zu exkommunizieren. Jedes Jahr am 8. Mai wird an die Tat mit einer Prozession erinnert. (Übrigens raten wir vom Trinken des Wassers ab, da bei einem unserer Besuche tote Tauben im Becken schwammen …) Seit 2007 befindet sich im Garten der Ołtarz Trzech Tysiącleci (Altar des Dritten Jahrtausends) mit Statuen von Krakauer Heiligen und Johannes Paul II. Eindrucksvoll meinen die einen, hässlich die anderen.

Pforte tägl. 6.30–20 Uhr, Kirche tägl. 9–12/14–19 Uhr. Messe Mo–Sa 7, 8, 16, 19 Uhr, So 7, 8, 9, 10.30, 12.30, 17.30, 20 Uhr. Krypta April–Okt. tägl. 9–17 Uhr, im Rest des Jahres auf Anfrage an der Klosterpforte. Eintritt 0,50 €. Ul. Skałeczna 15, Tram 6, 8, 10, 13, Haltestelle Plac Wolnica, www.skalka.paulini.pl.

Touristen in der alten Heimat

Kazimierz ist an einem Scheideweg angekommen. Zum einen leben noch wenige Überlebende des Holocausts in dem Stadtteil. Zum anderen kommen Jahr für Jahr Zehntausende von Juden aus aller Welt. Sie besuchen die Heimat ihrer Vorfahren, deren Gräber und nehmen teil am vielleicht bedeutendsten Festival in Krakau, dem der Jüdischen Kultur. Für eine Woche im Jahr hat es den Anschein, als ob das Kazimierz von einst wieder aufblühen könnte. Jüdisches Leben mit Feiern, Workshops, jungen und fröhlichen Menschen und natürlich vollen Synagogen. Das lässt jedes Jahr erneut Hoffnung aufkeimen, auch an Tagen, an denen israelische Schulklassen durch das Viertel laufen, oder wenn ein bedeutender Rabbi für ein paar Monate nach Krakau kommt: die Hoffnung, dass sich mehr dazu entscheiden, hier zu bleiben und nicht nur als Tourist in die Heimat zu kommen.

Praktische Infos

(→ Karte S. 184/185)

Restaurants

Alle Restaurants haben bis 22 Uhr warme Küche, einige noch länger, danach bleiben viele von ihnen als Bar bis in die Morgenstunden geöffnet, im Sommer oft auch über die angegebene Uhrzeit hinaus.

»» Unser Tipp: Szeroka Nr. 1 → „Sehenswertes" S. 187. Tägl. 10–24 Uhr. Ul. Szeroka 1. ✆ 12-4212117, www.dawnotemu.nakazimierzu.pl. **«««**

Studnia Życzeń 32 Tagsüber ein empfehlenswertes Restaurant mit italienisch inspirierter Küche, abends eher zum Tanzen geeignet. Ungewöhnlich sind die Fotos an den Wänden, die alte Brunnen und Gullydeckel zeigen, sowie das neben der Bar hängende Aquarium in Form eines Eimers. Seit 2008 vergrößert, trotzdem findet man ohne Reservierung selten einen Platz. Hg. 3,50–9 €. Tägl. 10–24 Uhr (Rest.), 17–3 Uhr (Club). Plac Nowy 6, ✆ 12-4295337, www.studnia-zyczen.pl.

Kuchnia i Wino 47 Mediterrane Küche mit Spezialisierung auf Meeresfrüchte. Im Sommer kann man sich einen der vielen Weine im Garten schmecken lassen, im Winter die Hauptgerichte (6–16 €) am Kamin genießen. Stammgästen werden auch außergewöhnliche Zubereitungswünsche erfüllt. Tägl. 12–23 Uhr. Ul. Józefa 13, ✆ 12-4306710, www.kuchniaiwino.eu.

Ariel 21 Die traditionelle, aber nicht koschere jüdische Küche repräsentiert am besten dieses Gericht: mit Hühnchenleber gefüllte Gänsekeule mit Klößen (10 €). Für die Klezmerkonzerte (hier spielen Kroke oder Jascha Lieberman!) sollte man möglichst früh reservieren. Im Galeriecafé werden Bücher, Holzskulpturen und Klezmeralben verkauft. Tägl. 10–24, Konzerte um 20 Uhr (6 €). Ul. Szeroka 18, ✆ 12-4217920, www.ariel.krakow.pl.

🌿 **Momo 24** Veganes Restaurant, das seine Küche auch als politisches Statement versteht. Keine chemischen Zusätze, keine Mikrowellen-Gerichte, stattdessen frische Zutaten und eine liebevolle Zubereitung. Die Rezepte und Ideen hat der Besitzer während Reisen nach Indien und Tibet gesammelt. Man sollte eher zur Mittagsessenszeit kommen, weil sonst die besten Gerichte schon ausverkauft sind. Hg. 3–5 €. Tägl. 11–20 Uhr. Ul. Dietla 49 ∎

Barka Alrina 67 Wunderschönes Restaurantschiff mit sehr guter Küche. Kein Wunder, dass es schon kurz nach der Eröffnung 2009 in aller Munde war. Wechselnde Tagesgerichte wie Lachsforelle auf Karottenpüree mit Polenta 6,50 €. Seit 2012 befindet sich auf dem Schiff auch das niederländische Konsulat. So–Do 10–23, Fr/Sa 10–24 Uhr. Bulwar Kurlandzki (bei der Most Piłsudskiego), ✆ 668-820454, www.projektbarka.pl.

»» Unser Tipp: Marchewka z groszkiem **60** Auf deutsch „Möhren mit Erbsen" – die Suppe mit diesen beiden Zutaten (1,50 €) ist auch einer der Renner beim Stammpublikum, das die entspannte Atmosphäre, Kinderfreundlichkeit, die ukrainischen Biersorten und die günstige und fantasievolle Speisekarte schätzt. Wir sind hier Stammgäste. Tägl. 9–22 Uhr. Ul. Mostowa 2, ✆ 12-4300795. **«««**

Kolanko No. 6 44 Wer leckere Suppen mag, ist hier richtig. Auch die Palatschinken, süß oder salzig, schmecken. Pfannkuchen 3,50–4,50 €. Mo–Fr 11–2, Sa/So ab 10, Fr/Sa bis 4 Uhr. Ul. Józefa 17, ✆ 12-2920320, www.kolanko.net.

Klezmer-Hois 8 Im Haus, in dem heute ein Hotel mit Restaurant und Konzertsaal untergebracht sind, befand sich früher die Mikwe, das rituelle Bad für die Juden. Heute kann man hier traditionelle jüdische Gerichte wie *Gefilte Fisch* (5 €) genießen. Bekannte Krakauer Künstler gehen hier ein und aus, so auch der Klezmermusiker Leopold Kozłowski, der leider nur noch selten zu einem der täglichen Konzerte (ab 20 Uhr) aufspielt. Reservierung unbedingt zu empfehlen. Tägl. 9–22 Uhr. Ul. Szeroka 6, ✆ 12-4111245, www.klezmer.pl.

Pimiento 42 Die aus Argentinien importierten Steaks für 10–26 € sind die besten in der Stadt. Tägl. 12–23 Uhr. Ul. Józefa 26, ✆ 12-4212502, www.pimiento.pl.

Café Młynek 55 Viele vegetarische Gerichte wie Toast mit Camembert, Birnen und

Rundgang 9: Kazimierz → Karte S. 184/185

Moosbeeren (5 €) oder Humus (4,50 €). Dichtkunst, Sonntagvormittag Frühstückskonzerte sowie regelmäßig Gemäldeausstellungen. Tägl. 8–24/1 Uhr. Plac Wolnica 7, ✆ 12-4306202, www.cafemlynek.pl.

Alef 36 Vollgestopft mit Antiquitäten, serviert werden jiddisch inspirierte Gerichte. Nicht nur deshalb eine familiäre und „hejmische" Atmosphäre. Gänseleber mit Rosinen und Mandeln 7 €. Tägl. 13–22 Uhr. Ul. św Agnieszki 5, ✆ 12-4243131, www.alef.pl.

Rubinstein 13 Zeitgleich mit einem netten Leser entdeckten wir dieses Restaurant. Zu Recht stolz sind die Besitzer auf die gelungene Restaurierung des Geburtshauses der Kosmetikunternehmerin Helena Rubinstein. Im Gegensatz zum Hotel ist das Restaurant auch für weniger dicke Brieftaschen geeignet. Feine Vorspeisen und Hauptge-

Eine der vielen Kazimierzer Galerien

richte wie Ente in Johannisbeersauce auf Spinat mit Kartoffelpüree (15 €). Tägl. 8–22, Fr/Sa bis 23 Uhr Ul. Szeroka 12, ✆ 12-3840000, www.rubinstein.pl.

Augusta 66 2012 eröffnetes Restaurantschiff. Im Unterdeck warten feine Speisen wie Thunfisch-Steak mit Zwiebel-Chutney (14 €). Auf dem Oberdeck erstreckt sich die Orangerie mit Kaffee, Kuchen, Desserts und Cocktails. Mo–So 11–23, Orangerie Fr/Sa bis 1 Uhr. Bulwar Kurlandzki, www.restauracjaaugusta.pl.

horai 57 Asiatische Küche, und zwar japanische, thailändische und kantonesische. Die naheliegende Vermutung „viele Regionen verderben den Brei" trifft hier aber keineswegs zu, man speist gut. Sehr nettes Personal. Sushi-Set 7–70 €, Thai-Curry 6 €. Tägl. 12–23 Uhr. Pl. Wolnica 9, ✆ 12-4300358, www.horairestaurant.pl.

Bombaj Tandoori 13 Indisches Restaurant, nicht ganz authentisch, aber gut. Tandoori Chicken 9,50 €, viele vegetarische Gerichte um die 5 €. So–Do 12–23, Sa/So bis 24 Uhr. Ul. Szeroka 7/8, ✆ 12-4223797, www.restauracjabombaj.pl.

Fabryka Pizzy 40 Keinesfalls so lieblos, wie der Name Pizzafabrik vermuten lässt. Eigentlich immer voller Studenten und jungem Publikum. Zwar immer noch gut, hat im Vergleich zu früher aber nachgelassen. Große Pizza 5,50–7,50 €. So–Do 12–23, Fr/Sa 12–24 Uhr. Ul. Józefa 34, ✆ 12-4338080, www.fabrykapizzy.pl.

Bar Szynk 7 Sehr günstiges Restaurant, das zu typisch polnischer Küche das Bier von kleinen, unabhängigen polnischen Brauereien serviert. Nach dem Umzug ins Nachbarhaus ist auch endlich mehr Platz. Tägl. 13–21 Uhr. Ul. Podbrzezie 2.

Love Krove 6 2010 eröffneter Burgertempel. Allerdings keine der üblichen Buletten, sondern für 4–5 € echte Kunstwerke mit Guacamole, Gorgonzola, Moosbeeren, Chorizo oder französischem Senf zwischen Burger und Brötchen. Mo–Sa ab 10.30, So ab 10, Mo–Mi bis 22, Do–Sa bis 23, So bis 21 Uhr. Ul. Brzozowa 17, ✆ 12-4221506.

Pierożki u Vincenta 33 Zwar ausschließlich Pierogi im Angebot, dafür mit 20 bis 30 Sorten aber weit mehr als die traditionellen drei Zubereitungsarten. „Lecker" urteilten Leserinnen, die sonst keine Pierogifans sind. Auch in Sachen Preis ideal für den Snack zwischendurch oder zum Mitnehmen. Im Sommer tägl. 10.30–22, im Winter tägl. 11–21 Uhr. Ul. Bożego Ciała 12, www.pierozkiuvincenta.com.pl.

Bagelmama 🔳 Selbst viele Polen wissen nicht, dass Bagels von jüdischen Bäckern im 16. Jh. in Krakau erfunden wurden. Diese Snackbar hat sich in der Nähe der um 1900 berühmten Bäckerei „Pan Beigel" niedergelassen. Die Bagels (2,50–5 €) eignen sich gut zum Mitnehmen, die Bagels-Tapasplatte für 2 Pers. sollte man vor Ort genießen. Bei den French Open im Frühling verkauft der Besitzer seine Bagels übrigens an John McEnroe und das NBC-Tennis-Übertragungsteam, seine Bar bleibt daher in diesen beiden Wochen geschlossen. Tägl. 9–19 Uhr. Seit 2009 neue Adresse: Ul. Dajwór 10, ✆ 12-3461646, www.bagelmama.com.

Polakowski 🔳 Ein Selbstbedienungsrestaurant mit über 100-jähriger Geschichte und typischer polnischer Küche. Renner sind die Riesenschnitzel für 2,50 € und Krakaus vielleicht bester Barszcz für 1,50 €. Tägl. 9–22 Uhr. Ul. Miodowa 39, ✆ 12-4212117, www.polakowski.com.pl.

Green Times 🔳 2012 eröffnete Filiale des Café Młynek nebenan. Modernere, minimalistisch-skandinavische Einrichtung mit viel Weiß. Zu essen gibt es Frühstück ab 4 € und vegetarische Snacks. Tägl. 8–22 Uhr. Plac Wolnica 8.

RotiRoti 🔳 Das beste indische Essen in Krakau. Bei einem unserer Besuche haben wir Inder getroffen, die vor Begeisterung gestaunt haben. Hg. 3–4,50 €, köstlicher Lassi für 2–3 €. Tägl. 12–22 Uhr. Ul. Węgłowa 4, ✆ 12-3957004.

chili & cynamon Vege Bar 🔳 An sechs Tischlein gibt es vegetarische, vegane und glutenfreie Köstlichkeiten. Menü mit Suppe, Hauptgericht und Beilage 4,50 €. Tägl. 12–19 Uhr. Ul. Berka Joselewicza 9, www.chili-cynamon.eu.

Grill na Kazimierzu 🔳 Kultiger Grill unter freiem Himmel, bei Nachtschwärmern sehr beliebt. Grillwurst 2 €, Schaschlik 4 €, für Vegetarier gibt es Schafskäse vom Rost mit Moosbeeren für 2 €. April–Nov. Tägl. 14–2 Uhr. Pl. Nowy.

Mini Bar Endzior 🔳 Krakaus beste Zapiekanki für 1,50–3 €. Nachtschwärmer, ja so-

Im Mleczarnia

gar Gourmets schwören auf die Adresse. Zu finden ist die Bar im Pavillon auf dem Plac Nowy, dort, wo die Schlange am längsten ist. Mo–Sa 10–2, Fr/Sa oft auch bis 4 Uhr. Pl. Nowy 4b/12. www.endzior.eu.

Cafés & Pubs

»» Unser Tipp: Mleczarnia 🔳 Ein Lokal voller alter Bilder, Plakate, Truhen und Radios im rustikalen Stil. Im Sommer kann man hier im Garten im Schatten eines Kastanienbaums sein Bier oder den leckeren Nusskuchen für 2 € genießen. Für dieses Meisterwerk von einer Kneipe können wohl nur Poeten die richtigen Worte finden! Tägl. 10–24, Fr/Sa bis 4, Sommerbiergarten So–Do 10–23, Fr/Sa bis 24 Uhr. Ul. Meiselsa 20, ✆ 12-4218532, www.mle.pl. **««**

🌿 **Kawiarnia Hamlet 27** Ein Platz, an dem die Zeit stehengeblieben scheint: antike Möbel, Buntglasfenster und nach Eigenwerbung Krakaus beste Pierogi und Slow Food. Hier findet man die Ruhe, bei einem Kaffee die weiteren Unternehmungen zu planen. Als Non-Profit-Organisation beschäftigt das Café Menschen mit psychischer Beeinträchtigung. Tägl. 10–23 Uhr. Ul. Miodowa 9, ✆ 12-4221211, www.hamlet.org.pl. ■

Warsztat Café 37 Instrumente hängen von der Decke oder schräg von den Wänden. Die Livemusik ist weitaus weniger schräg, man hört hier feinen Jazz, Klezmer und Blues. Das *piwo* gibt es zu musikerfreundlichen Preisen, die Bistrogerichte sind günstig und der hausgemachte Apfelkuchen für 2 € ist ein Gedicht. So–Do 9–1, Fr/Sa 9–2 Uhr. Ul. Izaaka 3, ✆ 12-4301451.

Les Couleurs 23 Für die Freunde französischer Lebensart. Kleine helle Lampen auf den Tischen und das beliebte Frühstück ab 7 Uhr ziehen vor allem Studenten zum Lernen und Klönen an. Wer sein Französisch verbessern will, kann in den Journalen blättern, die Plakate entziffern oder sich an einem ganzen Roman versuchen. Tägl. 7–2, Sa/So ab 8 Uhr. Ul. Estery 10, ✆ 12-4294270.

≫ Unser Tipp: Cheder Café 38 Kinderfreundliches Café, dessen eigene Bibliothek viele spannende Bücher zu jüdischen Themen bereithält. Auch Filmvorführungen, Konzerte und Ausstellungen. Unbedingt probieren sollte man den israelischen Kaffee oder Tee. Tägl. 11–22 Uhr. Ul. Józefa 36, www.cheder.pl. ≪

Mostowa Artcafé 62 Galerie und Café der Stiftung „Bulwary Sztuki" (Boulevards der Künste) unter Leitung von Marian Gołogórski (→ Rundgang 3). Zu sehen gab es schon kurz nach der Eröffnung 2011 tolle Ausstellungen junger Künstler. Und der Kaffee ist wirklich gut. So–Do 12–22, Fr/Sa 12–24 Uhr. Ul. Mostowa 8.

≫ Unser Tipp: Eszeweria 52 Ideal für Pärchen, denen die Schwarz-Weiß-Fotos, der Sommergarten, die romantische Einrichtung und der freundliche Service gefallen werden. Tägl. 12–2, Fr/Sa bis 3 oder 5 Uhr. Ul. Józefa 9. ≪

café culca 64 Eltern-Kind-Café mit Bastelecke, viel Spielzeug, einer Kletterwand, fröhlichen Familien und natürlich einem Wickeltisch. Ul. Mostowa 14, ✆ 12-4300720, www.cafeculca.pl.

Café Kładka 64 Ein weiteres Café auf dem Weg zum „Steg" nach Podgórze. Besonders gut gefallen uns die sympathischen Monster, die in Form von Eulen oder riesigen Pantoffeltieren an die Wand gemalt sind. So–Do 9–24, Fr/Sa bis 2 Uhr. Ul. Mostowa 12.

≫ Unser Tipp: Lody – Pracownia Cukiernicza Stanisław Sarga 29 Wenn die Krakauer vom besten Eis der Galaxis reden, ist das weder Übertreibung noch Lokalpatriotismus. Nicht nur an heißen Sommertagen muss man allerdings bis zu eine Stunde Vorfreude, sprich Anstehen, in Kauf nehmen. Im Winter werden hier Berliner u. ä. verkauft. Tägl. 9–19 Uhr, am Wochenende auch länger, bis kein Eis mehr da ist. Ul. Starowiślna 83. ≪

Nachtleben

Auch bei den Bars und Clubs sind die Öffnungszeiten nicht wörtlich zu nehmen. Wenn der letzte Gast geht, wird geschlossen. Das kann im Winter früher sein, im Sommer sind manche Lokale fast durchgehend geöffnet.

≫ Unser Tipp: Alchemia 20 In der magischen Stadt Krakau zauberte sicherlich der eine oder andere Alchemist; magisch ist auch diese Kneipe, in der man trotz der vier Räume und dem Keller für Theateraufführungen und hervorragende Jazzkonzerte nur selten einen Platz findet. Hier schlägt das Herz des alten Kazimierz, das hoffentlich niemals kaputtsaniert werden wird. Ins Raucherzimmer gelangt man durch einen alten Schrank. Tägl. 9–2, Fr/Sa bis 4 Uhr. Ul. Estery 5, ✆ 12-4212200, www.alchemia.com.pl. ≪

Propaganda 15 Der Ort für alle, die den Kommunismus vermissen oder ihn, nicht ohne Ironie, feiern wollen. An den Wänden hängen Propaganda-Objekte aus aller Welt, darunter russische Uniformen und ein abgesägter Trabbi. Slawischer Ska und Rock unterstreichen das beliebte Retro-Ambiente musikalisch für das bunte Publikum. Tägl. 11–2, Fr/Sa bis 5 Uhr. Ul. Miodowa 20.

La Habana 10 Wie der Name verrät, kubanisch eingerichtet. Man schlürft Cuba Libre und andere Cocktails, liest Hemingway und

Im Singer wird auf den Nähmaschinentischen auch schon mal getanzt

hört Salsa. So–Do 10–2, Fr/Sa 10–4 Uhr. Ul. Miodowa 22.

»» Unser Tipp: Singer 43 Während der Ausgangssperre in den 1980ern ein geheimer Treff, heute längst kein Geheimtipp mehr. Klezmer, Jazz und Filmmusik erklingen, während an den Singer-Nähmaschinentischen der Wódka schmeckt – sofern man einen Sitzplatz findet. An manchen Tagen wird auf den Tischen und in der Bar zu Tango, Salsa oder ähnlicher Musik getanzt. Tägl. 9–3, Fr/Sa bis 5, im Sommer tägl. bis 5 Uhr. Ul. Izaaka 1. **«**

Literki 1 Club auf einem ehemaligen Industriegelände. Anspruchsvolle elektronische Musik von House bis Dubstep. Tägl. 19–1, Do–Sa bis 4 Uhr. Ul. Berka Joselewicza 21, www.barliterki.pl.

Bats Gallery 4 Täglich ab 21 Uhr Konzerte für 10 € mit dem *Jascha Lieberman Trio*, das die FAZ als „Zuchtperlen der europäischen Kammermusik" pries. Für uns ist es schlicht eine „verdammt gute Klezmergruppe". Ul. Szeroka 2 (Treppe bei der Buchhandlung nach oben).

absynt 11 Gewidmet der grünen Fee, die so gut zu Kazimierz passt. Es gibt den Absinth pur, aber auch in Cocktails. Mit Grammophonen, Samowars und Kerzenständern für die Umgebung typisch eingerichtet. Die Musikauswahl trübt den Eindruck aber oft ein wenig. Mi–So 10–24, Do–Sa bis 2 Uhr. Ul. Miodowa 26, www.absynt-krakow.pl.

Po Drodze 62 Der Name der Kneipe („Auf dem Weg") bezieht sich auf die Lage in der Nähe der Fußgängerbrücke, die Kazimierz und Podgórze seit 2010 verbindet. Innen gibt es einen schönen Tresen, bei gutem Wetter noch beliebter sind die Tische vor der Tür. Mo–Do 15–23, Fr/Sa 10–2, So 10–23 Uhr. Ul. Mostowa 8.

Cocon 63 „Gaylife is Highlife" lautet das Motto des Clubs. Tatsächlich wird das Haus fast immer gerockt, und zwar nicht nur von Homos und Lesben, sondern auch von gar nicht so wenigen Heteros. Im Gebäude haben auch drei unabhängige Theater ihre Bühnen. Mi–Sa 21–7. Eintritt nach 23 Uhr 2,50 €. Ul. Gazowa 21, ✆ 12-6322296, www.klub-cocon.pl.

Rundgang 9: Kazimierz → Karte S. 184/185

Einkaufen

»» Unser Tipp: Bücherei der Hohen Synagoge **38** Der freundliche Empfang und die kompetente Hilfe erleichtern die Auswahl zwischen Bildbänden, Büchern über die jüdische Kultur und den Holocaust (auch in deutschen Übersetzungen) sowie Klezmer-CDs. Ul. Józefa 38, www.austeria.eu. **««**

Jarden **4** Hier wird man auf der Suche nach (lokaler) Klezmermusik ebenso fündig wie nach jüdischen Sachbüchern und Literatur in verschiedenen Sprachen. Empfehlenswert sind auch die vom Jarden organisierten Führungen durch Kazimierz oder nach Auschwitz-Birkenau. Ul. Miodowa 41, ☎ 12-4291374, www.jarden.pl.

High Fidelity **3** Plattenladen für Sammler, auch wenn Piotr, der schräg-sympathische

Jüdisches Kunsthandwerk

Besitzer, manchmal unwirsch wird und von seinem Museum redet, in dem er nur seine Schätze lagert. Besonders interessant sind die Alben polnischer Musiker. Öffnungszeiten nach Lust und Laune. Ul. Podbrzezie 6.

Manufaktura Rytter **53** Man kann an der Maschine zusehen, wie frische Drucke von Krakauer Impressionen entstehen – und diese auch erstehen. Ein schönes Erinnerungsstück! Ul. Bożego Ciała 29, www.rytter.krakow.pl.

Lebensmittel

🌿 **Piekarnia Mojego Taty** **45** Krakaus bestes Brot kommt mit einer rührseligen Geschichte. Ein Vater wollte eine Bäckerei eröffnen, doch das blieb ihm verwehrt. Der Sohn holte es nun nach und gab ihr deshalb den Namen „Bäckerei meines Vaters". Übrigens wird nach alten Rezepten und mit reinen Zutaten gebacken, unser Favorit ist das Kartoffelbrot. Tägl. 6–2 Uhr morgens (So erst ab 10 Uhr), also auch für hungrige Nachtschwärmer geeignet. Ul. Meiselsa 6, www.piekarniamojegotaty.pl. ■

Produkty Benedyktyńskie **56** Alkohol, Süßes, Tee, Pilze, Konfitüren, Honig, Brot, Kosmetika … Alles nach Benediktinerrezepten. Ul. Krakowska 29, www.benedicite.pl.

Ciasteczka z Krakowa **19** → Rundgang 2; Ul. Stradomska 19.

Mode und Schmuck

»» Unser Tipp: IdeaFix **59** Nur polnische Designer, und zwar junge, unabhängige und äußerst talentierte. Kleidung, Schuhe und Einrichtungsgegenstände fürs Heim. Ul. Bocheńska 7, www.ideafix.pl. **««**

Blazko Kindery **48** Dieser Juwelier bietet geschmackvollen und jugendlichen Schmuck zu erschwinglichen Preisen. Die eigenen Kreationen in Schwarz, Weiß und Silber sehen auf jedem Kleidungsstück gut aus. Ul. Józefa 11, www.blazko.pl.

Anna Kara **18** Traumhafte Kleider, die Frauen zu jedem Anlass schmeicheln. Auch Hochzeits- und Abendkleider sowie Schmuck. Ul. Dietla 46, www.annakara.pl.

galeria aruaco **31** Schmuck, Taschen, Hüte etc. aus Süd- und Mittelamerika. Ul. Miodowa 4.

Galerien, Antiquitäten, Kunsthandwerk

Galeria Szalom 46 Judaica, aber auch modernere jüdische Kunst aus Polen und Israel. Ul. Józefa 16.

Galerie d'Art Naif 51 Diese kleine Galerie bietet Werke von bekannten und unbekannten Künstlern an, die sich abseits der traditionellen Kunstvorstellung bewegen. Ul. Józefa 11, www.artnaive.sky.pl.

Art Cherubino 61 Wer seinen Schutzengel sucht, wird hier fündig. Verschiedene Engelfiguren von Glas bis Flechtware für verschiedene Geschmäcker von Kunst bis Kitsch. Auch Veranstalter des Engelfestivals im Oktober. Ul. Bonifraterska 1.

Archetyp 23 Galerie mit Volkskunst, vor allem bemalte Holzfiguren. Ul. Estery 10, www.archetyp.art.pl.

Souvenirs Gifts 49 Bernsteinketten, Glaskunst, Holzarbeiten und vieles mehr, das sich vom gewohnten Einerlei üblicher Souvenirläden abzuheben weiß. Ul. Józefa 11.

Ulica Józefa, Straße mit vielen kleinen Geschäften und Galerien.

Plac Nowy, täglich Flohmarkt mit Antiquitäten, jüdischem Krimskrams und auch Kleidung. Das beste Angebot gibt es sonntags.

Flohmarkt auf dem Plac Nowy

Ausflugsfahrten

Barka Basia 65 3½-stündige Ausflugsfahrten nach Tyniec, mit der Skrzetuski 200 € für 25 Pers., mit der Alexander 125 € für 12 Pers. oder 1-stündige Fahrten von Kazimierz bis Salwator und zurück für 5 €/Pers. Bulwar Kurlandzki, ✆ 12-3461412, www.barkabasia.pl.

Kulturzentren & Infos

Centrum Kultury Żydowskiej 41 Der Organisator des Jüdischen Festivals in Kazimierz und vieler weiterer sehenswerter Veranstaltungen. Kein Fiedler auf dem Dach, dafür ein Café mit schönem Blick auf die Dächer von Kazimierz. Tägl. 10–18, Sa/So bis 14, Café bis 20 Uhr. Ul. Rabina Meiselsa 17, ✆ 12-4306452, www.judaica.pl, www.jewishfestival.pl.

Jewish Community Centre 12 „Having a great time" ist das Motto der Krakauer Jud-

en. Ihr durch eine großzügige Spende und das Engagement von Prinz Charles unterstütztes Gemeinschaftszentrum ermöglicht neben freundlichen Begegnungen mit der wachsenden jüdischen Gemeinde auch Auskünfte und bei frühzeitiger Buchung Vermittlung von Stadtführern. Ul. Miodowa 24, ✆ 12-3705770, www.jcckrakow.org.

Nürnberger Haus 54 Die enge Städtepartnerschaft zwischen Krakau und Nürnberg zeigt sich auch in dieser Institution mit interessantem Angebot. Ul. Skałeczna 2 (Eckhaus), ✆ 12-4306127, www.dom-norymberski.com, www.krakauer-haus.de.

Kazimierz in Buch und Internet: Agnieszka Legutko-Ołownia, „Krakowski Kazimierz", www.bezdroza.com.pl (Verlags-Website), ästhetischer und detaillierter Führer über Kazimierz in Polnisch oder Englisch. Ansonsten: www.kazimierz.com, www.jewishkrakow.net.

Platz der Ghettohelden und Briefe der Schindlerjuden im Museum der Schindlerfabrik

Podgórze: Im ehemaligen Ghetto

„Und wisst Ihr, was jede Stadt polnisch macht? Die Juden. Wenn es schon an ihnen fehlen würde, begäben wir uns in ein vollkommen fremdes Land, und weil wir doch ihre Anwesenheit gewöhnt sind, fühlten wir uns, als ob es in uns an etwas mangelt."

Diese Zeilen aus der „Latarnia czarnoksięska" (Die magische Laterne) des großen polnischen Chronisten Józef Ignacy Kraszewski wurden ein Jahrhundert vor dem Holocaust verfasst. Kraszewski konnte nicht wissen, mit welcher Präzision er den Zustand Polens nach dem Zweiten Weltkrieg vorhersagte. Nirgendwo sonst in Krakau wird das so deutlich wie in Podgórze, obwohl in diesem Stadtteil südlich der Weichsel ursprünglich fast keine Juden gelebt hatten.

Seit 1939 war den Krakauer Juden überall in der Stadt verboten, ihre Religion auszuüben, der Zugang zum Zentrum war ihnen ganz versperrt. 1941 wurden dann mehr als 16.000 auf Befehl des Generalgouverneurs Hans Frank aus Kazimierz und anderen Stadtteilen in das Ghetto von Podgórze deportiert. Noch heute können Anwohner berichten, wie in einem zwei Wochen dauernden Exodus die Juden nach Podgórze gezwungen und dessen katholische Einwohner gleichzeitig nach Kazimierz vertrieben wurden. Auf der Brücke über die Weichsel begegneten sich die Blicke derer, die ihre Häuser und eine sichere Zukunft verloren hatten. Für die Juden be-

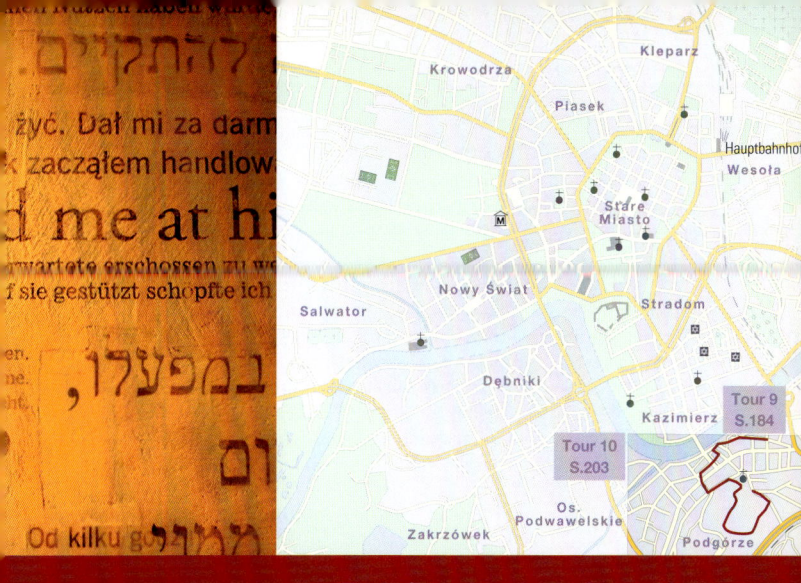

deutete dies aber erst den Anfang einer zweijährigen Schreckenszeit innerhalb von Mauern, die zum Teil schon mit den Grabsteinen aus den verwüsteten Friedhöfen errichtet worden waren. Der anfangs viel zu knapp bemessene Raum des Ghettos hätte schon 1942 nach wahllosen Erschießungen und den Transporten in das spätere Konzentrationslager Płaszów ausgereicht. Doch mehr als zwei Quadratmeter Wohnraum wurden einer Person nicht zugestanden, und die SS begann, das Ghetto immer enger mit Stacheldraht einzuzäunen. Die Aufteilung des Geländes in Ghetto A für die arbeitsfähigen Bewohner und Ghetto B für Alte, Kinder und Kranke im Dezember 1942 war die Vorbereitung für das Ende ein Jahr später. Am 14. März 1943 wurden innerhalb weniger Stunden mehr als 1000 Menschen erschossen. Die wenigen Überlebenden wurden entweder ins nur einen Kilometer entfernte Konzentrationslager Płaszów oder nach Auschwitz verschleppt, wo ihnen kein besseres Schicksal bevorstand. Allein in Płaszów starben 20.000 der ehemals 70.000 Krakauer Juden.

Heute kann man die hier stattgefundenen Verbrechen höchstens noch erahnen. Auch die Mauerreste und Gedenkstätten vermitteln nicht annähernd ein realistisches Bild der Geschehnisse. Wer aber die Bilder der Filme „Schindlers Liste" oder „Der Pianist" im Gedächtnis hat, kann sich hier vieles vergegenwärtigen. Wesentlich klarer noch als Steven Spielbergs Beitrag verdeutlicht der Film von Roman Polański die Situation. Der Regisseur hatte selbst das Krakauer Ghetto überlebt und seine eigenen Erinnerungen in der Geschichte über den Pianisten Władysław Szpilman im Warschauer Ghetto verarbeitet.

Zwei „Gerechte unter den Völkern"

Tadeusz Pankiewicz, der polnische Besitzer der Apotheke Pod Orłem, lebte als einziger Nicht-Jude im Ghetto. Zweieinhalb Jahre lang war sein Haus die zentrale Anlaufstelle, in der über die Probleme und die Kriegsentwicklung gesprochen wurde. Vor allem aber gewährte Pankiewicz Zuflucht vor Verschleppungen, färbte Haare blond und verhalf den Ghettobewohnern zu einem jugendlicheren Aussehen, alles überlebenswichtige Taten. Wie Oskar Schindler wurde er von Israel mit der Auszeichnung „Gerechter unter den Völkern" geehrt, denn beide setzten dem Unrecht mutig ihre Zivilcourage entgegen. Pankiewicz verzichtete dabei sicher auf mehr Annehmlichkeiten, während Oskar Schindler immer noch der Makel eines angeblichen Kriegsgewinnlers anhängt. Die Verwandlung Schindlers vom Saulus zum Paulus wird aber von den Anwohnern vollständig bestätigt. Im Gegensatz zu vielen, die nach dem Krieg in der jungen Bundesrepublik Karriere machten, fand sich hier inmitten von unmenschlichen Nationalsozialisten ein Deutscher, der auch das Ansehen seiner Landsleute ein Stück weit rettete. Mehr als 1200 Juden sicherte er das Überleben und behandelte die Polen außerhalb des Ghettos mit Respekt und Achtung.

Dem heutigen Podgórze wird man natürlich nicht gerecht, würde man es auf diesen Teil seiner Geschichte beschränken. Da viele Studenten der günstigen Mieten wegen in den Stadtteil zogen, keimt beispielsweise das Nachtleben langsam auf. Wie im nahen Kazimierz reihen sich nun restaurierte Häuser an noch verfallene und kreieren so einen eigenartigen Charme zwischen Vergangenheit und Zukunft. Letztere wird auch den guten Restaurants gehören, denen es bereits gelingt, die Krakauer gelegentlich aus dem Zentrum in das noch recht beschauliche Podgórze zu locken. Der inzwischen vollendete Umbau der Schindlerfabrik, das 2011 neu eröffnete Museum für Zeitgenössische Kunst sowie das Kantormuseum (Eröffnung voraussichtlich 2013) sind weitere Gründe für einen Abstecher in das Quartier südlich der Weichsel. Viele Neubauten im einstigen Industriegebiet rund um die Schindlerfabrik locken auch junge Familien dorthin. Unbedingt zu erwähnen ist auch die überaus interessante Arbeit des Kulturhauses, deren alljährlicher Höhepunkt das heidnische Ritterfestival Rękawka ist.

Rundgang

Startpunkt: Plac Bohaterów Getta

Ende: ul. Wielicka

Reine Gehzeit: ca. 1¼–2¼ Std.

Noch in der Straßenbahn fährt man über die den schlesischen Aufständen zwischen 1919 und 1921 gewidmete Brücke (Most Powstańców Śląskich). Die Haltestelle liegt am **Platz der Helden des Ghettos (Plac Bohaterów Getta)**, an die eine Installation von 70 Stühlen erinnert. Dieser Platz war Teil des Ghettos, und trotz der restaurierten Häuser sind an dem einen oder anderen noch Einschüsse sehen. Für die nächste Sehenswürdigkeit überqueren wir die

Tour 9 - Kazimierz
siehe S. 184/185

Grudzińskiego   Portowa

Bhf.
Kraków
Zabłocie

Schindler-
Fabrik

Tadeusz-
Kantor-
Museum

Museum für
Zeitgenössische
Kunst

Plac
Bohaterów
Getta

Apotheke
"Pod Orłem"

Rynek
Podgórski

St.
Benedikt-
Kirche

Festung
St. Benedikt

Silva Rerum (Graffiti)

Fronleichnams-
kirche

Powstańców   Wielkopolskich

Staw
Płaszowski

Park
Bednarskiego

Al. Powstańców Śląskich   Estakada im. Lwowa

Krak-Hügel

Wielicka

Friedhof
von Podgórze

Stein-
bruch
Liban

Kirche der Muttergottes der Ewigen Hilfe

Ehemal.
KZ Płaszów

H. Kamieńskiego

Übernachten
2 Qubus Hotel (S. 52)
3 Rubens (S. 54)
4 Korona (S. 57)

Essen & Trinken
(S. 209/210)
4 ekobistro papuamu
5 Jadłodajnia Wczoraj i
Dziś
8 makaroniarnia
5 Ogniem i Mieczem

Cafés (S. 210)
6 Cava
1 Café Rękawka

Einkaufen (S. 211)
3 Galeria Lipowa 3
7 Galeria Na Placu
9 Reykjavik District
0 Galeria Rękawka
2 Galeria Starmach

Nachtleben (S. 210/211)
1 Klub Fabryka
2 milestone
6 Drukarnia

100 m

**Tour 10:
Podgórze**

Straße Richtung Osten und biegen in die ulica Kącik bis zur Schokoladenfabrik Wawel ein. Geradeaus gehen wir durch eine Unterführung und lassen die Bahnlinie hinter uns, bis uns die ulica Lipowa zur **Schindler-Fabrik (Fabryka Schindlera)** führt, die vor allem aufgrund des Films weltbekannt geworden ist. Auf dem Fabrikgelände wartet seit 2011 zudem das **Museum für Zeitgenössische Kunst (Muzeum Sztuki Współczesnej)** auf Besucher. Anschließend kehren wir zum Plac Bohaterów Getta zurück und gehen auf diesem links in Richtung der **Apotheke (Apteka) Pod Orłem**, dem vielleicht wichtigs-

ten Ort der Hoffnung im Ghetto. An dieser Stelle beginnt jedes Jahr am 11. März um 12 Uhr der Gedenkmarsch (Marsz Pamięci) für die Opfer des Nationalsozialismus. Nach diesen bedrückenden Begegnungen geht es über die ulica Piwna bis zur Baustelle, an der zurzeit das **Tadeusz-Kantor-Museum (Muzeum Tadeusza Kantora)** entsteht. Von dort erreichen wir auf der ul. Krakusa die Hauptstraße, die ul. Limanowskiego, in die wir rechts bis zum **Marktplatz von Podgórze (Rynek Podgórski)** gehen, der von der massiven neugotischen Kirche überragt wird. Hinter dieser Kirche, im Zentrum des

Stadtteils, steht in der ulica Rękawka 3 ein eigentlich recht gewöhnliches Haus: Hier wohnte der berühmte Regisseur Roman Polański, einer der wenigen Gefangenen des Ghettos, denen die Flucht gelungen war. Danach erklimmen wir die ulica Parkowa. Rechts beginnt der Bednarski-Park (Park Bednarskiego), ein halbwildes Naturschutzgebiet (mit Spielplatz), in dem mehr als 100 verschiedene Baumarten wachsen. Gegenüber dem Parkeingang steht die Willa Mira, ein Schlösschen mit interessanten Holzverzierungen am Dach und dem Türmchen. Auch die benachbarte Willa Julia ist außergewöhnlich. Für den weiteren Rundgang aber gehen wir nach links über den pl. Lasoty in die ulica Stwarza, bis wir auf eine große Wiese stoßen. Dort steht das Kirchlein St. Benedikt (Kościółek św. Benedykta); nur zweimal im Jahr ist die Kirche geöffnet, zum einen am Tag des Heiligen Benedikt am 11. Juli, zum anderen am Oster-dienstag während der Rękawka-Kirmes. Unweit der Kirche befindet sich die **Festung St. Benedikt (Fort św. Benedykta)**, über deren künftige Nutzung seit Jahren gestritten wird. Dem Straßenlärm entgegen, überqueren wir die Fußgängerbrücke, von der wir die beste Sicht auf das **Silva Rerum-Graffiti** haben. Von hier aus ist auch schon den **Krak-Hügel (Kopiec Krakusa)** zu sehen. Um zu ihm zu gelangen, müssen wir zunächst den teils steilen Weg bewältigen. Oben angekommen, sehen wir nicht nur einen großen Teil Krakaus, sondern auch das **Ehemalige Konzentrationslager Płaszów (Były Obóz Koncentracyjny Płaszów)**, in dem auch der Steinbruch Liban (Kamieniołom Liban) liegt; dieser Steinbruch war ein Arbeitslager ausschließlich für katholische Polen. Bis auf die Mühlen (Młyny) und das Förderband (Taśmociąg) ist aus dieser Zeit nichts übriggeblieben. Dennoch nutzte Spielberg den Ort als Filmkulisse. Die

Reste des Arbeitslagers, wie es auch im Film „Schindlers Liste" zu sehen ist

jüdischen Gefangenen mussten im späteren Konzentrationslager Baracken und Straßen bauen sowie andere Zwangsarbeit leisten. Beim Fortsetzen des Weges ist Vorsicht angesagt: Der Pfad zwischen dem Steinbruch und dem Friedhof von Podgórze (Cmentarz Podgórski) ist sehr schmal und an einer Seite abschüssig, zumindest wurde 2008 der Sicherheitszaun repariert; seither ist aber auch der Durchgang offiziell nicht erlaubt. Wer das Gelände des ehemaligen Konzentrationslagers begehen möchte, muss also eventuell einen kleinen Umweg in Kauf nehmen. Dazu geht man entlang des Friedhofszauns zur al. Pod Kopcem, zur Hauptstraße ul. Wielicka, die erste Möglichkeit rechts in die ul. Jerozolimska und dann dem Schild nach. Abgesehen davon gibt es keine Markierungen, die den Spaziergang erleichtern würden. Auf einem Hügel über der großen Wiese steht ein riesiges Denkmal für die Opfer des Faschismus. Daneben findet man noch ein kleineres für die ungarischen Juden, die kurz vor Kriegsende das Schicksal ihrer polnischen und deutschen Glaubensbrüder teilen mussten – das KZ Płaszów war ihre letzte Station vor ihrer Ermordung in Auschwitz. Danach verlassen wir das Gelände in Richtung der ulica Jerozolimska, die zur ulica Wielicka führt. Von hier aus fahren die Straßenbahnen zurück ins Zentrum.

Sehenswertes

Platz der Helden des Ghettos (Plac Bohaterów Getta): Hier befand sich der zentrale Eingang des Ghettos. Entlang der Straße ist eine durch Kopfsteinpflaster markierte Linie zu sehen, die die damalige Grenze des Ghettos zeigt. Eine Gedenktafel informiert auf Hebräisch und Polnisch über die Geschichte seiner Bewohner. Von Bedeutung ist die *Apotheke Pod Orłem* und die 2005 vollendete Installation aus 33 großen und 37 kleineren Stühlen. Die größeren bronzenen Stühle sind in geometrischer Ordnung aufgereiht und repräsentieren die Möbelstücke, die nach der Liquidation des Ghettos 1943 einsam auf dem Platz standen, während ihre Besitzer schon ins KZ Płaszów verschleppt worden waren. Nach Einbruch der Dunkelheit werden die Stühle beleuchtet, was die seltsam ästhetische und zugleich bedrückende Atmosphäre des Platzes noch verstärkt. Auf die kleineren Stühle an der Haltestelle kann man sich setzen, sie sind sogar dazu gedacht, auch wenn sie in das Gesamtwerk integriert sind. Wer genau hinschaut, kann an einigen Häusern um den Platz noch Einschusslöcher erkennen.

Tram 3, 9, 19, 24, 50, 69, Haltestelle Plac Bohaterów Getta.

Schindler-Fabrik (Fabryka Schindlera): Nach langwieriger Anlaufzeit wurde das Gebäude der Emaille-Fabrik von Oskar Schindler, das viele Jahre nur inoffiziell besucht werden konnte, in ein modernes, multimediales Museum umgewandelt. Steven Spielberg benutzte für seine berühmte Verfilmung von „Schindlers Liste" vor allem das Treppenhaus des Gebäudes, das seit dem Krieg kaum verändert worden war. Das Museum im Verwaltungsteil, in dem sich Schindlers Büro befand, setzt neue Maßstäbe für historische Ausstellungen. Seit 2010 dient es als Gedenkort für die Schindler-Juden und ihren Retter, aber auch als Museum über die NS-Besatzungszeit in Krakau zwischen 1939 und 1945. Auf drei Etagen in 28 Sälen wird die Schreckensherrschaft eindrücklich dokumentiert. Interaktive Elemente ermöglichen es, in den damaligen Alltag einzutauchen. So kann man in Schubla-

Rundgang 10: Podgórze → Karte S. 203

den Infomaterial entdecken oder an Bildschirmen Hintergrundwissen erwerben. Vor allem in der Hauptsaison ist Kartenvorbestellung über die Homepage (s. u.) oder frühzeitiges Erscheinen unbedingt zu empfehlen! Wegen des großen Besucherandrangs wurden 2010 die Öffnungszeiten ausgedehnt, da zuvor Wartezeiten von mehr als drei Stunden keine Seltenheit waren.

Nov.–März Mo 10–14, Di–So 10–18 Uhr; April–Okt. Mo 10–16 (1. Mo im Monat bis 14 Uhr), Di–So 10–20 Uhr. Letzter Einlass 90 Min. vor Schließung. Eintritt 4 €, erm. 3,50 €, Mo frei, Audioguide 2,50 € (leider nur engl./polnisch), Kombiticket „Erinnerungsroute" (Schindlerfabrik, Ulica Pomorska & Apteka „Pod Orłem") 5 €, erm. 4 €. Vorherige Buchung auch am Mo über die Internetseite empfohlen! Ul. Lipowa 4, ☎ 12-2571017, www.mhk.pl. Tram 3, 9, 19, 24, 50, 69, Haltestelle Plac Bohaterów Getta, Tram 11, 20, Haltestelle Zabłocie.

Museum für Zeitgenössische Kunst (Muzeum Sztuki Wspólczesnej): Die ehemaligen Fabrikhallen und Baracken, in denen die später geretteten Juden arbeiteten, sind heute Orte der Begegnung und der Kunst. Der umfangreiche Umbau des Museums, für das die italienischen Architekten Claudio Nardi und Leonardo Proli den Zuschlag erhalten hatten, ist auch architektonisch interessant. Publikumsmagnet aber sind die zeitgenössischen Kunstwerke, die schon seit Jahren fleißig gesammelt wurden und für die nun zusammen mit den Leihobjekten auf mehr als 4000 m² Ausstellungsfläche genügend Platz ist.

Die Doppelnutzung der Schindlerfabrik hatte ursprünglich zu heißen Diskussionen über eine angemessene und politisch korrekte Würdigung geführt; interessanterweise hatten aber weder jüdische Vereine in Krakau noch Organisationen von Schindlerjuden und deren Nachfahren Bedenken gegen eine museale und unpolitische Nutzung.

Di–So 11–19 Uhr. Eintritt 2,50 €, erm. 1 €, Di frei. Führung (deutsch) 20 €. Ul. Lipowa 4, ☎ 12-2634001, www.mocak.com.pl. Tram 3, 9, 19, 24, 50, 69, Haltestelle Plac Bohaterów Getta, Tram 11, 20, Haltestelle Zabłocie.

Die Schindlerfabrik wurde in ein multimediales Museum über die Kriegsjahre umgewandelt

Ausstellung im Museum für Zeitgenössische Kunst

Apotheke (Apteka) Pod Orłem: In diesem Gebäude wirkte Tadeusz Pankiewicz in der Zeit des Krakauer Ghettos (→ Kasten S. 202). Zwei Jahre lang hielt er seine Apotheke „Unter dem Adler" ununterbrochen geöffnet, und sie diente dabei mehr als nur der medizinischen Versorgung. Der polnische Apotheker half, wo und wie er nur konnte. Im *Muzeum Pamięci* (Gedenkmuseum) werden kurze Dokumentarfilme mit Originalaufnahmen aus dem Ghetto vorgeführt, Fotos und Dokumente erinnern an die Ereignisse. Wesentlich deprimierender ist die Ausstellung der Erinnerungsstücke und Privatsachen, die Krakauer Juden dem mutigen Apotheker in der Hoffnung auf eine Wiederkehr anvertraut hatten.

April–Okt. Mo 10–14, Di–So 9.30–17 Uhr; Nov.–März Mo 10–14, Di–Do/Sa 9–16, Fr 10–17 Uhr, So und 1. Di im Monat zu. Eintritt 1,50 €, erm. 1 €, Mo frei, Audioguide (dt.) 2,50 €, Kombiticket „Erinnerungsroute" (Schindlerfabrik, Ulica Pomorska & Apteka „Pod Orłem") 5 €, erm. 4 €. Zutritt ab 13 Jahren. Plac Bohaterów Getta 18, ✆ 12-6565625, www.mhk.pl. Tram 3, 9, 19, 24, 50, 69, Haltestelle Plac Bohaterów Getta.

Tadeusz-Kantor-Museum (Muzeum Tadeusza Kantora): Auf dem Gelände des um 1900 im historistischen Stil erbauten Kraftwerks von Podgórze entsteht seit 2009 ein Museum zu Ehren des großen Krakauer Theaterregisseurs und Künstlers. Das Projekt der Architekten Agnieszka Szultk, Piotr Nawara und Stanisław Deńko sieht vor, über das Industriedenkmal eine futuristisch anmutende, weinrote Brückenkonstruktion zu stülpen. Neben Ausstellungen sollen hier nach Fertigstellung Theaterproduktionen, Aktionskunsthappenings und Konzerte stattfinden.

Geplante Eröffnung Mitte 2013, Öffnungszeiten und Preise standen bei Redaktionsschluss noch nicht fest. Ul. Nadwiślańska 4, www.cricotekawbudowie.pl. Tram 3, 9, 19, 24, 50, 69, Haltestelle Plac Bohaterów Getta.

Marktplatz von Podgórze (Rynek Podgórski): An dieser Stelle stand ein Tor zum Ghetto, der dreieckige Marktplatz ist heute jedoch ein schön gestalteter Treffpunkt für die Anwohner. Über dem Platz steht die zwischen 1905 und 1909 errichtete Kościół św. Józefa (St.-Josef-Kirche), eine neugotische, dreischiffige Basilika. Einer ihrer Türme ist dem höheren Turm der Marienkirche nachempfunden. Im Innern ist besonders der Altar sehenswert, vor allem aber beeindruckt die Fassade. Messe: Mo–Sa 7, 8, 18.30 Uhr, So 7.30, 9, 10.30, 12, 18.30, 20 Uhr. Ul. Zamoyskiego 2, www.jozef.diecezja.pl. Tram 6, 8, 10, 13, 19, 23, Haltestelle Korona.

Festung St. Benedikt (Fort św. Benedykta): Die Festung (erb. 1853–1861) hat mit Feliks Księżarski denselben Architekten wie das Collegium Novum. Im Ersten Weltkrieg nutzte die Habsburger Armee ihre militärisch günstige Lage, um von hier aus gegen die Truppen des Zaren zu kämpfen. Über die künftige Nutzung wird noch gestritten. Die einen wollen die Festung vollkommen unter Denkmalschutz stellen, andere wollen sie für Konzerte und Ausstellungen nutzen. Tram 3, 6, 9, 13, 23, 24, 50, 69, Haltestelle Powstańców Wielkopolskich.

Silva Rerum (Graffiti): Anlässlich des 750-jährigen Gründungsjubiläums von Krakau im Jahr 2007 wurde die Geschichte der Stadt von den Anfängen bis zur Gegenwart in einem Graffiti dargestellt. Beteiligt waren Künstler, Graffiti-Artisten, aber auch Historiker als beratende Experten. Mit einer Länge von 100 Metern gilt das Wandgemälde als längstes zusammenhängendes Graffiti der Welt. Den offiziellen Namen „Silva Rerum" (Wald der Dinge) erhielt das Graffiti in Anlehnung an die polnische Tradition, beim

Bau eines Hauses eine Kiste mit wichtigen Zeitdokumenten einzumauern. Eine interessante Möglichkeit, die wechselvolle Geschichte Krakaus mit Persönlichkeiten wie Papst Johannes Paul II. kennenzulernen. Eine Leserin empfahl zur besseren Detailsicht ein Fernglas mitzunehmen. Al. Powstańców Śląskich. Tram 3, 6, 9, 13, 23, 24, 50, 69, Haltestelle Powstańców Wielkopolskich.

Krak-Hügel (Kopiec Krakusa): Der Hügel wurde schon im 7. Jh. angelegt. Angeblich liegt hier das Grab des Königs Krak, des Gründers der Stadt Krakau. In der Mitte des halbkugelförmigen Hügels wurden tatsächlich Reste einer Eiche gefunden, die als heiliger Baum galt. Die Erdaufschüttung ist übrigens auch als „Rękawka" („Ärmel") bekannt – ein Name, den auch das alljährliche Ritterfestival trägt – laut Legende wurde nach dem Tod von König Krak die Erde von den Krakauern in den Ärmeln zum Hügel getragen. Tram 3, 6, 9, 13, 23, 24, 50, 69, Haltestelle Cmentarz Podgórski.

Ehem. Konzentrationslager Płaszów (Były Obóz Koncentracyjny Płaszów): Dem 80 Hektar großen Gelände gaben die Nazis zunächst den Namen „Barackenbau". Im benachbarten Steinbruch mussten ab 1942 alle polnischen Gefangenen für die von den Nazis enteignete Firma Liban und Ehrenpreis arbeiten, während die Juden das Lager und die Straßen bauen sowie die Steine transportieren mussten. Oskar Schindler rettete von hier 1100 dieser Arbeiter und beschäftigte sie in seiner Firma unter wesentlich besseren Bedingungen. Insgesamt durchliefen 150.000 Menschen das Lager, von denen viele schon bald an Hunger, Krankheiten und Erschöpfung starben. Die meisten Insassen wurden 1942 nach Auschwitz deportiert, doch auch in dem seit Januar 1944 offiziell

Der Krak-Hügel

bestehenden Konzentrationslager Płaszów waren Gaskammern geplant.

Da diese aber nicht fertiggestellt werden konnten und das Lager schon im September 1944 aufgelöst wurde, starben die jüdischen und nichtjüdischen Polen, Slowaken und Ungarn durch Massenerschießungen. Heute sind an den Stellen der Massengräber, in denen sie zu Tausenden verscharrt wurden, nur noch Mahnmale, überwachsene Fundamente und Trümmerteile sichtbar. Dagegen ist die Villa des als „Schlächter von Płaszów" gefürchteten Kommandanten Amon Göth erhalten geblieben. Der Terror des SS-Offiziers wurde einem großen Publikum durch Spielbergs Verfilmung bekannt. Eine Umwandlung des brachliegenden Geländes in ein Museum wird diskutiert und wahrscheinlich in den kommenden Jahren in Angriff genommen.

Frei zugänglich, ein Besuch unter 13 Jahren wird offiziell nicht empfohlen. Tram 3, 6, 9, 13, 23, 24, 50, 69, Haltestelle Cmentarz Podgórski.

Rundgang 10: Podgórze → Karte S. 203

Praktische Infos

(→ Karte S. 203)

Restaurants

»» Unser Tipp: Ogniem i Mieczem 15 Eine typische Karczma, in der altpolnische Gerichte serviert werden. Der Name „Mit Feuer und Schwert" ist der Titel eines Romans des Nationaldichters Henryk Sienkiewicz, die Inneneinrichtung sowie die Kleider der Kellnerinnen orientieren sich ebenfalls an diesem Buch. Sehr beliebter Treffpunkt für urige Gelage, aber auch für deftiges Frühstück. Ein „halber Meter Fleisch" aus der Rippe in Honig und Wein kostet 12,50 €. Mo–Sa 12–23.30, So bis 21.30 Uhr. Plac Serkowskiego 7, ✆ 12-6562328, www.ogniemimieczem.pl. «««

makaroniarnia Süßes und nett gelegenes Pasta-Bistro. Außer Nudeln auch Pizza und weitere italienische Klassiker für 3 bis 10 €. Interessanterweise schmeckten uns nicht die Nudeln am besten, sondern die Suppen. Leider, leider mitunter eine Küche, die die Bestellungen durcheinanderwirft und ein Service, der schon mal dem Partner das Hauptgericht bringt, während man selbst die Vorspeise noch nicht bekommen hat. Mo–Do 10–22, Fr/Sa 10–23, So 11–22 Uhr. Ul. Brodzińskiego 3, ☎ 12-4300147, www.makaroniarnia.com.

ekobistro papuamu Allerbeste Zutaten aus ökologischem Anbau, auch viele ungewohnte Köstlichkeiten wie roter Naturreis. So gut die Zutaten auch schmecken, sie werden eher zubereitet als von einem echten Koch zu Mahlzeiten verarbeitet. Tägl. 12–20 Uhr, allerdings eher unregelmäßig geöffnet. Ul. Lipowa 9/ul. Romanowicza 15, papuamu.pl. ■

»» Unser Tipp: Jadłodajnia Wczoraj i Dziś Wiedereröffnung der beliebten Milchbar an neuem Ort. Anna Kwaśniewska kocht Klassiker der einfachen und guten polnischen Küche zu fairen Preisen. Sehr angenehme Atmosphäre. Mo–Fr 10–18, Sa 12–17 Uhr. Pl. Bohaterów Getta 10, ☎ 12-6562075, www.jadlodajnia.com. «««

Cafés

Café Rękawka Kleines, sehr angenehmes Café, in dem sich Anwohner, Studenten und Radler treffen. Große Kaffeeauswahl (Bohnen auch zum Kaufen), leckeres Frühstück und freundlicher Service. Der Apfelkuchen ist ein Muss. Tägl. 9–22, Sa/So ab 10 Uhr. Ul. Brodzińskiego 4b, ☎ 12-2962002.

Cava Filiale einer Bistrokette mit großem Weinsortiment, schön gelegen in der Nähe der Weichsel. Frühstück bis 12 Uhr (3–4 €). Mo–Do 8.30–23, Fr 8.30–1, Sa 9.30–1, So 9.30–22 Uhr. Ul. Nadwiślanska 1, ☎ 12-6567456, www.cafecava.pl.

Nachtleben

Drukarnia – ein Trendsetter, denn aus dem immer exklusiveren Kazimierz zog

Panorama von Podgórze von der Kładka Ojca Bernatka aus gesehen

die Drukarnia ins noch alternativere Pod-górze auf der anderen Weichselseite. Im Erdgeschoss findet man einen Raum in modernem Design sowie einen im alten Kazimierz-Stil voller Antiquitäten. Mi und Do gibt es in den Kellerräumen tolle Live-konzerte, am Wochenende wird dort lang und wild getanzt. Tägl. 9–?, Fr/Sa bis 4 Uhr. Ul. Nadwiślanska 1, ✆ 12-6566560, www.drukarniaclub.pl.

Klub Fabryka  Als postindustriell, roh und minimalistisch beschreiben die Ma-cher von Krakaus legendärem Club Alche-mia ihre Neueröffnung von 2010 auf der anderen Weichselseite. Kunstausstel-lungen, Happenings, Partys und Konzerte in einer alten Kosmetikfabrik. Tägl. 10–22, bei Partys bis 4 Uhr, seit 2012 allerdings nur noch sporadisch geöffnet. Ul. Za-błocie 23 (Fabryka Miraculum), www.fabrykaklub.eu.

milestone ☑ Der nur am Wochenende ge-öffnete Jazzclub lässt in seinen Räumen die gute alte Zeit des New-Orleans-Jazz aufleben. Auch Swing- und Bebopkon-zerte. Fr/Sa 19–2, Konzerte ab 21 Uhr. Ul. Nadwiślańska 6, ✆ 12-3745100, www.mile-stone.pl.

Einkaufen

Reykjavik District ☑ Der isländische De-signer Olly Lindál hat die Herzen der männlichen polnischen Fashion-Victims mit tollen Mänteln, Jacketts, Schals, T-Shirts und Anzügen im Sturm erobert. Mo geschlossen, dafür am So geöffnet. Ul. Józefińska 33, www.reykjavik district.com.

Galerien

Galeria Na Placu ☑ Kleine Galerie mit Kunsthandwerk und Andenken. Viele Ton-figürchen, Keramik- und Glasobjekte, zudem der hilfreiche Podgórzeführer. Pl. Bohaterów Getta, ✆ 691-664445, www.gallery.krakow.pl.

Galeria Starmach ☑ Eine der renommier-testen Galerien in Krakau, in der schon fast alle polnischen Künstler Ausstellun-gen hatten. Der Schwerpunkt liegt auf Fotokunst. Allein das Gebäude, die 1879–1881 errichtete ehemalige Zucker-Synago-ge (benannt nach der Stifterfamilie), ist einen Besuch wert. Mo–Fr 11–18 Uhr (während der Öffnungszeiten trotzdem klingeln!). Ul. Węgierska 5, ✆ 12-6564915, www.starmach.com.pl.

Galeria Lipowa 3 ☑ Ausstellungen von traumhaft schöner Keramik- und Glas-kunst sowie Verkauf von Kunsthandwerk. Mo–Fr 10–18, Sa 10–14 Uhr. Ul. Lipowa 3 (schräg gegenüber der Schindler-Fabrik), ✆ 12-4236790, www.lipowa3.pl.

Galeria Rękawka ☑ Eine Galerie, in denen Werke lokaler Künstler von der Malerei über die Fotografie bis zum Kunsthandwerk ausgestellt werden. Im selben Gebäude be-findet sich das kleine Geschichtsmuseum mit Alltagsgegenständen des alten Podgó-rze sowie das Kulturzentrum des Stadtteils. Mo–Fr 11–18, Sa 11–15 Uhr. Ul. Limanow-skiego 13, ✆ 12-6563665, www.dkpodgorze.krakow.pl.

Sonstiges

Weitere Informationen: www.podgorze.pl.

Rundgang 10: Podgórze → Karte S. 203

Abstecher 1: Łagiewniki

In dem Vorort im Süden Krakaus befindet sich mit dem Sanktuarium der Barmherzigkeit Gottes (Sanktuarium Bożego Miłosierdzia) einer der wichtigsten Wallfahrtsorte in Polen. Nicht zuletzt die Tatsache, dass Johannes Paul II. von hier aus das dritte Jahrtausend des Christentums verkündete, verdeutlicht die Bedeutung für die katholische Kirche.

Und so wundert es kaum, dass an dieser Stelle ein riesiges Zentrum zu Ehren des letzten Papstes entsteht. Aber schon jetzt beeindruckt das „Weltzentrum des Kultes der Barmherzigkeit Gottes" Pilgerreisende wie Touristen. Das eigentliche **Kloster** der Kongregation der Schwestern der Muttergottes der Barmherzigkeit (Klasztor Zgromadzenia Sióstr Matki Bożej Miłosierdzia) wurde von Fürst Alexander Lubomirski gestiftet. Im neugotischen Stil von 1889 bis 1891 erbaut, bildet es den älteren Teil. Für Besucher und Pilger sind vor allem das Gnadenbild Jesu und die Reliquien der Heiligen Faustyna von Interesse, die in der Klosterkapelle besichtigt werden können. Die katholische Mystikerin mit dem Ordensnamen „Maria Faustyna vom allerheiligsten Sakrament" wurde

2000 durch Johannes Paul II. heilig gesprochen. 1924 wurde sie durch eine Vision zum Ordenseintritt bewegt. Bis zu ihrem frühen Tod 1938 sollen ihr Heilige und Engel, Maria und Jesus erschienen sein. Letzterer gab ihr den Auftrag, die Barmherzigkeit Gottes zu verkünden und zu diesem Zweck ein Bild malen zu lassen. Dieses Bild zeigt den Sohn Gottes, von dessen Herzen zwei Strahlen ausgehen, sowie den Satz „Jezu, ufam Tobie!" (Jesus, ich vertraue auf Dich!). Das Original befindet sich inzwischen in Wilna, in Łagiewniki bekommt man die Interpretation des Malers Adolf Hyła zu sehen. Der moderne Teil des Geländes ist das noch nicht vollendete Sanktuarium. Beeindruckend ist die 1997–2002 in einem interessanten und architektonisch mutigen Stil errichtete **Basilika**. Im obe-

Spannende Architektur – die Basilika in Łagiewniki

Das neugotische Kloster bildet den älteren Teil
des „Sanktuariums der Barmherzigkeit"

ren Teil befindet sich die Kirche mit dem ungewöhnlichen Altar in Form einer Weltkugel mit Zweigen um eine Reproduktion des angesprochenen Jesusbilds. Im unteren Teil sind die Faustyna gewidmete Kapelle und vier weitere Kapellen zu sehen. Neben der Basilika steht die Kapelle der Ewigen Anbetung des Heiligsten Sakraments, für die man eine vorherige Anmeldung benötigt. Der über Treppe oder Aufzug erreichbare Turm gewährt auf einer 42 m hohen Plattform einen Panoramablick über den Süden Krakaus.

Rasend schnell hat sich in den letzten Jahren das ehrgeizige Projekt nebenan entwickelt. Einige Arbeiten dauern noch an, im fertiggestellten **Johannes-Paul II.-Zentrum (Centrum Jana Pawła II)** werden dann u. a. ein Museum, ein Forschungsinstitut mit Bibliothek, Kapelle, Kreuzweg, Pilgerhotel und ein Amphitheater Pilger und Touristen beeindrucken. Seit dem Tag der Seligsprechung von Johannes Paul II. am 1. Mai 2011 werden auch die wegen des Anschlags auf den polnischen Papst im Jahr 1981 blutverschmierte Soutane und eine Ampulle mit seinem Blut als Reliquien ausgestellt. Schon jetzt verbindet eine Fußgängerbrücke das Gelände mit dem Sanktuarium.

Besuchern steht auf dem Gelände des Sanktuariums ein Informationszentrum offen. Anfahrt per Auto über die nach Zakopane führende Straße, Parkplätze sind vorhanden.

Tägl. 6–21.20, Basilika tägl. 8–19, Aussichtsturm tägl. 9–19.45 Uhr. Messe in der Kapelle Mo–Sa 6.30, 17, So 7, 8.30, 19 Uhr, in der Basilika Mo–Sa 9, 10, 15.20, 18 Uhr, So 9, 10.30, 12, 13.30, 15.20, 18 Uhr; Stunde der Barmherzigkeit tägl. 15 Uhr in der Basilika; Anbetung des Allerheiligsten tägl. 12–17 Uhr in der Kapelle, Gruppen müssen sich anmelden.

Informationszentrum: Mo–Fr 8.30–17.30, So 10–17 Uhr. Alle Besichtigungen kostenlos, Spenden sind willkommen. Ul. Siostry Faustyny 3, ✆ 12-2523311 (Infos), ✆ 12-2523300 (Übernachtungen für Pilger), 🖷 2637997, www.milosierdzie.pl, www.sanktuarium.krakow.pl.

Johannes-Paul II.-Zentrum: Messe Mo–Sa 8, 10, 12, 17 Uhr, So 8, 10, 11.15, 12.30, 17 Uhr. Ul. Józefa Marcika 3, ✆ 12-4296471, www.janpawel2.pl. Tram 8, 19, 22, Haltestelle Sanktuarium Bożego Miłosierdzia.

Rundgang 10: Podgórze → Karte S. 203

Kapelle am Kościuszko-Hügel und Glastüren des Japanischen Kulturzentrums

Zwierzyniec: Entlang der Weichsel zum Ehrenhügel

Entlang der Weichsel gibt es einige Schätze zu entdecken, aus denen der Kopiec Kościuszki, der Ehrenhügel, herausragt. Hier hat man einen freien Blick über die Stadt und ihre Umgebung, aber auch Einblick in die polnische Geschichte.

Mit mehreren verschiedenen Vororten bietet dieser Rundgang sehr viel Abwechslung. Eine Hauptrolle spielt dabei die Weichsel. Einem S gleich zieht sich der Fluss durch ganz Polen und musste über die Jahrhunderte überall gezähmt werden. In Krakau wurden viele der heutigen Vororte wie Kazimierz, Kleparz und sogar der Wawel von Nebenarmen umflossen, und die ganze Stadt war vom jährlichen Hochwasser bedroht. Inzwischen fließt die Weichsel die größte Zeit des Jahres gemächlich dahin. Ganz anders im Frühsommer 2010, als der Fluss Krakau fast vollständig zu überfluten drohte; letzten Endes liefen aber nur viele Keller voll und ein Deich brach.

Gegenüber dem Wawel-Hügel liegt nach Westen der Stadtteil Dębniki. Gäbe es nicht das Zentrum für Japanische Kunst, würde wahrscheinlich kaum ein Tourist hierherkommen. Am gegenüberliegenden Flussufer thront in Richtung Norden mit Zwierzyniec kontrastreich eine der reichsten und teuersten Wohngegenden Krakaus. In den Villen und Palästen über der Weichsel residieren Familiendynastien und Neureiche.

In der von viel Grün umgebenen Salwator-Siedlung daneben befinden sich hingegen viele alte Kirchen. Den Platz für den Ehrenhügel Kopiec Kościuszki wählte man also mit Bedacht in dieser für Ausflüge wie geschaffenen Umgebung.

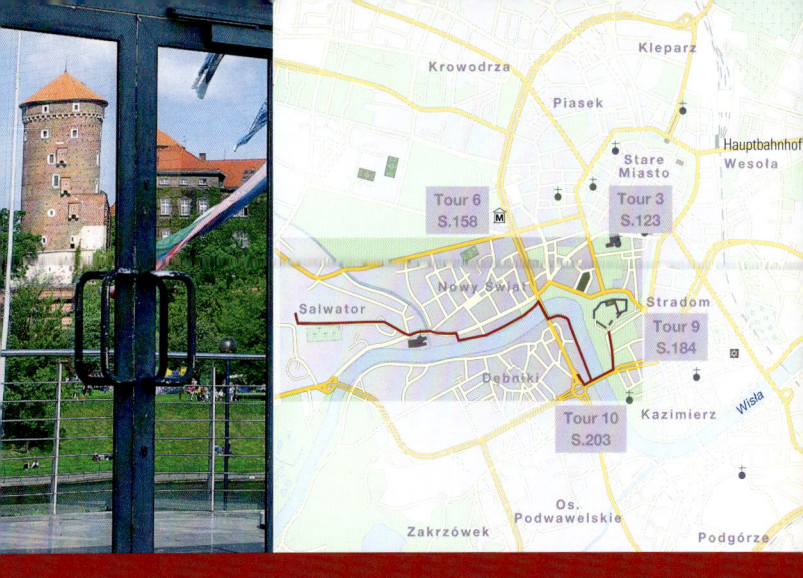

Tour 6
S.158

Tour 3
S.123

Tour 9
S.184

Tour 10
S.203

Kleparz

Krowodrza

Piasek

Stare
Miasto

Hauptbahnhof
Wesoła

Salwator

Nowy Świat

Stradom

Wisła

Debniki

Kazimierz

Os.
Podwawelskie

Zakrzówek

Podgórze

Zwierzyniec: Entlang der Weichsel zum Ehrenhügel

Rundgang

Startpunkt: ul. Smocza, unter dem Wawelhügel

Ende: Kopiec Kościuszki oder Most Grunwaldzki

Reine Gehzeit: ca. 1–2¼ Std.

Dieser Rundgang ist der längste und anstrengendste von allen. Gerade der Aufstieg zum Kościuszko-Hügel kann bei heißen Temperaturen zur Sportveranstaltung werden. Wer sich nicht fit genug fühlt, kann den Rundgang mit einer Busfahrt zum Hügel beginnen, um von dort aus nach unten zu laufen.

Ansonsten startet der Rundgang unter dem Wawel. Entlang dem Ufer passiert man zuerst die kleine Statue mit dem Hund (→ Kasten S. 216). Über die Grunwaldbrücke (Most Grunwaldzki) geht es auf die andere Seite der Weichsel. Von der Brücke aus hat man die beste Sicht auf das **Hotel Forum**, einst ein Luxushotel, heute als Werbewand zweck-

entfremdet. Eine ganz andere Zukunft verspricht das **Internationale Kongress-Zentrum (Międzynarodowe Centrum Kongresowe ICE)** etwas weiter westlich am Rondo Grunwaldzkie. Die geplante Eröffnung dieses Kongress- und Veranstaltungszentrums ist für 2014 geplant. Am südlichen Ufer angekommen, gelangt man nach rechts umgehend zum **Zentrum für Japanische Kunst Manggha (Centrum Sztuki i Techniki Japońskiej Manggha)**, dem wichtigsten modernen Gebäude in Krakau. Nach den japanischen Eindrücken wieder an der Weichsel, verlässt man den Vorort Dębniki über die Eichenbrücke (Most Dębnicki) nach Nordwesten. Wer ein Wohnhaus des letzten Papstes sehen möchte, kann stattdessen noch ein Stück auf der ulica Tyniecka weitergehen. An dem Haus mit der Nr. 10 weist ein Schild auf den berühmten Bewohner hin. In Salwator angekommen, wählt man den Weg entlang der Uferpromenade nach links, an der sich im

Sommer Sonnenhungrige ausstrecken. Sobald sie zu Ende ist, geht man auf der zu Villen und Palästen führenden Hauptstraße ulica Kościuszki ein paar Schritte weiter und steht vor dem **Prämonstratenserinnenkloster (Klasztor Norbertanek)**. Gleich daneben führt die ulica św. Bronisławy hoch zu den nächsten beiden Sehenswürdigkeiten: zum einen die **Margareten-Kapelle (Kaplica św. Małgorzaty)**, eine typische kleinpolnische Holzkirche; zum anderen kann man die älteste christliche Kirche Polens besichtigen, die romanische

Erlöserkirche (Kościół Najśw. Salwatora). Von nun an befindet man sich in eher ländlicher Umgebung. Immer geradeaus auf einer von Bäumen gesäumten Allee liegt auf der linken Seite der **Erlöserfriedhof (Cmentarz Salwatorski)**, von dem man eine gute Sicht auf das südliche Krakau hat. Zurück auf der Aleja Waszyngtona gelangt man zum Ziel des Rundgangs, dem **Kościuszko-Hügel (Kopiec Kościuszki)**. Nach Besichtigung des Ehrenhügels und der Festung fährt uns die Buslinie 101 bis zur Grunwaldbrücke, in deren Nähe der Startpunkt liegt.

Von der Liebe eines Hundes …

Die Geschichte dieser Statue treibt nicht nur Hundeliebhabern Tränen in die Augen: An einem Tag im Oktober 1990 tauchte ein kleiner gefleckter Mischlingshund namens Dżok an einer der verkehrsreichsten Kreuzungen Krakaus auf. Dort wartete er auf sein Herrchen, das nach einem Herzinfarkt auf dem Weg ins Krankenhaus noch im Rettungswagen verstorben war. Der Hund konnte dies natürlich nicht wissen, und sein Warten an derselben Stelle hielt

er ein ganzes Jahr lang durch. Weder konnte ihn schlechtes Wetter vertreiben, noch ließ er sich von einem der vielen Menschen nach Hause mitnehmen, die ihm täglich Essen und Wasser an die Kreuzung brachten. Erst nach mehr als zwölf Monaten vertraute er sich seiner treuesten Beschützerin an, einer gewissen Maria Miller. Beide lebten dann sechs Jahre zusammen. Als er beim Tod seines Frauchens zum zweiten Mal seinen menschlichen Gefährten verlor, warf sich der Hund vor einen Zug und starb.

Diese Geschichte bewegte die Bürger von Krakau: Dżok erschien auf zwei Zeitschriftentiteln, und die ganze Stadt – Menschen auf der Straße, Firmen und Polens Prominente – war damit beschäftigt, Geld zur Finanzierung eines Denkmals zu sammeln, mit dem der Künstler Bronisław Chromy beauftragt wurde. Dżok wurde somit zum Symbol von Treue und Loyalität, zum Sinnbild der unzerstörbaren Beziehung, die seit Jahrtausenden zwischen Mensch und Hund besteht. Ein Schäferhund enthüllte im Frühling 2001 die an der Weichsel zwischen Wawel und Most Grunwaldzki (Grunwald-Brücke) stehende Skulptur, indem er im Rahmen einer feierlichen Zeremonie das verhüllende Tuch wegzog.

Sehenswertes

Hotel Forum: Seit 2002 wegen angeblicher Baumängel geschlossenes Gebäude des Architekten Janusz Ingarden. Das 1989 nach zwölfjähriger Bauzeit eröffnete Forum galt als eines der modernsten und luxuriösesten Hotels in Polen; u. a. logierte hier das Filmteam von Schindlers Liste. Heute wird der architektonisch interessante Bau als Polens längstes Billboard vermarktet – tatsächlich ist meist ein riesiges Werbeplakat zu sehen, das über die 110 m breite Fensterfront gespannt ist. Über die Zukunft des Gebäudes wird noch gestritten. Die Vorschläge reichen von Abriss über einen Neubau von luxuriösen Appartementhäusern bis zu Restaurierung.
Bulwar Wołyński, Tram 11, 18, 22, 52, Haltestelle Most Grunwaldzki, Bus 164, 173, 179, Haltestelle os. Podwawelskie.

Internationales Kongress-Zentrum (Międzynarodowe Centrum Kongresowe ICE): Nach der geplanten Eröffnung 2014 wird das Kongress- und Veranstaltungszentrum einen zeitgenössischen Kontrast zum Wawel bilden. Das Projekt der Architekten Krzysztof Ingarden und Jacek Ewý aus Krakau sowie Arata Isozaki und Hiroshi Aoki aus Tokyo, verspricht ein weiteres architektonisches Glanzlicht zu werden, schon vor der Fertigstellung hagelte es viele Architekturpreise.
Rondo Grunwaldzkie, www.icekrakow.pl. Tram 11, 18, 22, 52, Bus 124, 164, 194, Haltestelle Most Grunwaldzki.

Zentrum für Japanische Kunst Manggha (Centrum Sztuki i Techniki Japońskiej): Das Museumsgebäude zählt derzeit zu den modernsten der Stadt. Die auffällige Form einer Welle soll den Kontakt zwischen den Kulturen versinnbildlichen. Darum ging es auch dem Kunstsammler und Mäzen Feliks „Manggha" Jasieński". Bis zu seinem Tod 1929 häufte er, der sich in allen europäischen Metropolen zu Hause fühlte, die unglaubliche Menge von 15.000 Kunstwerken an. Der Exzentriker vermachte sie alle dem Krakauer Nationalmuseum, darunter auch eine Fülle japanischer Kreationen, denen er seinen Spitznamen Manggha verdankte. Nach seiner sehr modernen Ansicht sollte das Studium dieser exotischen Kunst dazu dienen, die eigene Kultur besser zu erkennen und zu verstehen. Diese Haltung vertritt auch der Filmregisseur Andrzej Wajda, der alles ihm Mögliche tat, um den Bau dieses Museums zu unterstützen. Die Besucher verdanken diesem Einsatz einen Einblick in die japanische Porzellankunst, die Aquarellmalerei und die Kunstschreinerei. Doch auch reich verzierte Rüstungen und Waffen sind zu sehen, und in wechselnden Ausstellungen werden zeitgenössische Malerei und Fotografie präsentiert.
Tägl. außer Mo 10–18, im Sommer bis 19 Uhr. Eintritt 4 €, erm. 2,50 €, Di frei. Führung (deutsch) 25 €. Ul. Konopnickiej 26, ☎ 12-2672703, ✆ 2674079, www.manggha.pl. Tram 11, 18, 22, 52, Haltestelle Most Grunwaldzki; Bus 112, 124, 162, 424, Haltestelle Rondo Grunwaldzkie.

Prämonstratenserinnenkloster (Klasztor Norbertanek): Die ursprünglich romanische Kirche aus dem 12. Jh. wurde von 1596 bis 1626 barock umgebaut. Sie selbst ist nur während der Messen zugänglich (es lohnt sich!), der Klosterkomplex wird bis heute von den Nonnen bewohnt und bleibt für Besucher geschlossen. Der barocke Altar in seiner formvollendeten Schönheit zieht die Blicke auf sich. Vor ihm war lange Zeit die Schädelreliquie der Seligen Bronisława auf einem bronzenen Sarg zu sehen. Inzwischen hat man sie aber in die Schatzkammer gesteckt, zur Enttäuschung der Pilger, die seit Jahrhunderten hierher kommen.

Rundgang 11: Zwierzyniec → Karte S. 218

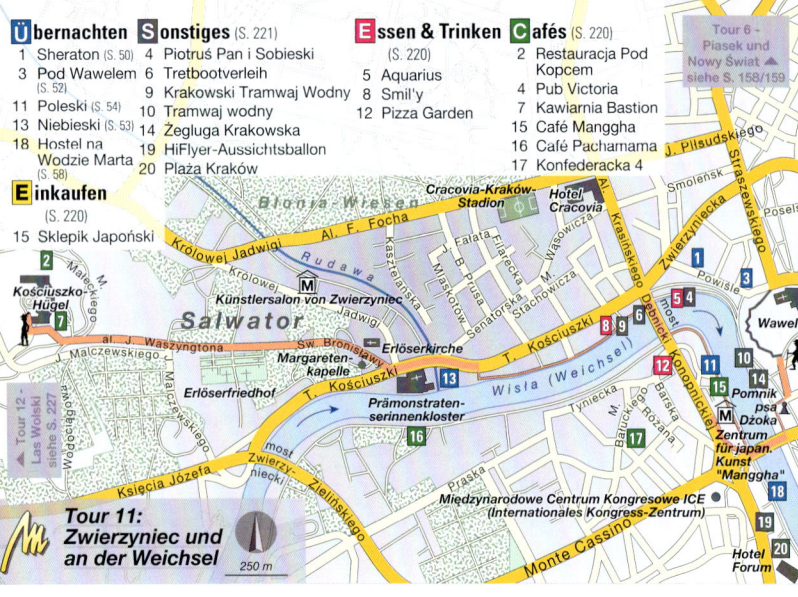

Tour 6 –
Piasek und
Nowy Świat →
siehe S. 158/159

Übernachten
1 Sheraton (S. 50)
3 Pod Wawelem
   (S. 52)
11 Poleski (S. 54)
13 Niebieski (S. 53)
18 Hostel na
   Wodzie Marta
   (S. 58)

Sonstiges (S. 221)
4 Piotruś Pan i Sobieski
6 Tretbootverleih
9 Krakowski Tramwaj Wodny
10 Tramwaj wodny
14 Żegluga Krakowska
19 HiFlyer-Aussichtsballon
20 Plaża Kraków

Essen & Trinken
   (S. 220)
5 Aquarius
8 Smil'y
12 Pizza Garden

Cafés (S. 220)
2 Restauracja Pod
   Kopcem
4 Pub Victoria
7 Kawiarnia Bastion
15 Café Manggha
16 Café Pacharnama
17 Konfederacka 4

Einkaufen
   (S. 220)
15 Sklepik Japoński

Tour 11:
Zwierzyniec und
an der Weichsel

250 m

Einen interessanten Blick auf das Gelände hat man übrigens vom gegenüberliegenden Weichselufer. Den Innenhof kann man an allen Tagen besichtigen.

Messe Mo–Sa 6.30, 7.15, 8, 19 Uhr, So 6.30, 7.30, 9, 10.30, 12, 13.15, 19 Uhr. Ul. Kościuszki 88, www.norbertanki.w.krakow.pl. Tram 1, 2, 6, Haltestelle Salwator.

Margaretenkapelle (Kaplica św. Małgorzaty): Die etwas versteckt liegende Kapelle wurde im 16. Jh. für die Opfer der Pest errichtet. In Krakau ist sie eines von vier Beispielen für die hochentwickelte Baukunst der kleinpolnischen Holzkirchen. Doch der Hauptnachteil des Baustoffs wurde leider allzu oft deutlich. Nach unzähligen Bränden wurde die Kapelle jedoch unverdrossen immer wieder neu errichtet. Von Mai bis Oktober werden hier am ersten und dritten Sonntag des Monats Messen gelesen, für die der beschränkte Platz eigentlich nie ausreicht. Seit 2007 steht eine Johannes-Paul II.-Statue im Garten vor der Kapelle.

Messe: Mai–Okt. am 1. und 3. Montag im Monat 11.15 Uhr. Ul. św. Bronisławy 8. Tram 1, 2, 6, Haltestelle Salwator.

Erlöserkirche (Kościół Najśw. Salwatora): Der Legende nach ist sie die erste christliche Kirche Polens. Fürst Mieszko I. ließ sie demnach schon im 10. Jh. erbauen und stiftete zu diesem Anlass ein Kruzifix. Tatsächlich ist die Erlöserkirche das wohl am besten erhaltene romanische Bauwerk der Stadt, weil es, weit ab vom Zentrum gelegen, von den Tataren nicht zerstört wurde. Die drei barocken Altäre fallen ebenso ins Auge wie die Kanzel im Stil der Renaissance. Eine weitere, steinerne Kanzel (1605) in Form eines Kelches befindet sich im Mauerwerk des Presbyteriums. Beinahe jeder fragt sich, was es mit dem Jesus mit goldenen Schuhen auf einem Gemälde (1605) von Kasper Kurcz auf sich hat. Dieses Bild in der Kirche illustriert eine berühmte Legende, wonach auf einen Geiger, der unter einem Kruzifix in dieser Kirche musizierte, der goldene Schuh der Christusfigur fiel. Da er das göttliche Geschenk behielt, wurde er als Dieb angeklagt. Er erhielt jedoch eine zweite Chance und musste ohne Pause vier Tage und vier Nächte unter demselben Kreuz seine Violine erklingen lassen. Erneut spielte er gut – so gut, dass der zweite goldene Schuh hinunterfiel. Der Musiker wurde freigesprochen und durfte die Schuhe behalten. Die stimmungsvolle Außenbeleuchtung nach Anbruch der Dunkelheit tröstet über die Tatsache hinweg, dass die Kirche nur selten geöffnet ist.

Messe So 11.15 Uhr, Mai–Okt. im Wechsel mit der Margaretenkapelle. Ul. św. Bronisławy, www.parafiasalwator.pl. Tram 1, 2, 6, Haltestelle Salwator.

Erlöserfriedhof (Cmentarz Salwatorski):
Der kleine Friedhof (siehe Foto rechts) liegt in einer grünen Umgebung und bietet einen reizvollen Ausblick, bei klarem Wetter kann man sogar bis zur Tatra sehen. In der Mitte des Gottesackers steht eine neugotische Kapelle, die von Gräbern für die verstorbenen Anwohner des wohlhabenden Viertels umgeben ist; ihr Wohlstand manifestiert sich in der Vielzahl reich verzierter Grabsteine. Unter anderen stößt man hier auf die Gräber der Schriftsteller Stanisław Lem und Jan Sztaudinger sowie das des Schauspielers Wiesław Dymny.

Nov.–Feb. 8–17, März/April und Sept./Okt. bis 18, Mai–Aug. bis 20 Uhr. Al. Waszyngtona, www.zck-krakow.pl. Tram 1, 2, 6, Haltestelle Salwator.

Kościuszko-Hügel (Kopiec Kościuszki):
Drei Jahre brauchten die Arbeiter und zahllosen freiwilligen Helfer, um von 1820 bis 1823 den kegelförmigen Hügel zu Ehren des polnischen Nationalhelden Tadeusz Kościuszko (1746–1817) aufzuschütten. Das symbolische Grabmal des Generals weist allein durch die imposante Höhe von 34 Metern auf seine Bedeutung für das nach nationaler Einheit strebende Polen des beginnenden 19. Jh. hin. Das Baumaterial wurde vermischt mit Erde von den Schlachtfeldern, auf denen der Freiheitskämpfer für das Recht auf Selbstbestimmung gekämpft hatte, sowie mit der Asche gefallener Soldaten.

Rund um den Hügel wurde von den Österreichern 1856 eine massive Festung zur besseren Verteidigung der Stadt errichtet. Gegen die Unwetter des Sommers 1997 waren die Wehrmauern aber machtlos. Der Hügel wurde stark beschädigt, die Instandsetzung mit verbesserten Drainagen kostete 3,8 Mio. Euro. In der Burg befinden sich heute ein Museum, der beliebte Radiosender RMF FM, ein Hotel und zwei Cafés sowie eine der Seligen Bronisława gewidmete Kapelle. Oben auf dem Hügel hat man eine Sicht über die gesamte Stadt, bis nach Nowa Huta, den Stadtwald Las Wolski und Tyniec sowie an klaren Tagen bis zur weit entfernten Tatra. Anstelle der Ausstellungen und des Wachsfigurenkabinetts ist für die nähere Zukunft ein Museum geplant.

Ganzjährig von 9 Uhr bis Sonnenuntergang, Mai–Sept. Fr–So von Sonnenaufgang bis 23 Uhr. Eintritt 3 €, erm. 2 €, Eintritt frei am 24. 3., 3. 5. und 11. 11. Wachsfigurenkabinett 9 Uhr bis Sonnenuntergang, Ausstellungen 9.30–18.30, im Winter bis 15.30 Uhr, im Frühling/Herbst schrittweise länger bzw. kürzer geöffnet; inkl. Eintritt. Al. Waszyngtona 1, ℘ 12-4251116, www.kopieckosciuszki.pl. Bus 101 ab Rondo Grunwaldzkie, 100 ab Salwator, Haltestelle jeweils Kopiec Kościuszki.

Auf dem Erlöserfriedhof

Außerhalb des Rundgangs

Haus von Zwierzyniec (Dom Zwierzyniecki): In Westeuropa ist kaum bekannt, dass Lenin seine Exilzeit vor der Oktoberrevolution auch in Krakau verbrachte. Sein hiesiger Rückzugsort wurde in der Sozialistischen Volksrepublik Polen zum „Leninhaus" umgestaltet. Seit dem Ende des Sozialismus wird das Gebäude für Ausstellungen Krakauer Künstler genutzt, inzwischen konzentriert es sich auf künstlerische und historische Themen des Voror ts und zeigt Objekte einer typischen Krakauer Arbeiterwohnung zu Beginn des 20. Jh.

Nov.–März Mi/Fr–So 9–16, Do 10–17 Uhr, April–Okt. Mi–So 9.30–17 Uhr. Eintritt 1 €, erm. 0,50 €. Ul. Królowej Jadwigi 41, ✆ 12-4273038, www.mhk.pl. Tram 1, 2, 6, Haltestelle Salwator.

Praktische Infos

Restaurants

Smil'y 8 Ein Treffpunkt der Grillfans, die hier ihre Schaschlikspieße, Würstchen und Steaks selbst wenden können. Die unkomplizierte Atmosphäre dieses Gartenlokals zieht im Sommer, wen wundert's, viele an. Tägl. 10–24 Uhr. Ul. Kościuszki 16, ✆ 12-4270482.

Pizza Garden 12 Hier backt ein polnischer Pizzaiolo, der sein Handwerk in Brooklyn gelernt hat, und doch schmeckt es so gut wie in Süditalien. Kein Wunder, dass die spartanisch eingerichtete und recht kleine Pizzeria schon bald nach der Eröffnung immer voll war. Große Pizza für 1–2 Pers. 5–9 €. Reservierung empfohlen. Mo–Fr 16–22, Sa/So 13–22 Uhr. Ul. Konopnickiej 11/1, ✆ 12-2667309, www.pizzagarden.pl.

Aquarius 5 Krakaus ältestes Restaurantschiff bietet viele Veranstaltungen, darunter auch solche für die Kleinen. Wer es exklusiver mag, lässt sich das Essen auf einem separaten Ausflugsbötchen servieren. Lachsfilet in Orangensauce 10 €. Ganzjährig Mo–So 10–23 Uhr, Mi, Fr, Sa abends Live-Tanzmusik. Bulwar Czerwieński, ✆ 12-4272003, www.aquariuskrakow.pl.

Cafés

»» Unser Tipp: Café Pachamama 16 Bei Radlern, Spaziergängern wie Anwohnern beliebter Cafégarten. Wunderschön hergerichtet, hervorragende Kaffeekreationen sowie Zelt und Spielzeug für die Kinder. War 2012 geschlossen, allerdings mit dem Versprechen auf Wiedereröffnung im Jahr 2013. Bei gutem Wetter tägl. 11 Uhr bis Sonnenuntergang, Sa/So ab 10 Uhr. Ul. Czarodziejska/Tyniecka. **««**

Konfederacka 4 17 Noch vollkommen tourifreies Café im bisher unentdeckten Vorort Dębniki. Sehr schön eingerichtet in einer ehemaligen Bäckerei. Mo–So 10–22 Uhr. Ul. Konfederacka 4, ✆ 12-2660090.

Café Manggha 15 Sushi und japanische Desserts im Museum. Die Terrasse bietet eine schöne Sicht auf den Wawel. Empfehlenswert sind die vielen japanischen Teesorten für eine traditionelle Zeremonie, das Sushi leider weniger. Sushi 2–9 €. Tägl. außer Mo 10–18, Fr–So bis 20 Uhr. Ul. Konopnickiej 26, ✆ 12-2672703, www.cafemanggha.pl.

Pub Victoria 4 Café und Pub auf einem Schiff an der Weichsel. So–Do 10–23, Fr/Sa bis 24 Uhr, im Winter ist meist früher Schluss. Wer Lust auf mehr bekommt, kann mit den Schiffen Piotruś Pan und Sobieski von hier aus Weichselfahrten unternehmen. Bulwar Czerwieński, ✆ 12-6268140, www.ster.net.pl.

Kawiarnia Bastion 7 Größtes Plus ist das Panorama, das Frühstück ist aber auch nicht schlecht. Tägl. 9 Uhr bis Sonnenuntergang. Al. Waszyngtona 1.

Restauracja Pod Kopcem 2 Fleisch- und Grillgerichte im Restaurant sowie oben auf der Terrasse, die eine tolle Sicht gewährt. Mo–Fr 9–17, Sa/So 11–20 Uhr (Restaurant), Mo–Do 12–22, Fr 12–24, Sa/So 10–24 Uhr (Aussichtsterrasse). Al. Waszyngtona 1, www.restauracjapodkopcem.pl.

Einkaufen

Sklepik Japoński 15 In dem Geschäft des Museums gibt es nicht nur Kataloge und Kunstbände zu kaufen, sondern auch japanisches Geschirr, japanische Kunst, Fächer und sogar Kimonos. Tägl. außer Mo 10–18

Kościuszko-Hügel: aufgeschüttet mit Erde aus aller Welt

Uhr. Ul. Konopnickiej 26, ☎ 12-2672703, www.sklepjaponski.com.

Schiffsausflüge, Bootsverleih, Strand und Aussichtsballon

HiFlyer-Aussichtsballon  Seit 2009 schwebt auch in Krakau wie schon in Berlin oder Paris ein Ballon auf eine Höhe von 150 m, um den Passagieren eine unvergleichliche Sicht auf die Sehenswürdigkeiten zu bieten. Die Plattform bietet 30 Personen Platz, ca. 15 Min. hat man Zeit für Fotos und das Genießen der Aussicht. Ticket 9,50 €, erm. 5 €, Sa/So 11 €, erm. 6 €. Mai–Okt. tägl. 10–20, im Hochsommer 9–22 Uhr, Nov.–April tägl. 10–16 Uhr. Standort zwischen Rondo Grunwaldzkie und Hotel Forum, auf dem Weichselboulevard. www.hiflyer.pl.

Plaża Kraków Auch Krakau hat jetzt seinen Stadtstrand, die kommerzielle Ausrichtung stieß in der Stadt aber auf wenig Gegenliebe. Wie auch immer, für Kinder gibt es einen Spielplatz, für Sportliche ein Beachvolleyballfeld (Ball kann ausgeliehen werden), für Sonnenhungrige Liegen, für Planschfreunde ein Schwimmbad auf einem Boot in der Weichsel … Im Innern warten Bistrogerichte um die 5 € und Cocktails für 4–6,50 €. Eintritt an den Strand frei, Verzehr darf aber nicht mitgebracht werden. Mo–Do 11–0, Fr–So 10–0, Club Mi–Sa 22–2 Uhr. Bulwar Wołyńskiego (Hotel Forum), www.plazakrakow.com.

Żegluga Krakowska Schifffahrten auf dem Schaufelraddampfer Legenda, der Nimfa oder auf Gondeln ab dem Bulwar Czerwieńskiego bei der Grunwaldzki-Brücke. Mai–Sept. Mo–Sa 9–20 Uhr 1-Std.-Rundfahrt ca. alle 90 Min., Preis 4 €, erm. 3 €. 4-Std.-Fahrt nach Tyniec inkl. Klosterbesichtigung nach Vorbestellung oder So 16.30 Uhr. Preis 12,50 €, erm. 11 €. ☎ 12-4220855, www.statek-krakow.pl.

Piotruś Pan & Sobieski Sonntags Schifffahrt nach Tyniec (12,50 €, erm. 11 €) oder Mai–Sept. tägl. 10–18 Uhr zwischen Bielany und Kazimierz für 5 €, erm. 4 €. Buchung und Information ☎ 12-6268140, www.ster.net.pl.

Tramwaj wodny 30-Min.-Rundfahrten für 5 €, erm. 4 € auf der Weichsel von Mai bis Sept. von 9 Uhr bis Sonnenuntergang, Fahrten mit der „Wassertram" nach Kazimierz und Tyniec können ab 12 Pers. gebucht werden; ab 50 €/Std. und Boot. ☎ 506-107037, www.tramwajwodny.pl.

Krakowski Tramwaj Wodny Von der Stadt geförderte Konkurrenz für die privaten Anbieter. Zwischen 10 und 20 Uhr Fahrten jede Stunde, am Wochenende halbstündlich. Einfaches Ticket 2,50 €, erm. 2 €, Hin-/Rückfahrt nach Tyniec 15 €, erm. 11 €. www.zis.krakow.pl/tramwaj.

Tretbootverleih Auch Kajaks; Sommersaison tägl. 10 Uhr bis Sonnenuntergang. Tretboot für 4 Pers. 8 €/Std.

Rundgang 11: Zwierzyniec → Karte S. 218

Kamaldulenserkloster im Stadtwald Las Wolski

Las Wolski:
Zwischen Bäumen und Tieren

Ein Ausflug ins Grüne und zum kinderfreundlichen Zoo bringt Abwechslung vom Treiben der Innenstadt. Doch Krakau wäre nicht Krakau, wären Kunst und Religion nicht auch im Las Wolski, dem Stadtwald, präsent.

Krakaus Stadtwald hat einen zum Teil parkähnlichen Charakter. Jedoch findet man auch der Natur überlassene Baumreihen, zwischen denen Füchse, Rehe, Dachse und Hasen leben. Auch eine der beliebtesten Freizeitbeschäftigungen der Polen, das „Zu-den-Pilzen-gehen", hätte hier Erfolg, wäre es nicht verboten. Auf und neben den insgesamt 35 km langen Wegen spazierte schon Lenin in seiner Krakauer Zeit gern – ob auch zum Pilzesammeln, ist nicht überliefert. Heutzutage findet man auf den hügeligen Wegen im Park seltener Revolutionäre, jedoch viele Fahrradfahrer. Bei Familien ist der Las Wolski nicht zuletzt wegen des Zoos sehr beliebt, der sich großflächig in der Mitte der Anlage erstreckt. Benannt ist der Wald nach einem äußerst mysteriösen Marschall. Mikołaj Wolski (1553–1630) beschäftigte sich ausgiebig mit Alchemie und schwarzer Magie. Als er jedoch alt geworden war, hielt er seine Mühen für vergebens. Er änderte sein Leben von Grund auf und wollte auch nicht, dass sein Name in dem von ihm gestifteten Kamaldulenserkloster zu lesen sei. Man sagt, seine Seele sei trotzdem nicht zur Ruhe gekommen: Noch immer soll sie nachts als Gespenst im weißen Gewand der Mönche durch den Wald spuken. Hüten Sie sich also nach Einbruch der Dunkelheit – nicht nur wegen der Geister, sondern auch wegen ganz grobstofflicher Gefahren.

Rundgang

Startpunkt: Park Decjusza

Ende: ul. Księcia Józefa

Reine Gehzeit: ca. 1–2 Std.

Eine Warnung zu Beginn: Auch wenn es reizvoll wäre, die gepflasterten Wege zu verlassen, lassen Sie es lieber. Die Hinweisfarben auf den Wegen stimmen nicht überall mit den auf den Karten der Touristinformation vermerkten Wegbeschreibungen überein, man verläuft sich schneller, als man denkt. Unser Rundgang startet am Park Decjusza, in dem die **Bronisław-Chromy-Galerie (Galeria Bronisława Chromego)** liegt. Umgeben von seinen Tier- und Menschenskulpturen steht die eigentliche Werkstatt des Künstlers, in der man auch kleine Figürchen und Tierchen aus der Hand des Meisters erstehen kann. Weiter geht es an der Chopinsta-

tue vorbei zur **Villa Decius (Willa Decjusza)**, einem Renaissancebau, in dem heute ein Restaurant und Konferenzsäle untergebracht sind. An dem Landhaus vorbei gehen wir die aleja Kasztanowa entlang, bis die aleja Panieńskie Skały nach links biegt. Bevor der Wald selbst beginnt, kann man hier noch den *Skansen* besichtigen. In diesem Freilichtmuseum wurden verschiedene Holzgebäude aus dem Ort Komorowice aufgebaut, darunter eine Kirche aus dem 16. Jh. Sobald wir anschließend eine kleine Brücke überquert haben, verlassen wir für zwei Minuten den gepflasterten Weg, indem wir im rechten Winkel nach links in den Wald gehen. Dabei folgen wir dem ausgetretenen Pfad den kleinen Hügel links hinauf und biegen oben sofort rechts ab, bis wir bei einer Lichtung auf einen grünen Zaun treffen. Diesen gehen wir entlang und danach über den Parkplatz. Nachdem wir wieder festeren Boden unter den Füßen

Rundgang 12 ↓ Karte S. 227

haben, können wir uns dazu entscheiden, auf selbigem zu bleiben oder den schöneren Pfad zu wählen, der sich nah an der Straße entlangschlängelt und sie einmal kreuzt. In diesem Fall folgen wir einfach konsequent den grün-weißen Zeichen und gelangen so etwas schneller als auf der Straße zum **Zoologischen Garten (Ogród Zoologiczny)**. Der Tierpark allein bietet schon Raum genug für einen ausgiebigen Spaziergang. Nach dem Besuch verlassen wir den Zoo nach links und halten uns immer am Zaun, bis wir die aleja Wędrowników erreicht

haben. Auf dieser bleiben wir und haben die längste Etappe vor uns, die aber meist abfallend ist. An einer Lichtung angekommen, geht es den linken, steilen der beiden Wege hoch, der uns zum **Kamaldulenserkloster (Klasztor Kamedułów)** führt, das außer an Feiertagen leider nur für Männer zugänglich ist. Nach diesem eindrucksvollen Abschluss geht es den Weg zurück und die erste Möglichkeit nach links. Von dort aus gelangen wir zur ulica Księcia Józefa, der Hauptstraße, von der die Busse zurück ins Zentrum fahren.

Die Natur unter seinen Händen

Bronisław Chromy (geb. 1925) wuchs in den Bergen der Beskiden inmitten unberührter Natur auf. Und bis zum heutigen Tag zieht der seit Ende des

Zweiten Weltkriegs in Krakau lebende Bildhauer seine Inspiration aus den Erinnerungen an die Granitsteine, an die Flora und Fauna seiner Heimat. Deren perfekte Rundungen finden sich in seinen Skulpturen wieder, die inzwischen das Bild Krakaus mitprägen: So ist der Drache unter dem Wawel ebenso sein Werk wie die Eule am Ende der Planty oder der Hund Dżok an der Weichsel (→ Kasten Rundgang 11). Trotz oder wegen ihrer Nähe zur Natur sind seine Skulpturen völlig frei von Kitsch, stattdessen von einer einfachen und beruhigenden Harmonie. Auch gelingt es ihm immer wieder, seinen Werken eine Dynamik zu verleihen, die im krassen Gegensatz zur Statik vieler Statuen steht. Doch der Weg bis zum gefeierten Bildhauer und Professor an der Akademie der Bildenden Künste war steinig. Um an der Akademie studieren zu können, musste er in kürzester Zeit sein Abitur nachholen, obwohl er wegen der Kriegswirren zuvor nur sieben Jahre zur Schule gegangen war.

Skulpturen von Bronisław Chromy reihen sich rund um seine Galerie

Sehenswertes

Bronisław-Chromy-Galerie **(Galeria Bronisława Chromego)**: Die Galerie ist von einem Garten umgeben, in dem die Skulpturen des Bildhauers Bronisław Chromy stehen. Einem Gesamtkunstwerk gleich verbinden sich die Pflanzen und Bäume mit den naturähnlichen Formen der Tier- und Menschenfiguren. Fast meint man, man wäre in einem Märchengarten. Sehenswert ist auch das den Künstlern der Piwnica pod Baranami (→ Kunst und Kulturschaffen/Theater, Film) gewidmete Monument. Das Refugium schuf sich der vielbeschäftigte und vielgefragte Künstler selbst, um einigen seiner Werke eine passende Umgebung zu bieten. Der Besucher kommt dabei in den Genuss einer kostenlosen Kunsterfahrung.

Tägl. 11–18 Uhr, außen durchgehend geöffnet. Eintritt frei. Ul. Krańcowa 4, www. bronislawchromy.pl. Bus 102, 152, Haltestelle Park Decjusza.

Villa Decius (Willa Decjusza): Eines der schönsten Bauwerke der polnischen Renaissance. In dem Stadtteil Wola Justowska wohnen die reichsten Polen in fast ebenso beeindruckenden Landhäusern. Geplant wurde die Villa Decius (erb. 1530–1535) vom Italiener Bartolomeo Berrecci (1480–1537), der damals schon die Zygmunt-Kapelle auf dem Wawel gebaut hatte. Mitte des 19. Jh. lud die Fürstin Marcelina Czartoryska hier zu Krakaus bedeutendstem kulturellen Salon ein. Nach dem Tod der Chopin-Schülerin und besonders nach dem Ende des Zweiten Weltkriegs verfiel das Gebäude zunehmend, wurde als Schule und später als Nothospital verwendet. In den 90er Jahren wurde es schließlich auf Initiative von Karl Dedecius restauriert. Dieser wichtigste deutsche Übersetzer von polnischer Literatur wollte damit einen weiteren Brückenschlag für das gegenseitige Verständnis der Völker schaffen – mit Erfolg: Die Villa Decius steht heute nicht nur für einen sehenswerten Palast, sondern auch für eine internationale Institution von Wissenschaftlern, Übersetzern und Künstlern, wie etwa Andrzej Wajda oder Jerzy Fedorowicz.

→ Rundgang 12 → Karte S. 227

Krakaus Zoo ist schön im Stadtwald gelegen

Zugänglich ist die Villa nur bei den häufig stattfindenden Veranstaltungen oder nach Voranmeldung, aber auch von außen ist sie sehenswert. In diesem kleinen Haus Europa befindet sich auch ein Restaurant und Café.

Al. Kasztanowa 1, Voranmeldung unter ✆ 12-4253638 (Katarzyna Trojanowska), www.villa.org.pl. Bus 102, 152, Haltestelle Park Decjusza.

Zoologischer Garten (Ogród Zoologiczny): Mehr als 250 Tierarten tummeln sich seit seiner Eröffnung im Jahr 1929 in großzügigen Freigehegen, darunter viele exotische Tiere wie Flamingos, Löwen, Kängurus oder Giraffen. Doch die besondere Stärke des Zoos, der 100 m höher als das Stadtzentrum liegt, ist seine parkähnliche Atmosphäre und die Nähe zu den Tieren. Die Zebras könnte man fast schon streicheln. Die gesamte Anlage ist sehr gepflegt und vor allem kinderfreundlich: Für die Kleinen gibt es einen Mini-Zoo. Nicht nur bei ihnen hatte 2008 der „Krakauer Knut" namens Mietek großen Erfolg. Das Kängurujunge wurde nach dem Tod der Mutter vom Tierpfleger Jakub Pyrek in einem Behelfsbeutel großgezogen. Die Trauer bei Mieteks Tod im September war groß. Ein ebenso großes Medienecho hatte das Krakauer „Zoo-Orakel" bei der EM 2012, wobei die Elefantendame Citta die meisten Sieger vorhersagte. Wer des Laufens müde ist, kann sich von hier aus von einer Mini-Bahn durch den ganzen Wald fahren lassen. Cafés und Restaurants sind vorhanden.

Im Sommer tägl. 9–18.30, Frühling/Herbst 9–17, im Winter 9–15 Uhr, Besuch je 1 Std. länger möglich. Eintritt 4,50 €, erm. 2,50 €; im Winter 4/2 €. Karten und interaktive Infos unter www.zoo-krakow.pl. Al. Żubrowa. Bus 134 vom Hotel Cracovia an den Błonia-Wiesen, Haltestelle Zoo. Mit dem Auto Zufahrtsgebühr 4 €.

Kamaldulenserkloster (Klasztor Kamedułów): Das Kloster liegt über dem Srebrna Góra, dem Silberberg. Der Name rührt daher, dass Mikołaj Wolski, der Klosterstifter nach dem auch der Stadtwald benannt wurde, das Areal mit Silber bezahlt haben soll. Von den hier ansässigen Kamaldulensern, einem sehr strengen Orden, gibt es weltweit nur neun Kloster mit 120 Mönchen. Diese leben als Eremiten mit seltenen Zusammenkünften, da sie nur an fünf Tagen des Jahres miteinander reden dürfen. Das Chaos des modernen Lebens tauschten sie gegen vollkommene Stille, einen streng geregelten Tagesablauf von 3.30 bis 20 Uhr sowie ein enthaltsames Leben. Besonders beeindrucken die Kapellen, aber auch das auf das Wesentliche beschränkte Hauptschiff. Schon der lange weiße Mauergang zum Klostertor spiegelt das Asketische des Ordens wider, der in krassem Widerspruch zu den verschwenderisch gestalteten Kapellen zu stehen scheint. Frauen haben leider nur an zwölf Tagen des Jahres Zugang.

Türöffnung tägl. 8–11 und 15–16 Uhr zu jeder halben Stunde. Eintritt für ca. 15 Min.; 11.30–15 Uhr geschlossen, Zutritt für Frauen nur an Ostern (So/Mo), 3. 5., Pfingsten (So/Mo), 1. So nach dem 19. Juni, 2. und 4. So im Juli, 1. So im Aug., 15. Aug., 8. Sept., 25. Dez. Messe an diesen Tagen um 11.30 Uhr. Al. Konarowa 1, www.kameduli.info. Buslinien 109, 209, 229, 239, 269. Sollten Sie von der Stadt aus kommen, müssen Sie dem Fahrer Ihren Aussteigewunsch (Bielany Klasztor) zuvor mitteilen.

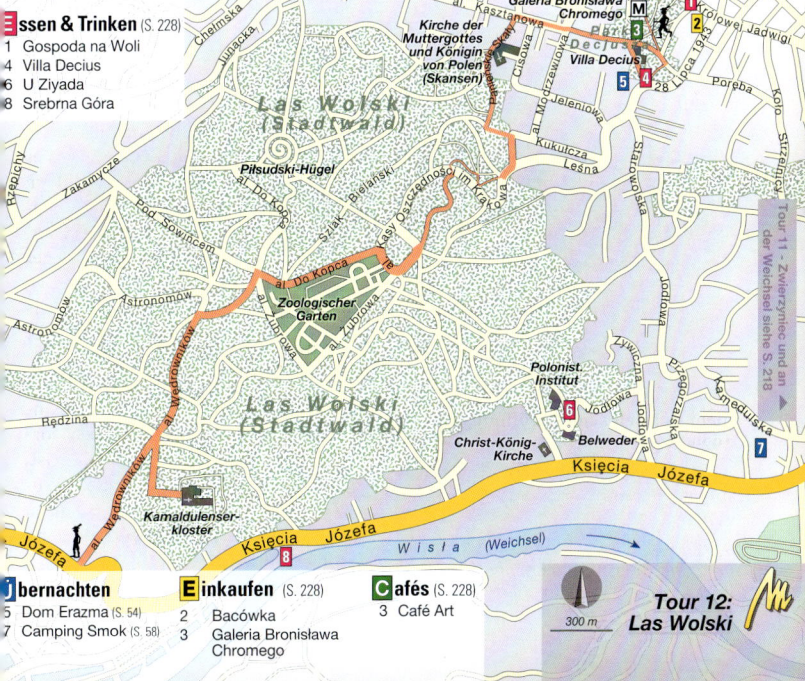

Tour 12:
Las Wolski

300 m

Praktische Infos

(→ Karte S. 227)

Restaurants

Villa Decius 4 Wie zu erwarten, ein edles Restaurant. Die Speisen, der Service und die Einrichtung sind schwer zu überbieten, die Preise sind dabei relativ günstig: Filettierte Dorade mit Couscous auf Spinatbett und Safransauce für 17 €. Tägl. 13–22 Uhr. Ul. 28 Lipca 17a, ✆ 12-4253390, www.vd-restauracja.pl.

Gospoda na Woli 1 Das Restaurant war einst nur eine bessere Kantine. Begünstigt durch die Lage wurde es aber schnell zu ei-

Eingangsportal des Kamaldulenserklosters

nem Geheimtipp, da auch die Küche und die Einrichtung mit der Zeit besser wurden. Polnische Hausmannskost und großer Garten. Bigos für 4 €. Tägl. 12–22 Uhr. Ul. Królowej Jadwigi 223, ✆ 12-4252267.

U Ziyada 6 Sehr abgelegenes Restaurant und Café. Die Gäste werden entschädigt durch die Aussicht auf die Weichsel und den Las Wolski sowie durch die interessanten kurdischen und polnischen Kreationen des Kochs. Inmitten einer 2010 renovierten Schlossanlage. Tägl. 9–22 Uhr. Ul. Jodłowa 13, ✆ 12-4297105, ✆ 4297090, www.uziyada.krakow.pl.

Srebrna Góra 8 Eines der ältesten privat geführten Restaurants in Krakau. Die Fisch- und Pilzgerichte wurden in den letzten Jahren immer besser. Abgesehen von der lauten Straße schöne Lage zwischen dem Silberberg und der Weichsel. Filet mit Steinpilzen 10 €. Seit 2006 existiert auch einen Hotelbetrieb: EZ 28 €, DZ 35 €, App. mit Jacuzzi 50 €. Tägl. 9–23 Uhr. Ul. Księcia Józefa 120, ✆ 12-4297123, ✆ 4299800, www.srebrnagora.home.pl.

Café/Einkaufen

Café Art, Galeria Bronisława Chromego 3 Ein Café in der Galerie, die eher einer Werkstatt gleicht. Mit Blick auf die Kunstwerke und die kunstvoll gestalteten Tische munden Kaffee, Kuchen und die vegetarischen Gerichte dennoch. In der Galeria Bronisława Chromego selbst können größere Skulpturen und kleinere Figürchen bestaunt bzw. erworben werden. Die Preise für die handgearbeiteten Unikate aus Stein und Metall liegen zwischen 90 bis über 500 €, Tische und Stühle kosten bis zu 2100 €. Bei dem Ruf des Künstlers durchaus ein Schnäppchen. Tägl. 11–18 Uhr. Ul. Krańcowa 4, www.bronislawchromy.pl.

Bacówka 2 Lebensmittelgeschäft mit Delikatessen und regionalen Produkten aus den Bergen südlich von Krakau. Herausragend sind die Schinkenspezialitäten und der Käse. Nicht zuletzt für den Picknick-Einkauf vor dem Ausflug in den Wald ideal. www.bacowkatowary.pl.

Die Willa Decjusza ist eines der schönsten Bauwerke der polnischen Renaissance

Solidarność-Fahne vor sozrealistischem Block

Nowa Huta:
Relikte des Sozialismus

Die Arbeitervorstadt Nowa Huta war im offiziellen Sprachgebrauch ein Geschenk des russischen Volkes an Polen, tatsächlich aber eher eine Bestrafung für das bürgerliche Krakau. Ähnliche Widersprüche durchziehen die gesamte Geschichte von Nowa Huta bis heute.

Die Arbeiten an dem neuen Stadtteil begannen im Sommer 1949. Wie in den anderen Ländern im östlichen Mitteleuropa ging auch in Krakau dem Sozialismus eine wechselhafte Zeit voraus. In den ersten Nachkriegsjahren kam es immer wieder zum Widerstand gegen die russische Besatzung, sowohl auf der Straße als auch bei Wahlen. In diesem Zusammenhang war Nowa Huta (dt. Neue Hütte) nicht nur als eine reine Industriestadt gedacht, die den Stahlhunger einer forcierten Industrialisierung

stillen sollte. Vielmehr sollte der Bau eine Umerziehung und Neuorientierung bewirken: Den bourgeoisen und intellektuellen Einwohnern Krakaus sollten proletarische Arbeiter vorangestellt werden. Soweit die Idee. Schon kurz nach dem Bau 1950 nahm das nach Lenin benannte Stahlwerk gigantische Ausmaße an, seine Grundfläche ist auch heute noch ebenso groß wie die des gesamten Stadtgebiets von Krakau. Im Rekordjahr 1977 fertigten hier 38.000 Arbeiter fast sieben Millionen Tonnen

Stahl. Obwohl die 1990 nach dem Inge-
nieur und Erfinder Tadeusz Sendzimir
umbenannte Hütte mit ihren futuristi-
schen und künstlichen Bauten voller
miteinander verflochtener Rohre und
Gleisanlagen durchaus einen Besuch
wert wäre, ist dies leider nicht mehr
möglich. Doch schon der Haupteingang
ist imposant und verdeutlicht die Ausmaße der Werkshallen um das im
Volksmund „Dogenpalast" oder „Vatikan" genannte Verwaltungszentrum.

Pläne für eine Bebauung von Nowa Huta gab es schon vor Beginn des Krieges.
Grundlage bei der tatsächlichen Umsetzung waren die Architekturkonzepte
des amerikanischen New Deals. Wie
man es aus US-Metropolen kennt,
zeichnet sich dieser Stil durch einen hohen Grad an Symmetrie und eine Eigenständigkeit der Wohnblöcke aus.
Dahinter stand auch die Absicht, den
angesiedelten Arbeitern zu einem zu-

friedenen Leben in einer glücklichen
Nachbarschaft zu verhelfen. Dazu bei-
tragen sollten breite Straßen, gut ausge-
stattete Wohnungen und die Ausstattung der Wohnblocks mit Geschäften.
Die stilistische Umsetzung war bis Mitte der 50er Jahre vom Sozialistischen
Realismus geprägt, der eindrucksvoll
auf barocke Formen zurückgreift.
Anders als in Russland wurde in Krakau
auch an die in der Altstadt gewohnte
Renaissance angeknüpft. Besonders
deutlich zu sehen ist das rund um den
Plac Centralny. Spätere Wohnhäuser
des schnell wachsenden Ortes wurden
wegen Zeitmangel aber als Plattenbau-
ten errichtet.

Wie erwähnt, standen die mit dem
Musterort verbundenen Absichten im
krassen Widerspruch zur tatsächlichen
Entwicklung von Nowa Huta. Mit der
These, Religion sei „Opium fürs Volk",
prägte Karl Marx die religionsfeindliche

Rundgang 13: Nowa Huta
→ Karte S. 235

Einstellung der sozialistischen Eliten. Ironischerweise aber waren es in Nowa Huta wie in ganz Polen gerade die umworbenen Arbeiter, die nicht auf die Ausübung ihrer Religion verzichten wollten. So waren in den ersten Jahren gemäß der herrschenden Doktrin keine Kirchen gebaut worden. Die Einwohner forderten dies jedoch immer vehementer und setzten sich nach teilweise blutigen Auseinandersetzungen und langen Jahren durch. Bereits 1956 war eine erste Kirche genehmigt worden. Diese Entscheidung wurde jedoch bald wieder rückgängig gemacht, was zu schweren Unruhen führte – bis 1977 musste man schließlich warten. Ein Jahr vor Beginn seines Pontifikats setzte Johannes Paul II. mit der Unterstützung der katholischen Gemeinde in seiner Bischofsstadt noch einmal ein Zeichen.

Doch auch die Arbeitsbedingungen selbst führten zu Protesten. Neben Danzig, wo Lech Wałęsa in der Werft die Solidarność-Bewegung anführte, war Nowa Huta eines der wichtigsten Zentren des Widerstands. Zusammen mit der katholischen Kirche kämpfte die Gewerkschaft lange Jahre für ein besseres Polen. Vor allem Anfang der 80er Jahre kam es zu Ausschreitungen – mit ein Grund für die Regierung unter General Jaruzelski, den Kriegszustand zu verhängen.

Was aber bleibt von dieser bewegten Zeit? Überreste alter Schwerindustrie, einstmals moderne Wohnungen sowie das Vorurteil, Krakaus hässliches Anhängsel zu sein. Interessant ist ein Besuch aber nicht nur bei historischem oder architektonischem Interesse. Die Hütte, heute im Besitz des indischen Stahlmagnaten Mittal, arbeitet noch immer, alternative Künstler finden in Nowa Huta billige Ateliers und imposante Impressionen, HipHop-Künstler zelebrieren eine Ghetto-Atmosphäre. Für die Zeit nach dem 60-jährigen Gründungsjubiläum 2009 hatte man

Natürliches Bunt in erbautem Grau

Sozialistischer Realismus pur

ehrgeizige Entwicklungspläne ange-
kündigt, eine Aufnahme in die
UNESCO-Weltkulturerbeliste ist be-
antragt und recht sicher. Doch schon
heute können Touristen diese lebende
Legende kennenlernen, die bei all dem
Überfluss an historischen Bauwerken
und klassischer Schönheit, die Krakau
sonst bietet, ein regelrecht puristi-
sches Flair verbreitet.

Goodbye Lenin!

Der Personenkult im Ostblock machte auch vor Nowa Huta nicht halt. In
der als Prachtstraße und Boulevard vorgesehenen Rosenallee (aleja Róż)
wurde 1973 ein Lenin-Denkmal enthüllt, das nach einem Wettbewerb vom
Krakauer Künstler Marian Konieczny realisiert wurde. Ob er die Unruhen
der späten siebziger Jahre voraussah? Seine sieben Tonnen schwere Huldigung an das berühmte russische Staatsoberhaupt war jedenfalls dermaßen
widerstandsfähig, dass es sechs Jahre nach seiner Errichtung einer Explosion
standhielt. Die Bombe eines Unbekannten konnte allein die Achillesferse Le-
nins beschädigen. Die beispielsweise bei Hochzeiten vorgeschriebenen Besuche am Denkmal waren also auch nach dem Attentat noch möglich. Doch
bis Lenin auch offiziell zur unerwünschten Person wurde, sollte es noch dauern. In den Wendejahren wurde das Denkmal zunächst in die südliche Pe-
ripherie abgeschoben, bevor es der schwedische Millionär Big Bengt
Erlandsson 1992 für immerhin 100.000 schwedische Kronen erwarb. Der exzentrische Sammler ließ Lenin nun in einem südlich von Stockholm gelegenen Freizeitpark, dem High Chaparral, ausstellen, wo er bis heute zu
besichtigen ist – mit Zigarette im Mund und Ring am Ohrläppchen ...

Rundgang 13: Nowa Huta
→ Karte S. 235

Rundgang

Startpunkt: Plac Centralny

Ende: Plac Targowy, ul. Bieńczy-cka

Reine Gehzeit: ca. 1¼–2¼ Std.

Der **Plac Centralny (Hauptplatz)** von Nowa Huta ist der Mittelpunkt des Vororts. Hier lohnt es sich, die monumentale Architektur mit etwas Distanz zu betrachten, denn man wird von den Dimensionen fast erschlagen. Dazu überquert man die Straße in Richtung des **Solidarność-Denkmals (Pomnik Solidarności)**. Von hier aus hat man zugleich einen freien Blick auf die großflächigen Wiesen an der südlichen Grenze von Nowa Huta, wo in den 50er Jahren ein Park mit See geplant war.

Das „Opium fürs Volk" war stärker als die Propaganda

Heute ist es ein Reservat für 370 Pflanzen- und fast 70 Vogelarten, von denen ein Großteil vom Aussterben bedroht ist. Der Blick in die entgegengesetzte Richtung zeigt heute eher Resignation, gepaart mit verhaltener Aufbruchstimmung. Die einst so stolzen Bauten des Sozialistischen Realismus sind heute von einem trostlosen Grau bestimmt. Mit der Geschichte vertraut, meint man fast, die Straßenkämpfe der 80er Jahre sehen zu können. Weiter geht es auf der breiten aleja Jana Pawła II. 300 m vom Plac Centralny entfernt stößt man zur Rechten auf das **Museum der Volksrepublik Polen (Muzeum PRL-u)**. Nach weiteren 600 m verlässt man die lärmende Straße, um links in die ulica Daniłowskiego einzubiegen. Am Ende der Straße steht gegenüber der Post das älteste **Wohnhaus mit Nummer 14 (Blok przy Ulicy Mierzwy 14)**. Versucht wurde hier, schnelle Bauzeit, Preis und das „Glück im kommunistischen Geist" miteinander zu vereinbaren. Heute ist es schwer vorstellbar, dass letztere Intention nicht sarkastisch gemeint war. Ein paar Schritte zurück befindet sich die Osiedle Hutnicze, in der zum ersten Mal in Polen Fertigbauteile aus Beton eingesetzt wurden. Dieser Beginn der Plattenbausünde war zugleich das Ende eines ernstzunehmenden architektonischen Stils – der Sozialistische Realismus wurde ab diesem Zeitpunkt auf Rentabilität beschränkt. Zur gleichen Zeit wurde übrigens die Produktion der Stahlhütte fast verdreifacht. Für diese enorme Leistung mussten neue Arbeiter angesiedelt werden, die die Herausforderung des schnellen Wohnungsbaus noch dringlicher machten. Über die ulica Mierzwy kommt man zur aleja Solidarności, in die man rechts einbiegt. An der Ecke zur ulica Struga steht die **Kirche der Muttergottes von Tschenstochau (Kościół Matki Boskiej Częstochowskiej)**, ein zeitgenössischer

Kirche "Arche des Herrn"
Fatimska
Szalnowicza-Iwanowa
Bogdan-Włosik-Denkmal
Obrońców
Plac Targowy
Bulwarowa
Dłubnia
Al. W. Andersa
Kocmyrzowska
Panzer "Czołg"
Teatr Ludowy
Militärmuseum
S. Żeromskiego
Matejko-Gutshaus
Krzesławice
Kirche St. Johannes des Täufers
Bieńczycka
G. Pokrzywki
W. Andersa
Ludźmierska
Mościckiego
Wojciechowskiego
Bulwarowa
Muzeum Dzieje Nowej Huty
E. Rydza
Śmigłego
Kirche der Muttergottes von Tschenstochau
Al. Solidarności
W. Orkana
Struga
Bulwarowa
Al. Jana Pawła II
M. Bogatki
Spiechowicza
Artysów
Głucha
2 4 3
Plac Centralny
S. Mierzwy
Nr. 14
Danłów
skiego
Philip-Morris-Zigarettenfabrik
Ks. bpa P. Tomkiewicza
5
Solidarność-Denkmal
Museum der Volksrepublik Polen
Al. Jana Pawła II
Bulwarowa
Łąki Nowohuckie
M. I. S. Cerchów
Klasztorna
Sieroszewskiego
Mogiła
Kościół św. Bartłomieja
Opactwo Cystersów
Kościół św. Bartłomieja

Essen & Trinken (S. 240)
Stylowa
Bar mleczny

Sonstiges (S. 240)
Nowohuckie Centrum Kultury

Nachtleben (S. 240)
1 Teatr Łaźnia Nowa und Kombinator

Einkaufen (S. 240)
3 Cepelix

250 m

Tour 13: Nowa Huta

Glasbau. Anschließend läuft man auf der aleja Solidarności zurück zum Plac Nowy und biegt die nächste rechts in die aleja Róż ein, die einst den Boulevard verkörperte. Am lang gezogenen Platz und am Park vorbei gelangt man zum 2005 eröffneten **Muzeum Dzieje Nowej Huty (Nowa-Huta-Geschichtsmuseum)**. Danach geht es noch ein Stück weiter und dann links in die ulica Żeromskiego bis zur Straße der Kreuzesverteidiger (ulica Obrońców Krzyża). An diesem Straßenende gab es 1960 blutige Unruhen, weil die ursprünglich zugesagte Kirche doch nicht gebaut wurde. Die kleine Kirche wurde zur Erinnerung an diesen Aufstand im Jahr 2001 errichtet.

Das **Teatr Ludowy (Volkstheater)** erinnert an ein Gebäude aus einem Wim-Wenders-Film. Rechts davon in der Osiedle Górali begegnet man überra-

schend dem **Czołg**, einem russischen Panzer mit einer eigenen Geschichte. Zurück auf der ulica Obrońców Krzyża folgt man dem Weg nach rechts. Auf der anderen Seite der Kreuzung befindet sich ein typischer polnischer Markt mit sehr niedrigen Preisen. Vielleicht lassen sich auch alte Leninbilder oder die eine oder andere russische Uniform aufstöbern. Weiter geradeaus sieht man das **Denkmal für Bogdan Włosik (Pomnik Bogdana Włosika)**, das den Opfern des Kriegszustands in den 80er Jahren gewidmet ist; benannt ist es aber nach einem 20-Jährigen, der in dieser Zeit erschossen wurde. Krönendes Ziel des Rundgangs ist die **Arche des Herrn (Kościół Arka Pana)**, zweifellos eine der eindrucksvollsten modernen Kirchen Europas. Um wieder zurück ins Krakauer Zentrum zu gelangen, nimmt man die Tram in der ulica Bieńczycka.

Sehenswertes

Hauptplatz (Plac Centralny): Bemerkenswert ist die Symmetrie des Platzes, von dem fünf große Alleen abgehen. Die Achse bildet die Rosenallee (aleja Róż), die zu Beginn der Arbeiten voller Optimismus als Prachtstraße geplant war. Sogar die namengebenden Rosen sollen einmal gepflanzt worden sein. An diesem Platz wurde der Sozialistische Realismus noch in seiner schmeichelhafteren Form verwirklicht. Verantwortlich für die Paläste zeichnen unter anderem das Architektenehepaar Janusz und Marta Ingarden sowie Bolesław Skrzybalski. Nach der offiziellen Doktrin sollten sie nicht nur Architekten der Häuser sein, sondern zugleich –

Denkmal für die Helden
der Solidarność

man glaubt es heute kaum – „Architekten der Seelen" der hier lebenden Menschen. Wie in Erwartung eines Angriffs aus dem Westen wurden die Wohnblöcke als Festungen errichtet, mit vielen Durchgängen und Schutzvorrichtungen. Die waren tatsächlich von Nutzen, allerdings für die unermüdlichen Kämpfer gegen den Sozialismus, die sich hier vor dem staatlichen Sicherheitsdienst versteckten. Jede „Osiedle" (Wohnblock, eigentlich Siedlung) sollte zudem autark sein. Aus diesem Grund fand man in jedem die notwendigen Geschäfte, Schulen, Friseure, Kindergärten und alles Lebensnotwendige. Diese Unabhängigkeit diente aber nicht nur der Versorgung, sondern auch dem rigiden Kontrollsystem, das letzten Endes dennoch keine Aufstände verhindern konnte.

Tram 4, 10, 22, 64, Haltestelle Plac Centralny.

Solidarność-Denkmal (Pomnik Solidarności): Den vielen Widerständlern der Gewerkschaft gewidmet, die sich gegen das System auflehnten. Allein durch bloße Zahlen wird die verfehlte Politik der Sozialisten bei ihrer eigentlichen Zielgruppe deutlich: Von den 36.000 Arbeitern in Nowa Huta waren 34.000 in der Solidarność organisiert, oft streikten bis zu 100 % der Arbeiter – und das mit Erfolg. Als die Kollegen in Danzig keine Chance hatten, ihren Protest wirksam fortzusetzen, kamen von hier, unterstützt von Karol Wojtyła, die entscheidenden Anstöße, die 1989 zum „Runden Tisch" führten, dem Anfang vom Ende des Sozialismus bis hin zur deutschen Wiedervereinigung und der Neustrukturierung Europas.

Al. Jana Pawła II. Tram 4, 10, 22, 64 Haltestelle Plac Centralny.

Museum der Volksrepublik Polen (Muzeum PRL-u): Im ehemaligen Kino Światowid wird die Geschichte und das Leben im sozialistischen Polen dokumentiert, zunächst noch in Wechselausstellungen. Ab 2014 soll dann die Filiale des Warschauer Museums der Polnischen Geschichte in einer Dauerausstellung über Leben, Totalitarismus und die Geschichte des polnischen Sozialismus informieren

Mo–Fr 9–17 Uhr, Nov.–April geschlossen. Eintritt 2,50 €, erm. 1,50 €, Do frei. Os. Centrum E 1, ✆ 12-6866165, www.muzprl.pl. Tram 4, 10, 22, 64, Haltestelle Plac Centralny.

Wohnhaus in der ulica Mierzwy 14 (Blok przy ulicy Mierzwy 14): Der erste von vielen in den 50er und 60er Jahren gebauten Wohnblocks. Man sieht, dass man sich zu Beginn noch mehr Mühe gab, die hehren Ziele zu verwirklichen. Die später errichteten Häuser waren hingegen geprägt durch die Vorgaben einer möglichst kurzen Bauzeit und einer billigen Bauweise. Die Gedenktafel erinnert: „An diesem Ort wurde das große Werk namens Nowa Huta begonnen, das Symbol der sozialistischen Veränderung der Polnischen Volksrepublik von 1949 bis 1969". Keine Erfolgsgeschichte, wie sich später herausstellte.

Ul. Mierzwy 14, os. Wandy. Tram 10, Haltestelle Klasztorna.

Kirche der Muttergottes von Tschenstochau (Kościół Matki Boskiej Częstochowskiej): Die Kirche wurde von 1988 bis 1994 an einem Platz gebaut, der ursprünglich einen ganz und gar nicht christlichen Zweck hatte: Hier wurden Militärparaden abgehalten. Besonders imposant ist das große Glasdach über dem Kirchenschiff. Während des Kriegszustandes trafen sich hier heimlich die Anhänger von Solidarność. Sehenswert sind die Mosaikwände und die aus gespendeten Bernsteinketten gefertigten christlichen Symbole. Hier zeigt sich deutlich, dass echter Glaube keines Prunks bedarf. Und wenn man die Geschichte und das Verlangen der Einwohner Nowa Hutas nach einer Kirche kennt, erscheint diese Einfachheit viel eindrucksvoller als so mancher goldene Altar und manche marmorne Krypta im Zentrum Krakaus.

Tägl. 6.30–18 Uhr. Messe Mo–Sa 6.30, 7.15, 8, 18 Uhr, Nov.–März auch 15 Uhr, So 6.30, 8, 9.30, 11, 12.30, 14.30, 17, 19, 20.30 Uhr. Ul. Struga, os. Szklane Domy 7. Tram 4, 22, Haltestelle Struga. www.parafia-szklanedomy.pl.

Nowa Huta-Geschichtsmuseum (Muzeum Dzieje Nowej Huty): Das kleine Museum verfügt nur über einen Raum für die Dauerausstellung, in der historische Relikte aus dem Stadtteil zu sehen sind, darunter Plakate, Briefe und Fotos. Viel interessanter sind die gelegentlichen Wechselausstellungen und auch die interaktive Präsentation am Computer, bei der man auf wesentlich mehr Infos und aufschlussreichere Fotos stößt.

Mai–Okt. Di–So 9.30–17 Uhr, Nov.–März Di und Do–Sa 9–16, Mi 10–17 Uhr, jeden 2. So im Monat 9–16 Uhr, Mo jeweils zu. Eintritt 1 €, Mi frei. Os. Słoneczne 16, ✆ 12-4259775, www.mhk.pl. Tram 4, 22, Haltestelle Struga.

Volkstheater (Teatr Ludowy): Das Theater ist in ganz Polen für seine herausragenden Produktionen bekannt. Für nichtpolnische Besucher ist vor allem das Gebäude von Interesse, das 1955 von Jan Dąbrowski und Janusz Ingarden errichtet wurde. Der sozrealistische Stil, die an ein Gefängnis erinnernden Türmchen und die Neonschrift lassen es wie ein seltsames Überbleibsel aus einer anderen Zeit erscheinen.

Kasse Di–Sa 12–18 Uhr, So 2 Std. vor Vorstellung. Os. Teatralne 34, ✆ 12-6802111, www.ludowy.pl. Tram 1, 5, Haltestelle Teatr Ludowy.

Czołg: Der russische Panzer ist ein Geschenk der UdSSR an das Museum des bewaffneten Widerstands, vor dem er steht. In den letzten Kriegswochen 1945 war er in Berlin gegen die deutschen Truppen im Einsatz. Er wird gut in Schuss gehalten und ist bei Kindern wie Touristen als Spielgerät und Fotomotiv beliebt.

Os. Górali 23. Tram 1, 5, Haltestelle Teatr Ludowy.

Außerhalb und in der Kirche „Arche des Herrn"

Denkmal für Bogdan Włosik (Pomnik Bogdana Włosika): Bogdan Włosik wurde nur 20 Jahre alt und arbeitete wie so viele seiner Altersgenossen im Stahlwerk. Bekannt wurde er als eines der Opfer des staatlichen Sicherheitsdienstes. Seine Beerdigung 1982 wurde mit 20.000 Teilnehmern zur größten Demonstration während des Kriegszustandes. Włosiks Grab war damals von einem zweieinhalb Meter hohen Blumenmeer bedeckt. Gewidmet ist das Denkmal allen Opfern des Widerstands, denn Bogdan Włosik war nicht der einzige junge Mann, der früh sein Leben durch eine Kugel verlor.

Ul. Obrońców Krzyża. Tram 1, 5, Haltestelle Teatr Ludowy.

Kirche Arche des Herrn (Kościół Arka Pana): Die Geschichte dieses Gotteshauses wäre für eine Verfilmung geeignet. Lange Zeit gab es in Nowa Huta keine Kirche, die sozialistischen Pläne sahen auch keine vor. Auf Drängen der Bewohner wurde dann 1956 doch dem Bau zugestimmt, dies jedoch bald wieder zurückgenommen. Die offizielle Begründung berief sich auf Munitionsfunde aus dem Zweiten Weltkrieg an dieser Stelle. Die von den angeblich 5000 Minen und Geschossen ausgehende Gefahr und das Verbot hielten die gläubigen Katholiken jedoch nicht davon ab, ab 1967 selbst Stein auf Stein zu schichten. Im Laufe der Zeit wurden es unglaubliche zwei Millionen kleine Steine, aus denen die Fassade gestaltet wurde. Auch der Mörtel wurde nicht von Maschinen, sondern nur von Hand gemischt. Der spätere Papst Johannes Paul II. hielt auf dem Gelände noch zu seiner Zeit als Erzbischof von Krakau regelmäßig Messen unter freiem Himmel ab. 1977 konnte er dann die Kirche weihen.

Allein ihre Gestalt war mehr als nur Bezug auf die alttestamentarische Geschichte, sondern ein politisches Statement. Die Form einer Arche zeigte den Menschen, dass sie wie Noah nicht die

Hoffnung verlieren sollten, sei die Situation auch noch so aussichtslos. Dieser starke Glaube manifestierte sich in der Kirche, deren Geschichte in der katholischen Weltgemeinde erzählt wurde und das Gotteshaus zu einem der bekanntesten Europas machte. Und aus der ganzen Welt kamen Geschenke: Papst Paul VI. schickte einen Stein aus Petrus' Grab für die Grundsteinlegung, aus den Niederlanden kamen sieben Glocken, und der Wiener Kardinal König spendierte verchromtes Blech für den Mast in Form eines Kreuzes. Nicht zu vergessen die Besatzung der „Apollo 11": Sie brachte einen Rutilkristall vom Mond mit, der sich jetzt im Tabernakel befindet. Auch die restliche Ausstattung ist ungewöhnlich. Die Madonnenstatue wurde aus Bombenteilen und Minenüberbleibseln gefertigt, die aus den Wunden polnischer Soldaten des Zweiten Weltkriegs herausoperiert worden waren. Der Jesus von Bronisław Chromy scheint von den Nägeln wegfliegen zu wollen und demonstriert auch so die Aufbruchstimmung gegen die „Nägel des Kommunismus".

Tägl. 6–18 Uhr. Messe Mo–Sa 6, 6.30, 7, 7.30, 8, 11, 18 Uhr, So 6.30, 8, 9.30, 11, 12.30, 14, 16, 17.30, 19 Uhr. Ul. Obrońców Krzyża 1, www.arkapana.pl. Tram 1, 5, Haltestelle Teatr Ludowy.

Außerhalb des Rundgangs

Die beiden einstigen Dörfer *Mogiła* und *Krzesławice* zeigen, in welch ländliche Umgebung die Koloss Nowa Huta gesetzt wurde.

Zisterzienserabtei (Opactwo Cystersów), St.-Bartholomäus-Kirche (Kościół św. Bartłomieja): Eine der Hauptsehenswürdigkeiten im 1222 gegründeten Kloster von Mogiła ist der mit Fresken verzierte Kreuzgang; aber auch der Klostergarten und die von Johannes Paul II. zur Basilika erhobene Heiligkreuzkirche sind sehenswert. 1447 wurde das Gotteshaus gotisch umgebaut, seit 1780 hat es eine barocke Fassade.

In der Holzkirche St. Bartholomäus

Im Inneren begeistern die Reste der 1506 gemalten Fresken ebenso wie die von Jan Bukowski rund 400 Jahre später ergänzten, von Grün, Blau und Gold dominierten Polychromien.

Die dreischiffige Holzkirche schräg gegenüber zählt mit Baujahr 1466 zu den ältesten in Polen. Beeindruckend sind das geschnitzte, reich verzierte gotische Portal mit Blumendekor, die Heiligenmalereien im Rokoko-Stil und der illusionistische, an die Wand gemalte Altar.

Basilika: Tägl. 6–18 Uhr. Messe Mo–Sa 6, 7, 7.30, 8.30, 18 Uhr, So 6.30, 8, 9.30, 11, 12.30, 14, 16.30, 18 Uhr. Klostergarten: Mai–Okt. So 15–16 Uhr, 14.–21. Sept. tägl. 8–18 Uhr. Holzkirche: Mitte Mai–Mitte Okt. Mi–Sa 9–18, So 12–16 Uhr. Messe So 11.30, Sept.–Juni auch 10.15 Uhr. Ul. Klasztorna 11, ✆ 12-6442331, www.mogila.cystersi.pl. Tram 10, Haltestelle Klasztorna, Bus 123, 193, Haltestelle Klasztor Cystersów.

Jan Matejko-Gutshaus (Dworek Jana Matejki), Kirche St. Johannes des Täufers (Kościół św. Jana Chrzciciela): Im Gutshaus wohnte u. a. der Krakauer Künstler Jan Matejko, der hier seit 1876 seine Sommer verbrachte, in denen viele bekannte Werke entstanden. Zu besichtigen sind heute antike Möbel, Aquarelle und Reproduktionen von Matejkos Werken. Die daneben stehende Holzkirche aus der ersten Hälfte des 17. Jh. wurde erst 1982 von Jawornik nach Krzesławice versetzt. Die farbigen Figurmalereien an Decke und Wänden zeigen u. a. den Alltag der Menschen im 17. Jh. Der größte Schatz des Kirchleins aber ist der spätgotische Altar aus dem frühen 16. Jh.

Rundgang 13: Nowa Huta → Karte S. 235

Wer mit der Tram kommt, zu Fuß in Fahrtrichtung weitergehen und nach dem See links in die ulica Wańkowicza einbiegen.

Park tägl. 10 Uhr bis Sonnenuntergang, Gutshaus Mo–Fr 10–14 Uhr, Sa/So nach Vereinbarung unter ☎ 12-6445674. Eintritt 2 €, erm. 1 €. Holzkirche: Messe Di/Do 7 Uhr, 1. Fr im Monat 7, Sa 17, So 9.30 Uhr. Besichtigung vor und nach Messen oder nach Absprache unter ☎ 12-6421558. Ul. Wańkowicza 23/25, Tram 4, 22, Haltestelle Struga.

Praktische Infos   (→ Karte S. 235)

Restaurants

Stylowa 2 In dieses Restaurant führen die alternativen Nowa-Huta-Guides ihre Gäste, um ihnen den hier immer noch quicklebendigen Realsozialismus vorzuführen. Unserer Meinung nach ist es einfach ein liebevolles, nicht perfektes Lokal mit vielen Stilbrüchen: elegant gekleidete Kellner, Spielautomaten und am Wochenende „Dancing". Fleischplatte 7,50 €. Tägl. 9–23 Uhr; Fr/Sa 18–23 Uhr Tanzkapelle. Al. Róż, os. Centrum C3, ☎ 12-6442619.

Bar mleczny 4 Die Klassiker der günstigen polnischen Küche in perfektem Nowa-Huta-Ambiente: einfach, ungekünstelt und ungezwungen. Mo–Fr 7–20, Sa/So 8–15 Uhr. Al. Róż, os. Centrum C 1.

Cafés/Nachtleben

Teatr Łaźnia Nowa 1 Nowa Huta macht auch immer öfter kulturell von sich reden. Einer der Gründe ist die Eröffnung dieses Theaters mit einer Fläche von 4500 m². In der alten Industrieanlage sind seit 2005 anspruchsvolle und teilweise spektakuläre Theaterinszenierungen, Konzerte und Kinofilme zu sehen. Os. Szkolne 25, ☎ 12-6802340, www.laznianowa.pl.

Kombinator 1 Der Club im ostalgischen PRL-Stil mit Möbeln der 60er Jahre gehört zum Teatr Łaźnia Nowa. Vollständige Jahrgänge von Zeitungen aus dieser Epoche laden zum Stöbern ein. Manchmal am Wochenende auch Livekonzerte. So–Do 15–24, Fr/Sa 15–3 Uhr. Os. Szkolne 25, ☎ 12-6928484, www.klubkombinator.pl.

Einkaufen

Cepelix 3 Das polnische Kunsthandwerk des Geschäfts bietet einen interessanten Kontrast zu den sozrealistischen Bauten. Darüber hinaus gibt es aber auch Huta-Andenken, etwa T-Shirts. Pl. Centralny, Centrum B.

Sonstiges

Nowohuckie Centrum Kultury 5 Kulturzentrum mit vielfältigem Programm. Besonders sehenswert sind die Fotoausstellungen. Al. Jana Pawła II 232 (Plac Centralny), ☎ 12-6440266, www.nck.krakow.pl.

Zusätzliche Information, Maciej Miezian: „Nowa Huta", Verlag Wydawnictwo Bezdroża, www.bezdroza.com.pl. Ästhetischer und detailreicher Führer über Nowa Huta in Polnisch oder Englisch.

Dekadenz pur

Auf nicht alltägliche Weise lässt sich Nowa Huta mit den Reiseführern von Crazy Guides erkunden (www.crazyguides.com, ☎ 500-091200). Die „Communism Deluxe Tour" bietet den Transport in Krakaus Arbeiterbezirk per Trabi, den Besuch eines unverändert gebliebenen Restaurants aus der Ära des real existierenden Sozialismus sowie den Eintritt in ein privates Museum mit Relikten aus einer Zeit, in der in Polen selbst Toilettenpapier ein begehrtes Objekt war. Die interaktive Erkundung des Eisernen Vorhangs und der Aufenthalt in einer typischen Wohnung der 70er Jahre inklusive eines sozialistischen Snacks runden das vierstündige Erlebnis ab. Der vor allem auf amerikanische Gäste zugeschnittene Trip ist sicher nicht ganz ernst zu nehmen, der stolze Preis von 43 € pro Person schon eher. Etwas teurer wird es beim Kalashnikov-Schießen für 45 €, schlappe 175 € kostet die kommunistisch korrekte Begrüßung am Flughafen mit Band – inkl. Trabi-Fahrt zum Hotel.

Abstecher 2: Czyżyny

Der zwischen Krakau und Nowa Huta gelegene Stadtteil Czyżyny dient vor
allem als Wohnviertel, das nur wegen zweier Sehenswürdigkeiten interessant ist: der Stanisław-Lem-Park an der südlichen Zufahrtsstraße nach Nowa
Huta sowie das Luftfahrtmuseum an der nördlichen Zufahrt.

**Garten der Erfahrungen (Ogród Doś-
wiadczeń):** Der auch nach dem Krakauer Philosophen und Science-Fiction-
Autoren Stanisław Lem benannte Park
widmet sich dem aktiven Erfahren und
Begreifen naturwissenschaftlicher Phänomene. Als Teil der Stadtteilbelebung
unter dem Motto „Nowa Huta (Neue
Hütte) – neue Chance" wurde 2008 die
vom bekannten Architekturbüro Ingarden & Ewy geplante Welt der Physik
und Chemie symbolisch den Kindern
übergeben. An akustischen, optischen,
astronomischen und chemischen Objekten können sie sich seitdem richtig
austoben, zudem gibt es Erfahrungsfel-
der, die den Gleichgewichts- und Tast-
sinn herausfordern. Die Versuchsanlei-
tungen der Objekte sind auf Polnisch
und Englisch beschrieben, Erklärungen
der Eltern sind also eventuell nötig – einige der vielen Mitarbeiter können aber
auch Deutsch. Den Park erreicht man
von der Haltestelle M 1 aus, indem man
auf die andere Straßenseite geht, in Gegenrichtung zum Einkaufszentrum.

April–Aug. Mo–Fr 8.30–19, Sa/So 10–19 Uhr;
Juni/Juli Mo–Fr 8.30–19, Sa/So 10–20 Uhr;
Sept. Mo–Fr 8.30–17, Sa/So 10–19 Uhr; Okt.
Mo–Fr 8.30–15, Sa/So 10–17 Uhr. Eintritt 2 €,
erm. 1,50 €, bis 7 J. frei. Kombiticket mit In-
genieursmuseum 3 €, erm. 2 €. Al. Pokoju 67,
✆ 12-3461285, www.ogroddoswiadczen.pl.
Tram 1, 14, 22, Haltestelle M 1.

**Museum der Polnischen Luftfahrt (Mu-
zeum Lotnictwa Polskiego):** ein Paradies für Luftfahrtbegeisterte! Einige der
Flugzeuge und Motoren findet man nur
noch hier, weshalb Fans aus der ganzen
Welt nach Krakau reisen, nur um die
seltenen Stücke zu betrachten und zu
fotografieren. Die Sammlung auf einem
ehemaligen Flughafengelände umfasst
mehr als 200 Flugzeuge, von den Anfängen der Luftfahrt bis heute. Bis 2013
werden die alten Hangars restauriert,
um die Exponate zeitgemäß zu präsentieren, das erste neue Gebäude, gestaltet nach Plänen des Berliner Architekten Justus Pysall, wurde bereits 2010 eröffnet. Leider ist die nächstgelegene
Haltestelle AWF etwas entfernt, man
muss die Hauptstraße überqueren, ein
Stück auf ihr zurückgehen und beim Par
k mit dem Denkmal rechts einbiegen.

Mai–Okt. Di–So 9–19 Uhr, Mo zu. Nov.–
April Mo–Fr 9–15 Uhr. Eintritt 2,50 €, erm.
1 €, Di frei, Führung (deutsch) 15 €. Al.
Jana Pawła II 39, ✆ 12-6428701, www.
muzeumlotnictwa.pl. Tram 4, 5, 9, 10, 52, 64,
Haltestelle AWF.

Rundgang 13: Nowa Huta
→ Karte S. 235

Naturwissenschaftliche
Phänomene entdecken

Herbstpanorama im Tatra-Nationalpark

Ausflüge

Die Tatra bietet reizvolle Wanderwege unterschiedlichster Schwierigkeitsgrade

Ausflüge

Drei unserer folgenden neun Ausflugsempfehlungen befinden sich in Krakaus unmittelbarer Umgebung – für die Fahrt und die Besichtigung der Sehenswürdigkeiten reicht hier jeweils ein halber Tag.

Auch die weiter entfernten Ziele Niepołomice, Kalwaria Zebrzydowska, Lanckorona, Wadowice und Auschwitz lassen sich ohne Übernachtung besuchen. Einzig für Zakopane sollte man mindestens einen ganzen Tag veranschlagen. All diese Ziele liegen noch in der Region Kleinpolen. Die Wojwodtschaft ist bekannt für ihre Holzarchitektur, ihre vielfältigen Naturlandschaften und die Attraktivität für Aktivurlauber. Vor allem im Herbst, der die Wälder der Naturparks in ein unvergleichliches Farbenmeer verwandelt, sollte man sich einen Ausflug nicht entgehen lassen. Und auch im weiteren Umkreis gibt es Schönes zu entdecken, etwa in der Hauptstadt Warschau oder im ukrainischen Lemberg, das Krakau in vieler Weise ähnelt.

Tyniec

Die Rolle der Klöster beschränkte sich oftmals nicht allein auf religiöse Aufgaben. So auch im Fall der nahe Krakau gelegenen Benediktinerabtei in Tyniec. Auf einem Felshügel an der Weichsel gelegen, lässt sie heute noch ihre einst wehrhafte Funktion erkennen.

Schon der Name weist auf die Wehrhaftigkeit der Abtei hin, die unweit des gleichnamigen Ortes liegt. Der Name Tyniec leitet sich vom altpolnischen „tyn" ab, was man mit Festungsmauer übersetzen kann. Diese Mauer musste

Umgebung von Krakau

schon bald nach der Gründung des **Benediktinerklosters (Klasztor Benedyktynów)** im Jahr 1044 durch König Kazimierz Odnowiciel vielen Angriffen standhalten. Von Anfang an nutzten Polens Könige die strategisch günstige Lage der Abtei, ebenso wie die Freiheitskämpfer zur Zeit der Teilungen Polens und der nationalsozialistischen Besatzung. Von besonderer Bedeutung waren die Kämpfe im 12. und 13. Jh., als es galt, die Vormachtstellung Krakaus während der Thronfolgekriege mit dem böhmischen Herrschergeschlecht der Přemysliden zu verteidigen. Von der ursprünglich romanischen Architektur sind nur noch Fragmente erhalten, die Kirche mit ihren Altären aus schwarzem Marmor zeigt teilweise noch gotische Reste. Prägend für das heutige Erscheinungsbild ist der barocke Umbau in den Jahren 1618 bis 1622.

Heute ist es rund um die Abtei weitaus friedlicher. Zivilisationsmüde Gäste suchen bei den Benediktinern klösterliche Ruhe. Ein längerer Aufenthalt, bei dem man am Tagesablauf der Mönche teilnimmt, sorgt für Entspannung.

→ Ausflüge
Karte S. 245

Aber auch ein kurzer Ausflug bietet einen Einblick in die Welt des Klosters. Besonders faszinierend sind die täglichen gregorianischen Gesänge.

Anreise und Information

Hin & weg: Bus 112 ab Rondo Grunwaldzkie bis Tyniec Kamieniołom. Stimmungsvoll wird es mit dem **Boot** ab dem Weichselufer unter dem Wawel; Details siehe Rundgang 11/Prakt. Infos. Reizvoll ist auch die Anfahrt auf dem **Fahrradweg** entlang der rechten Weichselseite ab ul. Tyniecka im Vorort Dębniki (→ Karte Rundgang 11).

Information über die gelungene Homepage (auch deutsch). Für längere Aufenthalte wende man sich an die für Besuche zuständigen Präfekten, Postadresse siehe Sehenswertes. ✆ 12-2675977, 📠 2680801.

Sehenswertes

Benediktinerabtei: Haupttor geöffnet 6–21.30 Uhr, Kirche und Abtei tägl. 7.30–18.30 Uhr. Messe 6.30 und 18 (im Sommer 18.30 Uhr), an Sonn- und Feiertagen bei Anwesenheit der Mönche um 10.30 Uhr; gregorianischer Gesang um 15 Uhr, Sonn-/Feiertage 14.30 Uhr. Führungen (1,50 €, erm. 1 €) durch das Kloster Mo–Fr 9–12 und 14–17, Sa 9–14 und 16–17, So 12–17 Uhr (nach Anmeldung). Ul. Benedyktyńska 37, 30-398 Kraków. ✆ 12-6885452, www.tyniec.benedyktyni.pl, www.benedyktyni.eu.

Museum zur Geschichte des Ordens und der Abtei sowie mit architektonischen und archäologischen Exponaten. Tägl. 10–18 Uhr, Eintritt 2 €, erm. 1 €. Audioguide auf Deutsch 1 €.

Essen und Einkaufen

Kawiarenka: Tolle Aussicht von den Klostermauern, leckere Kuchen. Mo–Fr 9.30–17.30, Sa/So 9–18 Uhr.

Produkty Benedyktyńskie: Honig, Wein, Kekse, Öle, Kosmetika …, alles mit dem jahrhundertealten Wissen der Mönche hergestellt. www.benedicite.pl.

Benediktinerabtei von Tyniec

Wieliczka

Wieliczka ist eine der Hauptattraktionen des Landes, seit 1978 steht der Name auf der Weltkulturerbeliste der UNESCO. Nicht ohne Grund, gibt es hier doch eines der ältesten Salzbergwerke der Welt – das einzige, das seit dem Mittelalter ununterbrochen geöffnet ist.

Im mittelalterlichen Polen war Salz ein Zahlungsmittel – das **Salzbergwerk** wurde so zum Garanten für Macht und Reichtum. „Touristen" können es seit dem 15. Jh. besichtigen, doch anfangs war dieses Vergnügen den Eliten vorbehalten. Kopernikus, Friedrich der Große, Goethe, Chopin und Literaturnobelpreisträger Henryk Sienkiewicz gehörten zu den prominenten Besuchern. Nachdem die persönliche Erlaubnis des Regenten heute nicht mehr nötig ist, übersteigt die jährliche Besucherzahl die 1-Millionen-Grenze. Der etwa zweistündige Spaziergang verläuft 64 bis 135 m unter der Erdoberfläche in einem Labyrinth voller Wunder. Die Tour mit einem der vielsprachigen Bergwerksführer beginnt im Schacht von Daniłowicz (Szyb Daniłowicza). Die Angst vor der gefährlichen Arbeit, gegen die christliche Choräle und morgendliche Messen in der unterirdischen Kapelle des Heiligen Antonius (Kaplica św. Antoniego) halfen, muss der heutige Besucher natürlich nicht haben. Die Talentiertesten der Bergarbeiter hinterließen unter Tage Kunstwerke, die den Besucher beeindrucken. In den Kammern, Kapellen und Schächten sowie an den verblüffend tiefen Salzseen tauchen immer wieder Statuen, Monumente, Figuren, Reliefs, Torbögen, Krippen, Altäre und biblische Szenen auf – jedes Teil aus Salz. Das Spiel der Lichter auf Wänden und Wasser verstärkt die märchenhafte Atmosphäre.

Eine der imposantesten dieser unterirdischen Kapellen ist die der Heiligen Kinga (Kaplica św. Kingi). Sie ist reich an Kunstwerken und erinnert mit ihren Salzkristallleuchtern an einen barocken Tanzsaal.

In Salz gehauene biblische Szenen

In diesem Raum finden regelmäßig Konzerte des mineneigenen Orchesters statt, aber auch Bankette, Hochzeiten, Silvesterbälle, Ausstellungen von Salzkunstwerken – und jeden Sonntag die Heilige Messe. Menschen mit Atemwegsbeschwerden, Allergien, Asthma und Hautkrankheiten wissen die mineralisch angereicherte Luft zu schätzen. Für sie ist ein Aufenthalt im unterirdischen **Sanatorium** empfehlenswert.

Wer noch mehr über Salz wissen möchte, besucht das **Salinenmuseum (Muzeum Żup Krakowskich)**, dessen Ausstellungen das Thema vertiefen. Seit 2012 gibt es mit dem **Bergarbeiter-Rundgang (Trasa górnicza)** eine weitere Führung, die sich darauf konzentriert, die

→ Karte S. 245

Ausflüge

Salzwelt unter Tage aus der Sicht des Bergmanns zu zeigen. Die im Vergleich zur Standardführung anstrengendere Tour ist nur für Kinder ab 12 J. und für fitte Besucher geeignet. Einstieg ist der Regis-Schacht.

Anreise und Information

Hin & weg: Zug fast stündlich ab Hbf. Krakau, mit **Schnellbus 304** ab Galeria Krakowska (ul. Kurniki) oder alle 10 Min. mit Minibussen ab ul. Pawia/Ogrodowa.

Mit dem **Auto** kommt man über die ul. Wielicka ab Podgórze (→ Karte Rundgang 10), Parkplätze in unmittelbarer Umgebung des Bergwerks und beim Busbhf. (ab 2 €).

Information: Auskünfte und Kartenverkauf in Krakau. Mo–Fr 9–17 Uhr in der ul. Wiślna 12a, ✆ 12-4262050, biuro.promocji@kopalnia.pl.

Sehenswertes

Salzbergwerk: Führungen Nov.–März tägl. 8–17, April–Okt. 7.30–19.30 Uhr, Führung (deutsch) 10.45 Uhr, Juni–Sept. auch 16.10 Uhr; an den wichtigsten Feiertagen geschlossen; Gruppen (max. 35 Pers.) müssen sich vorher anmelden. Die Temperaturen bewegen sich auch im Sommer bei kühlen 14–16° C, ein warmer Pullover ist absolut notwendig. In der Saison und bei schlech-

tem Wetter ist der Andrang groß, weshalb man früh genug anreisen sollte. Behinderte Besucher müssen sich voranmelden und sollten die frühen Morgen- oder späten Abendstunden bevorzugen. Für die Führungen auf Deutsch gibt es eine separate Kasse, wie ein aufmerksamer Leser empfahl. Eintritt 18 €, erm. 14,50 €, Fotografiergebühr 2,50 €, Multimediaguide auf Deutsch 2,50 €. Gruppen 11 €/Pers., erm. 7 € sowie einmalig 61 € für die Führung. Kopalnia Soli Wieliczka, ul. Daniłowicza 10, ✆ 12-2787302, ✉ 2787333, www.kopalnia.pl.

Bergarbeiter-Rundgang (Trasa górnicza): Führungen auf Englisch April–Okt. tägl. 10, 12, 14, 16, 18 Uhr, Nov.–März tägl. 11.30, 13.30 Uhr, Führungen auf Deutsch nach Voranmeldung, bei weniger als 10 Pers. wird es teurer. Eintritt 24 €, erm. 20 €, Fotogebühr 2,50 €. Szyb Regis, ul. Sikorskiego, ✆ 12-2787570, www.kopalnia.pl.

Sanatorium: Mai–Sept. Mo und Mi–Fr 10–17 Uhr. Aufenthalt ab 25 € pro Tag, Gesundheits-/Wellness-Paket 39–45 €/Tag. Park Kingi 6, ✆ 12-2787368, ✉ 2882773, uzdrowisko@kopalnia.pl.

Salinenmuseum (Muzeum Żup Krakowskich): Mai–Aug. tägl. außer Mo 9–16.30, Sept.–April (außer So und Mo) 9–16.30 Uhr. Eintritt 1 €, Sa frei, Führung (deutsch) 9 €. Ul. Zamkowa 8, ✆ 12-2783266, www.muzeum.wieliczka.pl.

Nationalpark Ojców

Polens kleinster Nationalpark wird auch die Polnische Schweiz genannt. Wenngleich die Erhebungen in Ojców eher Hügelhöhe besitzen, herrscht hier gediegene Bergidylle. Wanderwege führen die Besucher am Prądnik-Fluss entlang.

Nicht wenige Sehenswürdigkeiten gibt es rund um das verstreut liegende Örtchen Ojców. Sobald der zentrale Parkplatz erreicht ist, kann man die **Ruinen der Burg von Kazimierz (Ruiny Zamku Kazimierzowskiego)** auf einem Hügel besichtigen. Die Überbleibsel der einstigen Festung gewähren bei klarem Wetter eine gute Sicht über das Tal. In unmittelbarer Nähe steht die **Kapelle auf dem Wasser (Kaplica na wodzie)**, die wie viele Kirchen in Kleinpolen aus

Holz gebaut ist. Das Verbot von Zar Nikolaus II., in Ojców Kirchen auf der Erde zu errichten, umgingen die Einheimischen gewitzt. Die Kapelle steht nämlich seit 1901 einer Brücke gleich über dem Bach und damit nicht auf der Erde. Außen wie innen präsentiert sie sich als ein Paradebeispiel vollendeter Schnitzkunst. Vom Zentrum weg führen verschiedene lange Wanderwege, die interessante Steinformationen passieren wie das sog. **Krakauer Tor (Krakowska**

Brama), eine torähnliche Felsformation in Richtung Krakau, oder die faszinierende, an eine Nähnadel erinnernde **Nadel der Deotyma (Igła Deotymy)**. Im Parkgebiet gibt es an die 400 Höhlen und andere Karstformationen, wie Vauclusequellen und Kerbtäler. Was für Geologen ein Paradies ist, begeistert wegen der Höhlen auch die normalen Besucher. Zu den längsten zählt die **Höhle des Łokietek (Jaskinia Łokietka)**, in der sich der spätere König von Polen vor Feinden versteckt gehalten haben soll. Tatsächlich war die Höhle im späten 13. und frühen 14. Jh. bewohnt, eine Feuerstelle, Küche und Schlafplätze können besichtigt werden. Die **Dunkle Höhle (Jaskinia Ciemna)** hat eine riesige Kammer, in der eindrucksvolle Stalagmiten zu bestaunen sind. Wer die Höhlen besuchen möchte, sollte auch im Sommer einen wärmenden Pullover mitnehmen, da die Temperaturen 10° C nicht übersteigen.

Am Nordende des Parks thront das gut erhaltene **Schloss (Zamek Pieskowa Skała)**. Hier ist ein Museum mit Kunst vom 15. bis zum 19. Jh. untergebracht, der Garten ist ebenso sehenswert. Nicht verpassen sollte man den alleinstehenden Felsen, der wegen seiner Form **Herkuleskeule (Maczuga Herkulesa)** genannt wird. Etwas westlich, außerhalb des Parks befindet sich die **Fledermaushöhle (Jaskinia Nietoperzowa)**, in der Tierknochen und Artefakte aus der frühen Steinzeit gefunden wurden.

Anreise und Information

Hin & weg: Mit **PKS-Bus** ab Krakau/Busbhf., Sa/So von 8.30 bis 11.30 Uhr im Stundentakt, Fahrzeit etwa 40 Min., zurück abends nur noch um 18.39 Uhr, mit **Minibussen** (UNIBUS) ab Nowy Kleparz bis Ojców Park, alternativ von Galeria Krakowska bis Skała. Wer mit dem **Auto** über die Landstraße 94 kommt, muss bei Jerzmanowice rechts den Schildern folgen und für den Parkplatz im Park 2,50 € bezahlen. Oder mit dem **Fahrrad** – die Homepage www.ojcow.pl beschreibt 3 Routen (22/24/27 km).

Die Kapelle auf dem Wasser

Führungen: Tagestour zu allen wichtigen Sehenswürdigkeiten mit dt.-sprachiger Führung 100 €. ✆ 12-6489977, www.ecotravel.pl.

Information: im Ort, Ojców 15, ✆ 12-3892010, www.ojcow.pl,
www.ojcowskiparknarodowy.pl.

Sehenswertes

Ruinen der Burg von Kazimierz (Ruiny Zamku Kazimierzowskiego): April–Okt. tägl. 10–16.45 Uhr, Juni–Aug. bis 17.45 Uhr, Okt. bis 15.45 Uhr, So je eine Std. länger. Eintritt 0,50 €. ✆ 12-3892044.

Kapelle auf dem Wasser (Kaplica na wodzie): Geöffnet an Sonn-/Feiertagen, Messe am 1. Fr im Monat 16, So 8 und 10.30 Uhr.

Łokietek-Höhle (Jaskinia Łokietka): Im Berg Chełmowa Góra, Mai–Aug. tägl. 9–18.30, bis 17.30, Okt. bis 16.30 Uhr. Eintritt 2 €, erm. 1,50 €. ✆ 12-4190801, ✆ 12-6489977, www.grotalokietka.pl.

Dunkle Höhle (Jaskinia Ciemna): im Berg Góra Koronna, Mai–Sept. tägl. 10–17 Uhr, Mitte Okt.–Ende April geschlossen. Eintritt 1,50 €, erm. 1 €. ✆ 12-6489977, www.ciemna.ojcow.pl.

→ Ausflüge Karte S. 245

Fledermaushöhle (Jaskinia Nietoperzowa): in Dolina Będkowska, Jerzmanowice (außerhalb des Parks), April–Sept. tägl. 9–18 Uhr, Okt.–Mitte Nov. bis 16 Uhr. Eintritt 2 €, erm. 1,50 €. Auskunft Zygmunt Ferdek, Jerzamanowice 79, ✆ 12-3895395, www.nietoperzowa.ojcow.pl.

Schloss Pieskowa Skała (Zamek Pieskowa Skała): Nov.–März Sa/So 10–16 Uhr, Di–Fr nach Reservierung, April/Okt. Di–Do und Sa/So 10–16, Fr 10–13 Uhr, Mo zu. Mai–Sept. Di–Do 9–17, Fr 9–13, Sa/So 10–18 Uhr. Eintritt 4 €, erm. 2 €. ✆ 12-3896004, www.pieskowaskala.pl.

Arkadeninnenhof des Schlosses von Niepołomice

Niepołomice

Ins Blickfeld der Touristen rückte Niepołomice durch die Tatsache, dass hier während der restaurierungsbedingten Schließung der Krakauer Tuchhallen die Sammlung der Polnischen Malerei zu sehen war.

In der Kleinstadt im Südosten Krakaus siedelten sich in den letzten Jahren viele ausländische Firmen an. Denn das reizende Niepołomice hat mehr zu bieten als nur das gotische **Königsschloss (Zamek Królewski)**, in dem bis 2012 eine Ausstellung des ebenfalls wegen Restaurierung geschlossenen Czartoryski-Museums zu sehen war. Das Mitte des 14. Jh. in charakteristischer quadratischer Form gebaute Schloss hat einen reizvollen Renaissance-Innenhof, der ebenso besichtigt werden kann wie verschiedene Ausstellungen. Von besonderem Interesse ist neben regelmäßigen Krakauer Museums-Leihgaben die

Sammlung sakraler Kunst in der Kapelle. An das Schlossgelände grenzt der viereckige Marktplatz, der von Häusern mit Bogengängen aus dem 18. und 19. Jh. umgeben ist. Ins Auge sticht das 1903 im neugotischen Stil gebaute **Rathaus (Ratusz)**. An der Stelle einer ehemaligen Holzkapelle steht eine Marienfigur, dahinter befindet sich die **Kirche der Zehntausend Märtyrer (Kościół Dziesięciu Tysięcy Męczenników)** aus der Mitte des 14. Jh., in der das Bildnis des Heiligen Borromäus, ein gotisches Kreuz und der barocke Hauptaltar sehenswert sind. Über 12.000 Hektar erstreckt sich der **Niepołomice-Wald**

(Puszcza Niepołomicka), in dem früher die Könige jagten und durch den heute einige reizvolle Wege führen, u. a. zu einem Wisentreservat.

Anreise und Information

Hin & weg: Regelmäßig mit Minibussen ab Krakau Hbf. (ul. Pawia und ul. Augusta) oder Nowy Kleparz, 1- oder 2-mal tägl. mit **PKS-Bus** ab Krakau Busbhf. Fahrtzeit jeweils etwa 40 Min. Mit dem **Auto** über die Landstraße Nr. 79 an Nowa Huta vorbei, dann über die Nr. 75 bis nach Niepołomice. Derzeit leider keine Bahnverbindung.

Information: Es gibt (noch) keine eigene Touristinformation, das Stadtamt übernimmt diese Aufgaben. Pl. Zwycięstwa 13, ℡ 12-2811260, www.niepolomice.com.

Sehenswertes

Königsschloss (Zamek Królewski): Tägl. 10–18, im Winter bis 16 Uhr. Eintritt je 2 € für Museum, Wechselausstellungen und Schlossbesichtigung, engl.-sprachige Füh-rung 25 € (Schloss) oder 30 € (Museum). Ul. Zamkowa 2, ℡ 12-2619851 (Museum), www.zamekkrolewski.com.pl, www.muzeum.niepolomice.pl.

Kirche der Zehntausend Märtyrer (Kościół Dziesięciu Tysięcy Męczenników): Tägl. 7.30–18 Uhr. Messe Mo–Sa 6.30, 7, 18 Uhr, So 7, 8.30, 10, 11.30, 13, 16.30, 18 Uhr. Ul. Piękna 2, ℡ 12-2811041, www.niepolomiceskb.diecezja.krakow.pl.

Essen und Fahrradverleih

Restauracja Zamek Królewski, schon kurz nach der Eröffnung war die Liste der zufriedenen Gäste lang, darunter auch Botschafter, Präsidenten und Premierminister. Ul. Zamkowa 2, ℡ 12-2813260, www.gastro-tour-serwis.pl.

La Venta, mexikanisches und polnisches Restaurant mit Garten in der Nähe des Waldes. Für Ausflüge gibt es auch einen Fahrradverleih. Enchiladas 4 €. So–Do 12–23, Fr/Sa 12–24 Uhr. Ul. Bocheńska 59, ℡ 12-2813768, www.laventa.pl.

Kalwaria Zebrzydowska

Der Kalvarienberg ist „eine kulturelle Landschaft von großartiger Schönheit und spirituellem Wert, in der natürliche und vom Menschen geschaffene Elemente auf eine harmonische Art und Weise miteinander im Einklang sind".

So lautete die offizielle Begründung für die 1999 erfolgte Aufnahme in die Weltkulturerbeliste der Unesco. In erster Linie ist Kalwaria Zebrzydowska mit jährlich rund einer Million Besuchern eines der bedeutendsten religiösen Zentren Polens. Entlang der Stationen kann man den Passionsweg Jesu Christi nachempfinden. Sehenswert sind dabei nicht nur die einzelnen barocken Kapellen, Brücken, Tore und Kirchen, sondern auch die teilweise verblüffend ähnliche Landschaft zu Jerusalem. Dies veranlasste den Wojwoden und Hofmarschall Mikołaj Zebrzydowski im Jahr 1600, in den folgenden Jahren den Kreuzigungsweg und die Kapellen zu errichten. Jedes Jahr werden hier in der Karwoche die berühmten Passionsspiele veranstaltet, die Fronleichnamszüge sind fast ebenso bedeutend. Auch die Huldigung der Muttergottesikone in der **Marienbasilika (Bazylika Matki Boskiej Anielskiej)** an Mariä Himmelfahrt ist immer wieder ein Ereignis. Das spätbarocke Kloster zeigt bereits Einflüsse des Rokoko, von besonderem Interesse ist die Muttergottes von Kalwaria, auf deren Bildnis im 17. Jh. ein gewisser Stanisław Paszkowski blutige Tränen erkannte. Die Kirche des Bernhardinerklosters mit dem Paradiesplatz (Plac Rajski) ist zugleich Ausgangspunkt der zwei Kalvarienpfade (Jesuspfad mit 28 und Marienpfad mit 24 Stationen).

→ Karte S. 245

Ausflüge

Eine der Stationen auf dem Kalvarienpfad

Anreise und Information

Hin & weg: Leider verkehrt der Papst-Zug nur noch sporadisch, und das auch nur in den Sommermonaten, zudem gibt es eine tägliche Direktverbindung mit der Bahn. Sinnvoller ist also eine Anreise mit **PKS-Bussen** ab Krakau/Busbhf oder Minibussen ab ul. Pawia/Ogrodowa. Die Anfahrt dauert jeweils etwa 60 Min. Mit dem **Auto** über die Landstraßen Nr. 7 Richtung Myślenice/Zakopane (Zakopianka) und die Nr. 52 Richtung Wadowice/Bielsko-Biała. Parkplatz direkt beim Kloster.

Information: Auskünfte und Führungen für Touristen und Pilger durch das Kalwaryjskie Centrum Informacji des Sanktuariums. Ul. Bernardyńska 46, ☎ 33-8766304, www.kalwaria.eu.

Sehenswertes

Marienbasilika (Bazylika Matki Boskiej Anielskiej): Tägl. 6–19 Uhr. Messe Mo–Sa 6, 7, 8, 9, 12 und 17 Uhr (30. Sept. bis Palmsonntag) oder 19 Uhr (Palmsonntag bis 30. Sept.), So 6, 7, 9, 11, 13, 15, 17 sowie 19 Uhr (Palmsonntag bis 30. Sept.). Ul. Bernardyńska 46, ☎ 33-8766304, www.kalwaria.eu.

Lanckorona

Nur die etwas abgelegene Lage erklärt, warum Lanckorona nicht von Touristen überlaufen ist. Das verschlafene Örtchen mit seinen Holzhäusern erscheint wie ein romantisches Relikt, das sich heute wie vor 150 Jahren präsentiert.

Lanckorona wurde im 12. Jh. gegründet, doch das heutige Ortsbild prägen vor allem die zwischen 1868 und 1872 errichteten Holzhäuser auf dem **Rynek**. Neue Gebäude im Ort dürfen nur im traditionellen Stil errichtet werden, man hat sich zum Ökomuseum erklärt. Agrotourismus, die Förderung regionaler Produkte und ein nachhaltiges Leben mit der Natur sind die zentralen Ziele. 2010 wurden leider einige Häuser zerstört, Grund waren Erdrutsche aufgrund tagelanger Regenfälle. Das Zentrum des Dorfs ist abschüssig, an der unteren Flanke des Marktplatzes befindet sich das ethnographische **Museum (Izba Muzealna)**. Über die al. Zamkowa und die Allee der Verliebten (al. Zakochanych) gelangt man zu den **Schlossruinen (Ruiny Zamku)**, die von der einst stolzen Festung aus dem 14. Jh. übrig geblieben sind. Geradezu zelebriert wird das romantische und mystische Flair, das auch von polnischen Chansonniers wie Leszek Długosz oder Marek Grechuta besungen wurde. Vor allem zum Engelsfest im Dezember und zum

„Romantischen Lanckorona" im August kommen dann doch mehr Besucher. Die über den Ort verteilten Engelsbrunnen und die Galerie der Engel auf dem Rynek demonstrieren aber ganzjährig, dass man sich in Lanckorona der Wirklichkeit etwas entrückt fühlt.

Anreise und Information

Hin & weg: Wie eingangs erwähnt, etwas kompliziert. Zunächst muss man nach Kalwaria Zebrzydowska (siehe dortige Anfahrtsbeschreibung) fahren. Von dort aus bietet sich eine Verlängerung des Passionswegs **zu Fuß** an, indem man nach der Engelsbrücke und den folgenden drei Kapellen nach links in die ul. Legionistów biegt. Es gibt aber auch einige wenige **Minibusse** ab Krakau Hbf. (ul. Pawia) in Richtung Bielsko-Biała oder Stryszów, deren aktuellen Zeitplan man auf der Homepage www.lanckorona.pl findet. Die Fahrzeit beträgt etwas mehr als eine Stunde. Mit dem **Auto** ebenfalls wie nach Kalwaria, aber kurz nach dem Ort Izdebnik nach links abbiegen. Eine weitere Anfahrtsmöglichkeit ist die mit dem **Fahrrad** auf dem 35 km langen Abschnitt des Bernsteinfahrradwegs (www.szlakbursztynowy.pl).

Information: Eine kleine Ecke mit Handzetteln, Postkarten und Souvenirs gibt es im Café Pensjonat an der oberen Seite des Rynek. Man bekommt dort ebenso hilfreiche Tipps wie beim Freundeskreis Lanckorona im Museum an der unteren Seite des Platzes. Rynek 114, ✆ 33-8764301, www.lanckorona.pl.

Sehenswertes

Museum (Izba Muzealna): Sa 10–15, So 13–18 Uhr, an Wochentagen nach tel. Voranmeldung. Eintritt 1 €. Rynek 133, ✆ 33-8763567

Essen und Trinken

🌿 **Café Pensjonat**, wunderschön eingerichtetes Café mit Blick auf den Rynek – Romantik pur für Pärchen! Ansonsten leckere Kuchen, Verkauf regionaler Produkte und Postkarten sowie Infos. Tägl. 10–22 Uhr. Rynek 114, ✆ 33-8763401, www. cafepensjonat.pl. ■

Romantisches Lanckorona – Holzhäuser wie vor 150 Jahren

→ Karte S. 245

Ausflüge

Wadowice

An „kremówki" kommt man in Wadowice nicht vorbei, was nicht zuletzt am berühmtesten Sohn der Stadt liegt. In jungen Jahren wurde der spätere Papst Johannes Paul II. nämlich regelmäßig schwach bei diesem Kuchen, der an Bienenstich erinnert.

Natürlich hat die 58 km von Krakau entfernte Geburtstadt des letzten Papstes mehr zu bieten als nur die berühmten Leckereien. Mit dem Antritt seines Pontifikats wurde Wadowice zu einer Wallfahrtstätte für Pilger. Der Besucherstrom hält auch nach dem Tod von Karol Wojtyła unvermindert an und verstärkte sich sogar noch. Sehenswert ist das Zentrum mit der barocken **Kleineren Basilika (Bazylika Mniejsza)**. Mit ihrer Zwiebelkuppel hat sie ein außergewöhnliches Äußeres, das aber vom Inneren an Glanz noch übertroffen wird. Gut möglich, dass die Kleinere Basilika (erb. 1325, Umbau 1792–1798) ihren Teil dazu beigetragen hat, um den kleinen Karol Wojtyła für die Religion zu begeistern.

Rund um den Platz reihen sich zahlreiche Cafés, die die erwähnten „kremówki" anbieten. Leider kann man sie nicht mehr in der **Alten Konditorei von Karol Hagenhuber (Dawna Cukiernia Karola Hagenhubera)** verspeisen, wo dies der spätere Papst tat – anstelle seines bevorzugten Cafés auf dem Rynek 15 steht inzwischen eine Bank. Karol Wojtyłas Geburtshaus wurde mittlerweile zum Museum, zum **Familienhaus (Dom Rodzinny)** umgestaltet. Wer es besuchen möchte, sollte aber sehr früh kommen oder viel Geduld mitbringen; die Zahl der Interessenten übersteigt bei weitem die Kapazität des Hauses. Zu sehen sind Fotos, private Aufzeichnungen und die Möbel, die bis zum Auszug benutzt wur-

Da wurde selbst der Papst schwach

den, vorübergehend nur in einer Behelfsausstellung. Voraussichtlich bis Ende 2013 wird das Museum nämlich ausgebaut sowie modernisiert und dann auch an die jüdische Eigentümerfamilie erinnern, deren Nachbar der junge Karol Wojtyła war. Ein „Symbol der katholisch-jüdischen Freundschaft zum Gedenken an Johannes Paul II." wünscht sich der in den USA lebende Nachfahre der Besitzerfamilie, Ron Balamuth.

Anreise und Information

Hin & weg: Manchmal verkehrt in den Sommermonaten wieder der Papstzug, ansonsten gibt es eine bis zwei tägliche Direktverbindungen mit der Bahn, rund 1½ Std. Sinnvoller ist also die auch schnellere Anreise mit **PKS-Bussen** ab Krakau/Busbhf oder Minibussen ab ul. Pawia/Ogrodowa. Mit dem **Auto** über die Landstraßen Nr. 7 Richtung Myślenice/Zakopane (Zakopianka) und die Nr. 52 Richtung Wadowice/Bielsko-Biała.

Information: April–Nov. Mo–Fr 9–18, Sa/So 10–16 Uhr. Ul. Kościelna 4, ✆ 33-8732365, www.it.wadowice.pl.

Sehenswertes

Kleinere Basilika (Bazylika Mniejsza): Tägl. 8.30–18 Uhr. Messe Mo–Sa 6, 6.45, 7.30, 8, 12, 18 Uhr, So 6, 7.30, 9, 10.30, 12, 13.15, 18 Uhr. Plac Jana Pawła II 1, ✆ 33-8732096, www.bazylika.wadowice.pl.

Familienhaus (Dom Rodzinny): Nov.–April tägl. 9–16 Uhr, Mai–Okt. Tägl. 9–18 Uhr. Von 23. 12. bis 6. 1. sowie Ostern geschlossen. Eintritt 1 €. Andere Öffnungszeiten und Eintrittspreise nach Abschluss des Umbaus Ende 2013 wahrscheinlich! Ul. Kościelna 7, ✆ 33-8232662, www.domrodzinnyjanapawla.pl.

Essen & Trinken

Restauracja Piwnica, auf dem nach Johannes Paul II. benannten Marktplatz; Kellerrestaurant mit polnischer und mediterraner Küche. So–Do 10–23, Fr/Sa 10–24 Uhr.

Die Kleinere Basilika in der Heimatstadt des polnischen Papstes

Pl. Jana Pawła II 8, ✆ 33-8740755, www.restauracjaalpa.pl.

Galeria Café, großes und gemütliches Kellercafé gegenüber vom Geburtshaus. Auf der Speisekarte natürlich *kremówki*. Tägl. 9–18, im Winter bis 17 Uhr. Ul. Kościelna 4, ✆ 502-237589, www.galeriacafe.pl. ∎

Kawiarnia Galicja, ebenfalls neben dem Geburtshaus; hier gibt es außer Kaffee vor allem die berüchtigten *kremówki*. Schön eingerichtet, kleiner Garten, freundliches Personal. Mo–Fr 9–20 Uhr. Ul. Kościelna 5, ✆ 33-8233420.

↓ Karte S. 245

Ausflüge

Auschwitz-Birkenau

Der nationalsozialistische Vernichtungswahn erreichte in den Konzentrationslagern Auschwitz und Birkenau solche Ausmaße, dass die beiden Ortsnamen
auch über 65 Jahre nach Kriegsende stellvertretend für das Böse stehen.

Das Entsetzen, die Angst, die Leiden
und die Schrecken sind auch noch heute auf dem zum Museum umfunktionierten Gelände präsent, weshalb die
Altersgrenze für die Ausstellungen 14
Jahre beträgt. Keine Frage, ein Ausflug
nach Auschwitz ist kein Vergnügen. Tage und Wochen später werden die Erinnerungen noch wiederkommen.

Trotzdem oder gerade deswegen sollte
man sich zu einem Besuch entschlie-
ßen. So ist es in Krakau und seiner Umgebung unmöglich, nicht auf Spuren
von Judenverfolgung und Kriegsverbre-
chen zu stoßen. Doch die ehemaligen
Konzentrationslager Auschwitz I, Auschwitz II-Birkenau und Auschwitz III-
Monowitz zeigen die Verbrechen mit
größerer Intensität als die Mahnmale in
Krakau. Birkenau erschreckt unter anderem durch seine Größe. Die Ausmaße

der drei Haupt- und 48 Nebenlager verdeutlichen, wie viele Menschen hier
umgebracht werden konnten. Die Zahl
der Opfer von Auschwitz in den Jahren
1940 bis 1945 wird auf 1,1 bis 1,5 Millionen Menschen geschätzt.

Der Weg zwischen den einzelnen Lagern mit den Überresten ehemaliger
Büros und Werkstätten kann zu Fuß zu-
rückgelegt werden; es existieren aber
auch kostenlose Shuttlebusse. Im ehemaligen Konzentrationslager Auschwitz
liegt der Schwerpunkt auf den **Ausstellungen**, die die Lebensumstände im Lager zeigen, sich aber auch auf die Natio-
nalität der Opfer konzentrieren. Hier
befinden sich Gaskammer und Krema-
torium I, die sogenannte Todeswand
und das Magazin für Zyklon B. In einem Kino wird eine Dokumentation gezeigt. An der Stelle des wohl im Auftrag

einer schwedischen Neonazigruppe 2009 gestohlenen Schriftzugs „Arbeit macht frei" hängt heute eine Kopie, da das Original beschädigt wiedergefunden wurde; leider gibt es seit diesem Vorfall immer wieder Nachahmer, die aus der Gedenkstätte Gegenstände stehlen.

In den Sommermonaten ist der Besuch von Auschwitz inzwischen nur noch als kostenpflichtige Führung möglich. Alleine kann man sich mit dem Grauen im Vernichtungslager **Birkenau** beschäftigen, in dem man mit Ausnahme des Internationalen Mahnmals für die Opfer des Faschismus eher auf unveränderte Lager stößt und an den Orten von Massengräbern, Scheiterhaufen und dem gefürchteten Todesblock steht.

Anreise

Der polnische Name von Auschwitz lautet **Oświęcim**. Der Ort liegt direkt an einer wichtigen **Bahn**-Linie, Direktverbindungen gibt es etwa einmal pro Stunde, Fahrzeit 1½ Std. Außerdem verkehren regelmäßig **Busse** vom Krakauer Busbahnhof oder ab pl. Matejki, **Minibusse** ab ul. Pawia bei der Galeria Krakowska. Allerdings ist dabei, ebenso wie bei der Anfahrt mit dem **Auto** über die Bundesstraße 44, mit Staus zu rechnen. Fahrzeit ohne Behinderungen etwa 1½ Std. Bei all diesen Möglichkeiten kann es voll und im Sommer heiß werden sowie lange dauern. Leser empfahlen des-

halb ein organisiertes **Anfahrts- und Besichtigungspaket**, das je nach Anbieter etwa 25–40 € kostet. Infos dazu erhalten Sie am besten bei den Krakauer Touristinfos oder den jüdischen Institutionen (→ Rundgang 9). Günstiger wird es bei Buchung unter www.visitauschwitz.eu.

Information

In Krakau über den **Jewish Bookshop Jarden**, ul. Szeroka 2, ✆ 12-4291374, ℻ 4217166, www.jarden.pl, und über das **Museum** (s. u.). Da wegen großen Besucherandrangs die Führungen recht straff organisiert sind, empfiehlt sich eine Vor- und Nachbereitung. Grundlegende Information z. B. über www.shoa.de oder Filme, ein Leser gab uns den wirklich sehenswerten Filmtipp „Birkenau und Rosenfeld".

Museum Auschwitz-Birkenau

Dez.–Feb. tägl. 8–15, März/Nov. bis 16 Uhr, April/Okt. bis 17, Mai/Sept. bis 18, Juni–Aug. bis 19 Uhr. Eintritt für Individualreisende grundsätzlich frei, in Birkenau immer frei. In der Gedenkstätte Auschwitz wegen großen Andrangs Mai–Sept. 8–15 Uhr, April/Okt. 10–15 Uhr nur mit obligatorischer Führung für 10 €/Pers., erm. 7,50 €/Pers., verpflichtende Ausleihe eines Audioguides 1 €. Führungen auf Deutsch 12.30 Uhr, April–Sept. zusätzlich 10.30 und 13.30 Uhr. Bei den Führungszeiten gibt es häufig Änderungen, eine vorherige Anfrage wird empfohlen! Ul. Więźniów Oświęcimia 20, 32620 Oświęcim, ✆ 33-8448102, www.auschwitz.org.pl.

Deutschsprachige Ausstellungsführer (und Reservierung 2 Wochen im Voraus): Mo–Fr 7–15 Uhr, ☎ 33-8448100, 📠 8432227, oder über die Internetseite.

Jüdisches Zentrum

Centrum Żydowskie: In der Bildungs- und Museumseinrichtung (Stadtmitte) wird dem jüdischen Leben in Oświęcim vor dem Holocaust gedacht. Leser empfohlen den Auschwitzbesuchern einen Abstecher ins Zentrum. So–Fr 9–18, Nov.–Feb. nur bis 17 Uhr.

Erwünschte Spende 1,50 €. Pl. Skarbka 5, ☎ 33-8447002, www.ajcf.pl.

Übernachten

Internationale Jugendbegegnungsstätte: Eine Jugendherberge der Begegnung und Völkerverständigung, in der Pädagogen bei der Aufarbeitung der Erlebnisse im Auschwitz-Museum hilfreich zur Seite stehen. Ideal für Gruppen- und Studienreisen. Ul. Legionów 11, 32600 Oświęcim, ☎ 33-8432107, www.mdsm.pl.

Zakopane

Polens Winterhauptstadt Zakopane ist mit ihren Naturschätzen, der deftigen Küche und ihrer Kultur zwischen traditioneller Bergfolklore und avantgardistischer Kunst so abwechslungsreich, wie man es sich nur wünschen kann.

Die selbsternannte Winterhauptstadt Polens wird deshalb auch in den übrigen Jahreszeiten gern besucht. Die Qualität der Pisten steht außer Frage, und auch wer auf Après-Ski Wert legt, wird hier nicht enttäuscht. Das jährlich stattfindende Springen von der im Ort eingebetteten **Schanze Wielka Krokiew (Skocznia Wielka Krokiew)** begeistert Fans aus der ganzen Welt. Das „Wohnzimmer" des Skisprungstars Adam Małysz, der 2011 seine Karriere beendete, kann das ganze Jahr über besichtigt werden. Im Gegensatz zu den Fernsehübertragungen vermittelt die Begehung vor Ort ein besseres Bild von den Weiten und dem notwendigen Mut der Springer. Trotz aller Begeisterung für den Skisport liegt der große Vorteil von Zakopane aber darin, dass man die Stadt und ihre Umgebung vor einer allzu starken touristischen Nutzung schützt. Davon profitiert in erster Linie die Natur, wovon sich die Gäste bei ausgiebigen Wanderungen in der Tatra und dem Nationalpark überzeugen können. Drei der Hauptziele sind der von Zakopane aus gut sichtbare Gipfel **Giewont**, der im Herbst rot leuchtende Höhenweg **Czerwony Wierchy** mit traumhaftem Panorama und das **Meeresauge**

(**Morskie Oko**), letzeres ein Bergsee mit angeblicher Verbindung zum Mittelmeer. Bewohner der Tatra schwören, dass sogar schon Schiffswracks aus dem See aufgetaucht seien. Doch solche Legenden hat der 50 m tiefe See gar nicht nötig, denn seine Umgebung ist wirklich traumhaft und sein Wasser so klar, dass man im Sommer noch die Fische in mehreren Metern Tiefe sehen kann.

Außerdem ist noch immer viel von der ursprünglichen Kultur lebendig: Die Bergbewohner, **Góralen** genannt, sprechen noch ihren Dialekt, der sich irgendwo zwischen dem Polnischen und dem Slowakischen bewegt. Sie widersetzen sich den modernen Einflüssen – nicht zuletzt dank ihres Stolzes und ihrer Verehrung der vogelfreien Bergbewohner **Zbójnicy,** die so etwas wie die Robin Hoods der Tatra waren. Die Musik und die Trachten sind keinesfalls inszeniert. Traditionelle Konzerte und Feste werden in der Regel unter Ausschluss von Touristen veranstaltet. Zu sehen und zu hören bekommt man die Kapellen als Besucher zum Beispiel in einer der vielen **Karczmy**, gemütliche Gaststätten, für deren Bau viele Bäume gefällt werden mussten. Hier kann man auch die lokalen Spezialitäten genießen, deftige Gegengewichte zum neumodischen Konzept der leichten Küche. Eine bei der Europäischen Union angemeldete Spezialität ist der geräucherte Schafskäse **oscypek**. Ihn sollte man in einer der vielen Variationen auf jeden Fall probieren. Getrunken wird dazu abends ein **grzaniec** (Glühwein) oder ein ähnlich gewürztes warmes Bier namens **grzane piwo**.

Vater und Sohn – gefeierter Architekt und depressives Genie

Stanisław Witkiewicz (1851–1915) war der Begründer des Zakopane-Stils, der die traditionelle Architektur der Goralen mit der des Jugendstils verband. Sein Einfluss überdauerte die Zeit, noch heute werden Häuser nach seinen Entwürfen gebaut. Abgesehen davon war Witkiewicz Kunstkritiker und Landschaftsmaler, dessen Werke beispielsweise in den Krakauer Tuchhallen zu sehen sind. Zunächst sah es ganz danach aus, als ob sein 1885 geborener gleichnamiger Sohn in diese Fußstapfen treten sollte: Architektur und gegenständliche Malerei. Um seine Eigenständigkeit zu betonen, nahm Stanisław Witkiewicz junior nach dem Ersten Weltkrieg den Künstlernamen Witkacy an und scharte die gesamte intellektuelle Elite des Zwischenkriegspolens in der Bergstadt um sich. In den folgenden Jahren wurde er zu einem der größten Multitalente des 20. Jahrhunderts. Als Maler war er faszinierend, als Fotograf ein früher Stilist, als Dramenautor einzigartig, als Philosoph auf Augenhöhe mit den Denkern seiner Zeit, als Romanschriftsteller ebenso innovativ, als Kunstkritiker und Kunsttheoretiker von scharfer Präzision. Als ihn der Einmarsch der Nazis und der Russen in Polen in seinem philosophischen Katastrophismus bestätigte und er seine Freiheit zurecht immer mehr bedroht sah, entschloss er sich 1939, aus dem Leben zu scheiden. Ein großer Teil seines immensen, dichten und tiefen Werks überlebte, ohne bisher auch nur annähernd eine angemessene Würdigung erfahren zu haben.

→ Karte S. 245

Ausflüge

Entlang der **ulica Krupówki**, der wichtigsten Straße in Zakopane, finden sich neben zahlreichen Geschäften und Restaurants auch Straßenhändler mit Kunsthandwerk aus der Umgebung. Die Straße führt direkt zur Talstation der Bergbahn, die auf den Hausberg **Gubałówka** führt. Von oben hat man eine unverstellte Aussicht auf die Stadt und die Berggipfel; viel Vergnügen bietet die Sommerrodelbahn. Zu Fuß ist der Abstieg ohne Probleme machbar. Natürlich kann man die Kunst der Goralen auch in Museen wie dem **Tatra-Museum (Muzeum Tatrzańskie)** besichtigen. Noch eindrucksvoller aber sind die architektonischen Meisterwerke des von Stanisław Witkiewicz begründeten Zakopane-Stils. Die überall zu sehenden verspielten Holzhäuser lassen sowohl traditionelle Einflüsse als auch Anleihen aus dem Jugendstil erkennen. Dieser Stil scheint wie gemacht für eine kitschige Disney-Kulisse, fügt sich in Zakopane aber wie selbstverständlich in die Landschaft ein. Die besten Beispiele dieses Baustils sind die Häuser **Willa Atma** (2012 renoviert) und die **Willa Koliba** (→ Sehenswertes). Letztere ist besonders empfehlenswert, da hier die Familie Witkiewicz (→ Kasten, S. 259) wohnte. Einen weiteren Einblick in die traditionelle Holzarchitektur gewährt das neue **Museum des Zakopane-Stils (Muzeum Stylu Zakopiańskiego)**. Die **Kirche der Muttergottes von Tschenstochau (Kościół Matki Bożej Częstochowskiej)**, eine der typischen Holzkirchen, lässt sich direkt daneben in der ul. Kościeliska 4 bewundern. Neben dem auch als Stary Kościół (Alte Kirche → Sehenswertes) bezeichneten Gotteshaus befindet sich der **Alte Friedhof (Stary Cmentarz)**, auf dem neben den Gräbern berühmter Einwohner aus Zakopane auch die Schnitzkunst der „Grabsteine" zu sehen ist. Die neoromanische **Kirche der Heiligsten Familie (Kościół Najświętszej Rodziny)** in der ul. Krupówki erscheint von außen mächtig, im Inneren erstaunen die feinen Holzarbeiten im Zakopane-Stil von Stanisław Witkiewicz, die Kapelle Johannes des Täufers sowie der Hauptaltar und die Wandmalereien. Sehenswerte zeitgenössische Kunst mit folkloristischen Anleihen zeigen die **Städtische Kunstgalerie (Miejska Galeria Sztuki)** und die **Władysław-Hasior-Galerie (Galeria Władysława Hasiora)** (→ Sehenswertes). Besonders dem 1999 verstorbenen Künstler Hasior ist es dabei gelungen, eine gesunde Portion absurden Humors in seine Werke zu integrieren. Das **Witkacy-Theater (Teatr Witkacego → Sehenswertes)** spielt Dramen des Namengebers, aber auch von anderen Autoren und hat einen außerordentlich guten Ruf.

Adam Małysz' Wohnzimmer

Anreise und Information

Hin & weg: Mit dem **Zug** (tägl. ca. 5 Direktverbindungen) etwas beschwerlich und langwierig, bei den Staus in der Hauptsaison aber trotz 3 bis 3½-Std.-Fahrt ab Krakau die beste Alternative. Eine neue Trasse ist für die nächsten Jahre vorgesehen, die Fahrtzeit wird sich so auf eine Stunde verkürzen. Mit dem **Auto** über die Schnellstraße 7, bei Rabka-Zdrój auf die Bundesstraße 47. Eine Leserin empfahl ab Rabka die Route auf der Landstraße 958 über Czarny Dunajec, wegen weniger Staus und nicht zuletzt der schönen Holzhäuser in Chochołów. Die **Busunternehmen** Szwagropol (www.szwagropol.pl, ✆ 12-6527780) und Majerbus (www.majerbus.pl, ✆ 669-060060) bringen Sie in etwas mehr als 2 Std. ab Busbahnhof Krakau nach Zakopane (5 €, erm. 4 €); rechtzeitige Reservierung empfohlen.

Information: In der Hauptsaison Mo–Sa 8–20, So 9–17 Uhr, Nebensaison Mo–Sa 9–17 Uhr. Ul. Kościuszki 17, ✆ 18-2012211, ✆ 18-2066051, www.zakopane.pl, www.ezakopane.pl.

Sport

Aqua Park, 2006 eröffneter Planschtempel mit Rutschen, Freibad, Schwimmbecken und Saunalandschaft. Tagesticket 16 €, erm. 14,50/12 €. Ul. Jagiellońska 31, ✆ 18-2025815, www.aquapark.zakopane.pl.

Bergsteigen und Drachenfliegen unter fachkundiger Anleitung für Anfänger sowie Fortgeschrittene. Viele weitere Aktivangebote und Pferdeschlittenfahrten. Biuro Podróży Altius, ul. Piłsudskiego 22, ✆ 604-418325, www.altius.pl.

Skifahren: Skier mit Schuhen gibt es überall zu leihen (8–12 €/Tag) und traumhafte Langlaufloipen zu befahren. Für die Skipässe muss man leider tief in die Tasche greifen, zehnmalige Liftbenutzung kostet um die 15 €! Beim Ort viele, abends beleuchtete Pisten für Kinder und Anfänger. Anspruchsvoll ist der alpine Kasprowy Wierch, der Nosal lockt mit einer Slalompiste, der 1 Std. entfernte Krynica ist wegen seiner FIS-Abfahrt und seinem Funpark bei Skifahrern und Snowboardern gleichermaßen beliebt.

Wanderungen

Es gibt viele gut markierte Wanderwege, zu empfehlen ist eine der überall erhältlichen Wanderkarten. Der Eintritt in den Nationalpark kostet pro Tag 1 €.

Giewont: beliebte und abwechslungsreiche Tageswanderung von Zakopane bis zum 1895 m hohen Gipfel. Hin bietet sich der rot markierte Weg an, zurück der blaue.

Rote Gipfel (Czerwony Wierchy): nach Kiry (Dolina Koscieliska) mit dem Minibus für 1,50 €. Von da über den grünen, dann roten Wanderweg zum Ciemniak. Oben je nach Lust, Kondition und Tageszeit auf dem Höhenweg bis zum Małołączniak, Kondracka Kopa oder Kasprowy Wierch. Runter je nachdem über den blauen, gelben oder grünen Wanderweg. Bei gutem Herbstwetter wegen des Panoramas auf dem Höhenweg und der leuchtenden Farben ein Traum. Bei schlechtem Wetter, schlechter Sicht oder sehr starkem Wind diese Tour allerdings auf keinen Fall machen!

Meeresauge (Morskie Oko): mit PKS- oder Minibussen ab dem Busbahnhof (andere Straßenseite) zum Parkplatz in Palenica Białczańska, 35 Min., 2,50 €. Von dort führt eine 10 km lange, geteerte Straße zum See. Empfehlenswert sind auch die markierten Wanderwege in der Umgebung. Wer nicht wandern möchte, kann je nach Jahreszeit in Kutsche oder Schlitten einsteigen: hin 11 €/Pers., zurück 8 €.

Orla Perć: Polens mit Abstand schwierigster und gefährlichster Wanderweg mit vielen Klettersteigen. Nur für geübte Bergwanderer zu empfehlen. Der Rest sollte sich wirklich fern halten!

Führungen sind zumindest für ungeübte Wanderer bei Ausflügen in die Tatra hilfreich, bei anstrengenden und gefährlichen Touren sogar unbedingt zu empfehlen. Ein Anbieter ist z. B. Tatra Travel, ul. Krupówki 16, ✆ 18-2064201, www.tatratravel.com.pl. Teurer, dafür sogar mit eigenem Fotografen und praktisch über das Internet zu buchen ist www.zakopane-tours.com.

Kartenempfehlung: Tatry Polskie Zachodnie i Wysokie, Maßstab 1:20.000, laminiert. WIT Agencja Wydawnicza.

Notfälle: TOPR (Freiwillige Tatra-Rettungskräfte), ✆ 601-100300, ✆ 18-2063444, www.topr.pl.

Sehenswertes

Tatra-Museum (Muzeum Tatrzańskie): Tägl. außer Mo 9–17, So bis 15 Uhr, im Winter auch Di geschlossen. Eintritt 2 €, erm. 1,50 €. Ul. Krupówki 10, ✆ 18-2015205, www.muzeumtatrzanskie.com.pl.

Ausflüge Karte S. 245

Witkacy-Theater (Teatr Witkacego): Ul. Chramcówki 15, ☎ 18-2068297, www.witkacy. zakopane.pl.

Städtische Kunstgalerie (Miejska Galeria Sztuki): Di–Fr 10–17, Sa/So bis 14 Uhr, Mo geschlossen, im Hochsommer Di–Fr 10–20 Uhr. Eintritt frei. Ul. Krupówki 41, ☎ 18-2012792, www.galeria.zakopane.pl.

Władysław-Hasior-Galerie (Galeria Władysława Hasiora): Mi–Sa 11–18, So 9–15 Uhr. Eintritt 2 €, erm. 1,50 €. Ul. Jagiellońska 18b, ☎ 18-2066871, www.muzeumtatrzanskie.com.pl.

Willa Koliba: Mi–Sa 9–17, So bis 15 Uhr. Eintritt 2 €, erm. 1,50 €. Ul. Kościeliska 18, ☎ 18-2013602, www.muzeumtatrzanskie.com.pl.

Museum des Zakopane-Stils (Muzeum Stylu Zakopiańskiego): Mi–Sa 9–17, So bis 15 Uhr. Eintritt 1,50 €, erm. 1 €. Droga do Rojów 6, www.muzeumtatrzanskie.com.pl.

Willa Atma: Di–Fr/So 10–16, Sa bis 18 Uhr, Mo zu. Eintritt 1,50 €, erm. 1 €, So frei. Ul. Kasprusie 19, ☎ 18-2013493, www.muzeum.krakow.pl.

Kirche der Muttergottes von Tschenstochau (Kościół Matki Bożej Częstochowskiej): Tägl. 6.30–19.30 Uhr. Messe Mo–Sa 8.30 Uhr, So 8.30, 10, 18.30 Uhr. Ul. Kościeliska 4.

Kirche der Heiligsten Familie (Kościół Najświętszej Rodziny): Tägl. 6.30–19 Uhr. Messe Mo–Sa 6.30, 7, 8, 9, 19 Uhr, So 6.30, 8, 9.30, 11, 12.30, 15, 17, 19 Uhr. Ul. Krupówki 1a, www.swrodzina.net.

Gubałówka: Bergbahn im 5- bis 30-Min.-Takt von 9 bis 20 Uhr, in der Hauptsaison teils ab 8 und bis 21.45 Uhr. Hin-Rück-Fahrt 4 €, erm. 3,50 €. Sommerrodelbahn Mai–Sept. 10–17 Uhr. www.pkl.pl.

Schanze Wielka Krokiew (Skocznia Wielka Krokiew): Olympia-Sprungschanze am Ende der ul. Piłsudskiego. Eintritt 3 € für 15 Min. Karten für Wettkämpfe unter ☎ 18-2000777, bilety@rezerwacja-zakopane.pl oder bei der Touristinformation.

Übernachten

**** Belvedere, gemütliches Luxushotel mit Schwimmbad und Spa. Besonders schön sind die Zimmer mit Holzdecke und Fußbodenheizung im Bad. DZ ab 89 €. Ul. Droga do Białego 3, ☎ 18-2020211, ✆ 18-2021250, www.belvederehotel.pl.

*** Szarotka, kleine Pension mit Steinboden und offenem Kamin gegen die Winterkälte. Gutes Preis-Leistungs-Verhältnis. DZ 38–55 €. Ul. Małe Żywczańskie 16a, ☎ 18-2064050, ✆ 18-2014802, www.szarotka.pl.

Willa Pod Niebem, „Unter dem Himmel" (so die Übersetzung) und auf Zakopanes Hausberg Gubałówka steht dieses urige Holzhaus. Empfehlenswert, einzig der Weg nach oben kann spätabends oder bei starkem Schneefall schwierig werden. 12,50–16 €/Pers., in der absoluten Hauptsaison auch mehr. Droga Stanisława Zubka 5 (Gubałówka), ☎ 18-2062909, www.podniebem.pl.

Góralska Zabytkowa Zagroda, Zimmer für 2–3 Pers. und ein großes Appartement in einem denkmalgeschützten Holzhaus von 1880. Gründlich und mit viel Herzblut restauriert. Traumhafte Möbel, die der Herr des Hauses selbst geschreinert und geschnitzt hat. 10–15 €/Pers. Ul. Kościeliska 38, ☎ 18-2063806, 696-448834.

Essen & Trinken

Karczma Zapiecek, traditionelle Goralenküche mit deftigen Gerichten, z. B. Lammbraten mit Pflaumen. Dazu ein warmes Bier

mit Honig, während die Kapelle ab 18 Uhr aufspielt. Große Fleischplatte für 2 Pers. 21 €. Tägl. 10–24 Uhr. Ul. Krupówki 43, ☎ 18-2015699, www.zapiecek.pl.

Pstrąg Górski, die Spezialität des Restaurants sind frische und lecker zubereitete Fische aus den Flüssen und Seen der Umgebung. Die Kellner bringen große und schmackhafte Portionen an die Holztische, bestellen muss man an der Kasse. Nachdem es in den letzten Jahren etwas nachgelassen hatte, waren wir im Herbst 2012 dann doch wieder sehr zufrieden. Hg. 4–10 €. Tägl. 9–22.30 Uhr. Ul. Krupówki 6 a, ☎ 512-351746, www.pstragzakopane.pl.

Mała Szwajcaria, wie der Name verrät, im Stil der Kollegen aus der Schweiz gehalten. Der Renner ist natürlich das Käsefondue. Tägl. 9–23 Uhr. Ul. Zamoyskiego 11, ☎ 18-2012076, www.malaszwajcaria.pl.

 **Restauracja Poraj**, in dem seit 1887 betriebenen Restaurant speiste schon Witkacy, heute pilgern Polens Künstler, Schauspieler und Poeten in den Keller. Unübertroffen sind die *Awanturka* (Brotaufstrich) für 2 € und die *Rydze na maśle*

(Edelreizker in Butter geschwenkt) für 7,50 €. Tägl. 10–22 Uhr. Ul. Zamoyskiego 13, ☎ 18-2063765, www.restauracjaporaj.pl. ∎

》》 Unser Tipp: Gospoda Kolibecka, wahrscheinlich einer der urigsten Orte der Welt. Sehr große Portionen deftiger Gerichte zu fairen Preisen. Die Spinat-Pierogi sind ein Traum! Ul. Przewodników Tatrzańskich 1b, ☎ 18-2062635 www.kolibecka.zakopane.pl. 《《

Café Tygodnik Podhalański, von der Dachterrasse im Handelsgebäude Granit hat man einen tollen Panoramablick über Zakopane und die Tatra. So–Do 10–22, Fr/Sa 10–23 Uhr. Ul. Kościuszki 3, ☎ 18-2000229.

Einkaufen

Ulica Krupówki, in Zakopanes Hauptstraße befinden sich zahllose Stände und Geschäfte, seit neuestem auch die Sukiennice (Tuchhallen) mit ihren Kramläden. Verkauft wird vor allem Kunsthandwerk, aber auch Trachten, Wollpullis und natürlich der Oscypek-Schafskäse. Am interessantesten ist es rund um die Talstation des *Gubałówka* (→ Sehenswertes).

Der sagenumwobene Bergsee Meeresauge

→ Karte S. 245 Ausflüge

Etwas Polnisch

Aussprache

Die Aussprache ist sicher nicht einfach für deutsche Zungen, die weniger komplizierte Bewegungen gewohnt sind. Was aber auf dem Papier unaussprechlich aussieht, klingt beim Hören oft schon viel machbarer. Viele Buchstaben haben denselben Laut wie im Deutschen, die Ausnahmen sind im Folgenden angegeben.

Betonung fast ausnahmslos auf der vorletzten Silbe. Also nicht Hotel, sondern hotel und nicht Autobus, sondern autobus.

a: wie französisch Grand-Prix

c: wie Zoo

ć: wie Händchen

ę: wie französisch Cousin

h: wie Bach

ł: wie Western

ń: wie französisch Kognak

ó: wie u (Kraków = Krakuff)

s: immer wie dass (stimmloses S)

ś: wie echt

y: wie hindern

z: wie Sonne (stimmhaftes S)

ź: zwischen stimmhaftem S und Sch

ż: wie französisch Gendarm

ch: immer wie Krach

cz: wie tschüs

sz: wie Schule

rz: → ż

dż: wie Dschungel

dź: weicher als dż

dz: in etwa wie Zoll

Basis

Ja	*Tak*
Nein	*Nie*
Bitte	*Proszę*
Danke/vielen Dank	*Dziękuję (bardzo)*
Entschuldigung	*Przepraszam*
Ich verstehe nicht	*Nie rozumiem*
Sprechen Sie (Mann/Frau)	*Czy Pan/Pani mówi po*
Deutsch/Englisch?	*niemiecku/angielsku?*
Gut/schlecht	*Dobry/zły*
Groß/klein	*Duży/mały*
Billig/teuer	*Tani/drogi*
Mehr/weniger	*Więcej/mniej*
Heiß/kalt	*Gorące/zimne*
Mit/ohne	*z/bez*
Krakau	*Kraków*
Deutschland/aus Deutschland	*Niemcy/z Niemiec*
Ich bin Deutscher/Deutsche	*Jestem Niemcem/Niemką*
męski	*Männer/Herren*
damski	*Frauen/Damen*

Grüße, Fragen und Antworten

Guten Morgen/guten Tag	*Dzień dobry*
Guten Abend	*Dobry wieczór*
Gute Nacht	*Dobranoc*
Hallo/Tschüs	*Cześć*
Auf Wiedersehen	*Do widzenia*
Bis bald	*Na razie*
Ich heiße … (Vorname)	*Mam na imię …*
Ich heiße … (ganzer Name)	*Nazywam się …*
Sehr erfreut	*Bardzo mi miło*
Wie geht es Dir/Ihnen (Mann/Frau)?	*Jak się masz/Pan(i) ma?*
(Sehr) gut	*(Bardzo) dobrze*
Und Dir/Ihnen (Mann/Frau)?	*A ty/a Pan(i)?*
Gibt es …?	*Czy jest…?*
Was kostet das?	*Ile to kosztuje?*
Wissen Sie (Mann/Frau) …?	*Czy Pan/Pani wie…?*
Haben Sie (Mann/Frau) …?	*Czy Pan/Pani ma…?*
Ich (m/w) möchte …	*Chciałbym/chciałabym*
Wo/wann	*Gdzie/kiedy*
Wer/was	*Kto/co*
Wissen Sie (Mann/Frau), wo … ist?	*Czy Pan/Pani wie, gdzie jest…?*
Können Sie (Mann/Frau) mir helfen?	*Czy Pan/Pani mógłby/ mogłaby mi pomóc?*

Zahlen

1/1.	*Jeden/pierwszy*
2/2.	*Dwa/drugi*
3/3.	*Trzy/trzeci*
4/4.	*Cztery/Czwarty*
5/5.	*Pięć/piąty*
6/6.	*Sześć/szósty*
7/7.	*Siedem/siódmy*
8/8.	*Osiem/ósmy*
9/9.	*Dziewięć/dziewiąty*
10/10.	*Dziesięć/dziesiąty*
20	*Dwadzieścia*
50	*Pięćdziesiąt*
100	*Sto*
1000	*Tysiąc*

Zeit, Tage und Monate

Heute	*Dziś/dzisiaj*
Gestern	*Wczoraj*
Morgen	*Jutro*

Übermorgen	*Pojutrze*
Jetzt	*Teraz*
Gleich	*Zaraz*
Montag	*Poniedziałek*
Dienstag	*Wtorek*
Mittwoch	*Środa*
Donnerstag	*Czwartek*
Freitag	*Piątek*
Samstag	*Sobota*
Sonntag	*Niedziela*
Januar	*Styczeń*
Februar	*Luty*
März	*Marzec*
April	*Kwiecień*
Mai	*Maj*
Juni	*Czerwiec*
Juli	*Lipiec*
August	*Sierpień*
September	*Wrzesień*
Oktober	*Październik*
November	*Listopad*
Dezember	*Grudzień*
Frühling	*Wiosna*
Sommer	*Lato*
Herbst	*Jesień*
Winter	*Zima*

Unterwegs

Ich (m/w) möchte ein Auto mieten	*Chciałbym/Chciałabym wynająć samochód*
Tankstelle	*Stacja benzynowa*
Benzin	*Benzyna*
Diesel	*Diesel/ON*
Wo kann man parken?	*Gdzie można zaparkować?*
(Bus-) Bahnhof	*Dworzec (autobusowy)*
Haltestelle	*Przystanek*
Fahrkarte	*Bilet*
Einfach/hin und zurück	*W jedna stronę/tam i z powrotem*
Abfahrt	*Odjazd*
Ankunft	*Przyjazd*
Ich (m/w) möchte in der Nähe von … aussteigen.	*Chciałbym/Chciałabym wysiąść w pobliżu …*

Ich suche …	*Szukam …*
Pkw	*Auto/Samochód*
Flugzeug	*Samolot*
Fahrrad	*Rower*
Bus	*Autobus*
Fähre	*Prom*
Eisenbahn, Zug	*Pociąg*
Bahnhof	*Dworzec, Stacja*
Busbahnhof	*Dworzec autobusowy*
Taxi	*Taksówka*
Zu Fuß	*Piechotą; pieszo*

Übernachten & Essen

Haben Sie …?	*Czy mają Państwo … ?*
… ein freies Doppel-(Einzel-)Zimmer	*wolny pokój dwu- (jedno)osobowy*
… für eine Nacht/Woche	*na jedną noc/jeden tydzień*
… mit Dusche/Bad	*z prysznicem/łazienką*
… mit Frühstück	*ze śniadaniem*
Guten Appetit!	*Smacznego!*
Prost!	*Na zdrowie!*
Die Rechnung bitte!	*Rachunek poproszę!*
Ich (m/w) würde gern zahlen	*Chciałbym/chciałabym zapłacić*
Stimmt so	*Zgadza się/Dziękuję*
Ich bin Vegetarier/Veganer	*Jestem wegetarianinem/weganem*
Ich bin „Fisch-Esser" (Vegetarier, der Fisch isst)	*Jestem jaroszem*
Welche Gerichte sind vegetarisch/fleischlos?	*Które danie są wegetariańskie/bezmięsne?*
Ist dieses Gericht vegetarisch/fleischlos?	*Czy to danie jest wegetariańskie/bezmięsne?*

Notfall

Arzt	*Lekarz*
Zahnarzt	*Stomatolog/dentysta*
Krankenhaus	*Szpital*
Apotheke	*Apteka*
Unfall	*Wypadek*
Verletzung	*Zranienie*
Ich habe hier Schmerzen	*Boli mnie tutaj*
Ich brauche dringend einen Arzt	*Pilnie potrzebuję lekarza*
Polizei	*Policja*

Polnisch lernen

Zu Recht gilt Polnisch als eine schwer zu lernende Sprache. Hat man jedoch die Anfangsschwierigkeiten überwunden, stellt sich mit dem Erfolg eine Befriedigung ein, es geschafft zu haben. Polen honorieren diese Bemühungen mit großem Respekt. Laut einer landesweiten Umfrage bewegt nichts so sehr das Herz eines Polen wie ein Ausländer, der diese schwierige slawische Sprache gemeistert hat.

In Deutschland bieten viele Volkshochschulen Kurse an. Für das Selbststudium sind die Lehrbücher vom Hueber und Pons Verlag bestens geeignet. Noch mehr Spaß aber macht sicherlich der Sprachkurs vor Ort:

Sommerakademie: Internationales Intensivkursprogramm an der Jagiellonen-Universität für alle Leistungsstufen. Die hohe Qualität der Kurse und das Ansehen der Zeugnisse rechtfertigen den Preis von etwa 1520 € für vier Wochen inkl. Unterkunft. Rahmenprogramm mit Vorlesungen wichtiger Künstler und Wissenschaftler. Szkoła Języka i Kultury Polskiej, ul. Garbarska 7a, ℡ 12-4213692, ✆ 4227701, www.uj.edu.pl/SL.

Polsko-Niemieckie Towarzystwo Akademickie: Die polnisch-deutsche Akademikergesellschaft bietet in einigen Bundesländern als Studienurlaub anerkannte Kurse bei der Sprachschule Prolog an, inkl. Unterkunft für 2 Wochen. Preis 390 €, Studenten bis 26 J. 350 €. Ul. Bronowicka 58/5, ℡ 12-6380869, www.polnischkurse.org.

Glossa: Leser waren von Didaktik und Kursangebot ebenso begeistert wie von den Tipps zu Krakau. 2-Wochen-Kurs 370 €, Unterkunftsvermittlung möglich. Ul. Dietla 103, ℡ 12-4294051, www.glossa.pl.

Abruzzen • Ägypten • Algarve • Allgäu • Allgäuer Alpen • Altmühltal & Fränk. Seenland • Amsterdam • Andalusien • Andalusien • Apulien • Athen & Attika • Australien – der Osten • Azoren • Bali & Lombok • Baltische Länder • Bamberg • Barcelona • Bayerischer Wald • Bayerischer Wald • Berlin • Berlin & Umgebung • Bodensee • Bretagne • Brüssel • Budapest • Bulgarien – Schwarzmeerküste • Chalkidiki • Chiemgau • Cilento • Cornwall & Devon • Dresden • Dublin • Comer See • Costa Brava • Costa de la Luz • Côte d'Azur • Cuba • Dolomiten – Südtirol Ost • Dominikanische Republik • Ecuador • Eifel • Elba • Elsass • Emsland • England • Fehmarn • Franken • Fränkische Schweiz • Fränkische Schweiz • Friaul-Julisch Venetien • Gardasee • Gardasee • Genferseeregion • Golf von Neapel • Gomera • Gomera • Gran Canaria • Graubünden • Griechenland • Griechische Inseln • Hamburg • Harz • Haute-Provence • Havanna • Ibiza • Irland • Island • Istanbul • Istrien • Italien • Italienische Adriaküste • Kalabrien & Basilikata • Kanada – Atlantische Provinzen • Kanada – der Westen • Karpathos • Kärnten • Katalonien • Kefalonia & Ithaka • Köln • Kopenhagen • Korfu • Korsika • Korsika Fernwanderwege • Korsika • Kos • Krakau • Kreta • Kreta • Kroatische Inseln & Küstenstädte • Kykladen • Lago Maggiore • La Palma • La Palma • Languedoc-Roussillon • Lanzarote • Lesbos • Ligurien – Italienische Riviera, Genua, Cinque Terre • Ligurien & Cinque Terre • Liparische Inseln • Lissabon & Umgebung • Lissabon • London • Lübeck • Madeira • Madeira • Madrid • Mainfranken • Mainz • Mallorca • Mallorca • Malta, Gozo, Comino • Marken • Mecklenburgische Seenplatte • Mecklenburg-Vorpommern • Menorca • Midi-Pyrénées • Mittel- und Süddalmatien • Mittelitalien • Montenegro • Moskau • München • Münchner Ausflugsberge • Naxos • Neuseeland • New York • Niederlande • Niltal • Norddalmatien • Norderney • Nord- u. Mittelgriechenland • Nordkroatien – Zagreb & Kvarner Bucht • Nördliche Sporaden – Skiathos, Skopelos, Alonnisos, Skyros • Nordportugal • Nordspanien • Normandie • Norwegen • Nürnberg, Fürth, Erlangen • Oberbayerische Seen • Oberitalien • Oberitalienische Seen • Odenwald • Ostfriesland & Ostfriesische Inseln • Ostseeküste – Mecklenburg-Vorpommern • Ostseeküste – von Lübeck bis Kiel • Östliche Allgäuer Alpen • Paris • Peloponnes • Pfalz • Pfälzer Wald • Piemont & Aostatal • Piemont • Polnische Ostseeküste • Portugal • Prag • Provence & Côte d'Azur • Provence • Rhodos • Rom & Latium • Rom • Rügen, Stralsund, Hiddensee • Rumänien • Rund um Meran • Sächsische Schweiz • Salzburg & Salzkammergut • Samos • Santorini • Sardinien • Sardinien • Schleswig-Holstein – Nordseeküste • Schottland • Schwarzwald Mitte/Nord • Schwarzwald Süd • Schwäbische Alb • Shanghai • Sinai & Rotes Meer • Sizilien • Sizilien • Slowakei • Slowenien • Spanien • Span. Jakobsweg • St. Petersburg • Südböhmen • Südengland • Südfrankreich • Südmarokko • Südnorwegen • Südschwarzwald • Südschweden • Südtirol • Südtoscana • Südwestfrankreich • Sylt • Teneriffa • Teneriffa • Thassos & Samothraki • Toscana • Toscana • Tschechien • Tunesien • Türkei • Türkei – Lykische Küste • Türkei – Mittelmeerküste • Türkei – Südägäis • Türkische Riviera – Kappadokien • Umbrien • Usedom • Venedig • Venetien • Wachau, Wald- u. Weinviertel • Westböhmen & Bäderdreieck • Wales • Warschau • Westliche Allgäuer Alpen und Kleinwalsertal • Westungarn, Budapest, Pécs, Plattensee • Wien • Zakynthos • Zentrale Allgäuer Alpen • Zypern

Reisehandbuch   MM-City   MM-Wandern

Register

Die (in Klammern gesetzten) Koordinaten verweisen
auf die beigefügte Krakau-Karte.

ISBN 978-3-89953-760-4

© Copyright Michael Müller Verlag GmbH, Erlangen 2007, 2009, 2011, 2013. Alle Rechte vorbehalten. Alle Angaben ohne Gewähr. Druck: Stürtz GmbH, Würzburg.

Aktuelle Infos zu unseren Titeln, Hintergrundgeschichten zu unseren Reisezielen sowie brandneue Tipps erhalten Sie in unserem regelmäßig erscheinenden Newsletter, den Sie im Internet unter **www.michael-mueller-verlag.de** kostenlos abonnieren können.

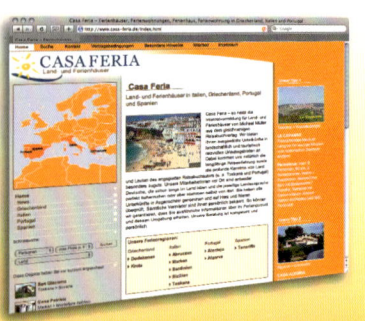